近代的尺度

两次鸦片战争军事与外交 增订本

茅海建 著

生活·讀書·新知 三联书店

Copyright © 2018 by SDX Joint Publishing Company.
All Rights Reserved.
本作品版权由生活·读书·新知三联书店所有。
未经许可，不得翻印。

图书在版编目（CIP）数据

近代的尺度：两次鸦片战争军事与外交／茅海建著．—增订本．
—北京：生活·读书·新知三联书店，2018.6（2025.6 重印）
ISBN 978-7-108-06222-2

Ⅰ．①近⋯　Ⅱ．①茅⋯　Ⅲ．军事史-研究-中国-清后期
②外交史-研究-中国-清后期　Ⅳ．① E295.2 ② D829

中国版本图书馆 CIP 数据核字（2018）第 023143 号

特邀编辑	孙晓林
责任编辑	冯金红
装帧设计	蔡立国
责任印制	董　欢

出版发行　生活·讀書·新知 三联书店
　　　　　（北京市东城区美术馆东街 22 号 100010）
网　　址　www.sdxjpc.com
经　　销　新华书店
印　　刷　北京隆昌伟业印刷有限公司
版　　次　2018 年 6 月北京第 1 版
　　　　　2025 年 6 月北京第 8 次印刷
开　　本　635 毫米 × 965 毫米　1/16　印张 24.25
字　　数　346 千字
印　　数　36,001－39,000 册
定　　价　65.00 元
（印装查询：01064002715；邮购查询：01084010542）

目 录

自 序　1

西方新敌面前的"天朝"旧容

鸦片战争清朝军费考　3
　问题的提出　3
　军费支出总额之估计　7
　清朝经费的来源　17
　军费支出的用项　30
　结论　40
　附表：各省区捐输情况表　41

鸦片战争时期的中英兵力　49
　英国侵略军的兵力　49
　清军的兵力　52
　对抗中的中英兵力对比　56
　清军兵力不能集中的原因　61
　结论　72

第二次鸦片战争清军与英、法军兵力　73
　　广州地区军事冲突阶段（1856.10—1857.6）　73
　　第一次全面作战阶段（1857.7—1858）　76
　　换约作战阶段（1859）　80
　　第二次全面作战阶段（1860）　82
　　再论清军兵力难以集中的原因　89

第二次鸦片战争时期清军的装备与训练　94
　　装备一：战船　94
　　装备二：炮与炮台　96
　　装备三：轻兵器　99
　　训练废弛及其原因　103
　　清军的装备与训练同近代战争之差距　106

"天朝"观念下的外交失矩

广州反入城斗争三题　113
　　要求入城的条约依据　113
　　要求或反对入城的理由　118
　　1849年"伪诏"的确认　128

入城与修约：论叶名琛的外交　140
　　反入城的情结　141
　　英、美的修约要求与叶名琛的内心判断　145
　　"以静制动"：1854—1856年叶名琛的对策　150
　　战争初起与叶名琛的"报捷"　154
　　广州城陷前的自信：不确的情报与错误的分析思路　161

简短的结语　*169*
　　附记：关于叶名琛的未见奏折　*171*

公使驻京本末　*174*
　　"公使驻京"之由来　*174*
　　《天津条约》的签订及对"公使驻京"的规定　*181*
　　全免关税与修改条约　*193*
　　俄国使节、美国公使在北京　*202*
　　西礼觐见的威慑力量　*211*
　　普鲁士等国条约的范式　*223*
　　西礼觐见的实现　*236*
　　简短的结语　*250*

第一次中比条约的订立时间及其评价　*253*

近代尺度丈量下的实距

虎门之战研究　*261*
　　虎门的地理形势与战略地位　*261*
　　虎门设防情况　*262*
　　琦善撤防质疑　*267*
　　作战经过　*276*
　　虎门之战的失败原因　*282*

浙东之战的战术　*289*
　　战前的调兵拨饷　*289*
　　奕经的排兵布阵　*292*
　　雇勇中的秘密　*299*

吴淞之战新探 304
  吴淞的地理形势与平时设防 304
  战前的筹防措施及其评价 306
  战斗经过 311
  牛鉴、王志元对战败的责任 314
  结论 317

大沽口之战考实 318
  大沽口的地理形势与战前设防状况 318
  1858 年大沽口之战 322
  1859 年大沽口之战 328
  1860 年大沽口之战 351
  结论 363

上海三联书店版后记 365

附　录
  征引文献 369
  人名船名译名表 375

插　图
  图一　虎门防御作战示意图 278
  图二　浙东反攻前清军兵力部署图 296
  图三　吴淞防御作战示意图 311
  图四　1859 年大沽口防御作战示意图 345
  图五　1860 年大沽口作战示意图 357

自 序

这是一本十多年前在上海三联书店出版的旧书,其中的一些文章写于二十多年前。

由此再追至三十多年前,我刚进中山大学历史系,便听到了这样的说法:只有年轻的物理学家、年轻的数学家、年轻的文学家,绝没有年轻的历史学家。历史学家的"黄金"时代是 55 岁至 65 岁。后来又放宽条件,说是从 50 岁开始。由此前推到他的"白银"时代,也要从 40 岁开始。这对刚刚入学的我,产生了一种朦胧的困惑:对于一个愿意研究历史的学生来说,在他的"黄铜"时代、"黑铁"时代甚至"垩铝"时代,又该做些什么呢?

话虽是这么说,实际情况并非如此,中山大学历史系很鼓励学生进行研究。我不知道这一做法始于何时,但我却因此有了一些习作发表。尔后到华东师范大学历史系做研究生,导师陈旭麓先生尤其强调写。我刚上第一个学期,在上海第六人民医院做一小手术,同学潘振平来告我,陈先生让我们每人写一篇论文,题目自己定。此时我正在看《筹办夷务始末》(道光朝),于是写了《鸦片战争时期的中英兵力》。跟陈先生学习的两年,我几乎不停地写,大约写了十多万字,我也在懵懵懂懂之中进入了史学。本书中《第二次鸦片战争清军与英、法军兵力》、《第二次鸦片战争时期清军的装备与训练》两篇,即是硕士论文中的主要部分。

我由此知道有两种培养历史系学生的方法:最常见的是让学生们先经过严格的方法训练,熟悉主要或大部史料,方才动笔。这也是我现在经常训练学生的方法。另一种不常见,主张学生尽早进入研究的阶段,通过研究来学习历史,即陈先生当年带我们的方法。我自己也不知道哪一种方法更好，很可能各有利弊，但我确实是从后一条道路上成长起来的。也因为如此，我知道后一条道路的全部缺点。史学确实不是年轻人的事业，不管你用何种方法，都不可能速成，而需要用大量的时间来熟悉史料并了解学术史，且动笔越早，就越有可能悔其少作；然而，年轻时若不勤于动笔，又何来成熟？又何能思畅笔顺？很可能会长久地涩于写作。这几乎是一种悖论。

从第一篇文章《鸦片战争时期的中英兵力》，经《天朝的崩溃：鸦片战争再研究》、《苦命天子：咸丰帝奕詝》，到本书的最初结集出版，十八年的时间，就这样无声地过去了。

我还必须说明，我在这一成长过程中得益于许多编辑。作为一名大学生、作为一名研究生，我当时投出的稿件都得到了认真的处理，竟然没有被退稿，而被各种刊物所采用。让我至今都感动的是，我在研究生时期的习作《鸦片战争时期的中英兵力》，自行投到《历史研究》，资深编辑左步青先生给我回了一封长信，详细说明要求，提供修改意见。我因在校期间学习过于紧张而未来得及修改，毕业后来北京，他还多次询问。当我最后将修改稿交给他时，时间已过去了一年。由此而成忘年交，无论是学业还是生活，他对我都多有帮助。除了左步青先生外，助我甚多甚力的编辑还有：夏良才先生、冯士钵先生、张亦工先生、阮芳纪先生、曾业英先生、许医农先生、朱金元先生、陈达凯先生……他们现已离开编辑岗位甚至已经去世；至于现今还在编辑岗位上的诸多朋友，我还不愿说出他们的名字。对于他们和他们所从事的行业，我的心中有着一份感谢，更有着多量的敬意。与二三十年前相比，我们的学术刊物、出版社增加了几十倍，但年轻人的发表机会似乎并没有相应的增加，反而经常听见他们说起各种各样的"版面费"、"补助费"。我以为，编辑部也是培养人的地方，编辑也可以成为史学青年成长的导师。

正因为如此，这次由生活·读书·新知三联书店所出的新版，与十多年前上海三联书店版相比，增加了《鸦片战争时期的中英兵力》

（原载《历史研究》1983年第5期）一文，以表示对陈旭麓先生与左步青先生的敬意与谢意，尽管其中的主要内容已被我写入《天朝的崩溃：鸦片战争再研究》。其余各篇的最初发表为：《第二次鸦片战争清军与英、法军兵力》，《近代史研究》1985年第1期；《第二次鸦片战争时期清军的装备与训练》，《近代史研究》1986年第4期；《虎门之战研究》，《近代史研究》1990年第4期；《吴淞之战新探》，《历史档案》1990年第3期；《广州反入城斗争三题》，《近代史研究》1992年第6期；《第一次中比条约的订立时间及其评价》，《近代史研究》1994年第2期；《鸦片战争清朝军费考》，《近代史研究》1996年第1期；《入城与修约：论叶名琛的外交》，《历史研究》1998年第6期；《大沽口之战考实》，《近代史研究》1998年第6期；《浙东之战的战术》，《档案与史学》（上海）1998年第6期。只有《公使驻京本末》一文，原投于广东某刊物，后因该刊被撤销而未能发表。由于搜集材料、论文写作与在学术刊物上发表，还有一些时间差，以上这些文章大多可谓是我在"黄铜"、"黑铁"时代的作品，现在看来显然有着许多不足；但使我稍稍心安的是，此中也不尽是废铜烂铁。

由此而回想起在华东师范大学做研究生的日子，不浓不淡地全在记忆之中。从丽娃河到东川路，人生已是一周。此文史楼已非彼文史楼。坐在此处，重校当年的旧稿，心情自然殊样，就像大树看见了自己的年轮一样。

茅海建
2009年5月于东川路

西方新敌面前的『天朝』旧容

鸦片战争清朝军费考

问题的提出

清朝在鸦片战争中的军费开支,就我目前所见而言,清政府从未公布过明确的数字,历史学界迄今仍无专题的研究。但这并不等于说,清政府及当时的人士对此并无说法,历史学界的研究从未涉及于此,甚至在许多著作中将之作为已经弄清的问题直接引用某一种说法。如果大体以时间为序,涉及军费数字的说法及研究至少有下列几种:

一、1843年5月3日(道光二十三年四月初四日),江南道御史陈庆镛奏称:"此次各海疆动拨银两报部者,已不下二千万两。现在截销,尚有陆续补报等项……"[1]案陈庆镛曾任户部主事、员外郎,其说当有根据。更重要的是,陈庆镛的奏折当天被道光帝留中不发,第二天发下时伴随着一道上谕,完全重复陈庆镛的话。[2]由此也可以认为,陈庆镛的说法得到了唯一有权批准动拨银两的道光帝的认可。

二、魏源的《道光洋艘征抚记》称:"夷寇之役,首尾二载,糜帑七千万……"[3]王之春的《防海纪略》支持这一说法,用词相同,只是

---

[1] 陈庆镛:《籀经堂类稿》,光绪九年刻本,卷一,第17页。
[2] 《清实录》,中华书局,1986年,第38册,第1021页。
[3] 姚薇元:《鸦片战争史实考:魏源〈道光洋艘征抚记〉考订》修订本,人民出版社,1984年,第185页。关于此书的作者及版本尚有分歧意见,但其最初的本子当属《夷艘入寇记》。此段用语与《夷艘入寇记》大体相同,只是称"首尾三载"(见齐思和等编:《中国近代史资料丛刊·鸦片战争》,神州国光社,1954年,第6册,第136页;以下简称《丛刊·鸦片战争》)。

将"首尾二载"改为"首尾三载"。[1]魏源、王之春均没有说明其资料来源,而他们的个人名声,使得这种说法流传极广,眼下多种通史类的近代史著作采用了这种说法。

三、吴廷燮于1914年出版的《清财政考略》称:"粤浙海疆之役,亦千数百万。"[2]吴氏未称其根据。1927年完成的《清史稿·食货志》,也用了同样的说法:"英人之役,一千数百万两。"[3]

四、彭泽益于1962年发表论文《论鸦片战争赔款》,引用了魏源、王之春、吴廷燮及《清史稿》的说法,得出了自己的结论:"在鸦片战争期间,本来清朝政府在军事费用方面所耗费的银数就已不下几千万两……"[4]彭氏的结论看起来似为"七千万两"与"一千数百万两"之间的折中。他本人没有作更多的分析。

五、周育民于1982年发表论文《1840—1849年的清朝财政》,引用了《清实录》、《清史稿》中的材料,否定了魏源的估计,得出结论:"鸦片战争的军费开支当在二千余万两。"[5]周氏对自己的结论作了认真的分析。他根据卓秉恬1850年奏折中称"以近十数年计之,海疆、回疆及各处军务,东、南两河工用,南北各省灾务,统计例外用款,多至七千余万两",减去两次回疆、河工、赈灾所用四千多万两,得出此数;他又检出《清实录》中关于军费拨款的记载,共计1 459.5万两,与穆彰阿所称"剿之与抚,功费正等"相印证(鸦片战争赔款总额为银2 100万元,相当于银1 476余万两),指出战后各地补报战费,使之上升至2 000余万两。

六、本文作者于1983年发表论文《鸦片战争时期的中英兵力》,引

---

[1] 王之春的《防海纪略》实际上是《夷艘入寇记》的又一改订本。王之春在清末任按察使、布政使、巡抚等职,留心外务,著述颇丰。见苟唐居士(王之春):《防海纪略》卷下,光绪六年刊本,第25页。
[2] 吴廷燮:《清财政考略》,1914年刊本,第14页。
[3] 《清史稿》,中华书局,1976年,第13册,第3709页。
[4] 《经济研究》,1962年第12期。该文又收录于《十九世纪后半期的中国财政与经济》,人民出版社,1983年,第3—23页。
[5] 《山西财经学院学报》,1982年第2、3期。

用陈庆镛的说法，认为"整个鸦片战争时期，清政府共花战费约二千余万两"。[1]该文尽管分析了军费开支的用途，但对战费总额一数却未作进一步的探讨。

七、梁义群于1989年发表论文《鸦片战争与清朝财政》，称："经作者查核，鸦片战争军费应为2 000余万两"，[2]但该文作者没有详细说明其查核的过程。

八、本文作者于1995年发表著作《天朝的崩溃》，其第六章也谈及鸦片战争的军费，称清朝政府的开支加上民间的捐输，"当超过3 000万两"。

除此之外，可能还有论著涉及这一问题，但我浅学寡闻，尚未见到。

以上的说法中，陈庆镛的说法最值得注意。他的身份，使得无人可以怀疑他的说法的可靠性。但是，本文作者1983年的论文却忽略了陈氏说法中"动拨银两报部者"一语中"动拨"两字的当时含义。在当时的官方术语中，"动"是指地方官动用户部存储在当地的"封贮银"和其他由户部管理的银两，在紧急情况下，地方官可以一面动用一面奏闻，再由皇帝旨批户部；"拨"是指部拨，可以是由户部银库直接拨出，也可以是指拨他省的封贮银或其他银两。在清朝官方文书中，有时也不那么严格，地方官动用司道各库银下拨府州县，也常常自称为"动拨"的。由此而论，"动拨"只是说明了军费的来源，说明使用哪一名目下的库银，而不是军费的实际使用数字。就当时的实际操作层面来考察，要知道军费的实际使用情况和数量，应当是去查当时的"报销"数字。清代制度，每一次大的款项动拨后，都要由地方官事竣后开列详细的使用情况和账目附奏上呈，由户部、兵部、工部等部门根据规定标准——《户部则例》、《工部则例》、《兵部则例》等核准报销。由此可见，本文作者将"动拨银两"当作实际开支数字是不恰当的，尽管陈庆镛的说法已经给了后人很大的提示，而且就目前所能看到的材料而言，也相当接近历史真实。

---

[1]《历史研究》，1983年第5期。又见于本书。
[2]《近代史研究》，1989年第5期。

在今人的研究成果中，很值得重视的是周育民1982年的论文。他用卓秉恬提出的数字减去已知的回疆、河工、赈灾的开支，得出了近似的数字。卓秉恬是管理户部事务的大学士，他的话具有权威性。周文的不足，在于直接计算军费开支时所使用《清实录》的数字，仍是"动拨银两"，而且《清实录》收录材料有限，数字不全。

另一项可以注意的研究成果是本书作者1995年的著作，已经有了一些深入，但仍叙述过简，有些材料的理解也不太准确。

造成这一课题研究不充分的主要原因是材料不足。《清实录》是以皇帝的谕旨为中心的。有关军费开支的奏折，皇帝往往仅是批准或不准，《清实录》对此一般不收入。而关于各地报销的奏折，由于核销的职权部门为户部等部，皇帝少有谕旨下发，《清实录》更难反映。研究鸦片战争的主要资料是《筹办夷务始末》（道光朝），但《筹办夷务始末》的编纂官们很少关注军费、财政类的材料，以致该书收入此类材料甚少。1992年出版的由中国第一历史档案馆编《鸦片战争档案史料》，收入了大量有关军费、财政类的史料，但出版未久，利用刚刚开始；且由于该书规模有所限制，现收入的档案主要是馆藏《宫中档》朱批奏折、《军机处录副档》帝国主义侵略类第一次鸦片战争项及《上谕档》、《剿捕档》中的有关文件。根据这一部资料书，还不能完全摸清这一课题的事实真相。

问题的解决在于发掘档案材料。为此，我在中国第一历史档案馆再一次阅读有关资料。由于中国第一历史档案馆在史料整理时，使用了主题目录的编排方式，原有的材料已经打乱，我已经无法搜全当时的全部报销奏折。以下提供的研究仍是一种大貌。看来问题的全解决，还有待于智者。为了使后来者能更容易补充本文的不足或纠正本文的舛错，特此说明，除了本文已引的书籍外，我已看过的档案史料仅仅限于：一、《宫中档》朱批奏折、《军机处录副奏折》帝国主义侵略类第一次鸦片战争项，财政类经费项和捐输项（1840年至1849年），军务类军需项（1840年至1848年）；二、军机处《上谕档》（1840年至1842年）；三、军机处《剿捕档》（1840年至1843年）。我以为，在其他分类的档案中，很可能还有这一课题的材料，而且，即使在已查阅的档案中，也有可能因我本人的粗心而有遗漏。

军费支出总额之估计

由于我未能找到全部省区的报销奏折，也未发现军机处、户部或其他机构关于军费支出总额的报告，因而只能对鸦片战争中清朝军费总额作一估计。

先看看军费支出数额大的战区省份。鸦片战争的作战区域为广东、福建、浙江、江苏四省，其报销奏折已基本找到。具体数字如下：

一、广东 两广总督耆英报销奏折称，广东军需、善后共销银 6 244 760.7769 两。又称，此外尚有例不准销或未入报销银 321 501.22 两，除去1843年廉洋捕盗案支银 41 500 两外，属鸦片战争开支的费用为 280 001.22 两。[1] 而在此之前，前任两广总督祁𡎴等奏称，重建虎门炮台，共需银40万两，全系捐办，道光帝也下令免其造册报销。[2] 三者合计，略去小数，共银 6 924 761 两。

二、福建 闽浙总督刘韵珂关于福建内地报销奏折称，闽省内地共支销银 3 072 933.22 两；刘氏还在奏中声明请江西代买兵米1.2万石，

---

[1] 耆英等奏，道光二十五年九月初五日，《鸦片战争档案史料》，天津古籍出版社，1992年，第7册，第587—591页。"例不准销"指已经支出但不符合清政府的报销规定而不予报销者；"未入报销"指符合报销规定但款项有限而未挪入报销案中者。

[2] 祁𡎴等奏，道光二十三年正月十五日，道光二十四年四月十三日上谕，《鸦片战争档案史料》，第7册，第8—11、447—448页。虽说各省区战后重修防御工事费用，本文不列入军费，实际上清政府为此项建设也花费了银两不下于数百万；但本文将虎门炮台修建费用列入军费，是因为其修建工作始于战争尚未结束之时，广东官员并将此项工程的完工作为其发动反攻的先决条件。祁折称，所需银40万两，已捐28万两。从档案来看，捐输进展顺利，以至后来耆英在报销奏折中将"官绅捐修炮台铸炮支剩工料银八万六千二百九十二两三钱八分一厘三毫"，作为军需收入的一项。另外，按照清朝的规定，凡不使用政府银两的开支，可免造册报销。道光帝免去虎门等炮台造册报销的谕令，在耆英报销奏折之前，故折未提此项开支。鸦片战争各地军费报销往往分两部分，一为正项开支，即使用国帑的账目，一为捐项开支。由于可免造册报销，各地方官先前奏明过的捐项开支，后来一般也不再汇总另报。这也使得完全查清一省军费开支变得很困难。

用银 3 577.512 两未计在内；报销中削减水勇工食、各县腰站递夫、各驿雇佣搬运里夫费用，三款共删银 349 200 两、米 47 800 石，"均于承办官员名下去追捐办，不准请销，以节糜费"。[1] 刘韵珂关于台湾报销奏折称，台湾统共应销动支摊捐银 988 897.67 两，另米 62 921.9967 石。[2] 刘韵珂还奏称，台湾原请销银 129 万余两，米 8 万余石，经"详细勾稽，从严核减，共核减银三十万八千八百九十余两，米两万余石"。[3] 此外，福州将军保昌等捐银 2 万余两，铸造炮位，[4] 福州驻防共添造抬炮 50 杆，用银 550 余两；[5] 据户部奏，福建海防工程共收到捐输制钱 70 400 串；[6] 又据署督刘鸿翱奏，厦门失守后官员捐造洋式铜炮 1 位，钢炮 22 位，连同炮架，用银 4 322 两。[7] 前者合计，略去小数（不含台湾已核减之数），并将米改折，共银 4 740 055 两。[8]

---

[1] 刘韵珂等奏，道光二十四年十月初五日，《军机处录副·军务类·军需项》，3/53/3035/41，中国第一历史档案馆藏。本书所引档案藏于中国第一历史档案馆者，以下不再注明。

[2] 刘韵珂等奏，道光二十八年二月十九日，《宫中档·军务类·军需项》，4/1/1/826/002。

[3] 刘韵珂片，原件无日期，似为前引奏折附片，《宫中档·军务类·军需项》，4/1/1/826/94。

[4] 保昌等奏，道光二十年十二月十七日，《鸦片战争档案史料》，第 2 册，第 724 页。

[5] 道光二十一年闰三月二十二日上谕，《鸦片战争档案史料》，第 3 册，第 419 页。

[6] 户部奏，道光二十二年九月十八日，《军机处录副·财政类·捐项》，3/56/3245/41。关于此事还有两条记载可注意。一是闽浙总督刘韵珂于道光二十六年六月二十九日奏称："道光二十一年前督臣颜伯焘因英夷滋扰海疆，驻厦防堵，复会同前抚臣刘鸿翱督率司道等官倡捐廉银一万五千两，并劝谕绅士公捐银二万二千九百六十八两……相处形势添设炮台及石壁炮墙等工，并依壁建造兵房，以为兵丁戍守之所。"（《军机处录副·帝国主义侵略类·第一次鸦片战争项》，3/167/9189/54）二是"道光二十一年七月初四日内阁奉上谕：颜伯焘等奏，官民捐修海疆城垣义仓，并捐输谷米，恳恩奖励一折，著吏部议奏。此项工程免其造册报销，该部知道"（《上谕档》）。由于颜伯焘上奏时，《钦定海疆捐输章程》尚未颁发，户部的奏折可能是收到福建官员请求，根据后颁《章程》补报议叙。

[7] 刘鸿翱奏及片，道光二十三年六月二十七日，《宫中档·军务类·军需项》，4/1/1/808/13。

[8] 当时米价一般为每石银 2 两。刘折称从江西购米加上运费每石为银 2.98 两，应届当时的特殊情况。此处福建内地已裁米与台湾核销米一并以每石银 2 两计算，共银 221 442 两。捐钱 70 400 串，以当时的捐输价钱 1 500 文易银 1 两，折银 46 933 两。

三、浙江 浙江巡抚梁宝常报销奏折称，浙省军需共报销银 7 480 521.829 两。[1] 此外，该折还提出五项未列入报销的开支。甲、"本省三百里以内官弁例支柴薪银两，及将军、参赞到浙调集官兵例支驮马折夫，暨在营一站各夫安家路费，夫头工资口粮，并各台局租赁民房、护台民夫工食等款，均捐办不入支销。"这一类开支梁宝常未提出具体数字。乙、"壮勇口粮项下，每名每日原准给银二钱，令经管之员捐给一成；制造军械等项准加四成工料者，亦令捐办十分之一；其余山东等省壮勇准给安家银二十两者，由承办之员分别路途远近，每名捐给银自五两至十两不等。并前钦差大臣伊里布捐过闽省水勇口粮盘费，暨裕谦随营文员俱自备资斧，不支盐粮。"梁宝常指出，此类开支"共节约银三十余万两"。这种节约系账面上已有开支而由承办官员捐办。丙、"尚有官绅士民捐办乡勇口粮盘费，雇船出洋助战，并各口沉船钉桩，及定海火攻船只，制办兵勇衣帽枪刀，收缴器械价值，并奏准赏兵棉衣，封禁卤船口粮，一切例销未经请项之款，均划出另行分别办理。"此类开支，梁氏在另一奏折中称，共用过银 373 476 两。[2] 丁、"各厅州县尚有垫办修筑堡寨桥梁道路，开挖壕沟，给过坝夫工食等项，均系实用"，但款项紧张，查明实数后，捐廉摊还。我未找到浙江此后关于该项的奏折，不知道其确切数字。戊、梁氏在该折的附片中称，镇海炮厂铸炮 117 位，用银 108 590 余两，已入册报销，请求事后捐输。梁氏后来奏称，捐办归款。[3] 此数虽不影响报销总额，却使我发现，先前杭州炮局捐办钱项，梁氏在该折中未提。这是一笔共计钱 218 230 串的款项。[4] 梁

---

[1] 梁宝常奏，道光二十四年六月十九日，《鸦片战争档案史料》，第 7 册，第 475—478 页。

[2] 梁宝常奏，道光二十四年十二月初二日，《军机处录副·财政类·捐输项》，3/56/3261/34。梁氏在折中要求"免造册报销"。

[3] 梁宝常奏，道光二十四年十二月初二日，《军机处录副·财政类·捐输项》，3/56/3261/29。此折与前折同日上，非为一折。梁氏称，共收入捐输钱 213 000 串，易银 126 018 两，尚余 17 420 两，收入藩库。

[4] 梁宝常奏，道光二十四年三月十九日，《军机处录副·财政类·捐输项》，3/56/3257/72。梁氏称，共收钱 236 900 串，剩 18 670 串，留存报销项下。

折中还提到,"本省外省官兵借支行装等项银一十七万六千七百五十二两七钱四分五厘,业经分咨各省扣收",[1]此数应予以扣除。除梁折外,扬威将军奕经奏称:"此次调到征兵,赏给皮衣银两,并随时校阅官兵,分别高下赏赉;凡士民勇壮差往各城探听夷情,分布埋伏,亦俱酌给盘费……至军火器械除行文前后总局制造外,前经奏明查照《火龙经》及《火器图说》,密饬随营粮台遵式制备……现据随营粮台及绍兴分局详报统计,赏需、盘费及随营密制三款,共动用银十五万五千八百四十四两八钱,制钱十一万六千六百九十四串八百文,均归于捐输项下开除,请免造册报销。"[2]以上各项报销银两及已知确数的未列入报销的开支(钱按当时浙江捐输制钱 1 500 文易银 1 两计),略去小数,共银 8 356 373 两。[3]

四、江苏 江苏的情况比较复杂,有江苏、江宁两布政使。先是在苏州设立粮台,后战火延及南京,又在省城江宁设立总局。[4]而苏北扬州一带的防务当时又由江南河道总督麟庆负责,又在清江浦设立江北军需局。[5]此外,江宁将军所用的战费又自行报销。因而江苏的报销须分为多拨,已见者有:甲、两江总督耆英核销苏省动用正饷银共 1 302 458.796 55 两,其中各省官兵借支行装等银 39 500 两。耆英在该折中称,"未便概行列入正销,现于动用捐输案内另折奏报。"[6]而耆英在同日上奏的捐输案折称,苏省在捐输项下共支银 1 031 813.476 两。[7]耆英在此折中还称,

---

[1] 后梁宝常核实为 176 959 两。梁宝常奏,道光二十四年六月十九日,《军机处录副·财政类·捐输项》,3/53/3035/3。行装银为官兵出征时可借用的银两,以后分季从兵饷中扣还。可见本文第五节。

[2] 奕经等片,道光二十二年十月二十三日,《鸦片战争档案史料》,第 6 册,第 499—500 页。梁宝常的报销奏折有一附片,专门谈及此事,可见梁氏未将此款列入报销案中(梁宝常片,道光二十四年六月十九日,《宫中档·军务类·军需项》,4/1/16/153/39)。但梁称具体数字比奕经少 13 两。

[3] 行装银及奕经所用捐输银,均据梁宝常已核数字。

[4] 牛鉴奏,道光二十二年八月十六日,同上书,第 6 册,第 209 页。

[5] 麟庆奏,道光二十二年七月初七日,同上书,第 42 页。

[6] 耆英等奏,道光二十四年二月十八日,同上书,第 7 册,第 414—418 页。

[7] 耆英等奏,道光二十四年二月十八日,《军机处录副·军务类·军需项》,3/53/3034/14。

苏、松、常、镇、太仓五府所属三十四厅、县垫用例销不敷银139 981.5两。由此合计，略去小数，共银2 434 753两。乙、两江总督璧昌核销江宁防守，上奏报销正项银338 474.1两。该折又称，"各标营请修军装于未设防堵局前，由司库发过银一万七千八百五十四两二钱六分九厘"，由藩司另行报销。[1]璧昌同日上奏的捐输案奏折，江宁在捐输项下共支银230 919两。[2]由此合计，略去小数，共计银587 247两。丙、江宁将军德珠布奏称，江宁驻防共用银10 581两。[3]丁、署漕运总督周天爵奏称，江北军务共用过82 000余两。[4]此外，从档案来看，尚有苏州造器募勇用过银5 200两。[5]以上各项合计，共银3 119 781两。

广东、福建、浙江、江苏四省为鸦片战争的主战场，从已知材料来看，军费数字不低于23 140 970两。

北方沿海各省区虽未发生战事，但也进行了长达两年多的战备，军费支出相当庞大。其报销奏折，我未能全找到。大体情况如下：

五、山东　山东的报销奏折未发现，但山东巡抚托浑布战后奏称，"道光二十年秋间防堵英夷需用经费……事竣核明实用银八万一千三百余两"；"自道光二十一年正月起至本年九月止，先后又经奏借司库正款银四十八万两……除前借银两尽数支发外，约计各属未领垫款尚有十余万两，总计三年用项总在七十万两以上。"[6]此虽约数，也可观其规模。另外，山东巡抚梁宝常奏称，山东黄县办理海防，当地官绅"先后

---

[1] 璧昌等奏，道光二十四年六月二十七日，《军机处录副·军务类·军需项》，3/53/3035/15。

[2] 璧昌等奏，道光二十四年六月二十七日，《军机处录副·军务类·军需项》，3/53/3035/11。

[3] 德珠布奏，道光二十二年十月初三日，道光二十二年十月十八日上谕，《鸦片战争档案史料》，第6册，第413—415、476页。

[4] 周天爵等奏，片，道光二十二年十一月二十三日，道光二十二年十二月初七日上谕，同上书，第6册，第653—655、700—702页。

[5] 耆英等奏，道光二十二年十二月十九日奉朱批，《军机处录副·帝国主义侵略类·第一次鸦片战争项》，3/167/9205/63。该折称，苏州府总捕同知制造火箭喷筒、雇募善于泅水之人，用过此数。后该同知报效，"请免造册报销"。

[6] 托浑布奏，道光二十二年十一月二十九日，《鸦片战争档案史料》，第6册，第678—679页。

共捐银三万二千四百七十八两……请免造册报销"。[1]若山东正项防御经费以70万两计,那么,山东军费至少有732 478两。

六、直隶 直隶总督讷尔经额奏报该省军需核销支用正款银1 905 131.544 267两,其中文武官员借支养廉银12 753.392两,外省官兵借到廉俸行装银452.4两。[2]讷尔经额同日奏报该省军需支用捐输银895 011.719 853两。[3]从档案来看,还须加上天津大沽等处修建炮台支用捐输银129 000两。[4]以上各项合计,减去借支养廉、行装银,略去小数,共计银2 915 937两。

---

[1] 梁宝常奏,道光二十三年八月初五日,《宫中档·帝国主义侵略类·第一次鸦片战争项》,4/144/4。

[2] 讷尔经额奏,道光二十三年五月十一日,《军机处录副·军务类·军需项》,3/53/3032/44。

[3] 讷尔经额奏,道光二十三年五月十一日,《军机处录副·军务类·军需项》,3/53/3032/42。

[4] 讷尔经额奏报修建天津大沽等处炮台时称:"以上统计炮台五座,土坝五道,炮位二十尊,兵房二百间,约共需银二十五万余两。现据天津道劝捐银十二万两,通永道劝捐银四千两,臣与藩司捐廉银五千两,统计不敷银数尚有十二万两,项无所出,应据实奏明,请旨赏发,即于藩库筹款拨用。工竣后,捐办之工请免造册送部,动帑之工照例造册报销。"道光帝予以同意(《鸦片战争档案史料》,第2册,第676、703—704页)。此项工程完工后,讷尔经额于道光二十二年二月初三日上奏保举出力人员(同上书,第5册,第67—68页)。按照清朝制度,工程完工上奏报销后,方可保举人员。由此推论,天津大沽等处炮台已在战后军需报销前上奏报销过。这一推论可由下一史料支持:"道光二十一年六月十五日内阁奉上谕,天津大沽等海口添筑炮台、土坝等工,已如式修竣,经该督逐一验收。所有大沽南岸砖石炮台、土坝等工,系属捐办,著免其造册报销,大沽北岸炮台、土坝在于捐款内动拨建者,著一体免其造册,第其动帑之工,著造具清册,第报部核销。"(《剿捕档》)讷尔经额原折又可见《道光鸦片战争汇存》(抄本,近代史所藏,第3册,第90—92页,该件无日期)。更重要的证据是,讷尔经额于道光二十三年五月十一日上奏核销军需正款、军需动拨捐两折中提到"部拨运库董商捐输银一十八万七千八百余两"、"计四次共捐银四十万三千七百余两、制钱一十四万三千七百余千(文)"(详情可见捐输附表及说明),却没有提到天津大沽炮台使用捐输银129 000两之事,相反在军需动拨捐一折中称:"所有前奉谕旨藩库提用银十二万两,应即筹议归补,以重正项",并在该折清单中列了修台铸炮多项费用。由此可见,天津大沽等处炮台提用藩库银12万两,由讷尔经额在战后于捐输项下动用归补,而先前使用的捐输银129 000两,因前已奏报,不必再造册报部,战后未纳入奏报。

七、山海关 山海关在清朝为驻防辖地,军需费用单独奏报。据道光帝上谕及山海关副都统富勒敦泰奏,此处共用军费银 14 403.097 两。[1]

八、盛京 盛京的报销奏折未能找到。我目前看到的关于盛京军费大貌的文件只是盛京将军耆英于 1841 年 9 月 18 日(道光二十一年八月初四日)的奏折,称:"伏查奉天军需,自上年七月以来,奴才等督率在事旗民官员撙节办理,陆续支用银两,将及十万两之多。"[2] 按照奉天的设防情况来看,此后的用项要大得多,奉调的吉林、黑龙江官兵均在奉天过境或驻扎。从该部在直隶的开支情况可以推断,那是一项不小的费用。[3] 就我个人估计,盛京的军费虽未必如山东达 70 余万两,因为它没有动员山东那么多部队,但由于吉林、黑龙江援军的过境与驻扎,其军费与山东也差不了许多。

以上未经战争但积极备战的北方四省区,若山东的军费按托浑布的估计数,盛京的数字按耆英 1841 年的奏报数,那么,其军费支出的总额不低于银 3 762 818 两。

除了沿海地区外,内地各省区也被卷入了战争。安徽、湖北、江西、广西、湖南、河南、四川、贵州、云南、山西、陕西、甘肃、吉林、黑龙江、察哈尔皆派出援军奔赴沿海,相应许多省区就有官兵过境。安徽、江西、河南、湖北、山西、广西、四川等省为战区提供过军用物资。英军攻入珠江后,广西在西江上的梧州一带布防;英军攻入长江后,安徽、江西甚至湖北都部署了江防。这些省区的军费虽不若沿海多,但相加起来,也是不可低估的数目。内地省区的报销奏折未能找全,已经找到的省份有:

九、安徽 安徽用于派兵出征、支应过境外省官兵、办理火药军械

---

[1] 道光二十年九月十二日上谕,道光二十年十月二十六日上谕,富勒敦泰奏,道光二十二年十一月二十八日,道光二十二年十二月初五日上谕,《鸦片战争档案史料》,第 2 册,第 457、545 页;第 6 册,第 672—674、696 页。
[2] 耆英等奏,道光二十一年八月初四日,同上书,第 4 册,第 89—91 页。
[3] 吉林、黑龙江官兵在直隶的开支情况可见本文第四节。

等项，共支银249 359.783两；[1]而在英军攻入长江后，安徽在长江芜湖一带部署防御，支银199 974.876两。[2]两者合计，略去小数，共银449 334两。

十、江西　江西用于派兵出征、支应过境外省官兵、办理火药军械等项，共支出银199 823.017两；而在英军攻入长江后，江西用于沿江防堵银24 192.662两、钱11 076.7串。[3]此外，江西铸造火炮使用捐输钱68 000串。[4]以上各项，略去小数，共计银224 015两、钱79 076串。按捐输标准，以钱1 500文易银1两，共计银276 732两。

十一、湖北　湖北用于派兵出征、支应过境外省官兵、办理火药军械等项，共支出银333 576.034两，其中本省官兵借支行装银55 530两。[5]此外，湖北"为安徽省代购木料及扎造策应艍筏、招募兵勇、添制炮械等项"，共支出银39 197.833两、钱5 288.583串。[6]以上各项，扣除分年归还的行装银，略去小数，共银317 243两、钱5 288串。以钱1 500文易银1两，共银320 768两。

---

[1]　安徽巡抚王植奏，道光二十四年十月二十日，《军机处录副·军务类·军需项》，3/53/3035/39。

[2]　安徽巡抚程楙采于道光二十二年八月二十七日奏称，为在芜湖一带防御，"请在工赈节省项下酌提银二十万两，另立军需支应专款"（《鸦片战争档案史料》，第5册，第806页）。程氏又于道光二十三年二月初二日奏称，安徽收到捐输银共计249 840两，"先提银二十万两，归还工赈节省项下"，"至前项防堵经费系于捐输项内动用，请免造册报销"（《军机处录副·财政类·捐输项》，3/56/3250/24）。安徽巡抚王植于道光二十四年十月二十日奏称："……又支剩军需平余银二十五两一钱三分三厘"。（《军机处录副·军务类·军需项》，3/53/3035/39）王氏所言"支剩军需平余银"又被他用于支付兵差等费用，可见即是前抚程氏所提的二十万两的款项。

[3]　江西巡抚吴文镕奏及片，道光二十三年十二月初一日，《宫中档·财政类·捐输项》，4/1/35/676/77、4/1/35/676/78；道光二十三年十二月二十一日上谕，《鸦片战争档案史料》，第7册，第385页。

[4]　道光二十一年十一月十四日上谕，吴文镕奏，道光二十二年五月十六日，《鸦片战争档案史料》，第4册，第451—452页；第5册，第465—466页。

[5]　湖广总督裕泰等奏，道光二十四年八月二十四日，同上书，第7册，第504—505页。

[6]　裕泰等奏及所附清单，道光二十三年十一月二十一日，《军机处录副·财政类·捐输项》，3/56/3255/48。

十二、四川　四川用于派兵出征共支出银 167 370.4861 两。[1]

十三、广西　广西用于派兵出征、支应过境外省官兵及在梧州一带防御共支出银 90 720.42 两。[2]此外，根据靖逆将军奕山等咨会，广西为广东在珠江上发动反攻而购运火攻材料杉木、稻草、拒船木桩共银 168 752.93 两。[3]以上两项，略去小数，共银 259 473 两。

十四、陕西　陕西用于派兵出征及支应甘肃过境官兵共支出银 114 851 两。[4]

其他内地省区，未能找到报销奏折，但其支出尚有线索的有：

十五、甘肃　陕甘总督恩特亨额奏称，为派兵出征，于 1841 年 10 月 3 日、11 月 21 日、12 月 9 日（道光二十一年八月十九日、十月初九日、十月二十九日）三次在甘肃新疆备用银项提银 7 万两。[5]此后，陕甘总督富呢扬阿奏称，经查前提银两，动用后所存无几，奉派赴浙江、天津、清江浦的甘肃官兵已奉旨撤回，"所有沿途供应各项自应预为筹备，该司（指藩司）于本年十月二十九日复于新疆备用款内，提出银三万两，以备支发。连前共提银一十万两，统俟官兵过竣各属造销后，核明有解不足，另为详办……"[6]富呢扬阿此折说明了两点，一是前提 7 万两，官兵出省时已经用得差不多了；二是再提 3 万两仍有可能"有解不足"。陕西在鸦片战争中派出兵丁 5 700 名，用银 11 万多两；甘肃在鸦片战争中派出兵丁 3 700 名，若考虑到甘肃区域大，集中兵力不易，并

---

[1]　四川总督宝兴奏，道光二十六年五月十七日，《军机处录副·帝国主义侵略类·第一次鸦片战争项》，3/167/9192/62。

[2]　广西巡抚周之琦奏，道光二十六年六月二十日，《军机处录副·军务类·军需项》，3/53/3036/48；署理广西巡抚孔继尹奏，道光二十七年正月二十四日，《军机处录副·财政类·经费项》，3/57/3356/62。

[3]　广西巡抚周之琦奏，道光二十三年四月二十五日，《宫中档·军务类·军需项》，4/1/1/808/31。

[4]　陕西巡抚杨以增奏，道光二十七年十二月二十八日，《宫中档·财政类·经费项》，4/1/35/962/21。

[5]　恩特亨额奏，道光二十一年十二月十六日奉朱批，《军机处录副·帝国主义侵略类·第一次鸦片战争项》，3/167/9181/56。

[6]　富呢扬阿奏，道光二十二年十二月十三日奉朱批，《军机处录副·帝国主义侵略类·第一次鸦片战争项》，3/167/9181/61。

参照其他省区的情况，支出银 10 万两大体不差。

十六、湖南 湖南巡抚吴其濬奏："前因逆夷不靖，奉调湖南兵一千五百余员名，又四川官兵四千五百余员名，赴粤协剿，由湖南省经过，所有口粮夫船脚价等项，经臣奏准，动拨藩库封贮银四万两，酌发各州县支用在案。此次凯撤各官兵到境（指从广东撤回的湖南兵 1 500 名）……又由浙江改调赴粤之镇镇兵一千余名，由郴州一带经过归伍，为数较多。惟凯撤究比出师需费较少，应请查照前数酌减，动拨司库封贮银三万两……事竣核实报销。"〔1〕此后，吴其濬又奏，镇压崇阳反叛，各县捐输"剩银一万两，解还司库。现因广西赴浙官兵过境，藉资应付"。〔2〕由于没有看到前提 7 万两的核销，不知其使用情况，但从其他省份的报销情况来看，此一费用并不为多。而捐输银 1 万两若用于广西兵来回过境，就有可能不够。此外，在湖南过境的还有湖北前赴广东的援军 2 800 余名，这一笔费用，没有查到有关材料。

十七、贵州 云贵总督桂良等奏，奉旨调派贵州兵 2 500 名赴粤，实际派出 2 816 名，"按例应给俸赏银二万一百三十七两零，行装银二万三千八百五十两，系于司库兵马奏销项下提存朋马建旷等款内动支……"〔3〕行装银属事后分季从兵饷扣还的，可以不计，但沿途开销费用，以及云南兵 500 名的过境费用，没有查到有关资料。此外，署理云贵总督陆建瀛奏，贵州赴粤官兵损失军械补造，"总共应需工料银七千五百七十九两二钱三分四厘"。〔4〕以上两项已知费用，略去小数，共银 27 706 两。

十八、察哈尔 察哈尔都统铁麟等奏，察哈尔蒙古兵 2 000 名所需新制帐房 647 架用银 3 500 余两，驻扎博罗柴济 20 多天所需盘费

〔1〕 吴其濬片，道光二十一年六月七日，《宫中档·军务类·军需项》，4/1/1/800/103。
〔2〕 吴其濬奏，道光二十二年四月二十八日，《军机处录副·财政类·经费项》，3/57/3352/20。
〔3〕 桂良等奏，道光二十一年四月十八日，《军机处录副·军务类·军需项》，3/53/3027/28。
〔4〕 陆建瀛奏，道光二十六年十月二十六日，《军机处录副·军务类·军需项》，3/53/3036/70。

4 756 两。[1] 又据铁麟奏，兵丁衣履费用 6 000 两。[2] 此数当然不是察哈尔官兵出征的全部费用，但三笔费用已用银 14 256 两。

山西、河南、吉林、黑龙江、云南五省区的军费开支，尚未能找到任何材料。[3] 但从其军事行动的规模来看，山西派出兵丁 1 500 名增援浙江、天津等处，河南派出兵丁 4 000 名增援浙江、江苏等处，吉林、黑龙江各派出兵丁 2 000 名增援盛京、山海关、天津等处，云南派出兵丁 500 名增援广东，更兼山西、河南还为各战区制造大量军械、火药，五省区的军费开支肯定不小。我们可以从已知确切数字的安徽、江西、湖北、四川、广西、陕西的军费额中，估计其数字。

以上内地各省区，已有史料根据的军费支出为银 1 810 490 两。

从上面的叙说中，我们已经看到沿海战区、北方沿海省区、内地省区无不为此次战争耗去了大量财力，已有史料根据的支出银为 28 714 278 两。由于山东、盛京、甘肃、湖南、贵州、察哈尔等省区的数字不完全，山西、河南、吉林、黑龙江、云南等省区尚无开支数字，已经找到报销奏折的省区也有可能某些使用捐输银两而可免造册报销的文件尚未发现，据此，我以为，清朝在鸦片战争中的军费开支估计在 3 000 万两左右。

清朝经费的来源

现有的研究已经证明，至鸦片战争前，清政府的财政陷入危机。档案中反映这一状况的材料比比皆是。最为触目惊心的是 1839 年管理户部事务的大学士潘世恩的奏折：

---

[1] 铁麟等奏，道光二十二年五月二十九日，《军机处录副·帝国主义侵略类·第一次鸦片战争项》，3/167/9216/51。

[2] 铁麟等奏，道光二十二年七月初八日，《军机处录副·帝国主义侵略类·第一次鸦片战争项》，3/167/9216/63。

[3] 我在档案中仅发现山西支付兵丁行装银的奏折，由于行装银需事后扣还，故未叙及。

惟就现在积欠各项,凡属应征而未征,应拨而未拨,应解而未解,以及应扣、应追、应估变之一切款项,定限催提,均归实在,方为经久无弊之计。第其中款目纷繁,虽臣部各司处随时分案办理,而散之未觉其多,聚之实属不少。臣等公同商酌,拣派司员,饬令调齐案册,分别缓急轻重,汇总勾稽。今历数月之久,据该司员等按款详查,加以臣等悉心复核,共一千一百五十三案,计银数一万万零八百一十七万二千两零。

据潘氏的奏折,盐务一项其悬引未完及帑利等款共银7 869余万两;其他各项中,应征未完项1 366万余两,登记未入拨项980万余两,应解项420万余两,应估解项18万余两,应扣项88万余两,应追项74万余两,共银2 947万余两。[1]财政入项状况如此,怎能不危机重重?而潘世恩提出的解决办法"定限催提",未必能行得通。

前已提及的彭泽益论文对清朝的国库存银作了这样的叙述:"据统计,从1840年到1841年,国库存银由10 349 975两减为6 796 037两"。[2]这与清朝国库最盈时7 000余万两相比,差之霄壤。当然,各省司道库中还存有一定数量的银两。[3]

那么,既然清政府财政陷入危机,又是何以筹措军费的?也就是说,总数约3 000万两的军费来自何处?

早在鸦片战争前,清政府就无力支付各类临时性的额外开支,因而常用的对策有两项:一是摊廉,即先从库存中提用银两,事后再从某省区文武官员的养廉银中按年按成(一成、一成半、二成甚至三成)分摊

---

[1] 潘世恩等奏,道光十九年六月初四日,《军机处录副·财政类·经费项》,3/57/3349/25。

[2] 彭泽益:《论鸦片战争赔款》,《经济研究》,1962年第12期。又见《十九世纪后半期的中国财政与经济》,第11页。彭氏的数字是根据经济研究所所藏《清代钞档》历年户部银库大进黄册计算。这里说的国库,是指户部银库。户部所控制的银两,除户部银库外,还有存在各省藩库的"封贮银"等项。

[3] 道光二十一年六月二十六日河南巡抚牛鉴奏称:河南"藩司库截止六月初三日,共贮地丁正耗并杂项浮寄封贮等款银一百九十三万六千五百五十九两零,粮道库截止六月初六门,共贮漕、盐两项银一十七万九千七百三十两零"(《军机处录副·财政类·捐输项》,3/56/3241/126)。

扣除,以归还库存。二是开捐摊派,或为某专项费用开捐例,或将费用摊派于富商甚至按田亩摊派于田主,由于费用不从政府款项中出,朝廷一般都免其造册报销,也就是说,不检查其支出标准是否符合《户部则例》等规定。

因此,林则徐至广东禁烟缉查、加强海防,所用经费是行商的茶叶交易的"行用",由行商捐交三年。[1]这用的是捐派的方法。邓廷桢在福建查禁鸦片,从泉州、漳州府库中提银1.5万两。[2]这用的是摊廉的方法。

由于当时的情报系统失灵,清朝对鸦片战争的到来是完全没有准备的。至1840年7月3日英军炮击厦门,7月5日英军攻占定海,沿海疆吏才发现战争已经临门。根据他们的奏折,浙江于7月8日"札调粮饷军火解赴宁波",7月24日设立军需机构,"提解藩库银十万五千两",并拨弹药;[3]江苏于7月15日"提藩、运库银四万两",以供应调防兵丁的盐菜口粮;[4]福建于7月18日从藩库存贮报拨款内"借银十万两",[5]大约也在同时,山东"于司库筹拨关款银六千两";[6]直隶于8月6日"饬藩司筹款垫发"所调兵丁的"盘费银两"。[7]盛京所调防兵,因未超出驻所300里之外,按规定不得再领款项。广东也未请款,可能行商提供的"行用"此时还可以应付。从上述提拨银两的数字来看,沿海疆吏对已经发生的战争规模估计不足。另有一点值得注意,除了福建外,各地都没说明支出的银两将来归于何项名目,道光帝也仅是认可;而福建提出的办法是事竣从该省州县以上官员额支养廉银中"分年扣还归款",道光

---

[1] 《林则徐集·奏稿》,中华书局,1965年,中册,第810页。"行用"是行商与外国商人交易时每两抽取三分,作为行商办公费用。茶叶是当时交易的大宗。又,林氏在此折中还透露,广东全省大小官员养廉,因连州军需等款,每年已扣三成,计道光二十六年才能扣清归款。
[2] 邓廷桢片,道光二十年六月二十日,《鸦片战争档案史料》,第2册,第177页。
[3] 乌尔恭额奏,道光二十年六月初十日、六月二十六日,同上书,第154、192页。
[4] 伊里布奏,道光二十年六月十七日,同上书,第164页。
[5] 邓廷桢片,道光二十年六月二十日,同上书,第177页。
[6] 托浑布片,道光二十年七月初三日奉朱批,同上书,第207页。
[7] 琦善奏,道光二十年七月初九日,同上书,第237—238页。

帝对此宣布"将来作正开销",[1]即作为清朝政府的正式开支。分明是国库不足,道光帝却"作正开销",看来他也没有对战争规模作充分估计。

由于英军占领了定海,浙江除了在宁波一带组织防御外,还须准备收复定海,原提藩库银10.5万两根本不够,护理浙江巡抚宋其沅要求将浙江奉解云南、户部银96.28万两,截留浙省作为军需专款。[2]因此时道光帝派伊里布为钦差大臣,相机攻剿,这一笔款项获得批准。英军在厦门的第二次炮击,又使厦门加强海防,邓廷桢于9月19日奏请从藩库、监道库再拨银15万两。[3]而这份奏折到达北京时为10月23日,此时英军已经从天津一带南下,道光帝也认为战争即将结束,先于9月29日下令沿海疆吏酌撤防兵,以能节省费用,[4]看到邓折,道光帝在上谕中狠狠批责:"所称腹背受敌,不知所受何敌?""所称该夷猖獗,不知在何处猖獗?"并宣称:"现在特派大臣(指琦善)赴粤查办,不日即可戢兵。"他要求"裁汰浮糜",但同意"其应用款项,随时奏闻"。[5]到了这个时候,江苏的军费也不足于用,但其解决办法不同。署理两江总督裕谦于10月30日奏称,淮南盐商"情愿公捐银五十万两,以备本省犒赏之费"。[6]这是鸦片战争中第一笔大的捐输款项。直隶大沽等处炮台建设,需银25万两,其中长芦盐商等捐银12.9万两,不足部分由藩库筹款拨用。[7]

---

[1] 邓廷桢片,道光二十六年六月二十日,道光二十年七月初七日上谕,《鸦片战争档案史料》,第2册,第177、234页。

[2] 宋其沅奏,道光二十年八月二十三日奉朱批,同上书,第375页。

[3] 邓廷桢奏,道光二十年八月二十四日,同上书,第382页。

[4] 道光二十年九月初四日上谕,同上书,第432—434页。

[5] 道光二十年九月二十八日上谕,同上书,第501—502页。

[6] 裕谦奏,道光二十年十月初六日,《宫中档·财政类·捐输项》,4/1/35/674/12。盐商此次捐输分作三年,"随同正项钱粮按引带纳",江苏的海防费用仍需先行垫拨,待盐商交纳后,"归还垫款"。裕谦还奏明,江苏海防各费均从此支用,并免造册报销。这里须请注意的是,江苏、浙江的盐商,广东的行商,往往是先报认捐数字,分年交解。这与地方官的勒捐不无关系。此类情况本文后面不再注明。

[7] 讷尔经额奏,道光二十年十二月初十日,道光二十年十二月十三日上谕,《鸦片战争档案史料》,第2册,第675—677、703—704页。而在之前,讷尔经额不敢请款,只是称"此项经费由官倡捐,劝谕商民",道光帝下令若捐不足数"著ераль实具奏",讷尔经额才敢提出用官帑的(道光二十年十月初七日上谕,同上书,第513—514页)。

到此时为止，清朝的军费支出还是不大的，道光帝也没有感到陷入困境。值得注意的是，关于捐输的两种意见都已经出现。掌陕西道御史曹履泰奏称："此次筹备军需，必须从长计议，方不致临时掣肘。""现今库项较之往岁，又复有绌无赢，合无请饬下户部核议，于现行捐例量为推广。"[1]刑科掌印给事中袁玉麟奏称："捐输流弊孔多，有名为官捐而实令民捐者，有名为捐输而实为勒派者，有输项收齐而官吏从中渔猎者，种种弊端，不可枚举。是以民间一闻捐输，多不乐从。""理财之道，开源不如节流。捐输既属难行，莫如准其一概开销。但须详行稽核，严定赏罚，以杜浮冒。"[2]道光帝本来对捐输就十分反感，每次召见捐班，都面色不悦，曾在私下场合坦露过心迹："捐班我总不放心，彼等将本求利，其心可知。科目未必无不肖，究竟礼义廉耻之心犹在，一拨便转。"[3]他对推广捐例的请求没有表示意见，却下令："不得借词津贴，抑勒捐资。如所属州县有摊派侵蚀等弊，即著严参惩办。"[4]

广东谈判败裂，英军进攻虎门。道光帝决定开战，指示钦差大臣琦善："所需军费，无论地丁关税，准该大臣酌量动用，作正开销，倘有不敷，迅即奏闻请旨。"[5]生性苛俭的道光帝下令下属如此不加限制地使用军费，实不多见。而不愿开战的琦善对此回奏："查得各库贮堪以动用之款，现尚堪敷支。惟防夷久暂难以预料。"[6]也就在此时，道光帝授奕山为靖逆将军，于1841年2月7日下令户部从广东邻近省份"酌拨银二百万两"。[7]过了没几天，2月21日，又下令"由

---

[1] 曹履泰奏，道光二十年十二月十四日，《鸦片战争档案史料》，第2册，第708—709页。
[2] 袁玉麟奏，道光二十年十二月十二日，同上书，第691—692页。
[3] 张集馨：《道咸宦海见闻录》，中华书局，1981年，第22页。
[4] 道光二十年十一月十六日上谕，《鸦片战争档案史料》，第2册，第595页。
[5] 道光二十年十二月二十日上谕，同上书，第743页。
[6] 琦善奏，道光二十一年二月七日，《军机处录副·帝国主义侵略类·第一次鸦片战争项》，3/167/9183/4。
[7] 道光二十一年正月十六日上谕，《剿捕档》。

户部银库拨银一百万两"。[1]一下子往广东拨银 300 万两,是道光帝决定在广东决战决胜。这时候的道光帝突然大方起来。他批准山东在司库提银 8 万两;[2]批准福建从藩库提银 20 万两,另从邻省拨 20 万两。[3]

然而,战事并未像道光帝所希望的那样迅速结束,各地的军费支出越来越大。1841 年 3 月 29 日,新任闽浙总督颜伯焘奏称,此次战事,所需甚大,"非仅请数十万两所能济","仰恳皇上敕部筹备银三百万两,内二百万两迅速解闽,以副支用,其余一百万两容臣察看情形,如果必须应用,再行奏咨。"[4]户部奉旨议奏,打了个折扣,准备拨款 150 万两。道光帝审阅时,又朱笔删去 50 万两。[5]是年 5 月 3 日,户部奏称:"……军需一项,仰蒙皇上不惜帑金,俯准宽为筹备,统计先后拨解截留直隶、广东、福建、浙江等省,共银五百九十余万两",要求各地妥议章程,不得滥行支应。[6]户部的实际目的是限制各省军费的无止境的膨胀,并隐隐露出将来事竣报销时将严格核销,哪知此举反引起各地疆臣纷纷上奏以物价上涨为由要求改定报销标准的浪潮。

---

[1] 道光二十一年二月初一日上谕,《剿捕档》。该谕令要求将此款解往江西藩库,是因为按当时的想法,以江西作为广东的供给后方。另,此款广东仅收到 45 万两,其余 55 万两改拨江苏、安徽两省(祁𡒊奏,道光二十二年二月十七日,耆英奏,道光二十五年九月初五日,《鸦片战争档案史料》,第 5 册,第 111 页;第 7 册,第 590 页)。

[2] 道光二十一年正月十一日上谕,《鸦片战争档案史料》,第 3 册,第 51—52 页。

[3] 吴文镕奏,道光二十一年正月初三日,道光二十一年正月十九日上谕,同上书,第 1—2、86 页。

[4] 颜伯焘奏,道光二十一年三月初七日,《军机处录副·军务类·军需项》,3/53/3026/32。

[5] 户部奏,道光二十一年三月二十五日,《宫中档·军务类·军需项》,4/1/1/801/37。户部拟拨的银两为:长芦盐课银 12 万两,山东盐课银 2 万两,河南地丁银 40 万两,安徽留备地方公用银 12 万两,湖南地丁等银 15 万两,河南封贮银 5 万两,苏州封贮银 25 万两,安徽封贮银 5 万两,九江关税银 12 万两,北新关税银 5 万两,淮安关税银 8 万两,浒墅关税银 8 万两。道光帝删去河南地丁银 40 万两、苏州封贮银 10 万两,并删去户部原折中的一段话"倘实有不敷支用之处,再由该督酌量情形,奏明办理,以重帑项"。

[6] 户部奏,道光二十一年闰三月十三日,《军机处录副·军务类·军需项》,3/53/3026/55。

1841年8月，英军攻占厦门，福建请款银300万两，道光帝此时不得不准。[1]是年10月，英军攻占定海、镇海，已经截留各类应报应解款项银150余万两的浙江，[2]再度请款。道光帝因派出奕经为扬威将军，并从各省调兵1.3万余名增援浙江，下令户部罗掘，结果给了400万两。[3]

也就在这一年的夏天，黄河河南省段决堤，河水包围省城开封；河南、江苏、安徽、湖北等地大面积遭遇水灾。河工与赈灾又需支出大笔

---

[1] 刘鸿翱奏，道光二十一年七月十七日，道光二十一年八月初三日上谕、八月初六日上谕，《鸦片战争档案史料》，第4册，第38—39、88、99页。又据道光二十一年八月初六日户部奏，所拨银两为浙江秋拨应报盐课银8万两，春拨留协漕项白粮等银7万两，封贮银5万两；江西秋拨应报地丁银15万两，封贮银5万两；安徽秋拨应报地丁银15万两，封贮银10万两；苏州秋拨应报地丁银15万两；两淮秋拨应报盐课银50万两，收还无利库本银20万两；山东秋拨应报地丁银20万两，封贮银15万两；山西秋拨应报地丁银40万两，封贮银15万两；山西秋拨应报河工经费银6万两；北新关约征税银5万两；九江关约征税银15万两；芜湖关约征税银8万两；浒墅关约征税银10万两；淮安关约征税银5万两；扬州关存征税银6万两（《军机处录副·财政类·经费项》，3/57/3351/48）。此中多项皆是当年应征甚至"约征"的数字。其中两淮银70万两，由裕谦截留在浙江（裕谦奏，道光二十一年八月二十四日，《军机处录副·军务类·军需项》，3/53/3028/17；道光二十一年九月初二日上谕，见《上谕档》）。其中浙江盐课银8万两、漕项银2万两、北新关银5万两已被浙江挪用（刘韵珂奏，道光二十一年八月十六日，《军机处录副·军务类·军需项》，3/53/3028/11）。又据北新关监督富呢雅杭奏称，北新关已收税银12万两，被浙江截留（原件无日期，道光二十一年十月十六日奉朱批，《军机处录副·财政类·军需项》，3/57/3351/70）。

[2] 自前次截96万余两后，刘韵珂又奏请截留60万两，户部同意40万两，刘氏再请，户部同意（刘韵珂奏，道光二十一年闰三月二十八日、六月二十六日，均见《军机处录副·军务类·军需项》，3/53/3027/12、3/53/3027/58；道光二十一年七月初七日上谕，见《鸦片战争档案史料》，第4册，第17页）。

[3] 其中刘韵珂第三次截留100万两（刘韵珂奏，道光二十一年八月十三日，道光二十一年八月二十三日上谕，《鸦片战争档案史料》，第4册，第116—117、157—158页）。据道光二十一年九月初四日上谕，户部为扬威将军筹措军费，又据刘韵珂道光二十一年九月十六日奏、二十二年正月二十九日奏，户部拨银200万两（同上书，第4册，第215、274页；第5册，第65页）。又据道光二十一年十二月初四日户部奏，再拨银100万两。其中陕西捐监等银16万两，山西续报盐课等银11.7万两，山东留协盐课等银3.1万两，河南留报漕项等银11万两，两淮续报盐课等银40万两，江宁封贮银1.9万两，江西协拨地丁等银3.9万两，浙江留协漕项白粮等银12.4万两（《军机处录副·军务类·军需项》，3/53/3029/33）。

款项。至此，道光帝再也不能顾及其个人道德上的反感，力倡开捐。11月4日的谕旨中称：

> 各海疆省分绅士商民果有捐资助饷，修建城堡，及雇募义勇，造船铸炮有益军需者，其急公好义，即与出力将士无异。若仍照捐输常例议叙，不足以示鼓励，著核实保奏，候朕破格施恩。此外各省士民如有赴各海疆捐资助饷者，亦著一体请奖，无阻其向善之志。[1]

根据这一谕旨，户部于11月18日制定了《海疆捐输章程》，"照（原有的）《捐输章程》，银数酌减十分之五，给予议叙"。这份章程详细开列了士民给予职衔、候选人员议予尽先补用等项目的价格。[2]

尽管捐例已经公布，但以当时的信息系统的效能，距收到银钱尚须很长一段时间。至1841年12月26日，户部不得不向道光帝告急：

> 查上年八月起至本年十一月止，据海疆各省请军需银一千二百三十六万五千余两，东、南两河请工需银七百一十万七千余两，江苏、安徽、湖北请赈灾银一百五十九万八千余两，共银二十一百七万余两。除动用各省地丁、盐课、关税等项外，实拨内务府广储司暨部库银七百三十万两。现查各省封贮及留协等银均已陆续支缺，其续征款项又应于冬拨案作为来年兵饷之用。臣等复查部库存银现虽不下二千四百余万两。而在京额支各款每岁几及银一千万两，为数甚巨。

户部在指出浙江等省的防御，东、南两河的河工，江苏等省的赈灾仍需不少费用后，要求道光帝下旨，令各省力加撙节。[3] 道光帝当日下令全国各督抚将军，"毋许丝毫浮滥"，并以道德的高度来提出要求，"该督抚等受恩深重，当此制用孔亟之时，谅能仰体朕心，分别缓急，通盘筹

---

[1] 道光二十一年九月二十二日上谕，《鸦片战争档案史料》，第4册，第310页。

[2] 户部奏，道光二十一年十月初六日，《军机处录副·财政类·捐输项》，3/56/3242/40。

[3] 户部片，道光二十一年十一月十四日，《军机处录副·财政类·经费项》，3/57/3351/49。

度,不致视为谎诫虚文也"。[1]

在此值得一提的是,户部已经感到不足的存银 2 400 余万两,实际上并不可靠,只是账面上的数字。一年多后,户部银库盗案事发,银数竟短缺 925 万余两。[2]若以此观之,户部存银仅 1 500 万两,除去第二年京中固定开支,已经到了井底。

战争的进程却使军费开支规模越来越大。除广东声称捐输款项就近上兑直供军需可不用再拨款,[3]福建声称已收拨款可用至明春外,[4]一直使用盐商捐银以充军需的江苏,请拨银 50 万两,[5]山东已累计在司库正项内共提银 33 万两,[6]直隶已用军费近 100 万两,[7]而浙江在奕经发动反攻前夕再请款 200 万两。[8]1842 年 4 月 20 日,根据首席军机大臣穆彰阿的建议,道光帝下令全国督抚疆臣熟筹军费良法,"条议具奏"。在这道谕令中,道光帝还举了河南、山东、两淮、浙江、长芦捐输的事例,称之为"是在外筹画一费,即在内省拨一项",这实际上是在暗示各地加强劝捐。[9]谕旨下达后,各地的奏折均无解悬妙策,四川、贵州、广东的官员提出摊廉二成的方案,道光帝先是心动,后

---

[1] 道光二十一年十一月十四日上谕,《鸦片战争档案史料》,第 4 册,第 451 页。
[2] 道光二十三年四月初七日、初九日上谕,《上谕档》。此事又可见刑部尚书惟勤等奏,道光二十三年三月二十六日,中国人民银行总行参事室金融史料组编:《中国近代货币史资料》,第一辑(清政府统治时期),中华书局,1964 年,第 165—166 页。
[3] 道光二十一年十二月十五日上谕,《鸦片战争档案史料》,第 4 册,第 566 页。
[4] 怡良等奏,道光二十一年十二月初五日,同上书,第 527 页。
[5] 牛鉴奏,道光二十一年十月二十九日,《军机处录副·军务类·军需项》,3/53/3029/6。
[6] 托浑布奏,道光二十一年正月初六日,《军机处录副·帝国主义侵略类·第一次鸦片战争项》,3/167/9214/44;托浑布奏,道光二十一年四月二十五日、八月十八日,以上两折见于《军机处录副·军务类·军需项》,3/53/3027/22、3/53/3027/67。道光二十一年五月初一日上谕、八月二十七日上谕,《鸦片战争档案史料》,第 3 册,第 502 页;第 4 册,第 178 页。
[7] 讷尔经额奏,道光二十一年十一月十五日,道光二十一年十一月十八日上谕,《鸦片战争档案史料》,第 4 册,第 455、477 页。
[8] 刘韵珂奏,道光二十二年正月二十九日,道光二十二年二月初八日上谕,户部奏,道光二十二年二月十一日,同上书,第 5 册,第 65—66、87、94 页。
[9] 道光二十二年三月初十日上谕,同上书,第 183 页。

来还是否决了,[1]只是各地的捐输渐见起色。(详见本文附表及说明)

1842年6月,英军突入长江,江苏危急,再请军费银100万两,[2]直隶防御地位重要,亦拨款50万两,[3]山东累计在司库正项内提银48万两。[4]战争结束后,为了赔款、撤退防兵及善后事务,又给江苏拨银100万两,浙江拨银60万两,直隶拨银30万两,福建拨银50万两。[5]

可以说,在整个鸦片战争期间,清朝一直处于费用支绌的状态。道光帝除主动给靖逆将军奕山、扬威将军奕经及直隶拨银550万两外,其余皆是当地官员请款。由于军情紧急,道光帝也不得不拨。就我已见史料,一次拨款30万两以上者,可见下表:

表一

地区	时间(道光)	银数(两)	说明
浙江	二十年八月	962 800	截留
广东	二十一年正月	3 000 000	其中55万改拨他省
福建	二十年正月	400 000	其中20万取之本省
直隶	二十一年二月	500 000	
福建	二十一年三月	1 000 000	
浙江	二十一年闰三月	600 000	截留

---

[1] 道光二十二年五月十九日、二十日、六月二十八日上谕,《鸦片战争档案史料》,第5册,第490、502、829页。
[2] 道光二十二年五月十五日上谕,同上书,第463页。
[3] 讷尔经额奏,道光二十二年八月二十五日奉朱批,同上书,第6册,第238—239页。又,该折日期我据档案原件改。
[4] 托浑布奏,道光二十二年三月二十六日,《军机处录副·帝国主义侵略类·第一次鸦片战争项》,3/167/9214/26;道光二十二年四月初五日上谕,同上书,第5册,第262页。
[5] 道光二十二年四月二十六日上谕;牛鉴奏,道光二十二年七月二十九日;讷尔经额奏,道光二十二年八月二十五日奉朱批;刘韵珂奏,道光二十二年八月二十八日;道光二十二年九月初六日、初八日上谕;达洪阿奏,道光二十二年十一月十六日;道光二十三年三月初九日上谕,同上书,第5册,第360页;第6册,第176—177、238—239、246—247、283、292、595—596页;第7册,第107页。

续表

地区	时间(道光)	银数(两)	说明
福建	二十一年八月	3 000 000	其中100万改拨他省
浙江	二十一年八月	1 000 000	截留
浙江	二十一年九月	2 000 000	
江苏	二十一年十月	500 000	
直隶	二十一年十一月	500 000	取之本省
浙江	二十一年十二月	1 000 000	
浙江	二十二年正月	2 000 000	江苏截留50万
广东	二十二年二月	550 000	取之本省,以代转解之数
福建	二十二年四月	500 000	拟解台湾,迟至次年才解到
直隶	二十二年五月	500 000	
江苏	二十二年五月	1 000 000	
江苏	二十二年七月	1 000 000	
浙江	二十二年九月	600 000	
直隶	二十二年九月	300 000	

以上共计银1 886万余两。由于30万两以下未列入统计,此数当然不是动拨银两的总数。又由于未能查到上述拨款的全部清单,还难以弄清款项具体来源。但从已知其来源的1 592万两中,其中拨自户部的部款仅250万两,其他均拨自各省封贮、留协、应解、应报等项。

浙江等省截留本省应解、应报银两,意味着当年他省及户部的财政安排将被打乱。户部大量调拨各省应解、应报银两,意味着次年全国财政将无法安排,许多协饷省份将得不到原定的拨款。而前引户部片中"现查各省封贮及留协等银均已陆续支缺",意味着以户部银库、各地司道库组成的全国储备金体系已经崩溃。战争若继续,或引起清朝财政的彻底崩溃,或须对清朝的财政、会计体系进行彻底的改造,以适应战时的需要。清朝有无能力进行这种改造,因战争恰于此时结束而无讨论的必要;事实上,除了军事上无力对抗外,财政困难也是清朝统治集团决定妥协的最重要的原因。尽管1842年8月29日战争已经结束,但所付出的军费和将要付出的赔款势所必然地将使清朝的次年财政陷于绝境。而1842年渐入佳境的全国捐输热潮及时地挽救了清朝。[1]就我在中国第一历史档案馆看到的档案等材料作不完全的统计，直接为战争捐输或在《奏定海疆捐输章程》例下捐输的，共银1 347万余两、钱252万余串。其中用于战争和战时其他费用的为银567万余两、钱70万余串；用于战后各地筹办海防的为银38万余两、钱81万余串；用于战后第一次赔款的为银120万余两；用于河工的为银149万余两。再除去镇压湖北钟人杰之役、荆州江堤修筑、抵估甘肃应解兵饷等项，用途尚不明确的为银440万余两、钱59万余串。最后一项银、钱，对险象环生的清朝财政来说，无疑是天大的福音（详情见本文附表及说明）。

鸦片战争的清朝军费，除了使用财政经费、捐输银钱外，还有一部分是摊廉。后一种方法，也是当时的习惯做法，但具体情况比较复杂。[2]山

---

[1] 造成道光二十二年年底至二十三年各地捐输达到高潮的主要原因是，道光二十二年十二月，各省疆吏收到户部咨文："海疆经费，现计各省先后奏报捐输，共银九百八十余万两，制钱九十余万串，兹据豫工例既已截卯，各省捐输亦应停止，以示限制，奏请通行遵照。其未奉文以前交库者，仍准奏明办理。"（转引自吴其濬奏，道光二十二年十二月二十七日，《宫中档·帝国主义侵略类·第一次鸦片战争项》，4/147/2）这意味着价格充分优惠的《奏定海疆捐输章程》即将废止，引起了官爵消费者们的极大兴趣。直隶总督讷尔经额于道光二十三年五月初十日奏请免停捐输，道光帝朱批"着毋庸议"（《军机处录副·财政类·捐输项》，3/56/3252/36）。结果至道光二十三年，仍有地方官员上报捐输人员及银钱数字，并称收到银钱在"奉部文之前"。东南沿海地区因战后筹防、支付已交赔款的垫款等项，受道光帝的特别批准，《海疆捐输章程》一直执行到道光二十五年。不过，此时清政府已为河工再次开捐，其标准仍是《海疆捐输章程》。另一项促进捐输热潮的重要原因是，此次吏部开单请奖的速度特别快。如顺天府于道光二十二年六月十六日上奏捐输并上报名单，吏部与兵部于七月十六日便上奏议叙，当日批下。这在当时可谓效率惊人（吏部会同兵部奏，道光二十二年七月十六日，《军机处录副·财政类·捐输项》，3/56/3244/36）。除了给予虚衔外，也有获得实缺者。如以举人拣选知县的孙毓桂捐银5 500两，议为"予知县本班尽先选用"，并"给予加四级"。也有一些人因捐输银两获缺后由部率领被道光帝召见。我在档案中看到一些此类人员的谢恩折，其中一份道光帝朱批"中等"（投效江苏候补知府许楗奏，道光二十四年五月十五日，《宫中档·财政类·捐输项》，4/1/35/677/17）。

[2] 当时各地几乎没有不摊廉的。一官上任，养廉银中的二三成即扣还前任留下的各种欠款。又由于当时官不久任，迁转甚频，在任上报摊廉，实际上往往落在后任的身上。而主动上报摊廉者，容易给皇帝留下识体知难的印象。当时户兵两部官吏对报销案的种种挑剔，又使得一些地方官员宁愿上报摊廉，因为摊廉可免造册报销。

东、湖北、江西等地，属官员为了减轻朝廷财政负担而主动要求，绝大多数地区属使用军费超出了当时规定的报销标准，而不得不摊廉。在已知军费银 28 714 278 两中，三者具体的构成情况如下表：

表二   单位：两

地区	军费总数	财政经费	捐输	摊廉	其他
广东	6 924 761	4 095 183	2 425 335	280 001	124 242
福建	4 740 055	3 885 375	516 055	212 783	125 842
浙江	8 356 373	7 195 179	1 161 194		
江苏	3 119 781	1 566 416	1 283 465	269 900	
山东	732 478		32 478	700 000	
直隶	2 915 937	1 709 126	759 300	447 511	
山海关	14 403	14 403			
盛京	100 000	100 000			
安徽	449 334		307 445	114 667	27 222
江西	276 732		76 909	199 823	
湖北	320 768		42 722	278 046	
四川	167 370	167 370			
广西	259 473	201 247		58 226	
陕西	114 851	83 191		31 660	
甘肃	100 000	100 000			
湖南	80 000	70 000	10 000		
贵州	27 706	27 706			
察哈尔	14 256	4 756	9 500		
总计	28 714 278	19 219 952	6 624 403	2 592 617	277 306

注：表内数字据所见档案、《鸦片战争档案史料》综合统计。凡开支未见用捐输、摊廉或其他项目者，均入财政经费栏。又，表内数字钱已易银，捐输数字与本文附表稍有异差。湖南使用捐输银 1 万两，吴其濬称是前次镇压崇阳反叛捐输银所剩，本表列入，但附表未列入。福建报销案中，削减水勇工食、腰站递夫、搬运里夫费用银 349 200 两，米 47 800 石（折银 95 600 两），共银 444 800 两，刘韵珂奏明"于承办官员名下去追捐办"，本表列入，但附表未列。浙江报销案中，壮勇口粮、制造军械等项，共银 30 万两，梁宝常奏称为"捐办"，本表列入，但附表未列入。请读者注意两表的差别。后两项未列入的理由，我将在第四节中说明。在本表"其他"一项中，广东银 124 242 两中，其中使用烟犯没官银 109 591 两，另 14 651 两，耆英报销奏称"另筹清款"；福建银 125 842 两是台湾军米折价，刘韵珂报销奏称"垫买米石筹款如何归垫，应俟饬明确，另行核办"；安徽银 27 222 两是例不准销支应兵差银一部分，王植称系"由外筹拨协贴银"。

从上表可见,在银 2 871 万余两的已知军费总额中,出自政府财政之下的为银 1 921 万余两,出自捐输的为银 662 万余两,出自摊廉的为银 259 万余两。军费来源的多样,减轻了清政府的财政压力。但是,即便如此,对已经陷于财政危机的清政府来说,仍是一笔不小的数目,更何况摊廉须由政府先拿出银来,归款尚需时间。从档案中看,将分 6 年至 10 年,有的省份须将早已欠下的摊廉归还完毕之后,才开始分摊此次战争留下的债款。

军费支出的用项

我在《英国议会文件》中看到这样一份文件,是英国政府于 1843 年 5 月 16 日对下院质询开出的一份对华战争支出的账单,[1]叙及鸦片战争的英方军费,兹录于下:

表三　　　　　　　　　　　　　　　　　　　　　　　单位:镑

东印度公司		
由宗主国政府支付的实际远征军费用		
至 1841 年 4 月 30 日		682 507
至 1842 年 4 月 30 日	753 184	
由东印度公司于 1842 年 4 月 5 日前支出但未收到账目的款项	318 725	1 071 909
1842 年至 1843 年远征费用估计		1 096 416
东印度公司支付的国内远征军费用		28 541
(home expenditure by the east india company)		
总计		2 879 373
香港		
香港工事,据义律上校的帐单		3 000
新南威尔士		
军需部门提供的补给品		16 000

---

[1] *Irish University Press Area Studies Series*, *British Parliamentary Papers*: *China, Correspondence, Dispatches, Returns and Other Papers Respecting British Military Affairs in China, 1840 - 69*, Vol. 27, Shannon, Ireland: Irish University Press, p. 264.

续表

女王陛下政府支付的国内远征		
装配舰船	180 959	
工资	441 440	
雇用船只及运费	224 700	
海军部 海军物资和煤	90 853	
给养	338 382	
医药	9 706	
	……1 286 040	
营房修理	3 518	
物资	19 368	
付给官兵的工资	7 614	
补贴伙食	500	
	……31 000	
总 计	4 215 413	

尽管此表中在东印度公司名下开列了包含1842至1843年的高达109万镑的估计军费（战争已于1842年9月结束），但毕竟只有421万镑。根据马士提供的汇率，1"广州两"等于6先令8便士，1英镑约等于3两。[1] 那么，如果以此表为依据，英军在鸦片战争使用的军费约等于银1 263万两。而若以英方战后据条约所获的军费赔款，仅为银852万两。[2] 远远低于清朝军费。

为什么居于本土作战的清朝，支出的军费远远超出远洋作战的英国？清朝的优势又是如何转化为劣势？

为此，我再次检视了清朝军费支出的用项。

1843年2月13日，署理闽浙总督刘鸿翱上奏战后福建军需报销事务，附上了一张极为详细的清单，共开列了准备报销的项目101项。其第一项为"各属运送军装、炮械、粮饷、硝磺、火药、铅弹，以及外省

---

[1] 马士：《中华帝国对外关系史》，生活·读书·新知三联书店，1957年，第1卷，第14页。

[2] 据《中英南京条约》第六款，清朝赔偿英国的战争军费为银1 200万元（王铁崖编：《中外旧约章汇编》，生活·读书·新知三联书店，1957年，第1册，第31页）。又据当时伊里布与英方商定的汇率，每元易银七钱一分（《鸦片战争档案史料》，第6册，第336页），那么，英方所获的军费赔款为银852万两。

拨解硝磺、火药等项过境，沿途地方官支应解员丁役饭食、扛夫脚价"，最后一项为"制造夹板船、艍鱼舟、水轮船工料银两"，中间名目繁多，包括"致祭海神牲礼"，此处无法一一罗列。[1]但据此清单，并据各地官员的报销奏折，清朝在鸦片战争中的主要费用为三项：官兵用度、制造军械、修筑工事。

先看看第一大类——官兵用度。

清朝平时养兵费用非常低廉，一到战时征发，另需支付俸赏银、行装银。根据《钦定户部军需则例》，军官的俸赏银为俸银两年（不包括养廉银），士兵的俸赏银为6至15两。从这些抽象的规定难以得出实际印象，前引云贵总督桂良奏称，贵州派出援军2 816名赴粤，俸赏银达20 137两，由此可大致估计其规模。行装银是供给出征官兵整装所用，撤回后分年扣饷归款。据《钦定户部军需则例》，其标准为军官从30至500两不等，士兵为6至10两不等。虽说此款需事后归还，本文也未将之纳入军费开支总数，但毕竟需清政府先拿出银两来。而在当时高利贷盛行的情况下，这笔无息贷款对官兵也极具吸引力。据山西巡抚乔用迁称，山西调抬枪兵500余名赴浙，行装银减半借给，共借银4 518两。[2]这里还须指出，按当时的规定，只有出省作战的官兵可领俸赏、行装银。而在鸦片战争中，出省作战的官兵高达51 000人，内地各省区皆有。[3]

清朝官兵一经征调，由沿途各州县供应饭食，提供车船运夫。《钦定户部军需则例》对此规定明细，但这些《则例》是乾隆年间制定的，至鸦片战争时物价已经大涨，具体说明这些规定已无意义。署理广西巡抚孔继尹称："各州县应付口粮夫船例价，实有不敷。"而他开出的清单

---

[1] 刘鸿翱奏，道光二十三年正月十五日，《军机处录副·帝国主义侵略类·第一次鸦片战争项》，3/167/9187/58。文中"军装"一语，当时指军用物资。
[2] 乔用迁奏，道光二十二年二月二十二日，《军机处录副·军务类·军需项》，3/53/3030/18。
[3] 其中安徽省调出兵丁3 500名，湖北7 300名，江西4 000名，陕西5 700名，河南4 000名，四川7 000名，广西3 000名，湖南2 500名，贵州2 500名，山西1 500名，甘肃3 700名，云南500名，吉林2 000名，黑龙江2 000名，察哈尔2 000名。据《鸦片战争档案史料》统计。

标明超出《则例》的具体银数为"云南赴东往回官兵沿途应付船夫各价等银三千七百三十五两六钱六厘；贵州赴东往回官兵沿途应付船夫各价等银一万八千二百七十一两一钱四分三厘；云贵两省赴东撤回文武员弁沿途应付船价等银六千八百一两五钱三分八厘"。[1]云南调兵为500名，贵州调兵为2 500名，过境仅为一省，超出标准竟有如此之大。安徽是鸦片战争中过境兵丁数量最多的省份之一，巡抚王植奏称：

> 综计安徽省自道光二十年六月起，至道光二十二年十一月止，应付各省赴江浙防剿官兵一万八千七百八十名，撤回过境官兵一万七千八百余名；安徽省各营调赴江浙防剿官兵七千七百余名，撤回官兵七千六百余名。其余跟役余丁、军装行李、换防病兵、撤回乡勇，以及护解军火、炮位、硝磺、饷鞘等项，络绎不绝。

所用费用"共例销银一十万七千四百七十两七钱八分三厘"，"尚有例销不敷银一十四万一千八百八十九两"。[2]两者相加，共用银24万余两。即使报销顺利的四川，其具体数字也相当惊人。鸦片战争中，四川先后调兵4 000余名赴广东，四川总督宝兴称："所有各该官兵例支俸赏、行装、裹带、锅帐、口粮、小脚、例马、草干等项，报销银九万三千五百八十两八钱七分三厘八毫五丝五忽。"[3]

尽管调兵的费用极为昂贵，但为能抽调"劲旅"参战，大量的部队从云贵川或陕甘调赴沿海。就我所见，最远的一支要数从四川松潘镇调藏族土兵参加反攻浙东的战斗。

征调兵丁到达战区后，由当地供应盐菜口粮。根据《钦定户部军需则例》，官兵每日给米8合3勺；兵丁每月支盐菜银9钱，军官从1.5两

---

[1] 孔继尹清单，道光二十七年正月二十四日，《军机处录副·财政类·经费项》，3/57/3356/63。又此处贵州兵2 500名，是据道光帝的征调命令。实际人数据前引桂良奏，为2 816名，多出人数为官长跟役等。此类情况在当时征发常见，除特殊情况外，本文所引征调官兵数目据征调命令。

[2] 王植奏，道光二十四年十月二十日，《军机处录副·军务类·军需项》，3/53/3035/39。

[3] 宝兴奏，道光二十三年二月二十五日，《宫中档·军务类·军需项》，4/1/1/807/10。

至12两不等。此一标准也因物价原因而被突破,沿海各省制定了五花八门的标准。详细开列此类标准或许会使人厌烦,也不容易得出实际概念。这里以调防直隶的吉林、黑龙江官兵为例。据直隶总督讷尔经额的报销奏折,在财政经费中开支的有:

> "吉林、黑龙江官兵在防支领盐菜、马干,并赴防、撤防沿途供应廪给口粮、车马草豆共销银二十三万八千七百九十四两五钱四分六厘五毫六丝五忽二微";"吉林、黑龙江官兵在途驻候分拨支领口食、草料共销银一千四百九十一两八钱八分五厘";"吉林、黑龙江官兵找支裹带盐粮共销银九百八十四两二钱八分七厘四毫";"吉林、黑龙江官兵归伍支领恩赏共销银二千五百五十两"。

在捐输经费中开支的有:

> "吉林、黑龙江官兵骑马在于滨海斥卤之地常有倒毙,系调营马预备挑补,支用押马官兵盘费,并喂马草料及马夫口粮,共银二万一千五百九两四钱九分";"吉林、黑龙江官兵骑马分驻荒僻海隅,并无售卖草料,均由粮台购备运送供用,所扣折干银两不敷采买,系在粮台动款购运共津贴草料银一万三千四十四两一钱五分五厘"。

此外还有一项棉衣银,因与陕西等省兵列在一款上,无法剥离,不再列上。[1] 直隶先后调入吉林、黑龙江兵3 000名,时间为一年或几个月,开支就达278 306两。[2] 当然,这批来自龙兴之地满洲旗兵,可能是待遇特优,以致在报销奏折上专门单列。

除了外省区援兵外,按照《钦定户部军需则例》,本地官兵出防三百

---

[1] 讷尔经额奏,道光二十三年五月十一日奏,《军机处录副·军务类·军需项》,3/53/3032/45。

[2] 第一批吉林兵1 000名于道光二十一年八月至九月到达山海关(见耆英奏,道光二十一年八月十九日、九月初二日,《鸦片战争档案史料》,第4册,第145、203页)。第二批吉林兵500名、黑龙江兵1 500名于道光二十二年五月至六月进入山海关(见富勒敦泰奏,道光二十二年五月二十七日、六月十一日、六月二十日,同上书,第5册,第549、647、742页)。吉林、黑龙江兵于道光二十二年九月全部撤出山海关(见富勒敦泰奏,道光二十二年九月初九日、九月二十八日,同上书,第6册,第292、356页)。

里以外者也一体领取盐菜口粮。

再看第二大类——制造军械。

鸦片战争是清军与近代化的英军的较量。火炮被当时人视为利器。尽管当时清朝官员对双方火炮的质量差距尚认识不足,但清军原设火炮太旧太少,已经引起了关注。由于战情紧迫,道光帝最初还打算从江西、湖南等地调火炮往广东。[1]江西钱宝琛奏称:"江西省城原设一千斤重铁炮二十九尊,二千斤重铁炮一十七尊,俱系康熙十五年以前制造,历年久远,施放难资得力。"[2]湖广总督裕泰亦称,湖南旧存火炮皆"断折锈损,不堪适用"。[3]闽浙总督颜伯焘称,福建旧存火炮1 100位,仍不敷使用,要求铸造八千斤、六千斤火炮各18位。[4]而广东、浙江、直隶等沿海省区已经进入了铸造火炮高潮。

就我已见的史料而言,各地铸造的火炮数量相当可观。

靖逆将军奕山于1842年称:"广东自军兴以来,至今已陆续铸造铜铁大小炮一千余位,自数百斤至八千斤及万余斤不等。"[5]但他没有说明所花费的费用。

福州将军保昌督造火炮20位,其中八千斤、六千斤各16位,用银2万两,部署在福州一带。[6]而颜伯焘在厦门一带铸造的火炮几十位因厦门失守损失殆尽后,在福州继续铸炮,共铸成二三百斤至二千斤铜炮256位,另铸钢炮22位。[7]

---

[1] 道光二十一年正月十一日上谕、三月十五日上谕,《鸦片战争档案史料》,第3册,第48、323页。
[2] 钱宝琛奏,道光二十一年正月二十二日,同上书,第103页。江西后为此专门派人运铜去广东,在佛山雇匠铸造。
[3] 裕泰奏,道光二十一年三月二十八日,同上书,第369页。
[4] 颜伯焘奏,道光二十一年三月二十三日,同上书,第352页。
[5] 奕山奏,道光二十二年十月初一日,同上书,第6册,第397页。
[6] 保昌等奏,道光二十年十二月十七日,同上书,第2册,第724页。
[7] 颜伯焘奏,道光二十一年十二月十八日,同上书,第4册,第569—570页;刘鸿翱奏,道光二十三年六月二十七日,《宫中档·军务类·军需项》,4/1/1/808/13。刘鸿翱没有说明铸炮的费用,但在该折的附片中称,委员徐嵌捐铸洋式铜炮1位、钢炮16位,连同炮架,共用银3 375两;委员黄耀枢捐铸钢炮6位,连同炮架,共用银952两,《宫中档·军务类·军需项》,4/1/1/808/21。

浙江巡抚梁宝常在战后称，杭州炮局铸造铜炮，自一百三十斤至三四千斤不等，共122位；铸造铁炮，自一百斤至四五千斤不等，共900位，用钱21 823串。[1]梁氏又称，镇海炮局共铸大小铜铁炮117位，用银108 599两。[2]

江苏巡抚梁章钜奏称："自（道光二十一年）四月起至九月十五日，共已铸成四千余斤至一千斤大小铜炮五十尊，六千斤至四千斤大小铁炮十二尊"，并打算再铸造四千斤铁炮10位，以废铁两万斤改铸数百斤至二三千斤铁炮。[3]吴淞之战失败后，沿海新铸火炮尽失，江苏巡抚程矞采奏称，拨铜6万余斤，再行铸造铜炮。[4]

山东并不是重点设防省份，但据山东巡抚托浑布于1841年秋奏称，山东登州、济南两地共铸一千斤至八千斤大炮73位。[5]

直隶尽管从北京大量调运火炮，仍十分注重铸炮。其数量虽未发现有关史料，但据直隶报销奏折，"省城并天津西关、葛沽及北塘地方分厂铸造铜铁炮位，支用工料银十三万二千三百二十四两五分三厘"。[6]

奉天铸造火炮的规模也不算太小。据耆英于1841年12月奏，奉天铸炮95位，其中八千斤4位，五千斤4位，四千斤5位，三千斤10位，二千五百斤10位，一千五百斤10位，一千斤52位，另有七十斤信炮5位。[7]

内地省份也有积极铸炮者。江西省亦铸造铜炮85位。[8]

---

[1] 梁宝常奏，道光二十四年三月十九日，《军机处录副·财政类·捐输项》，3/56/3257/72。

[2] 梁宝常奏，道光二十四年十二月初二日，《军机处录副·财政类·捐输项》，3/56/3261/29。

[3] 梁章钜奏，道光二十一年九月，《鸦片战争档案史料》，第4册，第279页。

[4] 程矞采奏，道光二十二年七月初六日，同上书，第6册，第31页。

[5] 托浑布奏，道光二十一年十一月二十四日奉朱批，《军机处录副·军务类·军需项》，3/53/3029/26。

[6] 讷尔经额奏，道光二十三年五月十一日，《军机处录副·军务类·军需项》，3/53/3032/43。

[7] 耆英等奏，道光二十一年十一月十六日，《军机处录副·帝国主义侵略类·第一次鸦片战争项》，3/167/9221/5。

[8] 吴文镕奏，道光二十三年二月二十五日，《宫中档·军务类·军需项》，4/1/1/807/4。

除了铸炮外，抬枪、鸟枪、火药、铅弹也大量制造和跨省调拨。采购军米、铜铁、硝磺的大批人员奔波于内地各省。许多省份雇佣民船，广东和福建开始建造战船。腰刀、长矛类的冷兵器亦有制造者，浙江甚至从河南调运装配冷兵器用的白蜡杆。此类史料，档案中处处可见。此处限于篇幅，无法细说。

这里还须说明的是，遍及沿海各地的军械制造热潮，基本上是旧样的复制。这一方面是先进的兵器须有研制的能力及科技工艺水平的提高，另一方面是《钦定工部兵器则例》等乾隆年间制定的报销标准，也限制了兵器的造价。尽管浙江、江苏等省已批准在原定标准上加价四成，[1]但承造者仍叫苦赔累，前方将领更是指责质量低劣。[2]

最后看看第三大类——修筑工事。

除了虎门地区战前已经修筑防御工事外，其他沿海地区的海防工程或为极弱，或为全无。在清朝重点防御的厦门、定海、镇海、吴淞、大沽、北塘等地，战时都进行了史无前例的工程建设。其中厦门的石壁以其坚固程度还得到了英军工程师的称赞。即使是广东，在英军退出珠江后，也在珠江下游地区"新修各炮台三十余处，内有三合土炮台十座"，[3]并重建了虎门炮台。

但是这些海防工程的造价，我看到的材料并不多。除了前面已经提到的虎门炮台估计工料费银 40 万两外，我所见的仅为大沽、北塘炮台，不含台上火炮在内，工程费为银 179 381 两；[4]广州大黄滘西固炮台工

---

[1] 刘韵珂奏，道光二十一年十月二十五日奉朱批，《军机处录副·帝国主义侵略类·第一次鸦片战争项》，3/167/9193/11；又据《筹防奏稿》(抄本，近代史所藏)，该折上于十月十七日。程楙采奏，道光二十二年正月二十二日，《鸦片战争档案史料》，第 5 册，第 39—41 页。奕山等奏，道光二十二年十月初一日，同上书，第 6 册，第 397 页。
[2] 奕经奏，道光二十二年正月十一日，同上书，第 5 册，第 21—22 页。
[3] 祁𡒄等奏，道光二十二年十月初三日，同上书，第 6 册，第 417 页。
[4] 讷尔经额奏所附清单，道光二十年十月初四日，《军机处录副·军务类·军需项》，3/53/3025/37。该清单称：大沽海口添建炮台 3 座，约估工料银 113 302 两；炮台前土坝 3 道，约估工料银 9 180 两；兵房 140 间，约估工料银 16 819 两；北塘重修圆式炮台 2 座，约估工料银 28 819 两；炮台前土坝 2 道，约估工料银 4 080 两；北塘兵房 60 间，约估工料银 7 200 两。

料银36 000两、西平炮台工料银12 000两。[1]

以上三大类,在清朝鸦片战争军费支出中又各占多大的比例?按军费用途开列清单的直隶、江苏报销案为此提供了线索。

直隶在报销动用政府财政经费的清单中,完全是官兵用度,总计银1 905 131两;在报销动用捐输等项经费的清单中,总计银895 011两,官兵用度仍有银50 507两,而军械费用为银332 149两,防御工事费用为银352 272两,雇勇费用为银62 211两,其他费用为银97 833两。由此计算,官兵用度占67.9%,军械费用占11.5%,防御工事费用占12.2%。[2]

江苏在报销动用政府财政经费的清单中,总计银1 302 458两,官兵用度为银1 006 416两,军械费用为银146 204两,雇勇费用为银84 810两,其他费用为银65 028两。江苏在报销捐输等项经费的清单中,在总数银1 031 813两中,官兵用度为银509 032两,军械费用为银141 497两,防御工事费用为银225 120两,雇勇费用为银147 073两,其他费用为银9 084两。由此计算,官兵用度占64.9%,军械费用占12.3%,防御工事费用占9.6%。[3]

由此可见,清朝在鸦片战争中的军费,主要花在官兵用度上。由于内地省区主要是调兵和运兵,官兵用度的比例会更大。为了省费,当时也有许多官员提出调兵不如募勇。从史料中看,事实上各省雇勇的数量也很大,尤其是浙江、福建两省,但其报销案清单主要以时间为项,难以剥离,无法判断其数量和支出费用。若从战场上看,这类未加训练的雇勇作用不大。

清军出征时须付俸赏行装,出征后的一切费用均需另外开支,而且

---

[1] 伊里布等奏,道光二十三年正月十五日,《军机处录副·财政类·捐输项》,3/56/3250/12。

[2] 讷尔经额奏,道光二十三年五月十一日,《军机处录副·军务类·军需项》,3/53/3032/45、3/53/3032/43。又,以上各数由于略去小数,与总数稍有出入。

[3] 耆英等奏,道光二十四年二月十八日,《鸦片战争档案史料》,第7册,第416—417页。耆英等奏,道光二十四年二月十八日,《军机处录副·军务类·军需项》,3/53/3034/14。又,以上各数因略去小数,与总数稍有出入。

大量的兵器、装具又需重新制造，这与重新组建一支新军相比，仅仅是减少了训练的费用与时间！再加上沿海须大量兴建海防工程，这与重建国防又有多大的区别？这里暴露出来的是清朝军事体制已经完全不适应它所遇到的强权时代。正因为如此，清朝须付出比英军更多的军费！也因为如此，十余年后，湘军便能兴起。撇开清军废弛的原因，仅就经济因素而言，据曾国藩的判断，勇营比经制兵更为省费。

　　清朝在鸦片战争中支付了高达约银3 000万两的军费，就其统治者而言，确也已尽其能力，倾其财力。但是这笔巨款，是否全用于实际，却是大可怀疑的。当时的吏治已经大坏，而历来军务、河工、赈灾等朝廷大笔开销时，又正是贪官污吏从中做戏的大好时机。

　　浙江省宁海县署理知县史复善为支应兵差、修理城墙以资防守，竟留下了一张银34 587两的账单，继任者觉得无法容忍向上举报而最后事发。[1]候补直隶州知州鄂云因其堂弟是扬威将军奕经的随员七品笔帖式联芳，挂上关系，招雇乡勇，用多报人数多报日期的方式，至少贪污银5 600余两，并以自筹经费办理雇勇而上报捐输钱12 000串！[2]处在浙江前线的幕僚官们，琢磨着发财手段。他们认为北方的雇勇实额实饷，无从影射，便雇浙江人为"南勇"。这批不训练不点验的雇勇号称人数达9 000人，开销军费银10万两。[3]一些官府难以支应的开销也记在军费的账上。新任福建汀漳龙道张集馨发现龙溪县雇勇1 200名仅存在名册上。当他奉命撤销这批纸上之勇时，吓得漳州知府、龙溪知县连连向他求情。因为前任闽浙总督颜伯焘革职还乡，路过漳州，地方官为此开支达银1万两，"非藉此勇粮不能弥补"。[4]本文一开头便提到的江南道御史陈庆镛，以遇事敢言著称，点名指参功臣之后：

---

[1] 刘韵珂奏，道光二十一年四月二十八日奉朱批，《军机处录副·财政类·经费项》，3/57/335/24。据刘折，该县为支应兵差已拨银3 000两，即便超出也不致为多，所谓修过的城墙"现多坍损鼓裂"。道光帝朱批："严行究讯，不可任其狡展。"

[2] 吕贤基奏，道光二十二年九月初三日，刘韵珂奏，道光二十二年十一月十五日，《鸦片战争档案史料》，第6册，第262—263、583—587页。

[3] 贝青乔：《咄咄吟》，《丛刊·鸦片战争》，第3册，第168—169页。

[4] 《道咸宦海见闻录》，第67页。

> 总兵郑国鸿之子郑鼎臣,闻毁家为其父报仇,而奕经乃为糜开兵饷至三四十万。雇水勇二万余人,据称后皆逃散。而究竟杀贼者何人?被贼杀者何人?此二万人岂能一一尽化为乌有?[1]

由此再回过头来,去体会浙江、福建报销奏折中的两段话:

> 壮勇口粮项下,每名每日原准给银二钱者,令经管之员捐给一成。制造军械等项准加四成工料者,亦令捐办十分之一。其余山东等省壮勇准给安家银二十两者,由承办之员分别路途远近,每名捐给银自五两至十两不等。[2]

> 雇勇项下"共删银四万三千二百余两";腰站递夫项下"共删银十三万三千四百余两、米一万六千六百余石";驿站里夫项下"共删银十七万二十六百余两、米三万一千六百余石"。"计三款,共删银三十四万九千二百余两、米四万七千八百余石。均于承办官名下去追捐办。"[3]

难道法定收入绝不丰厚的承办官员果能捐出高达60万两的银子以纾国难?在这纸背下,让人隐约看出,只是让吃进丰厚的承办官员再吐出一些来。国难如此,顽劣枉法竟如此。

结 论

本文得出以下结论:一、鸦片战争中清朝军费总额约银3 000万两,其中大部分来自各省司道库的封贮、留协、应解、应报项下,各地的捐输也占有相当大的比重。二、清朝军费支出浩繁的主要原因是其军

---

[1] 《籀经堂集》,同治十三年刊本,卷二,第7页。又据浙江巡抚梁宝常,道光二十四年六月十九日片,郑鼎臣共用银398 780两,"减销水勇一成口粮,银二万三百三十九两八钱二分,又驳斥向导勇粮及赔偿被夷击沉船价等项银三千六百九十八两,俱饬该员自行捐办,实应销银三十七万四千七百四十二两一钱八分"(《宫中档·军务类·军需项》,4/1/1/815/21)。

[2] 梁宝常奏,道光二十四年六月十九日,《鸦片战争档案史料》,第7册,第476页。

[3] 刘韵珂奏,道光二十四年十月初五日,《军机处录副·军务类·军需项》,3/53/3035/41。

事体制（包括供给体制）的落后，也有一些官员从中贪污。三、清朝在鸦片战争中军费支出的实际状况，影射出其财政体制、会计体制乃至税收体制、军事动员体制的弊陋。就当时的中国经济情况，若有合适的体制，可不致陷于如此困境。

关于最后一点，因限于本文的命题与篇幅，文中没有展开讨论。但应当指出这样一个事实：就在拼命叫嚷军费无出的同时，江南的官员们却在不到一个月的时间内，竟魔术般地付出了高达银426万两的第一期战争赔款。

附表：各省区捐输情况表

序号	地区	上奏人	上奏时间（道光）	银（两）	钱（串）	史料出处
1	江苏	裕谦	二十年十月初六日	500 000		《史料》
2	浙江	刘韵珂	二十年十一年十八日	10 000		《史料》
3	直隶	讷尔经额	二十年十二月初十日	129 000		《史料》
4	福建	保昌	二十年十二月十七日	20 000		《史料》
5	江苏	裕谦	二十年十二月	300 000		《汇存》
6	广东	奕山	二十一年六月二十日	10 000		《史料》
7	江苏	裕谦	二十一年八月二十四日		15 000	录财捐
8	浙江	刘韵珂	二十一年十月初四日	1 200 000		《史料》
9	江西	吴文镕	二十一年十一月十四日		60 000	《史料》
10	直隶	德顺	二十一年十一月十五日	400 000		《史料》
11	广东	祁墳	二十一年十二月二十八日	1 200 000		《史料》
12	江苏	牛鉴	二十二年正月初七日	100 000		《史料》
13	广东	祁墳	二十二年二月十七日	300 000		《史料》
14	顺天府	卓秉恬	二十二年二月三十日	40 000	4 000	录财捐
15	顺天府	卓秉恬	二十二年四月初九日	124 000		录财捐
16	福建	怡良	二十二年四月二十五日		16 000	录财捐
17	广东	祁墳	二十二年五月十三日	175 500		《史料》
18	山西	乔用迁	二十二年五月十五日	407 200		录财捐
19	山西	乔用迁	二十二年五月十五日	193 230		录财捐
20	江西	吴文镕	二十二年五月十六日		8 000	《史料》
21	河南	鄂顺安	二十二年五月二十七日	128 500		录财捐
22	察哈尔	铁麟	二十二年五月二十九日	3 500		录帝鸦

续表

序号	地区	上奏人	上奏时间(道光)	银(两)	钱(串)	史料出处
23	江苏	牛鉴	二十二年六月初一日	66 500	91 400	录财捐
24	江苏	麟庆	二十二年六月十一日	83 300		录财捐
25	江苏	牛鉴	二十二年六月十三日		3 000	《史料》
26	顺天府	卓秉恬	二十二年六月十六日	107 600		录财捐
27	山西	梁萼涵	二十二年六月二十五日	316 040		录财捐
28	察哈尔	铁麟	二十二年七月初八日	3 600		录财捐
29	察哈尔	铁麟	二十二年七月初八日	6 000		录帝鸦
30	江西	吴文镕	二十二年七月二十五日	73 000	33 900	录财捐
31	山西	梁萼涵	二十二年七月二十六日	332 580		录财捐
32	福建	户部	二十二年七月二十八日	8 000		《史料》
33	江苏	牛鉴	二十二年八月十六日	1 000 000		《史料》
34	江苏	牛鉴	二十二年八月十六日		80 000	录帝鸦
35	山西	梁萼涵	二十二年八月二十八日	355 875		录军军
36	山东	麟魁	二十二年九月初二日	40 200	125 400	录帝鸦
37	直隶	讷尔经额	二十二年九月初五日	前次 203 000 此次 70 200	前次 29 200 此次 26 100	录军军
38	云南	桂良	二十二年九月十三日	30 120		录财捐
39	福建	户部	二十二年九月十八日		70 400	录财捐
40	顺天府	卓秉恬	二十二年九月十八日	54 700		录财捐
41	江苏	伊里布	二十二年九月二十三日	600 000		《史料》
42	广东	文丰	二十二年九月三十日	24 400		《史料》
43	广东	奕山	二十二年十月初一日	22 000		《史料》
44	江西	吴文镕	二十二年十月十一日	30 800	24 500	录财捐
45	直隶	讷尔经额	二十二年十月十二日	22 000	46 200	录财捐
46	广东	奕山	二十二年十月十九日	1 800 000		《史料》
47	浙江	奕经	二十二年十月二十三日	212 490	209 990	《史料》
48	山西	梁萼涵	二十二年十月二十四日	464 705		录财捐
49	湖南	吴其濬	二十二年十月二十七日	98 000	10 000	录财捐
50	东河	慧成	二十二年十一月初二日	150 600	4 000	录财捐
51	四川	吏部	二十二年十一月初六日	104 670		录财捐
52	福建	怡良	二十二年十二月初十日	33 530	68 200	录军军
53	江苏	麟庆	二十二年十一月十五日	140 460	41 500	录财捐

续表

序号	地区	上奏人	上奏时间（道光）	银（两）	钱（串）	史料出处
54	广东	祁𡎴	二十二年十一月二十日	450 000		《史料》
55	顺天府	卓秉恬	二十二年十一月二十九日	45 000		录财捐
56	江苏	耆英	二十二年十二月初三日	5 200		《史料》
57	甘肃	富呢扬阿	二十二年十二月初四日	188 800		宫帝鸦
58	江苏	周天爵	二十二年十二月初七日	2 000	10 500	录帝鸦
59	河南	鄂顺安	二十二年十二月初十日	272 000		录财捐
60	陕西	陶廷杰	二十二年十二月十二日	821 179		录财捐
61	直隶	讷尔经额	二十二年十二月十三日	111 900	42 200	录财捐
62	山东	托浑布	二十二年十二月十四日	203 166	84 400	录财捐
63	江苏	耆英	二十二年十二月十六日	12 200	46 000	宫帝鸦
64	江苏	耆英	二十二年十二月十六日	46 300	283 674	录财捐
65	江西	吴文镕	二十二年十二月十六日	27 500	87 000	《史料》
66	山西	梁萼涵	二十二年十二月十九日	24 700		宫军军
67	四川	宝兴	二十二年十二月十九日	156 860		《史料》
68	福建	刘鸿翱	二十二年十二月二十日	19 700	27 500	宫军军
69	湖北	裕泰	二十二年十二月二十四日	前次 90 000 此次 64 000	前次 201 000 此次 584 00	录财捐
70	湖南	吴其濬	二十二年十二月二十七日	19 200		宫帝鸦
71	广东	伊里布	二十三年正月十五日	208 000		录财捐
72	广东	祁𡎴	二十三年正月十五日	280 000		《史料》
73	安徽	程楙采	二十三年二月初五日	249 840		宫军军
74	东河	慧成	二十三年二月十六日	34 000		宫财军
75	陕西	李星沅	二十三年二月二十八日	97 990		录财捐
76	江苏	耆英	二十三年三月初一日	11 000	10 000	宫财捐
77	甘肃	富呢扬阿	二十三年三月十一日	8 000		宫财捐
78	浙江	刘韵珂	二十三年三月十一日	7 000	117 100	录财捐
79	山东	王笃	二十三年三月十四日	57 080		录财捐
80	广东	祁𡎴	二十三年三月二十日	622 688		录财捐
81	陕西	李星沅	二十三年四月二十三日	10 100		录财捐
82	江苏	璧昌	二十三年五月十二日	3 000	57 430	录财捐
83	浙江	刘韵珂	二十三年五月二十日	300 000		录财捐
84	云南	桂良	二十三年五月二十八日	225 950		录财捐

续表

序号	地区	上奏人	上奏时间（道光）	银（两）	钱（串）	史料出处
85	山东	梁宝常	二十三年五月二十九日	310 446	226 303	录财捐
86	湖北	裕泰		109 069	67 350	录财捐
87	福建	刘鸿翱	二十三年六月二十七日	4 322		宫军军
88	福建	刘鸿翱	二十三年七月二十七日	2 800	93 856	宫军军
89	安徽	程楙采	二十三年闰七月初三日	60 317		宫财捐
90	山东	梁宝常	二十三年八月初五日	32 478		录财捐
91	浙江	刘韵珂	二十三年八月二十日		114 000	录财捐
92	江苏	璧昌	二十三年九月初十日		13 100	宫财捐
93	广东	祁𡎴	二十三年十月二十六日	1 494	112 310	录财捐
94	湖北	裕泰	二十三年十一月二十一日	8 728	9 800	宫帝鸦
95	湖北	裕泰	二十三年十一月二十一日	38 040	50 240	录财捐
96	河南	吏部	二十三年十二月十八日	298 000		录财捐
97	江苏	李湘	二十三年十二月初五日	8 000	35 000	录财捐
98	江苏	耆英	二十三年十二月二十六日	134 702	8 400	录财捐
99	江苏	耆英	二十三年十二月二十六日	10 435	91 100	录财捐
100	浙江	梁宝常	二十四年三月十九日		236 900	录财捐
101	广东	程楙采	二十四年三月二十八日	4 400	110 963	录财捐
102	江苏	璧昌	二十四年九月二十四日	360 000		录财捐
103	浙江	梁宝常	二十四年十二月初二日	373 475		录财捐
104	浙江	梁宝常	二十四年十二月初二日		213 000	录财捐
105	江苏	璧昌	二十五年三月二十四日		认捐 300 000 已交 113 383	宫财捐

注：本表据已见史料整理，可能会有其他史料未见而有遗漏。战时各地捐马、铁、炮具、米等军用物资者，尚有多项，凡未折算为银、钱者，本表未列入。本表也不包括自嘉庆年间开始例行的每月一报的"捐监项"银两。表中部分奏折的时间为收到时间。因江苏北部的防御由漕运总督和南河总督负责，本文也将其军费列入江苏省内，故漕、南两督奏报的捐输数字本表列入江苏省内。"史料出处"栏中《史料》系指《鸦片战争档案史料》，《汇存》系指《鸦片战争案汇存》（抄本），"录财捐"系指《军机处录副档》财政类捐输项，"宫财捐"系指《宫中档》财政类捐输项，"录帝鸦"系指《军机处录副档》帝国主义侵略类第一次鸦片战争项，"宫帝鸦"系指《宫中档》帝国主义侵略类第一次鸦片战争项，"录军军"系指《军机处录副档》军务类军需项，"宫军军"系指《宫中档》军务类军需项。

说明：由于上奏的目的不同，或为上报军费数字，或为捐输者请奖，或为说明捐输情况，同一上奏人上奏的数字会有重复。又由于有些省份派有将军、钦差大臣等,结果多头上奏,造成重复。也有的省份系先是认捐,然后分期呈交,也会造成重复。这种情况以广东、江苏最为严重。尽管已努力剥离,但由于档案不全,无法一一弄清。因此,本表的数字不能简单相加。特据已见史料分省区说明。

广东 广东的重复上奏最为严重,如第46项明显与第11、13、17、42、43项重复,因相加后所得数字不同,只能同时保留。为了可靠起见,我据捐输银钱的使用情况来判断其捐输总额。凡在奏折中未明确说明用途者,恐其重复而不计算在内。一、耆英报销奏折中称:本省藩库收贮预工头卯捐项银五十八万一千一十三两(此为表内第80项的一部分,又据祁埙折,其余为捐监银两,限于本表体例而不收入);官绅捐输各项经费银一十五万八千三十两(此项无法确认);盐、洋二商捐输银一百二十万两(此为表内第11项);官绅捐修炮台铸炮支剩工料银八万六千二百九十二两(说明见下)。二、祁埙奏称,重修虎门炮台,估需银40万两(表内第71、72项与此有关);又据道光二十四年四月十三日上谕,虎门及内河各炮台完竣,此项工程系绅士捐修,免造册报销(以上见《鸦片战争档案史料》,第7册,第9、447、590页)。三、据伊里布奏,内河西固、西平两炮台捐银48 000两(此系表内第71项的一部分)。四、表内第93、101项,据原折,系维持虎门炮台平时费用之屯田。以上共计银2 479 229两、钱223 273串。其中用于战争为银2 425 335两,用于战后筹防为银53 894两、钱223 273串。

福建 据表内第4、16、32、39、52、68、87、88项,福建共捐银88 352两、钱275 956串。其中用于战争为银24 322两、钱70 400串;用途不明者为银64 030两、钱209 175串。福建报销案中追捐银、米,共计银444 800两,本表未列入。

浙江 据表内第2、8、47、78、83、91、100、103、104项,浙江共捐银2 102 965两、钱890 990串。但据吏部道光二十六年闰五月二十八日奏,表内第8、83项共银150万两,自道光二十二年至道光二十五年夏季,"仅完银五万三千余两",后又"补交二万六千余两",共计8万两(即金裕新、潘遵颜、许乃烈、朱瑞果各2万)。(《军机处录副档》军务类军需项)此应除去142万两。表内第47项,据奕经原折,共收捐银212 490两,余银56 432.2两;收捐钱

209 990 串，余钱 93 295.2 串。而梁宝常在浙江报销奏折的附片中称，收银 212 490 两，余银 56 645.2 两；收钱 167 990 串，余钱 51 295.2 串。(《宫中档》军务类军需项) 两者相较，余银数多出 213 两，收钱数少 42 000 串。由于梁氏是正式报销，附片是专门奏报奕经行营的开支，当以梁说为准，此应删去钱 42 000 串。由此，浙江实际共收捐银 682 965 两，收钱 848 990 串。尽管如此，由于上奏人、上奏时间、上奏原因不同，表内第 83 项与第 103 项可能会有重复。浙江捐输用于战争为银 637 897 两、钱 334 884 串；用于战时其他开支为银 10 000 两、钱 11 400 串；用于战后筹防为银 56 645.2 两、钱 51 295.2 串（据前引梁宝常片）。以上共计银 704 542 两、钱 500 180 串。由于梁宝常已将镇海炮局捐钱 213 000 串折算为银数，若仍折回钱数，已知用途者为银 595 965 两、钱 713 180 串。用途不明者为银 87 000 两、钱 135 810 串。浙江报销案由承办官员捐办的银 30 万两未列入。

江苏 江苏重复上奏的情况也很严重，如表内第 33 项银 100 万两，至道光二十四年尚欠 63 000 余两（璧昌奏，道光二十四年八月初四日，《军机处录副档》军务类军需项）。又如表内第 41 项银 60 万两，道光二十三年尚欠 134 240 两。据档案，此两项上奏时为认捐数字，以后上奏各数有可能是事后呈交数字。为可靠起见，以江苏查明用途者为统计依据。一、江苏报销中，耆英奏称，两淮商人包振兴等公捐银 80 万两（此系表内第 1、5 项）；捐职郎中顾锡麟捐钱 15 000 串（此系第 7 项）；两淮运商钟福盛等两次共捐银 60 万两（不知可对应何项）。以上银两除耆英称江北扬州防御留用银 15 万两外，皆用于战争。二、江宁报销案中，璧昌奏称，收过官绅捐输银 63 452 两，用于战争。三、表内第 25、34、56 项共银 5 200 两、钱 83 000 串，据原折，用于战争。四、江北防御用银 82 000 两，据周天爵奏系捐办，但档案不全，表内无法反映。五、据伊里布奏，第一期赔款中有扬州、上海、江宁捐银 120 万两。六、表内第 24、53 项共银 223 760 两，据周天爵奏，提存河库。七、表内第 58、97 项共银 1 万两、钱 45 500 串，据原折，用于战后江北筹防；第 92、105 项共钱 126 483 串，据原折，用于战后江南筹防。以上共计，江苏收捐输银 2 984 412 两、钱 269 983 串。其中用于战争为银 1 400 652 两、钱 98 000 串；用于赔款为银 1 200 000 两；用于战后筹防为银 10 000 两、钱 271 963 串；用途不明者为银 379 760 两。

山东 据表内第 36、62、79、85 项原折，山东共四次上报捐输，其中第 85

项为总数，其余分别是第二、三、四次上奏数字；再加上第 90 项，山东共收捐输银 342 924 两、钱 226 302 串。其中用于战争为银 32 478 两；用于战后筹防为银 170 446 两、钱 226 303 串；其余银 140 000 两被户部提去。

直隶 据表内第 3、10、37、45、61 项，直隶共收捐输银 936 100 两、钱 143 700 串。直隶报销奏折，"四次共捐银四十万七千一百余两、制钱一十四万三千七百余千文，按时价合银九万五千八百余两"。此即第 37、45、61 项上报数合计，但银钱数稍有微差，当以后者为主。据此，直隶共收捐银 1 031 900 两。其中用于战争为银 759 300 两，用于战后筹防为银 55 500 两，用途不明者为银 217 100 两。

江西 据表内第 9、20、30、44、65 项，江西共收捐输银 131 300 两、钱 213 400 串。其中用于战争为银 24 192 两、钱 79 076 串；用途不明者为银 107 108 两、钱 134 324 串。

湖北 据表内第 69、86、94、95 项，湖北共收捐输银 309 837 两、钱 386 790 串。其中用于战争为银 39 197 两、钱 5 228 串；用于战后筹防为银 35 625 两、钱 43 605 串；用于镇压钟人杰为银 90 000 两、钱 211 000 串；用于荆州江堤为银 29 300 两、钱 49 500 串；用途不明者为银 116 341 两、钱 37 457 串。

安徽 据表内第 73、89 项，安徽共捐输银 310 157 两，其中用于战争为银 307 445 两；用途不明者为银 2 712 两。

察哈尔 据表内第 22、28、29 项，察哈尔共收捐输银 13 100 两，其中用于战争为银 9 500 两，用途不明者为银 3 600 两。

河南 据表内第 21、59、96 项，河南共收捐输银 698 500 两，全部用于河工。

陕西 据表内第 60、75、81 项，陕西共收捐输银 929 269 两，其中调拨用于河工为银 800 000 两，用途不明者为银 129 269 两。

甘肃 据表内第 57、77 项，甘肃共收捐输银 196 800 两。陕甘总督要求抵估甘肃道光二十三年、二十四年兵饷，节省拨运之费。

此外，捐输银钱用途不明的省区有：山西共收捐输银 2 094 330 两（表内第 18、19、27、31、35、48、66 项）；云南共收捐输银 256 070 两（表内第 38、84 项）；四川共收捐输银 261 530 两（表内第 51、67 项）；东河共收捐输银 184 600 两、钱 4 000 串（表内第 50、74 项）；湖南共收捐输银 101 200 两、钱 10 000

串（表内第49、70项，共收银117 200两、钱10 000串，其中贵州巡抚贺长龄捐银10 000两、江苏布政使李星沅捐银6 000两。又据《上谕档》道光二十二年十一月十六日，道光帝下令贺、李二氏"毋庸捐输"，由此核减）；顺天府共收捐输银371 300两、钱4 000串（据表内第14、15、26、40、55项）。

综上统计，清朝共收入捐输银13 467 775两、钱2 462 694串。其中用于战争为银5 660 318两、钱587 584串；用于战时其他费用为银1万两、钱114 000串；用于战争赔款为银1 200 000两；用于战后筹防为银382 137两、钱816 438串；用于河工为银1 498 500两；用于镇压湖北钟人杰起义为银90 000两、钱211 000串；用于修筑荆州江堤为银29 300两、钱49 500串；用于抵估甘肃兵饷为银196 800两；用途不明者为银4 376 056两、钱534 766串。

鸦片战争时期的中英兵力

1840年至1842年的鸦片战争,以清王朝的失败而告终。一个拥有80万军队的庞大帝国,为什么会惨败于一支起先不过数千、后来也只有近两万人的英国远征军?笔者拟用具体数字进行对比分析,对这一问题提出一些看法。

英国侵略军的兵力

从战争爆发到结束,英国侵略军的兵力处于经常的变化之中。

1840年6月21日,从印度开来的英国海、陆军首先到达珠江口外。七天后,英远征军总司令懿律率领从英国和开普敦开来的舰队到达广东水域。是年8月,英侵华海、陆军兵力为:海军,战舰16艘。其中载炮74门的有3艘:麦尔威厘号(Melville)、威厘士厘号(Wellesley)、伯兰汉号(Blenheim);载炮44门的有2艘:都鲁壹号(Druid)、布郎底号(Blonde);载炮28门的有3艘:康威号(Conway)、窝拉疑号(Volage)、鳄鱼号(Alligator);载炮18—20门的有7艘:拉恩号(Larne)、海阿新号(Hyacinth)、摩底士底号(Modeste)、卑拉底士号(Pylades)、纳姆罗号(Nimrod)、巡洋号(Cruiser)、哥伦拜恩号(Columbine);载炮10门的1艘:阿尔及林号(Algerine)。辅助船有武装蒸汽船4艘:皇后号(Queen)、阿特兰特号(Atalanta)、马答加斯加号(Madagascar)、进取号(Enterprise);运兵船1艘:响尾蛇号(Rattlesnake);其他运输船27艘。陆军,爱尔兰皇家第18团、皇家第26团、皇家第49团、孟加拉志愿军团、孟加拉工兵、马德拉斯工兵,加上各舰多带的可用于陆战的水兵等，共约4 000人。[1]

此后，兵力一直在增加。是年10月，从南美开来了加略普号（Calliope）和萨马兰号（Samarang），载炮均为28门；陆军又调来了马德拉斯土著步兵第37团。[2]次年元旦，海军舰船再增加了路易莎号（Louisa），载炮16门，测量船司塔林号（Starling）和硫磺号（Sulphur），载炮皆为8门，武装蒸汽船复仇神号（Nemesis），运兵船丘比特号（Jupiter）等。是时，英侵略军的分布为，舟山驻有英海军布郎底号、康威号、鳄鱼号、纳姆罗号、卑拉底士号、阿尔及林号、运兵船响尾蛇号、测量船青春女神号（Young Hebe），武装蒸汽船阿特兰特号；驻在舟山的英陆军有第18团、第26团、第49团三个团各一部，孟加拉志愿兵和马德拉斯炮兵等，官兵共1 762人。其余皆在珠江口外。[3]

在1841年的一年中，英侵略军兵力虽有变化，如1月底撤回了孟加拉志愿兵团的大部分，8月中又开到皇家第55团，但大体说来，变化不大。

1842年2月，在中国沿海的英侵华海军共有各类舰船25艘（不包括运输船）。其分布为：珠江一带有7艘，[4]厦门有4艘，[5]舟山有3艘。[6]镇海、宁波有11艘。[7]是时，英陆军包括欧籍4个团，印度土

---

[1] *Chinese Repository*, Vol. 9, pp. 112, 221; Vol. 10, p. 545. William Dallas Bernard, *Narrative of the Voyages and Services of the Nemesis from 1840 to 1843; and of the combined naval and military operations in China; comprising a complete account of the colony of Hong-Kong, and remarks on the character and habits of the Chinese*, Vol. 1, London: Henry Colburn, 1844, pp. 220 -221. 三个欧籍团均未足额，其大部兵力2 200余名于1841、1842年到达。见 *Irish University Press Area Studies Series*, *British Parliamentary Papers: China, Correspondence, Dispatches, Returns and Other Papers Respecting British Military Affairs in China, 1840 -69*, Vol. 27, p. 66。

[2] *Chinese Repository*, Vol. 9, pp. 418 -419.

[3] *Chinese Repository*, Vol. 10, p. 57.

[4] 伯兰汉号、先锋号（Herald，载炮26门）、纳姆罗号、巡洋号、保皇党号（Royalist，载炮10门）、测量船青春女神号、武装蒸汽船洪哥厘号（Hooghly）。

[5] 都鲁壹号、卑拉底士号、钱米任号（Chameleon，载炮10门）、测量船司塔林号。

[6] 皋华丽号（Cornwallis，载炮74门）、克里欧号（Clio，载炮16门）、运兵船丘比特号。

[7] 布郎底号、摩底士底号、海阿新号、培里康号（Pelican，载炮18门）、哥伦拜恩号、阿尔及林号、测量船班廷克号（Bentinck）、武装蒸汽船皇后号、复仇神号、西索斯梯斯号（Sesostris）、弗莱吉森号（Phlegethon）。

著1个团,及炮兵、工兵、来复枪连等,共计军官270名,士兵4 670名(其中印度土著1 070名)。[1]此后不久,英侵略军兵力发生了急剧的变化。5月15日,马德拉斯土著步兵第37团(军官20名,士兵400名)撤离香港归国;5月14日至6月22日,从印度、新加坡开来36艘运输船,运来了马德拉斯土著步兵团第2团、第6团、第14团、第39团、第41团,还有孟加拉志愿兵团、工兵、印度炮兵等,[2]共计6 749名。[3]6月2日,英皇家海军运兵船贝雷色号(Belleisle)从英国开到香港,载送皇家第98团八百余人,皇家第18团、第26团、第49团、第55团的缺额部分七百余人也同日到达,[4]英陆军在得到这次增援后,步兵团达到11个,加上工兵、炮兵等,总兵力在12 000人以上。是年8月,鸦片战争结束时,英海军在华舰船数为:战舰25艘。其中载炮72门的有2艘:皋华丽号和伯兰汉号;载炮50门的1艘:复仇号(Vindictive);载炮42—44门的有3艘:塞利亚号(Thalia)、安度明号(Endymion)、布郎底号;载炮36门的有1艘:坎布雷号(Cambrian);载炮26—28门的有3艘:加略普号、北极星号(North Star)和先锋号;载炮16—20门的有12艘:戴窦号(Dido)、哈利昆号(Harlequin)、培里康号、摩底士底号、哥伦拜恩号、基尔德斯号(Childers)、克里欧号、冒险者号(Hazard)、流浪者号(Wanderer)、黑獾号(Wolverene)、巨蛇号(Serpent)、巡洋号;载炮10门的2艘:阿尔及林号和保皇党号;载炮4门的一艘:青春女神号。辅助船有:医院船1艘,运兵船6艘,测量船2艘,木质武装蒸汽船9艘,铁质武装蒸汽船6艘。[5]另有运输船

---

[1] *Chinese Repository*, Vol. 11, pp. 116 −119.

[2] *Chinese Repository*, Vol. 12, pp. 46 −55.

[3] *Irish University Press Area Studies Series*, *British Parliamentary Papers*: *China, Correspondence, Dispatches, Returns and Other Papers Respecting British Military Affairs in China, 1840 −69*, Vol. 27, p. 65.

[4] *Chinese Repository*, Vol. 11, p. 676; *Irish University Press Area Studies Series*, *British Parliamentary Papers*: *China, Correspondence, Dispatches, Returns and Other Papers Respecting British Military Affairs in China, 1840 −69*, Vol. 27, p. 65.

[5] W. D. Bernard, *Narrative of the Voyages and Services of the Nemesis from 1840 −1843*, Vol. 2, pp. 511 −512.

约60艘。[1]

从以上数字可以得出变化中的英国侵略军兵力的大致情况。战争之初，英陆地作战部队约4 000名，加上海军舰船上的官兵3 000余名，总兵力7 000余名；战争结束时，英海、陆军总兵力增加到约20 000名。[2]

清军的兵力

与英国侵略军相对抗的清军，其总兵力约80万（八旗兵约20万，绿营兵约60万）。这是当时世界上人数最多的常备军。但这一数字不能反映清军在鸦片战争战区中的实际兵力。这是因为，英军的侵扰范围仅限于沿海各省；而发生战事的范围就更小了，只是广东、福建、浙江、江苏四省。

就发生战事的四省论，其驻守清军占清军总兵力的四分之一强。广东绿营兵68 263名，福建61 675名，浙江37 565名，江苏38 001名。[3]这四省皆有八旗驻防。广州、福州、杭州、乍浦、江宁、镇江六城之驻防旗兵共约15 000名。[4]通计四省八旗、绿营，共约22万

---

[1] 马士：《中华帝国对外关系史》，第1卷，第331页注2。
[2] Irish University Press Area Studies Series, British Parliamentary Papers: China, Correspondence, Dispatches, Returns and Other Papers Respecting British Military Affairs in China, 1840–69, Vol. 27, p.68.
[3] 广东绿营兵数为1841年之数（见《筹办夷务始末》〔道光朝〕，中华书局，1964年，第3册，第1330—1332页，穆彰阿奏附表）。但该表仅列14省，江苏、浙江、福建、山东未列入。此引江苏、浙江、福建绿营兵数为1849年之数（见《清史稿》，第14册，第3926页）。笔者曾将穆彰阿附表中14省兵数与1849年各该省兵数相比较，发现几乎完全一致。由此可见，此引1849年福建、浙江、江苏三省绿营兵数与鸦片战争时期的兵数不会相去太远。
[4] 鸦片战争时期，一些将军、督抚、副都统在奏折中提到江宁、镇江、杭州、乍浦四城驻防旗兵之数。数字为：江宁3 560名，京口（镇江）1 185名，杭州2 000余名，乍浦1 841名（见《筹办夷务始末》〔道光朝〕，第2册，第857页；第4册，第1604、1843、1920页）。但缺广州、福州两城。此两城驻防兵数参阅《清朝文献通考》、《清朝通典》，福州驻防含水师营约2 400名，广州驻防含水师营约3 800名（见《清朝文献通考》，商务印书馆，1936年，第6475、6511页；《清朝通典》，商务印书馆，1935年，第2540页）。按《清朝文献通考》、《清朝通典》皆成书于乾隆年间，数字未必与鸦片战争时期兵数相符。但清朝军制一旦确定，更动很少，更动的幅度亦极小。鸦片战争时期江宁、镇江、杭州、乍浦四城旗兵数与《清朝文献通考》、《清朝通典》所载之数大致相同。

余名。

当然,鸦片战争时期四省清军还不止此数。战事紧急,兵不足用,道光帝曾下令向该四省增援。其中福建实际上未得到外省援兵(1841年9月13日,道光帝曾命江西调兵两千去福建,一个月后,又将该拨兵改调浙江),[1]其余广东、浙江、江苏三省所得外省援兵数量、时间、撤出情况分见下列各表:[2]

表一 调往方向:广东

命调时间	调出省	兵数(名)	调出与撤离说明
1841.1.6	湖南	1 000	1841年3月15日所调湖北兵1 800名、湖南兵1 000名,原调浙江,改调广东;所调四川兵数百由齐慎率领赴粤。1841年7月14日,奕山在广州惨败后,谎报军情,要求撤回各省调防兵,道光帝于7月28日同意。撤兵秩序为先湖南,后湖北、云南、四川、贵州、江西。8月23日,奕山奏称"征兵存留万余"。10月2日,道光帝称广东尚存外省兵5 000名。次年3月26日,奕山奏称驻广东外省兵4 840名中,仅留广西兵1 800名;四川、湖北、贵州兵全撤。4月13日,道光帝同意。7月,又撤广西兵200名,10月撤尽
1841.1.6	四川	2 000	
1841.1.6	贵州	1 000	
1841.1.27	江西	2 000	
1841.1.30	湖北	1 000	
1841.1.30	四川	1 000	
1841.1.30	贵州	1 000	
1841.1.31	四川	1 000	
1841.1.31	湖北	500	
1841.1.31	湖南	500	
1841.1.31	云南	500	
1841.1.31	贵州	500	
1841.3.15	广西	2 000	
1841.3.15	湖北	1 800	
1841.3.15	湖南	1 000	
1841.3.15	四川	数百	

---

[1]《筹办夷务始末》(道光朝),第2册,第1159页;第3册,第1246页。
[2] 各表均据《筹办夷务始末》(道光朝)有关文件统计,并参阅《清宣宗实录》道光二十年至二十二年。

表二 调往方向：浙江

命调时间	调出省	兵数（名）	调出与撤离说明
1840.7.18	福建	500	道光帝命调时未称兵数
1840.8.28	安徽	1 200	原调江苏，是年2月15日下令停调，3月15日改调广东
1841.1.12	湖北	1 800	
1841.1.12	湖南	1 000	
1841.1.12	安徽	1 200	定海、镇海两役后，大部伤亡或溃散
1841.2	江宁驻防	300	裕谦带往，是年9月1日撤回
约1841.2—4	江苏	1 000	裕谦调，未经道光帝。浙江诸战后，损失较大
约1841.6—7	江苏	200	
1841.9.25	江宁驻防	800	次年6月22日，撤回江宁旗兵。7月奕经派安徽兵500名往江苏，其余10月撤
1841.9.25	安徽	1 000	
1841.10.2	江苏	300	裕谦调，道光帝于10月4日认可
1841.10.2	江西	2 000	原调福建，裕谦截调，10月11日道光帝同意。次年6月奕经派往江苏
1841.10.12	湖北	1 000	次年10月撤回
1841.10.12	江西	1 000	是年10月26日撤回
1841.10.17	陕西	2 000	原调天津。是月21、22日仍命往天津
1841.10.19	河南	1 000	见后批河南兵
1841.10.21	湖北	1 000	次年10月撤回
1841.10.26	四川	2 000	次年6至8月，奕经派往及带往江苏1 300名，其余10月撤
1841.11.13	山西	500	抬枪抬炮兵。次年8月奕经带往江苏200名，其余10月撤
1841.11.13	陕、甘	400	抬枪抬炮兵。陕、甘各200名。撤离情况见下项
1841.11.16	陕西	1 000	1842年7至8月，奕经派往及带往江苏共计2 600名，其余10月撤回
1841.11.16	甘肃	1 000	
1842.3.24	陕西	1 000	
1842.3.24	甘肃	1 000	
1842.4.16	河南	1 000	连同前批共2 000名，是年6至8月由奕经派往及带往江苏1 910余名；尚存80余名，10月撤回
1842.4.16	广西	1 000	是年6月，奕经派往江苏

表三　调往方向：江苏

命调时间	调出省	兵数（名）	调出与撤离说明
1840.7	安徽	2 100	伊里布调，是年9月10日派往浙江1 200名，其余10至11月撤
1840.7	江西	1 000	伊里布调，是年10月撤
约1841.3—4	安徽	1 000	伊里布调，是年8至9月撤
约1841.10—11	安徽	800	梁章钜调，次年10月撤回
1841.11.21	河南	1 000	次年10月撤
1842.5.28	湖北	1 000	
1842.6.1	山西	1 000	是年6月19日改调天津
1842.7.30	山东	1 000	归南河总督统辖，是年8月停调
1842.7.30	河南	1 000	归南河总督统辖，是年10月4日撤回
1842.7.27	安徽	500	牛鉴调，是年10月撤回
1842.8.16	四川	1 000	未到达，是年9月23日折回
1842.8.16	陕、甘	1 000	归南河总督统辖，未到达，是年9月26日折回
1842.6—8	浙江	9 600	原调浙江之外省兵，由奕经派往及带往。不包括江苏调浙后又撤回兵数。是年8月奕经撤回安徽兵500名，其余10月撤回

从以上三表来看，调往广东的外省兵共17 000余名；调往浙江的外省兵最多时达18 400名（奕经、刘韵珂等奏15 800名，他们未将1841年1月12日伊里布调安徽寿春镇兵1 200名、裕谦自1841年2至8月三次调江苏徐州镇兵1 500名统计进去），扣去从江苏调往的2 300名，实为16 100名；调往江苏的外省兵最多时达13 900名，除去由浙江调去的外省兵9 600名，实为4 300名。总计调往三省的外省兵最高额为37 400名（以上数字，皆未将已下令调动但尚未到达或改调其他地区之数计算在内）。增援的外省兵，合四省原驻军，共约258 000名。

上述数字表明，清军无论是总兵力还是发生战事的四省兵力，与英国远征军兵力相比，都占有绝对的优势。

对抗中的中英兵力对比

毫无疑问，发生战事的四省驻军和调往该四省的外省援军，不可能以全数与英国侵略军直接对阵；同样，侵华英军也不可能每战都投入其全部兵力。在总体上兵力对比是一回事，而在每一战场上相搏时，兵力对比又是另一回事。每战尽可能地集中强大的兵力，这是一般的军事原则。

战斗中双方兵力强弱，是决定战斗胜负的重要因素之一。鸦片战争中，较大的战斗共12次。这里，将军事对抗中中英双方各自投入兵力具体数字分述于下：

一、第一次定海之战（1840年7月5日） 清军在定海额设兵丁2 600余名，而当时可用于对阵者仅1 000余名。[1]英军战舰5艘：威厘士厘号（炮74门）、康威号（炮28门）、鳄鱼号（炮28门）、巡洋号（炮18门）、阿尔及林号（炮10门）；运输船10艘；登陆作战陆军为皇家第18团一部、马德拉斯炮兵等，人数不详。[2]

二、沙角、大角之战（1841年1月7日） 清军兵力无确切数。琦善奏称沙角炮台曾得增兵400名，[3]林则徐称英军登陆时沙角守兵仅600余名。[4]大角炮台小于沙角，守兵亦不会超过沙角。琦善、奕山又奏此战清军伤亡757名。[5]据此估计，沙角、大角守兵共1 000余名。进攻沙角的英军为战舰3艘：加略普号（炮26门）、海阿新号（炮18门）、拉恩号（炮18门）；武装蒸汽船4艘：皇后号、复仇神号、马答加斯加号、进取号；登陆作战英军共1 461名。进攻大角的英军为战舰4艘：都

---

〔1〕《筹办夷务始末》（道光朝），第1册，第325—326页；第2册，第946页。
〔2〕Lord Jocelyn, *Six Months with China Expedition*, London: John Murry, 1841, p.55.
〔3〕《筹办夷务始末》（道光朝），第2册，第695页。
〔4〕《丛刊·鸦片战争》，第2册，第563页。
〔5〕《筹办夷务始末》（道光朝），第2册，第817—821页。并参阅该书第3册，第1292页。

鲁壹号（炮44门）、萨马兰号（炮26门）、摩底士底号（炮18门）、哥伦拜恩号（炮18门）。[1]

三、虎门之战（1841年2月26日） 虎门靖远等6座炮台兵丁及山后驻守雇勇共8 000余名。[2]其中关天培镇守之靖远炮台兵弁共253名；[3]威远炮台兵弁327名，雇勇91名；[4]各炮台守兵仅数百名。[5]山后驻守雇勇5 800名。[6]英军为战舰10艘：威厘士厘号（炮74门）、伯兰汉号（炮74门）、麦尔威厘号（炮74门）、都鲁壹号（炮42门）、加略普号（炮26门）、萨马兰号（炮26门）、先锋号（炮26门）、鳄鱼号（炮26门）、摩底士底号（炮18门）、硫磺号（炮8门）；武装蒸汽船3艘：皇后号、复仇神号、马答加斯加号；运输船只；登陆作战英军为第26团、第49团的分遣队，马德拉斯土著步兵第37团，炮兵、工兵及大舰上的水兵、海员，人数不详。[7]

四、乌涌之战（1841年2月27日） 清驻守乌涌炮台有广东防兵700名，湖南援兵900名，共1 600名。[8]英军为战舰5艘：加略普号（炮26门）、先锋号（炮26门）、鳄鱼号（炮26门）、摩底士底号（炮

---

[1] *Chinese Repository*, Vol. 9, p. 648; Vol. 10, pp. 37 −43; Bernard, *Narrative of the Voyages and Services of the Nemesis from 1840 to 1843*, Vol. 1, pp. 258 −260.
[2] 《筹办夷务始末》（道光朝），第2册，第844页。
[3] 同上书，第4册，第1879页。
[4] 同上书，第2册，第1101页。
[5] 《丛刊·鸦片战争》，第2册，第564页。
[6] 《筹办夷务始末》（道光朝），第2册，第814页。
[7] *Chinese Repository*, Vol. 10, pp. 176 −179；宾汉：《英军在华作战记》，转引自《丛刊·鸦片战争》，第5册，第178—185页。宾汉书称："辛好士爵士由大船的水兵和海员组成的三千人登陆。"此处三千人当误。一、从当时的作战行动来看，水兵和海员不可能组成三千人的队伍；二、辛好士一路仅伯兰汉号、麦尔威厘号、皇后号和三只小船，无法载运三千人登陆。《中国丛报》称："辛好士率领伯兰汉号和麦尔威厘号水兵组成的三百人登陆。"此说更为可信。辛好士率领的登陆部队，是数支登陆部队中的一支。又，该文最初发表时未查到英文原书，后查到，数字确为300人。"三千人"当为翻译或印刷所误，见原书 John Elliot Bingham, *Narrative of the Expedition to China*; *from the Commencement of the War to Its Termination in 1842*; *with Sketches of the Manners and Customs of that Singular and hitherto almost Unknown Country*, London: Henry Colburn, 1843, Vol. 2, p. 60（参见本书《虎门之战研究》）。
[8] 《筹办夷务始末》（道光朝），第2册，第845、854页。

18门)、硫磺号(炮8门);武装蒸汽船2艘:复仇神号和马答加斯加号。[1]

五、广州之战(1841年5月22至27日) 广州此时已到外省援军16 000名,驻防八旗及驻守广州的督抚各标、广州协兵1万余名。[2]英军为战舰12艘:摩底士底号(炮18门)、卑拉底士号(炮18门)、鳄鱼号(炮26门)、先锋号(炮26门)、纳姆罗号(炮26门)、海阿新号(炮18门)、巡洋号(炮18门)、哥伦拜恩号(炮16门)、路易莎号(炮16门)、阿尔及林号(炮10门)、硫磺号(炮8门)、司塔林号(炮8门);武装蒸汽船2艘:复仇神号和阿特兰特号。登陆作战英军为:左纵队360名,进攻商馆;右纵队分成四旅,共2 395人,进攻广州。[3]

六、厦门之战(1841年8月26日) 清军兵力5 000余名。闽浙总督颜伯焘于战前奏称,厦门防务共部署兵丁4 509名,战后怡良所奏相同,只是少报一处驻兵;颜伯焘于战后又奏称收回水陆原兵5 000余名,受道光帝面谕驰往密查的户部右侍郎端华奏称,陆路原调厦门3 000名,水师原调厦门2 680名,共收回原兵5 356名。[4]英军为战舰10艘:威厘士厘号(炮72门)、伯兰汉号(炮72门)、布郎底号(炮44门)、都鲁壹号(炮44门)、摩底士底号(炮18门)、卑拉底士号(炮18门)、巡洋号(炮16门)、哥伦拜恩号(炮16门)、阿尔及林号(炮10门)、班廷克号(炮10门);武装蒸汽船4艘:皇后号、复仇神号、西索斯梯斯号、弗莱吉森号;运输船多只;参战之英陆军包括第18团、第26团、第49团、第55团等,共计2 519名。[5]

---

[1] *Chinese Repository*, Vol. 10, pp. 120, 179.

[2] 参阅阮元等纂:《广东通志》,商务印书馆,1934年影印本,卷一七四,《经政略十七·兵制二》;瑞麟等纂:《广州府志》,光绪五年刊本,卷七三,《经政略四·兵防》。

[3] *Chinese Repository*, Vol. 10, pp. 340 – 348, 390 – 401, 535 – 550; Bernard, *Narrative of the Voyages and Services of the Nemesis from 1840 to 1843*, Vol. 2, p. 36.

[4] 《筹办夷务始末》(道光朝),第2册,第879—880页;第3册,第1286、1457、1571页。

[5] *Chinese Repository*, Vol. 11, pp. 148 – 157; Bernard, *Narrative of the Voyages and Services of the Nemesis from 1840 to 1843*, Vol. 2, pp. 145 – 146.

七、第二次定海之战（1841年10月1日） 清军包括定海镇额兵2 600名，浙江本省调防兵2 000名，安徽寿春镇兵1 200名，共计5 800余名。[1]英军为战舰5艘：威厘士厘号（炮72门）、布郎底号（炮44门）、巡洋号（炮16门）、摩底士底号（炮18门）、哥伦拜恩号（炮16门）；武装蒸汽船3艘：皇后号、复仇神号、西索斯梯斯号；登陆作战英军分为两纵队，第一纵队约1 500名，第二纵队由第49团、水兵和海员组成，人数不详。[2]

八、镇海之战（1841年10月10日） 清军包括镇海本营兵1 000余名，浙江本省调防兵2 400名，江苏徐州镇援兵1 000名，收留浙江黄岩镇因定海失陷未能行动之水师百余名，收回定海战败溃兵三四百名，共约5 000名。[3]英军为战舰7艘：威厘士厘号（炮72门）、伯兰汉号（炮72门）、布郎底号（炮44门）、摩底士底号（炮18门）、巡洋号（炮16门）、班廷克号（炮10门）；武装蒸汽船4艘：皇后号、复仇神号、西索斯梯斯号、弗莱吉森号；运输船多只；登陆作战英军分成三个纵队，左纵队1 061名，中央纵队465名，右纵队767名。[4]

九、浙东之战（1842年3月10至15日） 清军进攻宁波兵1 900名，勇400名；进攻镇海兵1 400名，勇500名；进攻定海为崇明、川沙、定海各处水勇义勇，人数不详。在梅墟一带策应的为各地雇勇共3 900名。奕经统兵1 350名驻曹江。文蔚统兵2 000驻长溪岭，该处后遭英军的反攻。[5]当清军进攻宁波、镇海、宁海三城时，受攻击英军当为全体驻在各该处海、陆军。英海军有战舰9艘、武装蒸汽船1艘、运兵船1艘、运输船多艘；英陆军2 000余名。[6]英军向长溪岭、慈溪一

---

[1]《筹办夷务始末》（道光朝），第2册，第946、962页。
[2] 宾汉：《英军在华作战记》，转引自《丛刊·鸦片战争》，第5册，第262—264页。
[3]《筹办夷务始末》（道光朝），第2册，第1148页；第3册，第1164、1265页。
[4] *Chinese Repository*, Vol.10, pp.627-628；宾汉：《英军在华作战记》，转引自《丛刊·鸦片战争》，第5册，第268页。
[5]《筹办夷务始末》（道光朝），第4册，第1657页。
[6] *Chinese Repository*, Vol.11, pp.116-119.

带反攻时,出动兵力为1 200余名。[1]

十、乍浦之战 (1842年5月18日) 清军包括乍浦驻防1 841名,乍浦绿营及浙江本省调防兵1 800余名,陕甘援兵1 000名;山东雇勇1 500名,乍浦本地勇700名,共计约7 000名。[2]英军为战舰7艘:皋华丽号(炮72门)、布郎底号(炮42门)、摩底士底号(炮16门)、哥伦拜恩号(炮16门)、阿尔及林号(炮10门)、司塔林号(炮6门)、伯劳弗号(炮6门);武装蒸汽船4艘:皇后号、复仇神号、西索斯梯斯号、弗莱吉森号;运输船多只;登陆作战英军分成三个纵队,右纵队969名,中央纵队378名,左纵队863名,共计2 210名。[3]

十一、吴淞、宝山之战 (1842年6月16日) 清军在吴淞、宝山及邻近上海一带共约七八千名;在英军重点进攻的陈化成督守的吴淞西炮台仅有兵1 000余名。[4]英军为战舰7艘:皋华丽号(炮72门)、布郎底号(炮42门)、北极星号(炮26门)、摩底士底号(炮16门)、哥伦拜恩号(炮16门)、克里欧号(炮16门)、阿尔及林号(炮10门);武装蒸汽船6艘:复仇神号、西索斯梯斯号、弗莱吉森号、伯鲁多号(Pluto)、谭那萨林号(Tennassarim)、麦都萨号(Medusa);登陆作战英军人数不详。[5]

十二、镇江之战 (1842年7月21日) 清军包括镇江驻防旗营1 183名,青州旗营援兵400名。(城外又有齐慎统带之四川兵530名,广西兵200名,江西兵1 000名;刘允孝统带之湖北兵1 000名,共2 800余名,

---

[1] *Chinese Repository*, Vol.11, p.497;宾汉:《英军在华作战记》,转引自《丛刊·鸦片战争》,第5册,第280页。

[2] 《筹办夷务始末》(道光朝),第3册,第1249—1253页;第4册,第1655、1818、1821页。

[3] 宾汉:《英军在华作战记》,转引自《丛刊·鸦片战争》,第5册,第291页;Bernard, *Narrative of the Voyages and Services of the Nemesis from 1840 to 1843*, Vol.2, pp.317-318; *Chinese Repository*, Vol.12, pp.248-252。

[4] 《筹办夷务始末》(道光朝),第2册,第1070页;第3册,第1284、1360、1387、1440、1623页;第4册,第1912页。

[5] Bernard, *Narrative of the Voyages and Services of the Nemesis from 1840 to 1843*, Vol.2, p.359; *Chinese Repository*, Vol.12, pp.287-294。

但英军一开炮,未经接仗,便逃至四十五里外之新丰镇。)[1]英军共分4旅,炮兵旅602名,第一旅2 318名,第二旅1 832名,第三旅2 155名,共6 997名。[2]

由全国而各战区、而各次战斗,中英双方兵力对比的差距不断在缩小。从总兵力看来,清军兵力雄厚,占有数十比一甚至百余比一的绝对优势;而到每一具体战斗时,这种优势便消失了。上述12次战斗的双方兵力对比说明,清军除广州之战、浙东之战在数量上占了相当的优势外,在大多数战斗中,双方兵力相距不远,而在第一次定海之战、沙角、大角之战和镇江之战中,反是英军占了优势。就是在虎门和吴淞,英军至少在其重点进攻的区域中是占优势的。

清军兵力不能集中的原因

仔细分析在军事对抗中的中英兵力对比,可以得出两点认识:一、英军每战都投入其总兵力的相当部分,这使得他们人数不多的远征军,每战都保持了一定的兵力,从而避免了兵力相差太远的困境。在战争中,他们为了发动新的攻势,甚至放弃他们已经夺占的城市。二、与此相反,清军每战投入的兵力只是其总兵力的极小部分,相对其额设兵丁的数量来说,战场上的兵力少得可怜。由此而产生疑问:为什么广东、福建、浙江、江苏四省直接参战只能是其额设兵丁的一小部分?为什么四省驻兵众多却可直接参战数量很少,因不敷运用而需要大调外省援军?为什么外省援兵参加各次战斗的部队并不为多?这些问题归结起来也就是:清军为什么不能集中兵力,为什么在总兵力占绝对优势而在战场上不能继续保持这种优势?笔者试图从以下三个方面进行分析。

---

[1]《筹办夷务始末》(道光朝),第2册,第857页;第4册,第1920、2101、2115、2117页。
[2] Bernard, *Narrative of the Voyages and Services of the Nemesis from 1840 to 1843*, Vol. 2, pp. 399−400; *Chinese Repository*, Vol. 12, pp. 341−352.

一、关于军制

清军虽有 80 万之众,但没有一支机动性强、比较集中的部队,而是分散设防于各地。八旗绿营虽为国家军队,但除了出征作战的职能外,平日担负的各种勤务差役十分繁重。这些都是清代军制的重要特点。分析清代的军制,下列五点值得重视:

一、京师八旗和巡捕五营共 10 余万,但相当大部分用以执行宫廷、陵寝、衙门的日常勤务。巡捕五营及一部分京营则是巡防地面,看守各城门、堆拨,维持京师治安。为了守卫京师,这些部队难以抽调。鸦片战争中,也没有动用。

二、各将军、都统、副都统统辖的驻防八旗,相对集中,但一处不过数千,除日常官府勤务外,又有守城之责。鸦片战争中,此类兵丁调出不多。

三、各省督抚直接辖有督标、抚标,人数不多。这些部队虽无明确的守土之责,但所担负的各种官府勤务是很繁重的。提督为一省军事首领,所辖提标虽较督标、抚标为多,但其中相当部分有守土之责。

四、清军的主要兵力是由镇而协而营,最后以营为基础分驻各地。据《清朝文献通考》、《清朝通典》等官书,清军除在一些较大城市驻有两三营或更多一些外,各地通常只有一营或不足一营。他们专驻一地而专防一处,守土之责十分明确。第一次定海之战时,定海镇总兵竟以其部"专管巡防洋面,无城守之责"为理由,"不肯退保城池,以致县城失陷"。[1]

五、分驻在各地的清军,不是整营整营地驻处在一起,而是分成更小的单位散在城、汛、哨、卡,多则数百人,少则数人。最为分散者,有如湖南镇筸镇,额设兵丁 4 107 人,"分布汛塘六十七处,驻守碉卡关门哨台七百六十有九"。[2]

---

[1]《筹办夷务始末》(道光朝),第 2 册,第 946 页。
[2] 李扬华:《公余手存·营制》,《丛刊·鸦片战争》,第 1 册,第 222 页。

清军布防驻守如此分散，担负勤务差役如此繁多，自有其原委。

清朝长时期是没有警察的，警察事务由军队承当。看守仓狱要地、各处值班派差、解送钱粮罪犯、维持地方治安成了清军平日的主要任务。从鸦片战争时期一些将军督抚的奏折中，可以看出这一点。直隶总督琦善在英舰抵达白河口时奏称：

> 天津存兵共止八百余名，除看守仓库、监狱、城池暨各项差使外，约止六百余名。……况现值空重漕船，往来络绎，防范稽查，在在需人。[1]

盛京将军耆英称：

> ……省城西额兵五千二百余名，其各项差徭繁多，在在需人。又边外卡伦，看守围场封堆等项，每年共需兵九百余名，均应按季轮流派往。[2]

福州将军保昌等称：

> 省城旗绿营兵，除向例各处值班外，实存兵一千零四十名。[3]

除此之外，就是"弹压地方"，镇压遍于全国时起时落的人民反抗斗争。清军承担的这些任务，加上当时的交通条件造成的运兵困难，客观上要求它分散驻守。从另一方面来看，强兵悍卒始终是封建统治者的心头大患，分散布防更有利于维持其统治。龙汝霖奏山西清军时称：

> 除抚标及两镇额设兵丁外，分成四十余营，再分州县之城守汛塘，以为协守城池、监狱及查办拿盗贼、护送粮饷、递解人犯、传递营中公文之用。立法之初，原以为承平无事，一则散强悍之徒，使无尾大不掉之患；一则塞空虚之防，使无照顾不及之虞。其用意至深且远。[4]

清代的军制明白地说明了清军利于分散"治民"，难以集中御外。封建统

---

[1]《筹办夷务始末》（道光朝），第1册，第358页。
[2] 同上书，第3册，第1457页。
[3] 同上书，第1260页。
[4]《整顿营务议》，葛世濬编：《皇朝经世文续编》，上海久敬斋，光绪二十七年，卷六二，兵政一，第9页。

治者在制定军制时,着意于"防民防贼",并未留有大批机动部队随时应付大规模的对外征战。清立国后历次战争,除康熙年间与俄罗斯外,皆为国内战争。此类战争的结果不是军队的集中,而是更加分散,"弹压"之军遍于全国,即所谓防患于未然。事实上,这些分散的小部队对下级官吏很有用,使他们能有一定的武力来维持其统治。英国等西方列强东来,最初引起的不是军事冲突。西"夷"的坚船利炮肆虐于中国大地,还是第一次。

清军布防的分散和承担的任务决定了:一、清军不可能全数用于征战,清军额设兵丁同派调出征的防兵是两个不同量的概念;二、清政府调不出一支完整的部队,酌量抽调是调集兵力的唯一办法。鸦片战争中,调派的援军遍及全国,除新疆、蒙古外,各地都派出了部队。从大的方面来看,战区四省及天津、安徽等地所得援兵是从各省各将军都统属下数百上千地合成一军;从小的方面来看,一地援军也是从各标营汛卡数百数十甚至数人拼凑而成,没有整个建制单位全部调出的。

问题还在于,既然只能是抽调其中的一部分,那么,鸦片战争时期,在维持封建统治秩序的前提下,用这种抽调的方式,究竟能抽调出多少呢?

先看沿海数省的情况。英军在沿海各省侵扰,清政府三次下令沿海各省加强海口防务:第一次是定海失守后,而英军从天津南退后下令撤防;第二次是虎门失守后,而奕山广州战败谎报军情,再次下令撤防;第三次是厦门失守后。沿海各省从本省非交战区抽调兵力加强海口防务的兵数,可见下表:

表四   单位:人

省份	额设兵丁	第一次定海失守后	虎门失守后	厦门失守后
直隶	38 280		6 790	一万零数百
山东			3 000 余	3 000 余
江苏		7 800		
浙江	37 565	7 900	约 10 000	约 10 000
福建	61 675		13 000 余	15 000 余

从上表可见,沿海各省除原在海口部署之兵外,抽调非战区的兵丁最多不过占额兵的四分之一强。上述数字可视为最大抽调兵丁之数,因为各该督抚在抽调了上述兵丁后纷纷奏称"实无一兵可调"。抽调比率最低者为山东,而山东巡抚于 1842 年 1 月 28 日奏称:

> 一切巡防盗贼,护卫商旅,以及催趱空重粮船,递解饷鞘人犯,在在均资兵力。今岁夷船未经北驶,故各口岸调防弁兵止于三千余名,在沿海尚形单薄,在腹地已涉空虚。……而冬令撤防之际,正内地缉匪紧要之时,沿海虚设多兵,徒令坐食,而腹地处处兵单,不敷差遣。臣通盘筹计,惟有仍循旧制,就现在额兵,择近酌调,分年换防,庶可稍节糜费而均劳逸,且于海疆腹地,亦不致有顾此失彼之虞。[1]

山东抽调兵仅占额设六分之一,就无法维持地方治安,只得调回一些来。沿海各省额设兵丁虽多而不敷用,原因正在于此。

再看内地各省的情况。内地各省因本省无战事,能够抽调的兵丁要多于沿海。鸦片战争时期,内地各省抽调兵数合计为 51 200 名,[2]占各省额设兵丁比率 1.25% 至 36.83% 不等。比率高者,多为邻近战区省份,如安徽抽调援兵 3 500 名,占额设兵丁的 36.83%;湖北抽调 7 300 名,占 35.3%;江西抽调 4 000 名,占 31.83%;河南抽调 4 000 名,占 25.82%。其后为陕西抽调 5 700 名,占 22.8%;四川抽调 7 000 名,占 22%。抽调比率较低的有下列省份:广西抽调 3 000 名,占 13.26%;湖南抽调 2 500 名,占 9.16%;贵州抽调 2 500 名,占 6.18%;山西抽调 1 500 名,占 6.53%;甘肃抽调 3 700 名,占 5.34%;云南抽调 500 名,占 1.25%。这些省份抽调比率低,原因既不在于路途遥远,湖南、广西距广东,毕竟比四川、湖北近得多;也不在于该省兵丁不够骁勇,乌涌之战,湘兵最能战,陕、甘兵丁则以技勇闻名。这是因为清政府在这些省

---

[1] 《筹办夷务始末》(道光朝),第 3 册,第 1578 页。
[2] 除表一、表二、表三提及三省外,还有调往山海关、天津一带 10 000 名;调往锦州一带 1 000 名;调往安徽芜湖 1 000 名;调往江苏尚未到达 2 000 名。此数又未将齐慎由川赴粤所带数百名兵计算在内。

份大量驻兵,目的在于监视当时清帝国内部的苗、蒙、回等少数民族。此外,吉林、黑龙江、察哈尔也各抽兵2 000名。当然,不能认为内地各省抽兵五万余名,是清政府所能达到的最高数字。这个数字虽还能增加一些,但要数倍地增加则是难以办到的。裕谦曾于1841年9月20日奏称:"浙江及附近各省,业已无兵可调。"[1]由此而论,安徽、江西等省最大抽调比率不过三分之一强。若内地各省皆达到这个比率,也不过再加抽调七万余名。湖南、广西、贵州、云南、山西、甘肃因少数民族问题,抽调比率还要打一折扣。京畿清军难动,东三省、各地驻防还可抽出一些。若如此,清政府不过能再抽调八万余名。

必须说明,上述调兵最大限额是以封建统治秩序不受损害为先决条件的。清政府在镇压太平天国时,因地方吏治腐败,无统治秩序可言,抽兵比率要大得多。衰败没落的统治集团不会也不可能以全部力量来对抗打着通商、赔款、割地旗号的侵略者,因为这些侵略要求并不会立即冲垮专制统治。而他们与被统治者的矛盾是根本对立的,他们以武力来建立和维持统治秩序。因此,他们宁可对外来侵略者妥协,也不愿发生国内危机。

清军落后的军制使清军束缚于各地,难以调动集中。从清军的军制来考察,就不难理解,数量庞大的军队,调兵并非易事。

二、关于装备

除了必须握有相当数量的部队和明确的战略思想指导外,集中兵力还要求:一、预定战场;二、快速运兵。预定战场是为了决定集中兵力的方向、地点。快速运兵即调兵速度是集中兵力的重要保证。这两点都与装备有着直接的关联。

从当时的中外记载来看,鸦片战争时期清军使用的装备与清开国初年差不多,与英国侵略军比较,差距甚远,水师尤甚。1840年8月13日,祁寯藻、黄爵滋、邓廷桢等奏称:

---

[1]《筹办夷务始末》(道光朝),第3册,第1210页。

> 查各省水师战船，均为捕盗缉奸而设，其最大之船，面宽仅二丈余，安炮不过十门。夷船大者载炮竟有数十门之多，彼此相较，我船用之于缉捕则有余，用之于攻夷则不足，此实在情形也。[1]

这样的舰船无法与"船坚炮利"的英国海军相抗衡。除颜伯焘外，几乎所有清军将领都认为，若在海上交锋，是以英军之长击己之短，绝无胜利希望。因此，他们制定的战略方针基本上是一致的，这就是：收缩水师，加强沿海炮台，在陆路与英军交战。

这种被迫采用的以守待攻的战略使清军丧失了主动权，无法预定战场。英军倚仗着坚船利炮，在海上任意往来，他们决定了战争的时间、方向、规模。他们愿意在什么时候打，就可以在什么时候打；愿意在哪儿打，就可以在哪儿打。兵力集中十分容易。清军因无得力舰船，无法在海上主动交战，只得处处设防。英舰船一出动，千里海防线，几十个重要海口都必须加强防守。这样，经过努力而从各地抽调来的增援部队不可能集中抗敌，而只能分散到各个海口去。裕谦的话，正说明这一点：

> 浙省防兵，统计虽有一万五千余名，系连各该处额设官兵之请给盐菜者一并计算。实在镇海、定海二处，除去本营额设官兵外，各止调派外营外省兵三千余名。乍浦地方，除驻防八旗官兵外，止有调防兵八百余名。其余四五千名，分防沿海各口，自一二百名至数百名不等，本形单薄。现在逆夷四出纷扰，处处吃重，据各该地方官纷纷禀请添兵策应，固属实在情形。但奴才通盘筹画，浙江及附近各省，业已无兵可调，且该逆游魂海上，朝东暮西，飘忽不定，设我闻警调派，水陆奔驰，尚未行抵该处，而该逆又顾而之他，徒然疲于奔命，适堕其术。[2]

处处吃紧、处处把守、处处兵单。浙江重要之地有三处，定海、镇海、

---

[1] 《筹办夷务始末》(道光朝)，第1册，第364页。
[2] 同上书，第3册，第1210页。文中"防兵"，指本省及外省调出增援的兵丁，并包括各该处额设兵丁。

乍浦；海口有十余处。万余援兵分散派防，各处仍不足恃。这就是说，清军每战都保持与英军相等的兵力，就得将几十倍于英军的兵力分散布置在沿海数省几十个重要海口上，而绝不能将这些兵力集中调往一地与英军决战。装备落后导致清军无法预定战场，难以集中兵力。

英军的舰船不仅是作战手段，同时也是运输手段。它能快速地开赴一地，并把陆军也运往该地。这使得英军的机动性强，兵力集中速度快，在战争中兵力重复使用次数多。鸦片战争中，英国侵略军的一些海军舰船和陆军团队几乎参加了鸦片战争的所有战役。一艘军舰使用两次等于两艘，一名士兵参加两次战斗等于两名。

鸦片战争时期清军的调动很大程度上靠步行。由于道路狭窄和船只车马数量有限，一两千军队都不能集团行动，而要分成数起，每起二三百人，隔日行走。装备如此之差，依靠两条腿跨越数省甚至半个中国，速度之慢不难想象。笔者据《筹办夷务始末》（道光朝）、《林则徐日记》等书，统计了20起援兵速度，仅举几例：

一、1841年1月6日道光帝命湖南、贵州各调兵1 000名，四川2 000名往广州。湖南兵51天后到达，贵州兵47天后到达，四川兵79天后到达。

二、1841年10月26日道光帝下令四川调兵2 000名往浙江，96天后，到达头起380名，以后各起陆续到达，110天后，末起300名尚未到达。

三、1841年11月16日道光帝下令陕西、甘肃各调兵1 000名往浙江。74天后，到达头起380名，89天后，末起250名尚未到达。

以上仅是一些例子，从笔者所作的统计中，可以推算清军大概的调兵速度：邻省约三四十天，隔一二省约50余天，隔三省约70天，隔四省则在90天以上。上述时间仅为道光帝下令至该兵到达为止，如果从各该将军、督抚由于战局吃紧而请求救援起算，时间就更长了。如此缓慢的调兵速度，使清军丧失了本国本土的有利条件。当时英国海军的舰船从南非的开普敦开往香港，只需60天左右；从印度开来只需三四十天；即使从英国本土开来也只有四五个月。蒸汽机的使用，汽船的出现，又大大加快了英军进军的速度。璞鼎查从英国到孟买只用了 32 天,而从孟买到香港只航行了 25 天。由此推算,假如英侵略军在舟山派汽船到印度去调集援军和军需品,来回时间几乎相同于从四川调兵到广东或从陕甘调兵到江浙。方便快速的舰船使英军漫长的补给线缩短了;而装备落后则延长了清军援兵的路程。先进的科学技术在战争中发挥了巨大的作用。

清军的调兵速度,跟不上英军军事行动的展开。英军第一次从广东水域出发,攻陷定海,兵临白河,只花了 35 天;第二次从香港出发,攻陷厦门、定海、镇海、宁波数城,只费了 53 天。而清军呢?举广东战局为例,早在沙角、大角之战前,道光帝就命调兵 4 000 名,得知沙角、大角失守后又调兵 8 000 名,到 50 天后虎门之战时,援兵仅到 2 000 名,1841 年 3 月英军兵临广州城下,援兵开到只 3 000 名。这样的调兵速度又谈何集中兵力、抓住战机呢?再如浙江战局,道光帝接到厦门失守、浙江吃紧的消息后,便陆续调兵浙江,而到定海、镇海、宁波三城沦陷时,援兵仅到裕谦所调江宁旗兵 800 名,其余什么时候到达杳无音讯。杭州将军奇明保、浙江巡抚刘韵珂焦虑万分地奏道:"惟浙省此时,无一兵可调,……历次奏调之寿春、江西、湖北等处官兵,均尚未到",表示对战局的胜利毫无信心。道光帝阅此朱批:

> 览至此,汝五中如焚,朕已洞悉。虽业有命将调兵之旨,以辰下而言,总在两月内外方能抵浙。思及此,朕焦急何堪!汝其殚厥心力,设法保守省城,定能仰邀天佑,转危为安,以待大兵之至也。[1]

君臣一筹莫展,只得坐待援军。

还须注意的是,在战争后期,战区邻近省份的军队已抽调得差不多了,如果清政府还要再抽调兵力,则须从遥远的西北和西南调,时间要在 70 天以上。江宁将军德珠布、参赞大臣特依顺都曾要求调拨西安、宁夏满营救援,皆被道光帝以"道路遥远,缓不济急"而拒绝了。奕经在

---

[1]《筹办夷务始末》(道光朝),第 3 册,第 1308—1309 页。

浙江惨败、江苏危急时承认：

> 逆船乘风扬帆，虽数百里瞬息可到。我兵调拨接引，陆路则狭窄难行，水路则河狭船小，行走亦复迟滞。彼处之救兵未来，而此处之守兵已溃，其势有必然者。

他也提不出别的办法，还是要求道光帝从陕甘再调"劲兵二三千"，道光帝批道："正所谓缓不济急，梦呓之谈耳。"[1]

三、关于财政

鸦片战争时期清政府的财政困难，限制了战争的规模，也影响清军兵力的集中。

嘉庆年间，清政府为镇压白莲教起义，前后凡十二年，耗去军费约两亿两。[2]从此清政府的财政陷入危机。道光年间，财政收入常不足额。1839年7月16日，道光帝在上谕中称："据户部查明，积年渐久，延欠频仍，综计欠解银数，除盐务悬引未完及帑利等款，准其分别展缓外，其余拖欠有二千九百四十余万两之多。"[3]这个数字是非常大的，约占当时清政府一年财政收入的五分之三。1840年的户部银库存银，从雍正、乾隆年间的六七千万两下降到 10 349 975 两，次年又减少44%，为 6 796 037 两。[4]

财用匮乏对调兵行动影响极大。清军的调动，用费浩繁，这些费用，主要有三项。一、整装银（出征营伍整顿行装费），按《钦定户部军需则例》规定：调派京营满洲出征，官弁整装银按俸一年或两年，兵丁整装银40两；东三省满营，官弁银80至350两不等，兵丁银30两；各省驻防满洲、蒙古，官弁按俸一年，兵丁银10至20两；各省绿营，官弁按俸一年，兵丁银6至10两。二、盐菜口粮（盐菜银为出征官兵的菜

---

[1]　《筹办夷务始末》（道光朝），第5册，第2187、2189页。
[2]　《清史稿》，第13册，第3709页。
[3]　《清实录》，第37册，第1064页。
[4]　中国社会科学院经济研究所藏清代钞档。转引自彭泽益：《论鸦片赔款》，《经济研究》，1962年第12期。

金),按《钦定户部军需则例》,官弁按品级大小,每员每日支盐菜银1.5两至12两不等,兵丁则满洲每月银2.5两,蒙古银1.5两,绿营银1.3两;口粮则不论官兵,每人每日支口粮米八合三勺。官又可按品级大小,每员随带跟役2至60名不等,兵丁为满洲、蒙古每两名合给跟役1名,绿营每10人合给3名。跟役每名每月支给盐菜银5钱(绿营军官之跟役不支),口粮米与官兵同。三、车船行粮路费等银。[1]这是一笔巨大的费用。仅广东一省,从1841年2月14日到1843年3月16日这一年零一个月的时间,就花去战费银3 902 879两。此后留外省官兵4 840名,调本省官兵2 670名,再雇勇26 000名,每月需银139 200两。[2]整个鸦片战争时期,清政府共花战费银2 000余万两。[3]

  部库支绌,军费浩繁。鸦片战争已与康、乾年间的征战不同。征调之际,统治者不得不认真考虑用费。财政困难是导致道光帝忽战忽和的重要因素。因此,统治者总是尽可能地少抽调一些兵丁,尽可能地晚一些抽调。缓慢的调兵速度并未使清政府提前准备,在战前两三个月将援兵调赴海口,使援兵能不误战机;一旦战局有所和缓,道光帝就下令撤防。1840年9月29日道光帝获悉白河口的英舰队已退过山东洋面,便不顾英军仍霸占定海,且大批集结于广东海面,下令沿海各省撤防。在道光帝的命令下,苏、浙、粤等沿海省份纷纷撤军,林则徐也被迫将驻守虎门的兵勇裁撤2 000名。三个月后,广东局势日趋危急,道光帝只得再下令加强海口防务。1841年7月21日,道光帝在接到奕山所谓"洋务大定"的假报告后,第二次下令沿海各省撤防。山东、直隶、奉天等

---

[1] 《军需则例》对此亦有具体的规定。就规定而言,很难得出实际概念,此举一例:1856年盛京过境吉林、黑龙江官兵、余丁"共一千八百三十员名,所需车价银二万三千二百三十七两五钱,骑马草粮银三百两,尖宿饭食银三千三百七十六两三钱一分九厘,统需银二万六千九百十三两八钱一分九厘"(盛京将军庆祺等奏,咸丰六年十一月二十六日,《宫中档·军务类·军需项》,4/1/1/858/6)。兵数不到二千,过境仅止一省,应付即如此之巨。数万大军,横越数省,费用不难想象。此虽鸦片战争之后的事情,亦可供参考。
[2] 《筹办夷务始末》(道光朝),第4册,第1719页。
[3] 此是本论文当年的结论,后统计档案,得出结论为银3 000余万两。见本书《鸦片战争清朝军费考》。

省遵令裁撤防兵。而裕谦接到两广总督祁𡎴的咨文，得知英军"有新到兵船、火船，一俟齐集，即赴浙江"，向道光帝要求江苏、浙江两省调防兵缓撤，结果遭到驳斥，道光帝批道："不必为浮言所惑，以致糜饷劳师。"[1]1842年9月道光帝得知和议已成，便命北方撤兵，次月，沿海七省形成撤兵的高潮，所有外省及本省调防兵在此时都奉命撤回营伍。而在此同时，英军只是退出长江，逐步南下香港，军事威胁并未解除。从道光帝和各将军督抚的言论来看，这三次撤兵的目的只是一个——"以节糜费"。

结　论

从兵力总数来看，清军比英国远征军多几十倍，在战争初期，甚至多达百倍，但它驻防分散，机动作战能力差，兵力集中十分困难。鸦片战争时期清军调兵总数仅占其总兵力的八分之一左右（包括沿海、内地各省抽调支援海口的兵力），已经使清政府花费了很大的气力。清军的军制、装备和清王朝的财政困难，又使清政府难于再及时抽调大批军队应战。从地理上的距离来看，英军远离后方，自然给兵员补充造成种种困难，但清军因装备落后和交通条件恶劣，使它面临的困难甚于英军。这样，在总兵力上占绝对优势的清军到实际作战时，就难以保持其在兵力上的优势，甚至还处于劣势。

清军是一支装备落后的军队。它对付揭竿而起、组织涣散、缺乏作战经验的人民反抗斗争颇有经验，而与西方近代化的军队较量还是第一次。鸦片战争中，清军在兵力上从优势到失去优势，英军兵力虽少而在作战时并不处于劣势，正展示了中土与泰西之间的巨大差别。我们在探索清军如何丧失兵力上的优势时，又可以看出政治制度与经济因素是其最终的根源。

---

[1]《筹办夷务始末》（道光朝），第2册，第1127、1129页。

第二次鸦片战争清军与英、法军兵力

兵力是决定战争胜负的重要因素之一。兵力的强弱,不在于绝对数字,而在于比较。本文试图说明,第二次鸦片战争中清军与英、法侵略军双方各自的兵力及其对比。

第二次鸦片战争的一个重要特点是,清军的抵抗是局部的,而不是全国范围的,仅在广州地区、京津地区与侵略者流血鏖战,而在上海、宁波、厦门、福州、舟山、大连湾、芝罘等地却与英法联军猫鼠同床,和平共处。因此,作者除了注意清王朝的总兵力外,主要把眼光放在作战地区已经集结的兵力上。这是就兵力部署的地区而言。

从战争发展的时间顺序来看,英、法两国派遣的侵略军,其兵力始终处于变化之中,其趋势是增强;清军在作战地区的兵力先后变动也很大。

为了准确地得出第二次鸦片战争中清军与英、法军队实际兵力的概念,作者将这次战争根据其军事行动划分为四个阶段,具体地说明各个阶段在作战地区的双方总兵力及各次战斗双方投入的兵力。考虑到英、法军队机动性强,对其在华总兵力也加以说明。

广州地区军事冲突阶段(1856.10—1857.6)

1856年10月8日发生了"亚罗号"事件。不久,驻香港的英军即对广州地区实施军事行动。此一时期的作战,又称"亚罗战争"。是时,英国在香港的陆军约700人,[1]后陆续增加,至次年7月3日为1 484人,其中病号242人。[2]需要说明的是,1857年1月10日,英驻华公使包令(J. Bowring)向英驻印度总督坎宁(Lord Canning)要求派援兵5 000人。[3]4月,英国政府决定开战,从本土、印度、新加坡等地派出大批军队;但5月间印度爆发了土兵起义,这不仅使印度派不出侵华军队,而且已经到达香港的部分英军也被全权代表额尔金送回加尔各答。在此期间,英在东印度及中国地区的舰船数目如下表:[4]

表一

时间	螺旋桨蒸汽动力	明轮蒸汽动力	其他动力	合计(艘)	舰上官兵(人)
1856.9	2	1	13	16	3 360
1856.10	9	1	13	23	3 945
1856.12	11	3	12	26	4 354
1857.4	18	3	12	33	5 902
1857.5	36	4	14	54	7 357
1857.7	38	5	17	60	8 580

这里所说的东印度是指东南亚,即马来群岛一带;所说的中国包括香港和通商的五口。这支舰队的总部设在香港,当时的司令是海军少将西马縻各厘(M. Seymour),其主要舰船亦在香港。

---

[1] *Reports from the Select Committee on Mortality of Troops (China), together with the Proceedings of the Committee, Minutes of Evidence and Appendix*, London: H. M. S. O., 1866, pp. 224, 233.

[2] "The Earl of Elgin to the Earl of Clarendon, July 9, 1857", Foreign Office, *Correspondence Relative to the Earl of Elgin's Special Missions to China and Japan, 1857 – 1859*. London: Harrison and Sons, 1859, p. 20.

[3] D. Bonner-Smith and E. W. R. Lumby eds., *The Second China War 1856 –1860*, London: Navy Records Society, 1954, p. 162.

[4] Bonner-Smith and Lumby eds., *The Second China War 1856 – 1860*, Introduction, p. 22.

与英军相对抗的清军,以广东全省计,共7.4万余名;[1]以这一阶段英军的侵略地区,即从虎门、广州至佛山珠江沿岸地区计,共约2万名。[2]

这一阶段,较大的战斗有三次。

第一次广州之战　1856年10月22日英海军司令西马縻各厘率领英舰3艘,载炮共17门,越过虎门,攻破广州外围数处炮台,25日占领海珠炮台。是时停泊在广州商馆前还有载炮17门的英舰2艘。27日起,英军炮击广州,29日少数英军攻入城内,旋退出。[3]驻守广州的清军驻防八旗、抚标、广州协标及部分督标共1万余人,[4]另调大沥等处雇勇5 000人。[5]

虎门之战　英舰6艘,载炮共179门,于1856年11月12日攻占了横档炮台,次日又占领了虎门其他炮台。[6]驻守上、下横档炮台的清军约700人,驻守虎门其他炮台的清军1 000余名。[7]

---

[1]　绿营兵68 320名(见《清史稿》,第14册,第3926页);广州驻防八旗近6 000名(瑞麟等纂:《广州府志》,卷七三,《经政略四·兵防》)。

[2]　参见阮元等纂:《广东通志》,卷一七四,《经政略十七·兵制二》;瑞麟等纂:《广州府志》,卷七三,《经政略四·兵防》。

[3]　"Rear-Admiral Sir Michael Seymour to Secretary of the Admiralty, November 14, 1856", Bonner-Smith and Lumby eds., *The Second China War 1856 – 1860*, pp. 99 –103. 三艘英舰为:明轮蒸汽炮舰克罗曼德尔号(Coromandel),炮5门,250吨,150马力,舰员60人;明轮蒸汽护卫舰桑普森号(Sampson),炮6门,1 299吨,467马力,舰员198人;明轮蒸汽炮舰梭子鱼号(Barracouta),炮6门,商馆前蒸汽炮舰英康特号(Encounter),炮17门,953吨,360马力,舰员181人。

[4]　见瑞麟等纂:《广州府志》,卷七三,《经政略四·兵防》。

[5]　华廷杰:《触蕃始末》卷上,见齐思和等编:《中国近代史资料丛刊·第二次鸦片战争》,上海人民出版社,1978年,第1册,第166页。以下简称《丛刊·第二次鸦片战争》。

[6]　"Rear-Admiral Sir Michael Seymour to Secretary of the Admiralty, November 14, 1856", Bonner-Smith and Lumby eds., *The Second China War 1856 –1860*, pp. 106 –107. 6艘英舰为:旗舰加尔各答号(Calcutta),风帆动力,炮84门,舰员720人;战舰南京号(Nankin),风帆动力,炮50门,舰员500人;蒸汽炮舰大黄蜂号(Hornet),炮17门,60马力,舰员160人;以及英康特号、梭子鱼号、克罗曼德尔号。

[7]　参阅同治朝《广州府志》,卷七三。

佛山水道之战 1857年清广东水师琼州镇总兵黄开广募到红单船60艘,合之巡船约100余艘,拟与英舰在珠江上交战。[1]6月1日,英舰队进攻清水师战船,追至佛山。[2]当时指挥进攻的司令克派尔(H. Keppel)称英舰队有各类军舰17艘,官兵2 600名。[3]

这一阶段,英军因兵力不足,战斗规模不大。这些战斗对整个战局的影响亦较小。

第一次全面作战阶段(1857.7—1858)

1857年7月1日,英国全权代表额尔金伯爵(Earl of Elgin)到达香港,因兵力不足于战,法国全权代表未到,不得不返回加尔各答。至是年11月,英国在基本控制了印度局势后,兵力转用中国战区,海军在华各类战舰达49艘,共载炮549门,舰上官兵6 400余人。这些舰船在香港21艘,共载炮153门,舰上官兵2 500余人;广州附近的珠江上23艘,共载炮310门,舰上官兵3 200余人;上海、宁波、厦门、福州共5艘,共载炮76门,舰上官兵700人。[4]英在香港的地面部队约三四千人。[5]法军此时也先后到达,共有各类战舰12艘,共载炮216门。其中在香港1艘,载炮18门;在澳门9艘,共载炮146门;在上海2艘,共载炮52门。

---

[1]《筹办夷务始末》卷中,《丛刊·第二次鸦片战争》,第1册,第177页。

[2] "General Order, May 31, 1857", "Commodore Keppel to Real-Admiral Sir M. Seymour, June 10, 1857", "Earl of Elgin to Earl of Clarendon, July 9, 1857", Bonner-Smith and Lumby eds., *The Second China War 1856−1860*, pp.201−208.

[3] George Wingrove Cooke, *China: Being "The Times" Special Correspondence from China in the Years 1857−58*, London: G. Routledge, 1859, p.38.

[4] Cooke, *China: Being "The Times" Special Correspondence from China in the Years 1857−58*, pp.258−259. *North China Herald*, November 21, 1857.

[5] 1857年11月到达来自英国的海军战队1 500人,见马士:《中华帝国对外关系史》,第1卷,第552—553页。1858年1月1日英在香港的地面部队军官472人,士兵3 874人。见 *Reports from the Select Committee on Mortality of Troops (China), together with the Proceedings of the Committee, Minutes of Evidence and Appendix*, p.224。

第二次广州之战 1857 年 12 月,英法联军进攻广州:15 日,强占与广州隔珠江相对的河南,参加这一行动的有英舰 8 艘,登陆水兵 600 名;法炮艇 3 艘,登陆水兵 130 名。[1]28 日起,英法联军进攻广州,次日占领。登岸参战部队包括英陆军 800 名,水兵 2 100 名,海军旅 1 829 名;法海军旅 950 名,共计 5 679 名。[2]在珠江上配合登岸作战实施炮击的英法舰艇 20 余艘。[3]此时,清军在数量上与一年前无甚变动。但经第一次广州之战、虎门之战后,从虎门到广州珠江上诸炮台尽被毁坏;经佛山水道之战等水上交锋,清军在珠江上的水师已被打垮,残部开往西江。其时惟广州一处能战守。广州守军仍约 1 万人。募勇数量减少,约为 3 000 人。[4]

1858 年 5 月,英海军在华各类军舰达 50 艘,载炮共 619 门,舰上官兵 6 300 人;法海军在华各类军舰 15 艘,共载炮 230 门。[5]其大批舰船集结于北直隶湾,英舰 15 艘,载炮 192 门,舰上官兵 2 054 人;法舰 11

---

[1] "Consul Parkes' Memorandum No. I to Sir John Bowing, December 15, 1857", Bonner-Smith and Lumby eds., *The Second China War 1856 −1860*, p. 26.

[2] "Real-Admiral Sir M. Seymour to Secretary of the Admiralty, January 13, 1857", Bonner-Smith and Lumby eds., *The Second China War 1856 −1860*, p. 274.

[3] 英法联军司令们关于进攻广州的命令中提到实施炮击的军舰 12 艘,载炮共 120 门,并称还有一些炮艇,但无具体数目。("The Earl of Elgin to the Earl of Clarendon, July 9, 1857", Foreign Office, *Correspondence Relative to the Earl of Elgin's Special Missions to China and Japan, 1857 −1859*, p. 131)在《中国——〈泰晤士报〉1857 年至 1858 年来自中国的特别报道》书中附有作战示意图,从图可见,在城南珠江上列阵的英法舰艇共 22 艘。马士称:"船只使用的数目虽然没有记载,但当时在广州水面上可供使用的船只计有:英国的小军舰、炮艇和大轮船共二十一艘,装备大炮共计一百九十门,以及法国的船舰七艘,装备大炮四十六门。"(《中华帝国对外关系史》,第 1 卷,第 563 页)

[4] 关于此时广州的募勇数目,候补知府杨从龙称:"林勇七百,东勇八百,潮勇数百,统计不及两千。"(见《丛刊·第二次鸦片战争》,第 3 册,第 195 页)南海县知县华廷杰称:东勇一千,潮勇一千,林勇未提具体数,又调安良乡等处兵,实到两百余名(同上书,第 1 册,第 180—181 页),估计为 3 000 名。按杨从龙请人代奏,意在抨击广州当局,言辞难免过分,又官未实授,内情亦难掌握。华廷杰亲办募勇事务,又从其书各处史实记叙来看,更为可靠。

[5] 参阅《北华捷报》(*North China Herald*)1858 年 5 月 8 日至 6 月 5 日。又据该报是年 8 月 7 日至 9 月 25 日称,后英舰增至 65 艘,法舰增至 20 艘。

艘，共载炮 164 门。[1]

第一次大沽之战 1858 年 5 月 20 日，英法联军进攻大沽炮台。攻击北岸炮台的为英舰鸬鹚号、法舰霰弹号、火箭号，登陆部队英军 289 人，法军 168 人，共计 457 人；攻击南岸炮台的为英舰纳姆罗号、法舰雪崩号和龙骑兵号，登陆部队英军 371 人，法军 350 人，共计 721 人；英炮艇弗姆号、坚固号、鸨号、莱文号、负鼠号、斯莱尼号载送登陆部队，并以炮火支援战斗，斯莱尼号是英法联军这次战斗的指挥艇。[2]直隶绿营额兵 4 万余名，[3]但驻防大沽的大沽协额兵仅 1 600 余名。[4]清政府在战前已加强了大沽海口的设施，派拨援兵 6 000 余名。其中京营

---

[1] Laurence Oliphant, *Narrative of the Earl of Elgin's Mission to China and Japan in the years 1857, 1858, 1859*, Vol. 1. Edinburgh and London：W. Blackwood, 1860, Vol. 1, pp. 287 -288；*North China Herald*, May, 1858. 英舰 15 艘为：加尔各答号；煽动号（Pique），快速帆舰，炮 40 门，舰员 270 人；愤怒号（Furious），明轮蒸汽护卫舰，炮 6 门，舰员 220 人，马力 400 匹；纳姆罗号（Nimrod），蒸汽炮舰，炮 6 门，舰员 120 人，马力 180 匹；鸬鹚号（Cormorant）、瑟普莱斯号（Surprise），两舰均为蒸汽炮舰，炮各 8 门，舰员各 98 人，马力各 200 匹；富利号（Fury），明轮蒸汽炮舰，炮 8 门，舰员 160 人，马力 515 匹；斯莱尼号（Slaney）、莱文号（Leven），两艇均为蒸汽浅水炮艇，炮各 5 门，舰员各 48 人，马力各 80 匹；鸨号（Bustard）、负鼠号（Opossum）、坚固号（Staunch）、弗姆号（Firm），四艇皆为蒸汽浅水炮艇，炮各 3 门，舰员各 48 人，马力各 60 匹；克罗曼德尔号（ ）、海斯坡号（Hesper），蒸汽供应舰，炮 5 门，舰员 54 人，马力 120 匹。法舰 11 艘：复仇者号（Nemesis）、果敢号（Audàcieuse），两艘均为快速帆舰，炮各 50 门；普利姆盖号（Primoguet）、弗勒格顿号（Phlegethon），两舰均为蒸汽炮舰，炮各 8 门；监禁号（Durance）、梅耳瑟号（Meuvthe），两舰均为蒸汽炮舰，炮各 12 门；雪崩号（Avalanche）、霰弹号（Mitraille）、火箭号（Fusée）、龙骑兵号（Dragonne），四艇皆为蒸汽浅水炮艇，炮各 6 门；雷尼号（Renny），租用的轮船。

[2] 德巴赞古：《远征中国和交趾支那》，见《丛刊·第二次鸦片战争》，第 6 册，第 146—150 页；"Rear-Admiral Sir M. Seymour to Secretary of the Admiralty, May 21, 1858", Bonner-Smith and Lumby eds., *The Second China War* 1856 -1860, pp. 336 -340；Laurence Oliphant, *Narrative of the Earl of Elgin's Mission to China and Japan in the Years 1857, 1858, 1859*, Edinburgh and London：William Blackwood and Sons, Vol. 1, pp. 294 -295。

[3] 《清史稿》，第 14 册，第 3926 页。

[4] 礼部尚书瑞麟奏，咸丰八年七月二十七日，《丛刊·第二次鸦片战争》，第 3 册，第 488 页。

兵2 000名，[1]督标、提标兵各500名，天津镇兵3 200名。[2]此外，调天津勇1 000名，[3]又募本地勇1 000余名，[4]统计大沽一带兵勇近万名。第一次大沽之战时，防守大沽南北岸四座炮台与英法联军交手之清军近3 000名，[5]其余分驻在炮台后路之新城、新河、于家堡、海神庙等处，距炮台两三里至二十里不等，原来意图为呼应支援，实际上在战斗中大多闻炮溃逃，并没有起到任何作用。

第一次大沽之战失败后，清廷震动，急忙调兵前往通州等处扼守，以防英法联军北上。据《筹办夷务始末》（咸丰朝）等有关资料统计，1858年5月21日即大沽炮台失陷后的第二天至6月15日，清政府调京师、察哈尔、密云、热河、黑龙江、吉林、蒙古哲里木盟和昭乌达盟、盛京、直隶宣化镇等处兵共14 900名。其中调赴通州一带防堵的9 900名，调赴南苑防堵的4 000名，调赴山海关防堵的1 000名。其具体调动的时间、兵数、地点可见下表：

---

[1] 咸丰八年三月初二日上谕："著派国瑞、珠勒亨、富勒敦泰酌带京兵，前往山东一带，弹压土匪，巡防海岸。"（《筹办夷务始末》[咸丰朝]，中华书局，1979年，第2册，第699页）考此拨兵数为2 000名，调往地点为大沽，证于下：一、该上谕发布后二日，咸丰帝在署直隶总督谭廷襄关于天津海防的奏折上朱批："惟现调京兵二千，不日亦可抵津，统率无人，著全数归汝调遣。俟国瑞等抵营，将此朱批谕伊等知悉。"（同上书，第701页）二、谭廷襄奏该兵到达情况："现在火器、健锐二营，马队一千人将次到齐。拟令国瑞于初九日，先行带兵赴葛沽地下之新城一带相地驻扎，珠勒亨随后继进，……富勒敦泰尚未抵营，自因炮位笨重之故，一俟催提到日，即星速进驻附近海口，妥为布置。"（同上书，第711页）三、咸丰帝在接到两广总督黄宗汉关于英法联军北赴天津之报告后称："……复派国瑞、珠勒亨、富勒敦泰酌带京兵前往，暗地设防，备而不用。"（同上书，第3册，第791页）四、咸丰帝在大沽失陷后斥责谭廷襄时称："国瑞、珠勒亨、富勒敦泰所带马步队京兵本有二千，何以不闻接仗，亦不见其扼守何处要隘？"（同上书，第3册，第808页）据以上考证，兼以诸多民间记载，该拨兵之主将、数额、调往地点都是十分明确的。

[2] 署直隶总督谭廷襄奏，咸丰八年三月初二日，《丛刊·第二次鸦片战争》，第3册，第223—224页。

[3] 署直隶总督谭廷襄奏，咸丰八年三月初十收到，《筹办夷务始末》（咸丰朝），第2册，第711页。

[4] 《天津夷务实记》，《丛刊·第二次鸦片战争》，第1册，第474页。

[5] 直隶总督谭廷襄："惟四炮台驻兵将及三千……"《筹办夷务始末》（咸丰朝），第3册，第901页。

表二

命调时间	调出地	调入地	兵数（名）	说　明
1858.4.15	察哈尔	山海关	2 000	5月21日命其中1 000名往通州，6月15日命另1 000名往通州。7月9日命撤1 000名，另1 000名在张家口听命。11月全撤
1858.4.5	京师	大沽	2 000	7月19日命撤回
1858.5.21	绥远城	通州	1 000	7月19日调天津迤东，11月25日撤回
1858.5.21	热河	通州	500	咸丰帝原调1 000名，实调出此数。11月20日撤回
1858.5.21	密云	通州	500	11月20日撤回
1858.5.21	京师	通州	1 500	11月20日撤回
1858.5.27	察哈尔	通州	1 000	兵部误咨调出，7月19日撤至张家口
1858.5.29	吉林	南苑	500	8月16日改调往天津，11月25日撤回
1858.5.29	黑龙江	南苑	500	8月16日改调往天津，11月25日撤回
1858.5.29	哲里木盟	热河	1 000	6月3日改调往南苑，9月25日撤回
1858.5.29	昭乌达盟	热河	1 000	6月3日改调往南苑，9月25日撤回
1858.6.1	京师	通州	900	7月19日撤回
1858.6.1	密云	南苑	500	后调往通州，7月19日撤回
1858.6.1	宣化镇	南苑	1 000	后调往通州，11月25日调大沽，12月7日撤回
1858.6.15	盛京	山海关	1 000	11月撤回

注：本文有关清方兵力调动的七表（表二至表八），皆据《筹办夷务始末》（咸丰朝）、《丛刊·第二次鸦片战争》第3、4、5册有关文件统计。

《天津条约》签订后，各地调防纷纷撤回，至是年12月7日撤尽。

换约作战阶段（1859）

清军大沽败绩，次年英、法等国进京换约，咸丰帝任僧格林沁为钦差大臣，办理大沽海口防务。大沽协也得以加强，额兵从1 600名增至3 000名。[1]僧格林沁抵任后，历次调兵海口。其数目可见下表：

---

[1]《筹办夷务始末》（咸丰朝），第3册，第1112页。

表三

命调时间	调出地	调入地	兵数（名）	说　明
1858.12.8	吉林	大沽	1 000	咸丰帝命次年年初起程，3 月到达。1859 年 2 月 1 日又命吉林兵驻山海关，黑龙江兵 500 名驻昌黎，500 名驻乐亭
1858.12.8	黑龙江	大沽	1 000	
1858.12.8	哲里木盟	大沽	1 000	咸丰帝命次年年初起程，3 月 4 日前到达通州，然后开赴大沽
1858.12.8	昭乌达盟	大沽	1 000	
1858.12.8	察哈尔	大沽	1 000	被僧格林沁派往北塘
1859.2.6	京师	大沽	2 080	
1859.3.20	宣化镇	山海关	1 000	该兵到达后，僧格林沁奉旨将该兵调往安徽、山东，9 月 2 日调往胜保军营
1859.4.14	吉林	山海关	1 000	
1859.4.14	黑龙江	天津	1 000	
1859.6.27	绥远城	大沽	500	
1859.6.27	归化城	大沽	500	

由此至 1859 年 6 月第二次大沽之战前，大沽海口等处防堵之清军兵力共 14 100 名。就大沽一处而论，略弱于第一次大沽之战时。其具体部署为：[1]

大沽一带 7 000 名。其中大沽协兵 3 000 名，京营兵 2 000 名，哲里木盟、昭乌达盟兵各 1 000 名。驻大沽南北炮台约 4 000 名，其余分驻石缝炮台、新城、新河、草头沽等处。由僧格林沁亲自率之。

北塘一带约 2 100 名。其中北塘营兵 300 名，直隶通永协兵 300 名，直隶提标兵 500 名，察哈尔兵 1 000 名。由察哈尔都统西凌阿统之。

山海关一带约 5 000 名。其中山海关本处八旗绿营兵 2 000 名，吉林、黑龙江兵各 1 000 名，直隶宣化镇兵 1 000 名。由山海关副都统定福、墨尔根副都统格绷额领之。

第二次大沽之战　1859 年 6 月，英、法两国公使率舰队北驶。大

---

[1] 据《筹办夷务始末》（咸丰朝），《丛刊·第二次鸦片战争》，第 3、4 册，《郭嵩焘日记》，湖南人民出版社，1980 年，第 1 卷进行统计。

沽口外，英舰共有 20 艘，载炮 145 门，舰上官兵 2 000 余人；法舰 2 艘。[1] 25 日，第二次大沽之战爆发。参加这次战斗的有英军炮艇 11 艘，载炮共 39 门，[2] 登陆部队 600 余名；[3] 法军 1 艘炮艇也参加了作战，登陆法军 60 名。[4] 在大沽南北各炮台迎战英法联军的清军满、蒙、汉官兵共 4 454 人。[5] 此仗，英法联军惨败。

第二次全面作战阶段（1860）

第二次大沽之战清军大获胜仗，咸丰帝、僧格林沁等为预防报复，战后未将各海口防兵撤回。1859 年 9 月后，各海口除本处兵外，留防援兵共 8 500 名，其中大沽 4 000 名，山海关 3 000 名，营城 1 000 名，双港 500 名。[6]

1859 年 11 月至次年 7 月，战云密布。咸丰帝、僧格林沁又调兵 1.3 万名。其时间与兵数开列于下表：

---

[1] *North China Herald*, June 25, 1859. 英舰 20 艘为：切撒皮克号（Chesapeake），蒸汽巡洋舰，炮 51 门，舰员 520 人，马力 400 匹；高飞号（Highflier），蒸汽护卫舰，炮 21 门，舰员 240 人，马力 250 匹；巡洋号，蒸汽炮舰，炮 17 门，舰员 165 人，马力 60 匹；魔术师号（Magicienne），蒸汽炮舰，炮 16 门，舰员 220 人，马力 400 匹；富利号；纳姆罗号；鸬鹚号；克罗曼德尔号；阿尔及林号、庇护号（Lee）、巴特勒号（Bauterer）、佛里斯特号（Forester）、鸨鸟号（Plover）、欧掠鸟号（Starling）、杰纽斯号（Janus）、茶隼号（Kestrel）、高贵号（Haughty）、负鼠号，以上 10 艘均为浅水蒸汽炮艇，载炮均为 3 门，舰员自 37 人至 60 人不等，马力自 40 匹至 80 匹不等；协助号（Assistance），蒸汽运兵船，炮 6 门，舰员 118 人，马力 400 匹；海斯坡号。法舰为迪歇拉号（DuChayla），蒸汽巡洋舰，炮 50 门；诺尔札加拉号（Nozagavy），浅水蒸汽炮艇。

[2] "Rear-Admiral Hope to Secretary of the Admiralty, July 5, 1859", Bonner-Smith and Lumby eds., *The Second China War 1856－1860*, pp. 395－400. 参战英舰艇为：欧掠鸟号、杰纽斯号、鸨鸟号、鸬鹚号、庇护号、茶隼号、巴特勒号、纳姆罗号、负鼠号、佛里斯特号、高贵号。

[3] 马士：《中华帝国对外关系史》，第 1 卷，第 653 页。

[4] 科尔迪埃：《1860 年中国之征》，见《丛刊·第二次鸦片战争》，第 6 册，第 192 页。

[5] 《筹办夷务始末》（咸丰朝），第 5 册，第 1819 页。

[6] 《丛刊·第二次鸦片战争》，第 4 册，第 260—261 页。

表四

命调时间	调出地	调入地	兵数	说　明
1859.11.14	卓索图盟	山海关	1 000	咸丰帝命于1860年2月21日前到达
1859.11.14	通永镇	山海关	500	
1859.11.14	宣化镇	山海关	500	
1859.12.16	热河	大沽	500	
1859.12.16	密云	大沽	500	
1860.2.1	锡林郭勒盟	察哈尔	1 000	在察哈尔待命备调
1860.4.4	山西	天津	2 000	
1860.5.29	宣化镇	大沽	1 000	
1860.7.14	直隶提标	青县	2 000	1860年8月1日僧格林沁命直隶提标兵、热河兵、密云兵及京师兵中800名留驻天津，其余察哈尔兵和京师兵1 200名调往大沽
1860.7.14	京师	青县	2 000	
1860.7.16	热河	青县	500	
1860.7.16	密云	青县	500	
1860.7.16	察哈尔	青县	1 000	

由此至英法联军北塘登陆前，大沽、营城、天津、山海关一带清军兵力为2.9万名，其部署为：[1]

大沽一带10 000余名。其中大沽协兵1 900名，京营兵3 200名，吉林、黑龙江兵各100名，蒙古两盟兵各1 000名，察哈尔兵1 000名，直隶宣化镇兵1 000名，密云兵500名，热河兵500名。除驻在大沽南北各炮台外，分驻新城、草头沽、新河、唐儿沽、于家堡等处。僧格林沁统之。

营城一带3 100余名。其中北塘营及通永协兵约600名，察哈尔兵2 000名，吉林、黑龙江兵共500名。由察哈尔都统西凌阿统之。

天津7 800名。其中天津镇兵1 000名，直隶提标兵1 000名，山西大同镇兵1 000名，热河兵500名，密云兵500名，京营兵800名，另雇勇约1 000名。由长芦盐政宽惠、盐运使崇厚统之。

---

[1] 据《筹办夷务始末》(咸丰朝)、《丛刊·第二次鸦片战争》统计。

山海关一带 7 800 名。其中本处八旗绿营兵共约 1 500 名,吉林、黑龙江兵共 1 300 名,直隶宣化镇兵 1 500 名,通永协兵 500 名,蒙古卓索图盟兵 1 000 名,另雇勇、余丁、团丁共 1 000 名。由正红旗汉军副都统增庆等统之。

一意扩大侵略战争的英、法两国,陆续从本土及各殖民地调派出大批海陆军。至 1860 年 7 月底,英海军在华各类军舰达 79 艘,除泊于香港、舟山、宁波、上海等处共 9 艘外,其余 70 艘,全在北直隶湾。[1] 英国在华地面部队总兵力达 20 499 名,其中除步兵外,还有骑兵 1 000 名,皇家炮兵近 2 000 名,工兵 400 名。这些部队驻在大连湾有 11 500 余名,参谋部及其他人员 500 余名;驻在香港、广州、舟山等处约 7 700 名;生病者 700 余名。[2] 法海军在华各类军舰达 40 艘,[3] 陆军在华总兵力为 7 620 人,其中炮兵 1 200 人,其余大多为步兵;除留在上海等处一小支部队外,驻在芝罘一带约 6 700 名。[4] 8 月 1 日,英军地面部队 11 000 余名,法陆军 6 700 名,在海军的配合下,登陆北塘。

在二十余天内,爆发了三次战斗。

新河之战 1860 年 8 月 12 日,英法联军从北塘出发,与清军首战于新河。新河清军 2 000 名,分两路迎战。[5] 英法联军投入战斗的实际兵力约 8 000 人。[6]

---

[1] *North China Herald*, August 4, 1860. 又,额尔金致罗素函附件一称:1860 年 7 月 11 日,英在华各类军舰 58 艘,其中具有作战能力的 41 艘,共载炮 261 门;附件二称,雇用的船只为 126 艘。见 Foreign Office, *Correspondence Respecting Affairs in China, 1859–1860, Presented to both Houses of Parliament by Command of Her Majesty*, London: Harrison, 1861, pp. 80–82。

[2] "Elgin to Russell, July 11, 1860, Appendix 3", Foreign Office, *Correspondence Respecting Affairs in China, 1859–1860*, p. 83.

[3] *North China Herald*, August 4, 1860.

[4] Henry Knollys: *Incidents in the China War of 1860, Compiled from the Private Journals of General Sir Hope Grant*, Edinburgh and London: William Blackwood and Sons, 1875, pp. 30–32, 44.

[5] 《丛刊·第二次鸦片战争》,第 4 册,第 461—462 页。

[6] H. Cordier, *L'expédition de Chine de 1860, Histoire diplomatique, notes et documents*. Paris: F Alcan, 1906, p. 178.

塘沽之战 两天后,8月14日,英法联军以大部兵力扑向塘沽,投入战斗的实际兵力不详。驻在塘沽的清军2 000余名。[1]

石缝炮台及大沽北炮台之战 1860年8月21日,英法联军2 500人,在数营炮兵的配合下进攻石缝炮台。[2]石缝炮台距大沽北炮台约里许,是僧格林沁为"后路策应"而于1858年11月添设的。1859年第二次大沽之战时守兵仅300名,此时驻兵自然有较大的增加,具体人数不明,但较之英法联军,清军不会处于兵力上的优势。石缝炮台失守后,大沽北岸主炮台未经激战,亦失陷。

咸丰帝闻塘沽失陷,当日(1860年8月15日)即调京兵往通州、河西务一带防堵,并调北方各省援兵急驰通州。在短短一个月的时间内,咸丰帝共调京兵1.3万名;调西安、太原、青州、绥远、归化城、宁夏、热河、密云、察哈尔、吉林、黑龙江、陕西、甘肃、山东、山西、直隶北部各镇、蒙古卓索图盟、昭乌达盟、哲里木盟等处兵2.4万名。其数目可见下表:

表五

命调时间	调出地	调入地	兵数（名）	说 明
1860.8.15	京师	河西务	4 000	由伊勒东阿统带,9月2日撤回京师
1860.8.15	京师	通州	5 000	由瑞麟统带
1860.8.15	西安满营	通州	1 500	
1860.8.15	太原、绥远、归化	通州	1 000	
1860.8.15	热河	通州	500	
1860.8.15	陕西	通州	3 000	其中含谭廷襄调甘肃兵500名
1860.8.15	察哈尔	通州	2 000	
1860.8.15	直隶北部各镇	通州	3 000	
1860.8.15	山东	通州	2 000	咸丰帝命调3 000名,山东巡抚文煜仅凑成此数

---

[1]《丛刊·第二次鸦片战争》,第4册,第477页。
[2] Knollys, *Incidents in the China War of 1860*, pp.86, 96.

续表

命调时间	调出地	调入地	兵数（名）	说　明
1860.8.15	青州满营	通州	500	
1860.8.15	密云	通州	500	
1860.8.22	京师	通州	5 000	归瑞麟军营。9月5日由僧格林沁撤回2 000名
1860.8.23	直隶大名镇	通州	500	
1860.8.23	山西	通州	1 000	
1860.8.23	察哈尔	通州	1 000	8月23日的各地调兵，咸丰帝皆未称具体数，仅命"多多益善"
1860.8.23	热河	通州	300	
1860.8.23	西安满营	通州	800	
1860.8.23	陕西	通州	700	
1860.8.23	绥远城	通州	500	
1860.8.23	甘肃	通州	500	
1860.9.2	卓索图盟	古北口	1 000	
1860.9.2	昭乌达盟	古北口	1 000	
1860.9.2	哲里木盟	古北口	1 000	
1860.9.6	吉林	通州	1 000	咸丰帝命各调余丁1 000名，猎户2 000名。吉林派兵500名，余丁500名；黑龙江选余丁、牲丁派出
1860.9.6	黑龙江	通州	2 000	
1860.9.6	甘肃	通州	2 000	咸丰帝命调猎户，陕甘总督乐斌派兵
1860.9.14	京师	通州	5 000	由胜保统带

僧格林沁在石缝炮台及大沽北炮台失守后，从大沽、天津、山海关带回通州一带的马、步队共1.7万名。

英法联军兵锋不出百里，清军各地援兵多在千里之外。尽管咸丰帝在8月19日、23日两次催促，但到张家湾开战前，除京营、察哈尔、直隶北部各镇等处兵赶到外，大部分援军尚在路途中。通州一带清军共约3.4万名，其中僧格林沁统兵2万名，驻通州前路张家湾；瑞麟统兵8 000名，驻通州；胜保统兵6 000名，驻通州后路定福庄。

这支清军与英法联军交战两次。

张家湾之战（1860年9月18日）　英法联军投入战斗的部队近4 000

名。[1]清军中仅僧格林沁一路投入战斗，瑞麟、胜保两路未加入。由于战事仓促突然，僧格林沁统率的部队驻扎较散，难以全数参战。

八里桥之战（1860年9月21日） 参战的英法联军约5 000名。[2]清军僧格林沁、瑞麟、胜保三路皆投入战斗。

咸丰帝得知八里桥之战惨败，于9月22日出奔热河行营。三天后，咸丰帝命曾国藩、袁甲三、庆廉、翁同书、傅振邦等选拔南方练勇"克日赴京"。[3]10月2日又令盛京将军、绥远城将军、山东巡抚、陕甘总督、山西巡抚、河南巡抚率师勤王。10月10日再饬黑龙江将军、吉林将军派兵内援。北方的勤王之师达1.7万名，其中河南兵数达9 000人。详见下表：

表六

命调时间	带兵将领	兵勇数（名）	说　明
1860.10.2	盛京将军	1 000	
1860.10.2	绥远城将军	500	
1860.10.2	山东巡抚	1 000	
1860.10.2	河南巡抚	9 000	
1860.10.2	陕甘总督	2 000	
1860.10.2	山西巡抚	1 500	先为1 000名，后添500名
1860.10.2	吉林将军	500	由盛京将军转达命令
1860.10.2	黑龙江将军	500	由盛京将军转达命令

除曾国藩不顾咸丰帝"勿得藉词延宕，坐视君国之急"的命令，拥兵不动外，南方督抚将领共派出练勇9 700名。其具体数目见下表：

---

[1] Knollys, *Incidents in the China War of 1860*, p.114.
[2] *North China Herald*, October 6, 1860. 值得注意的是，英军先头部队自9月16日起，有步兵2 300名，骑兵1 000名，三个炮兵连和一个半工兵连。法军先头部队至9月20日达到3 000名。他们离开张家湾时，仅留一小支部队（Henry Knollys, *Incidents in the China War of 1860, Compiled from the Private Journals of General Sir Hope Grant*, pp.105, 114）。八里桥之战，英法联军兵力可能不止5 000人。
[3] 《筹办夷务始末》（咸丰朝），第7册，第2361页。

表七

命调时间	调出地	命调数（名）	实派数	说　明
1860.9.25	曾国藩军营	二三千	未派	
1860.9.25	袁甲三军营	二三千	一千二三百名	
1860.9.25	傅振邦军营	数千	1 500	
1860.9.25	河南	数千	3 000	
1860.10.2	湖北	一二千		由荆州将军德兴阿统带（为勤王之兵，统计见下表）
	山东募勇		1 000	由奕䜣札调，时间不详
	山东壮勇		3 000	由瑞麟札调，时间不详

除了奉旨勤王外，自 1860 年 8 月 27 日至 12 月 17 日，各地大吏主动要求派兵救援或率师勤王者共十一起，兵勇 1.4 万名；咸丰帝同意六起，兵勇 6 000 余名。具体情况如下表：

表八

收到奏折时间	请求者	兵勇数（名）	咸丰帝态度	说　明
1860.8.27	山海关副都统成保	500	不同意	
1860.9.15	宁古塔副都统德楞额	1 000	同意	其在山东带兵镇压捻军、幅军
1860.10.2	湖广总督官文等	1 400	同意	由德兴阿统带，初为 400 名，后添 1 000 名
1860.10.13	陕甘总督乐斌	1 000	同意	宁夏、凉州、庄浪等处兵
1860.10.15	山西巡抚英桂	2 000	同意	
1860.10.21	察哈尔都统庆昀	五六百	不同意	
1860.10.24	宁夏将军奕梁	500	同意	
1860.10.24	镶黄旗蒙古都统穆腾阿	100	同意	其在袁甲三军营帮办军务，初次要求未批准
1860.11.11	湖广总督官文	3 000	不同意	
1860.11.17	署荆州将军富森	1 500	不同意	
1860.11.17	漕运总督袁甲三	二三千	不同意	

以上三者合计为3.3万余名。

由于清政府于10月24日、25日分别与英国、法国签订和约,咸丰帝于10月28日开始下令撤军。其时,咸丰帝在大沽之战失败后所调各地援军2.4万名尚未全到,南方兵勇仅到河南3 000名,至于勤王之师和各地主动派出的兵勇全都半途折回了。

再论清军兵力难以集中的原因

通观第二次鸦片战争时期清军的兵力调动和各次战斗中双方兵力对比,可以看到几点:

一、英法联军蹂躏之地得援兵相救者,仅京津、大沽、山海关几处。广州城陷两年,未得一兵相助,仅以民团与之对抗。英军11 000余名占据大连湾,法军6 000余名占据芝罘,朝廷一兵未发,作为有守土之责的地方大吏盛京将军仅调兵1 000名往距大连湾五十余里的金州防堵,其余2 700名则在田台庄(今营口西北)和省城,[1] 山东巡抚调兵2 000名往福山防堵,另青州满营兵500名往莱州为后路。[2] 区区之数,何以当大敌,结果只是隔岸观火。上海、舟山等地,清政府竟听凭敌军出入,无所举动。咸丰帝只顾自己眼皮子底下,对其他地区的失陷概不派援。

二、京畿地区为国家中枢,得援兵最多。除本处兵及直隶兵外,各地援兵(包括僧格林沁从大沽等处带回所部)几达8万名。因为路途遥远,交通工具落后,各地援兵真正及时赶到战区的很少,绝大部分没有起到作用。

三、第二次鸦片战争中,清军总兵力较之英法联军占绝对优势,但在各次战斗中,并未保持这种优势。本文列出较大的战斗共11次,除第一次广州之战、八里桥之战清军兵力数倍于侵略军外,其他各次战斗双

---

[1]《筹办夷务始末》(咸丰朝),第6册,第2033页。
[2] 同上书,第1957、1988、1996页。

方兵力相当。至于新河、塘沽、石缝炮台诸战,反是英法联军在兵力上占了优势。

在战役、战斗中,尽可能地集中兵力,以大吃小,是一般的军事原则。

清军之所以难以集中兵力,作者在拙文《鸦片战争时期的中英兵力》中提出三点原因,即清军落后的军制使清军束缚于各地,难以调动集中;清军落后的装备和交通条件,使清军难以预定战场,快速运兵;清政府的财政危机,难以应付浩繁的军费。[1]这些到了第二次鸦片战争时期,没有减弱,反而更加剧了。

第一次鸦片战争结束后的十多年中,清政府没有及时地调整它利于分散"治民"、难以集中御外的军制。布防极为分散、承担勤务繁重等特点,决定了清军不可能全数用于征战。京师清军在这一点上表现特别突出。京师八旗、绿营总兵力达14.9万人,[2]但宫廷勤务特重,前锋营负责宫廷警卫,护军营负责紫禁城、圆明园等处的防卫,健锐营常日备静宜园之守卫,兵力最多的步军营和巡捕五营,主要用于京师的守备和治安,此外还有内外火器营、骁骑营等。曾任兵部侍郎的曾国藩称:"惟外火器、健锐两营稍劲。"[3]因此,京师八旗在抽调2万名往通州、大沽后,竟无强师。英法联军突破通州防御,兵临北京城下时,僧格林沁称由绵勋、伊勒东阿统带的京师八旗可用于机动作战的兵力仅1万之数。[4]胜保亦言:"城上守具欠备,且兵力尚单。"[5]战守皆不足恃,坐待各路援军。援军不至,只得交出城门。曾国藩在此时创立了建制集中、易于征调的湘军,这在清代军制史上是一次变革。

第二次鸦片战争时期,清军使用的装备及交通条件与第一次鸦片战争相比,无甚差别,而英法军队却大为改观。在前次战争中,英海军中

---

[1]《历史研究》,1983年第5期。又见于本书。
[2] 据咸丰三年二月初一日上谕,见《清实录》,第41册,第68页。
[3]《郭嵩焘日记》,第1卷,第68页。
[4]《筹办夷务始末》(咸丰朝),第7册,第2380页。
[5] 同上书,第2390页。

蒸汽动力的舰船数量很少,吨位也小,主要用于通信、交通、测量,主要战斗舰只仍为风帆动力。工业革命使其绝大多数舰船使用了蒸汽机(大型舰船多风帆、蒸汽机两套动力),机动性更强,行动更迅速,以其海上优势可任意选择作战时机和地区,居主动地位。而清军被动挨打,兵力调动不及。

清政府的财政状况更是每况愈下。1850年起爆发了太平天国起义,在此前后南方的天地会和北方的捻军纷纷反叛,清政府每年所耗军费动辄数千万两。年年开捐,富商大户无不逃避。1853年行厘金,仍不能应付庞大的开支。至第二次鸦片战争时,清政府的财政已到了库贫如洗、剜肉补疮的地步。各统兵将领纷以饷尽兵哗告急,各协饷省份又往往以无款可拨上闻。调兵所需的整装银、盐菜银、车船行粮路费等等开支,已成清政府的巨大负担。因此,清政府不到万不得已,不肯轻易调出大批援兵,这又致使1860年秋京畿战局危急而援兵未能及时赶到。

除此三点外,最重要的是,清朝统治者们并没有把英法联军当作最重要的敌人,而把清军最主要的兵力放在镇压太平天国、捻军以及各地人民起义的各个战场上。

1856年至1860年即第二次鸦片战争时期,太平天国的风暴席卷长江中下游地区,北方各省捻军声势正炽,南方诸省的天地会等秘密团体此起彼伏。清朝统治者对待国内反叛同对待英、法侵略的态度大不相同。我们可作一比较:

1856年和1857年,侵略军两度侵犯广州,两广总督叶名琛未从省城外调一兵一卒加强省城防卫;而他在镇压广东的天地会起义时,调集、动用了数万清军。

1857年底起,英法联军占领广州,清廷未派援兵收复广州;而在此期间,却以大批军队集结于太平天国占领的南京周围。

1858年5月,英法舰队列阵于大沽口外,相对峙的清军兵勇约1万人,除本处兵勇外,援军不过6 000人;而在1853年至1855年对付太平天国北伐军的兵力远不止此数,而此时用于镇压太平天国战场上的清军江南大营、江北大营、曾国藩军营、官文、胡林翼军营等处兵勇则是更多。

1860年4月7日，英法联军次第占据舟山、芝罘、大连湾，清军未作任何抵抗，福山、金州相峙的清军仅以千计；而对付此时山东、河南、安徽的捻军，兵数却以万计，尚惟恐其兵单。1860年8月起，英法联军猖獗于大沽、天津，直犯北京，在此地区清军总兵力合计近20万，而真正能机动作战的不过5万余人；而在太平天国战场上，除了1860年4月被打垮的江南大营6万兵勇外，能机动作战的约10万之巨。

在整个第二次鸦片战争时期，除咸丰帝北逃热河后命曾国藩、袁甲三、傅振邦、官文、庆廉等酌量抽调一些兵勇外，未从镇压太平天国、捻军的众多部队中抽兵以对抗英法联军。1859年5月和7月，反而两次从兵数本不为多的僧格林沁军营调兵镇压捻军。1860年9月30日，逃往热河的咸丰帝收到漕运总督袁甲三请求派穆腾阿回京任职的奏折，廷寄仍称：

> 穆腾阿帮办军务，现在督攻定远，正当得手之际，若再行他调，诚恐该匪乘虚窜出，又费周章。该都统著无庸来京，惟当督率兵勇，迅克坚城，擒斩渠首，以慰朕怀。[1]

也就在这一天，咸丰帝还收到奕訢等报告英法联军已到北京朝阳门外的奏折。10月7日，咸丰帝给河南巡抚庆廉的廷寄中称：

> 前因夷氛猖獗，直犯京师，谕令庆廉迅即统带精兵，星夜前来，合力攻剿，将河南剿匪事宜，交毛昶熙督办。该抚谅已接奉此旨。本日据庆廉奏：官军众寡不敌，镇将被戕。是河南捻匪情形，正当吃紧之际，设或该抚带兵北来，捻逆一闻此信，乘机北窜，尤为可虑，毛昶熙未谙军务，亦恐呼应不灵。著庆廉体察情形，如不能动身前来，即著前调之副将黄德魁、游击赵喜义等，管带新募艺（夷）勇及得力楚勇共数千名，兼程前进，克日到京，以资调遣。[2]

---

[1]《筹办夷务始末》（咸丰朝），第7册，第2378页。
[2] 同上书，第2409页。

此时正值英法联军准备进攻北京,庆廉一路乃勤王之师。救京城,保河南,兵将用于何处?咸丰帝的态度明白是后者。

最为奇特者为上海。整个第二次鸦片战争时期,上海成了英法联军的兵站所在。中外相安,通商照常。据两江总督何桂清等奏折,其原因无非是两条:一是无兵可战守,军力全用于南京一带太平天国战场;二是战必绝通商、断海运,通商断而海关税收无,江南、江北大营即无饷源,海运绝而漕路不通,京师粮食困乏。何桂清等为镇压太平天国而无视清朝已与英、法开战的举动,得到了咸丰帝的赞同。1860年英法联军占据大连、芝罘,欲大举进犯京津大沽地区时,何桂清等人却与侵略军头目们商议"借师助剿"之事。在他们的乞求下,英军留下1 030人,法军留下600人,以保障上海地区的"安全"。[1]是年8月18日至21日,正当北方英法侵略军占据大沽后路的大、小梁子,进攻石缝炮台和大沽北炮台之际,驻在上海的英、法"友军"却与清军共同阻挡太平军向上海的进军。[2]从更深刻的背景来看,上海地区中外势力的联手,说明了上海地区买办、商人集团的利益与英、法等国利益的一致性。代表他们利益的江浙官吏,多为第二次鸦片战争时期的主和派。

太平天国等反叛的目的在于推翻清王朝,英、法的战争要求是攫取更多的利益。清朝统治者的本能决定了他们对内对外的态度。他们尽管有时也亮出战旗,但只是最初出于狂妄自大,在凶悍的敌人面前摆出一副"天朝"威严的架子;后来又企图先挫敌锋,再乞求侵略者减少一些要求,即所谓"先剿后抚"。除大沽地区外,清政府并没有认真进行备战。

---

[1] Knollys, *Incidents in the China War of 1860*, pp. 36 −37.
[2] *North China Herald*, August 25, 1860.

第二次鸦片战争时期清军的装备与训练

军队是掌握武器装备的集团。近代战争,一般来说,不再表现为肉身相搏,而是人使用武器装备来对抗,人的力量通过其掌握的武器发挥出来。随着科学的进步,近代工业的产生和发展,武器装备也不断地得到更新改良。武器装备在近代战争中占有越来越重要的地位。

武器装备的威力是通过人来实现的,这就需要训练。训练的目的是培养和提高人使用武器装备的技能和学习尽可能发挥武器装备效力的战术。训练不严,利器亦不能尽其用。

本文旨在说明第二次鸦片战争时期清军装备与训练的一般状况,及其与近代战争要求的差距。

装备一:战船

清军设有水师,分布沿海各省。以闽、粤最强,江、浙次之,北方数省最弱。这种水师的布防状况的形成是由于:一、清入关后海上用兵情况(郑成功抗清及康熙收复台湾);二、海禁之后(广州成为唯一的通商口岸)的海盗分布情况。雍正之后,清水师的主要职责为缉盗查私。至第一次鸦片战争时,清水师战船有如祁寯藻等奏:

> 查各省水师战船,均为捕盗缉奸而设,其最大之船,面宽仅二丈余,安炮不过十门。夷船大者载炮竟有数十门之多。彼此相较,我船用之于缉捕则有余,用之于攻夷则不足,此实在情形也。[1]

---

[1]《筹办夷务始末》(道光朝),第1册,第264页。

鸦片战争的惨败证明此类战船不堪一击。西方列强的"船坚炮利"开始为人们所认识。两广总督林则徐在战争期间就从美商手中购买一英国商船,改为设炮34门的战舰,[1]又仿西洋式样建造了"底用铜包,篷如洋式"的战船两艘。[2]战后,广东行商潘仕成雇用洋人,建造西洋式样的两桅战舰4艘,[3]伍敦元购买美船1艘,潘绍光购买吕宋船1艘,悉拨水师。[4]不仅广东,其他沿海各省此时也纷纷建造大船,似有刷新水师之雄心。没过几年,改良水师的计划则不了了之(原因后述)。就笔者所见各种官私文献来看,第二次鸦片战争时期,清军水师的师船仍不见大船巨艘,仍是清中叶已有的红单、拖风、米艇等式样。而鸦片战争后,清朝的海防重点已转移至北方,然水师分布南重北轻的状况没有改变。

清军水师战船式样如此陈旧落后,其维修补造又很差。北方水师以登州、旅顺最强。先看登州。1855年11月13日,山东巡抚崇恩奏称:

> 查登州一镇自道光三十年改为水师,经前抚臣陈庆偕奏准添造广船、开风等船十只。咸丰元年被贼占驾九只。嗣后粤匪在浙江投诚,收回八只。……本年夏,水师出洋,先后被贼烧毁三只……[5]

四年后,至1859年10月31日,郭嵩焘往登州时仍称:"有旧战船六七只,损坏过半。"[6]再看旅顺。盛京将军玉明于1859年4月14日奏称:旅顺口水师营额设战船10艘,仅有2艘齐整完好。其余8艘中,5艘已届应修之年,报工部由闽、浙两省咨取物料,迟迟不来,以致失修

---

[1] William Dallas Bernard, *Narrative of the Voyages and Services of the Nemesis from 1840 to 1843*, Vol.1, p.169.
[2] 林则徐:《广东舟师实难分遣赴浙会剿片》,《林则徐集·奏稿》,中册,第865页。
[3] 奕山:《制造出洋战船疏》,魏源:《海国图志》,光绪二年刊本,卷八四,第14—19页。
[4] 《清朝续文献通考》,商务印书馆,1936年,第3册,第9779页。
[5] 《军机处录副·军务类·防务项》,3/72/4243/73。
[6] 《郭嵩焘日记》,第1卷,第252页。

而不能使用；2艘已奏饬浙江承造，尚未送到；另1艘送往福建修理，1857年已修好，但到1859年1月才到。经检查，"来船丈尺核与定制长宽均各不符，船身较直，船面左右水舢门旁各有拨缝，舱底半多浸水，大篷残破，缆绳两条磨损十五丈余，副碇蛆蛀过甚，大桅一根，间有裂处，饰补油灰。"该将军亲至水师营查询后称："此船实系不堪驾驶。"[1]

北方水师战船状况如此，倚之为重的南方水师亦同。1854年，浙江巡抚黄宗汉称：浙江水师在调镇江20余艘后便实力空虚，"大海茫茫，有水师之名而无其实"。[2]接任者何桂清次年亦称浙江水师兵船"有名无实"。[3]1859年10月5日，闽浙总督庆瑞奏称："（福建）水师额设战哨各船，或年久失修，或遭风攻盗击，亦未按额随时补造。"[4]还须说明的是，至第二次鸦片战争时，南方各省水师大批战船调入长江，以进攻太平天国，沿海战船很少。

装备二：炮与炮台

第二次鸦片战争时期，清军使用的炮仍为前装滑膛的土制火炮。[5]此类炮的式样，仍是晚明引进的红夷炮稍加改变，射程近，精准度差，发射时间长，杀伤力小。又多有粗制滥造者，战时间有震裂。[6]其中一部分是第一次鸦片战争后铸造的（多在南方沿海数省），但不少是清初、清中叶铸造的，甚至是前明遗物。1853年太平天国北伐军挥师北上，危及京城，咸丰帝命查京旗炮位。从笔者在中国第一历史档案馆查到这次

---

[1]《军机处录副·军务类·防务项》，3/72/4247/21。
[2] 苏州博物馆等编：《何桂清等书札》，江苏人民出版社，1981年，第129、132页。
[3]《何桂清等书札》，第4页。
[4]《军机处录副·军务类·防务项》，3/72/4247/84。
[5] 后有吴汝纶代李鸿章拟奏中称："中国风气未开，咸丰时用兵尚系弓箭刀矛，杂用土炮。"（《桐城吴先生日记》，莲池书社，1928年，卷六，第15页）此奏不见于《李文忠公全集》。
[6]《丛刊·第二次鸦片战争》，第4册，第103页。

调查的十余件档案来看，各旗炮位多属顺治、康熙、乾隆年间所铸。由于铸造粗劣，康熙年间西洋人南怀仁等人所监造之炮，被视为利器。山西道御史怡康奏："汉军（指京旗）铜炮凡在数千斤以上者，多系康熙年间西洋人监造，迅利致远，非近年所铸铁炮可比。"[1]

至于洋炮，先是林则徐通过澳门为广东购买过一些洋炮，布在虎门，战后皆失；后曾国藩建湘军，也通过广东购买过洋炮。这些火炮较小，式样仍不属先进，仍是前装滑膛样式。第二次鸦片战争时期与英法联军交战的京津大沽一带清军部队中，少见购买、使用洋炮的记载。第一次大沽之战失败后，御史吴焯奏陈筹防五条，其中一条称：广东购置洋炮，兼能制造，请广东代为购买运津，并募广东人抵津铸炮。此奏上后，咸丰帝下巡防王、大臣妥议具奏。次日，惠亲王绵愉等奏：

> 现在京师炮位，足敷应用，铸造亦不乏人。若自粤运津，所费既多，招募亦非易易。该御史所奏，应毋庸议。[2]

吴焯所奏的可行性尚难确定，而浑浑噩噩的清朝大吏们所关心的是数量上是否足用，并无意在质量上进行改良。第二次大沽之战获胜后，僧格林沁从击沉的英舰上捞起洋炮十三尊，其中万斤以上四尊，布在大沽各炮台。僧得此"炸炮炸弹，苦心研思，督令火器营弁兵依样仿制"，结果"无师之学，仅能得其大概，而不克究其精微"，不甚得法。[3]

清军的大炮，或安于炮台，或置于城墙，或收于局库。其露天陈放者，经数十年甚至近百年的日晒雨淋，生锈剥落，损坏不少，炮架炮车损坏更为严重。而清军平日点验军器不过是虚应故事，重炮多未演放，甚至半个世纪未经动用，统治者们对此亦心中无数。[4]前提及咸丰三

---

[1] 咸丰三年二月二十三日奏，《军机处录副·军务类·军需项》，3/73/4259/13。
[2] 《筹办夷务始末》（咸丰朝），第3册，第1058页。
[3] 奕䜣等奏，同治三年四月二十八日，宝鋆等修：《筹办夷务始末》（同治朝），卷二五，第2页。
[4] 如旗汉军咸丰三年三月奏称：京旗汉军"久未出演炮一百四十一位"，"至今已复历七十余年，膛内生有锈齁，实系不堪演放"（《军机处录副·军务类·训练项》，3/72/4235/40）。类似此情的奏议颇多，不再举例。

年查京旗炮位，共查出不堪使用铜炮十五位，不堪使用铁炮二十一位，还有一些需试试才知是否适用；炮车损坏极多，有的尚可修理，有的必须重造。1858年初，查天津各海口炮台，其中北塘炮台"炮架车辆多有破烂"，"各炮存放炮台，日久飘零并无遮盖，铁炮均已长秀（锈），火门堂（膛）口间有伤损，是否可用，必须试演方知实在也"。[1]该年年底查直隶沿海各炮台，又查出不堪使用炮十六位。

炮需有炮台才可战守。清军在炮台设置分布上，患于多、散、小、弱，沿海各口各河汊，处处设有炮台，安炮数门至数十门。修建炮台时，似只考虑了拦江阻海，不重视自身防护，因而只是一线防御，并无纵深配备。在构筑技术上，仍为城堡演变过来的方形、圆形、直线式的炮台，而未建筑多菱形的要塞炮台。这样的炮台尚可对付小股海盗，实难抵挡西方列强的舰队。广东地区可谓典型。广州城附近设炮台28座，每台守兵12名至百余名不等；虎门一带又设有炮台18座，每台守兵38名至200余名不等。[2]广东沿海各口共有炮台160余座。[3]各口沿江分段设立，闯过一处，又有一处；大江两岸对峙，以求炮力能达江心。但一时炮台受到进攻，往往孤立无援。1843年广东布政使黄恩彤曾指出其弊：广东自鸦片战争以来，为防英军乘虚登岸，乃于外海内江凡地势重要处，均设台安炮，炮台之多，盖由于此。"试为彼计，能必其分兵犯我各台乎？抑合兵攻我一台乎？能必其用正兵以犯我兵炮俱多之大台乎？抑用奇兵以攻我兵炮俱少之小台乎？"他认为，炮台多，必分兵，势即钝，正利于敌集中兵力各个击破，而一座炮台失陷，又必引起全局震动。他的结论是"粤东炮台患不在少而在多"；为此建议："于扼要适中之地，审度形势，建一高固大台，台后建城，以作退步，城后添建两子城以作犄角，环列大炮数百于台前及三城之上，而戍以精兵二千，统以大将一员，都、守以下，按额选拔，粮饷

---

[1] 春保给酝卿信，见《丛刊·第二次鸦片战争》，第1册，第629页。
[2] 戴肇辰等修：《广州府志》，光绪五年，卷七三。
[3] 《郭嵩焘修筑广东省城炮台片》，《三元里人民抗英斗争史料》（修订本），中华书局，1978年，第447页。

器械足备。"[1]黄恩彤的建议是正确的,但未能被采用。第二次鸦片战争中,清军的虎门至广州沿江各炮台,被侵略军各个击破;而大沽炮台几经修建,台高坚固又屯驻重兵(平时四炮台有大沽协守兵1 600名,1858年后额兵增至3 000名,临战又得援兵数千),再加上海河水浅,巨舰不得入,几次激战都使英法联军付出较大的伤亡。

数以百计的炮台又大多年久失修,有着不同程度的塌坏。以直隶为例。第一次鸦片战争时修建的大沽炮台,被清王朝认为是防御重点,咸丰帝曾于1850年、1856年两次下令检查修葺。而1858年英舰队北上,再查其情态,"炮台旧存兵房四十间,房顶半多渗漏,墙垣坍塌不全,必须即为揭盖,方可栖止,并拟添建兵房四十间,藉资防护。"[2]直隶沿海其他炮台的情况,可见于直隶总督庆祺1859年3月的奏折:

> 北塘、芦台近接大沽,所有炮台一切亦应急速安置。其涧河口、黑沿子、刘家河、清河口、臭水沟、浪窝口、洋河口等处,据史荣椿声称:炮台土垒,均被水冲刷,日久未修;蒲河口炮台,为沙土屯掩;秦王岛炮台,墙垛亦多损坏;石河口炮台,须加高加宽,安营筑垒。[3]

直隶海防较他省更为重要。原设炮台竟无一完好,必须加以修葺,才可倚之为战。

装备三:轻兵器

第一次鸦片战争中英军使用的自动发火的洋枪,引起了清朝统治者的兴趣。1842年耆英购得进呈。道光帝曰:"朕亲加对合,大小均各有

---

[1]《上督部祁公论粤东炮台战船书》,《知止堂集》,光绪六年刊本,卷九。黄恩彤在鸦片战争后赴香港谈判海关税则,对英炮台的设置,有着初步的了解。见其《壬癸问答》,《知止堂外集》,光绪六年刊本,卷六,第9—11页。
[2] 振麟给酝卿信,《丛刊·第二次鸦片战争》,第1册,第630页。
[3]《筹办夷务始末》(咸丰朝),第4册,第1303—1304页。

用,……可称绝顶奇妙之品。……卿云仿造二字,朕知其必成望洋之叹也。"又谕令耆英,"将制造铜帽内之火药方购得,遇便密奏"。耆英奏称:"惟制造铜帽内之火药方,其法甚秘,一时不能搜求。"[1]后户部主事丁守存声称其试制成自来火枪和造子弹用的自来火药。[2]丁说是否可靠可行,难加证实,也未见清政府采用其法成批制造,分发部队使用。1854年之后,在江南地区镇压太平天国的清军中,一部分部队已开始使用洋枪,这些洋枪数量不多,是从上海购买的,"而夷人自用之洋枪,较之在上海所买者尤精"。[3]可见其式样不属先进。第二次鸦片战争中,与英法联军交战的清军部队所使用的轻兵器,仍为传统的鸟枪、抬枪、弓箭、刀矛。

鸟枪是一种火绳枪。它需先填火药,装上弹丸六至十颗,[4]用火绳点燃纸信,烘药发射。十分费时,射程不远,且无弹着点。战场上忙乱之际,一旦装放稍有疏忽,贻害甚巨。同时,纸信怕淋受潮,烘药又恐风大吹散,雨天和夜间尤为不便。此类式样古老的火枪,西方各列强很早就废置不用,而对清军来说,仍为主要装备。

1850年黑龙江副都统清安因其所部所用鸟枪为直把,不能贴面打枪,施放准头差,不如京旗健锐营式样,奏请改造各地驻防鸟枪。奏折上,咸丰帝命下各地驻防议。笔者将第一历史档案馆所见十五件关于此议的文件归结起来(包括山海关、荆州、宁夏、黑龙江、吉林、盛京、绥远城、伊犁及乌鲁木齐、广州、福州、杭州及乍浦、江宁及浦口、青州、凉州、兵部),可以得出三点:一、各驻防八旗鸟枪兵占其额设兵丁

---

[1] 《丛刊·第二次鸦片战争》,第3册,第472页。
[2] 《海国图志》,卷八六,第15—19页;卷九一,第1—15页。
[3] 《何桂清等书札》,第81页。
[4] 英法联军在1859年大沽之战失败后,北上侦察。其中英工程师费舍(G. B. Fisher)等在山海关一带登陆侦察,受到清军一名军官和五十名士兵的阻止。费舍观察了清军的枪,称:"他们中间的一些人肩上扛着火绳枪,带着火绳,……其弹丸大小适用于小左轮枪。他们告诉我,他们每次使用六至十颗弹丸。他们让我检查了火药,质量差极了。"(G. B. Fisher, *Personal Narrative of Three Years' Service in China*, London: Richard Bentley, 1863, pp.219-220)

从三分之一弱（如山海关）至全用鸟枪（如伊犁、乌鲁木齐）不等。平均数约为对半。二、各处鸟枪的制造时间较早。如黑龙江，"均系康熙年间征剿俄罗斯时由部颁来"。[1]福州、杭州、乍浦、绥远城等处鸟枪皆造于乾隆年间。荆州鸟枪2 000杆，至乾隆四十四年曾改造其中1 000杆，其余1 000杆当为更早。个别地区（如山海关）鸟枪于道光年间修换。凡新造仍为仿制，没有创新和改良。三、各将军、都统、副都统众口一词，认为所部鸟枪兵丁使用年久，已能得心应手，毋庸改造。[2]绿营的情况似又更差一些。从数量来看，鸟枪兵占额兵比率与八旗差不多，但鸟枪质量不如八旗。1850年5月28日，杭州将军倭什纳奏称：乍浦因第一次鸦片战争时被英军攻陷，驻防八旗兵鸟枪多有毁失，拨给绿营式样鸟枪591杆，与该营检存原设鸟枪209杆暂行一并使用。"检存原设鸟枪二百九杆均按健锐营枪式，操用自然便捷，施放均属得用。此外由军需局拨给之绿营式样鸟枪五百九十一杆，较健锐营式枪身长有尺许，配操不能便捷，且自拨给以来，操用将及十载，多有伤膛，施放打准不甚得力。"[3]枪身较长，仅止配操、使用不便，而使用8年的枪（绿营式样鸟枪，系1842年拨给）损坏程度竟大于使用68年的枪（该处健锐营式样鸟枪，系乾隆四十七年即1782年拨给），可见制造质量之差。

抬枪机制原理同鸟枪。它较鸟枪重（约30斤），射程较鸟枪远。每杆需兵丁两人施放。行军作战自有种种不便。在第二次鸦片战争中，抬枪因射程较鸟枪远，因而更为得用，但清军装备数量不多。盛京将军玉明于1858年7月12日奏称："因盛京兵仅止短式鸟枪，无甚利器，拟调保定驻防抬枪四十杆，枪兵八十名。"[4]1860年英法联军扩大侵略战争

---

[1] 黑龙江将军英隆奏，咸丰元年三月十六日，《军机处录副·军务类·军需项》，3/73/4258/20。
[2] 作者认为各地将军、都统、副都统不愿改造鸟枪的原因不外乎二，其一是健锐营鸟枪与驻防八旗鸟枪机制相同，只是弯把，先进不了多少。其二是当时财政困难，改造鸟枪之费不得拨款，而靠捐办，驻防不同于直省，捐办不易，各统兵大员又应首先捐纳。
[3] 《军机处录副·军务类·军需项》，3/73/4258/31。
[4] 《宫中档·军务类·军需项》，4/1/1/868/93。

时，京津战区抬枪不足，河南奉咸丰帝命解送 1 000 杆，山西亦解送了 300 杆。[1]

刀矛弓箭此期仍为清军的主要兵器。由于清军鸟枪填药装弹费时，射程又近，一次发射未中不及第二次发射，对手已冲至面前，这在战术上也要求清军不能完全放弃此类冷兵器。但刀矛弓箭只有在短兵相接时方能得用，对付揭竿而起装备落后的民众起义尚可一战，而第二次鸦片战争中在英法联军枪弹炮火之下几同无用。1860 年 8 月底，僧格林沁在大沽失败后退至通州，巡查瑞麟军营后奏称：

> 通州驻扎八旗骁骑营官兵一千二百名，八旗汉军官兵八百名，均系弓箭刀矛，火枪甚少，抵此劲敌，难期适用。此项官兵，拟俟山海关马步官兵到齐，一并撤回守城，以节经费。[2]

"难期适用"一语，是僧格林沁在战场上多次与敌交手后得出的对冷兵器实战效用的结论。专使弓箭刀矛的部队被僧格林沁从通州前线撤了回去。

按照清军的惯例，轻兵器大都由兵士个人保管，多余者存库。1853 年 10 月，武备院奉旨查验库存兵器完好状况，结果是"鸟枪三千八百九十杆内，选出堪用者一千杆，其余亦属堪用，惟鞘木年久间有糟朽"，只得"赶紧修理"。[3] 而个人保管的兵器，竟有被兵丁典当者，时临点验军器或操演之际，多方筹借。1860 年山东道御史豫师奏称：

> 行军首重器械，查八旗官员有点验军器之例，厥意甚深。近因承平日久，视为具文。每遇点验之期，或借凑于亲友，或假用于铺家，即偶有自备者，亦多破损不全，难适于用。[4]

这说的是京师八旗的情况。在皇帝眼皮子底下的京旗"劲旅"尚且如此，各地情况还可问乎？

---

[1]《筹办夷务始末》（咸丰朝），第 7 册，第 2266、2374 页。
[2] 同上书，第 6 册，第 2200 页。
[3]《军机处录副·军务类·军需项》，3/73/4259/77。
[4]《筹办夷务始末》（咸丰朝），第 6 册，第 2198 页。

训练废弛及其原因

第二次鸦片战争时期清军的训练状况可用"废弛"一词而概括之。

清政府对其军队的训练自有标准：水师每年春、秋两季出洋，各省水师开到两省邻接处海面会哨换文；陆路每年一次或两次操阅，分散在各地的兵士集结起来，开往督、抚、提、镇、协各标驻地，马步弓射、步伐阵势、演放火器、会操一两天。平日的训练，也有一些章程规定，但不严格，混杂而不统一。大抵是对驻扎集中的部队规定较细一些，对分散之兵规定较粗些。这些大多是清初制定的"祖制"。

这样的训练标准，以近代战争的眼光衡量，不能不说是十分低下的。但即使是这样的标准，清军仍未达到。水师至多是按期出洋巡缉，事竣归伍，并不长期留在海上，"往往视风涛为畏途，甚至有收泊内港，捏报出洋者。"[1]陆路操阅则应付故事，虚报瞒上。笔者在中国第一历史档案馆看到咸丰年间各地督抚奏报操阅的档案近百件，几乎用同样的言辞宣称，"步伐齐整，声势联络，杂技藤牌矫捷，弓箭鸟枪施放皆有准头"云云。1854年云贵总督罗绕典的奏折尤为虚饰，连浑浑噩噩的咸丰帝也一眼看出破绽，朱批云：

> 所云开十二力弓者，十居其四，殊属粉饰。能开八九力弓射箭者，已属寥寥，岂有十二力之弓尚能拉放从容，其谁信之！简阅军实，乃督抚职任最重最要之事，汝辈文员出身，平时未能谙习，不过照例阅看，敷衍入奏，无怪乎日久废弛，有名无实。[2]

这还是章程较严、由督抚亲历按期入奏的校阅，平日的训练就更谈不上认真了。边远省份"天高皇帝远"，姑且不论，就是平日操演制度规定最明细、最严格的京兵，训练废弛也不例外。吏科给事中吴焯称京旗"承

---

[1] 《上督部祁公论粤东炮台战船书》，黄恩彤：《知止堂集》，卷九。
[2] 云贵总督罗绕典折，咸丰四年三月十一日，《军机处录副·军务类·训练项》，3/72/4235/105。

平日久,未经身历戎行,平日训练无方";[1]漕运总督袁甲三谓"京城八旗兵丁,久以操演为具文";[2]胜保亦奏"由于承平日久,兵将不习,亦由于该管章京等未能认真训练,以致临阵教之不率,令之不行,骄惰性成,不堪苦劳,积重难返,流弊已深"。[3]京兵号称"劲旅",统治者视之"根本",倚为"长城",第二次鸦片战争的实战证明其是不练之师。至于各地清军训练废弛的言辞,无论官方文件还是私家著述皆颇多,不再举例。

也有一些官吏有意整饬训练,大多效果很差。如1859年庆瑞新任闽浙总督,"选择将弁,简练兵丁","务令痛洗因循旧习",在省标八营中先行挑选兵丁一千名,每日两操,亲加督练。奏上,咸丰帝悦,朱批:"欲其期有成效,非亲历行阵不成。训练固善,惟不可徒饰美观。"[4]在这些官样文章背后的实际情况又如何呢?福建布政使张集馨受邀观操,观后曰:

> 本来下队并无千人,起去旗帜、吹号、锣鼓各项,大约下队不过三四百人耳。抬枪约有十余杆,鸟枪不足百杆,其它短棍铁叉,藤牌数面。喧嚷跳掷,去而复来,……不但临敌无用,即以操演论,亦复如同儿戏。[5]

清军何以训练废弛,作者以为原因有四:

其一,从清军的军制来看,清军驻防极其分散,相当部分的军队是以数十名、十余名,甚至数名驻在各汛塘哨卡。此类兵丁离该管官远,鞭

---

[1] 吏科给事中吴焯折,咸丰十年十一月十五日,《军机处录副·军务类·训练项》,3/72/4238/96。
[2] 《筹办夷务始末》(咸丰朝),第7册,第2638页。
[3] 《军机处录副·军务类·防务项》,3/72/4246/93。原件无日期,咸丰十年十月初八日奉朱批。
[4] 咸丰九年九月初十日发,十一月初六日奉朱批。《军机处录副·军务类·防务项》,3/72/4247/84。庆瑞在该奏中称:"查闽浙两省因承平日久,兵骄将惰,武备不整废弛,因循渐成积习。前于咸丰三年间,闽省上下游会匪滋事,仓猝军兴,各营弁兵几不知战守为何事,闻警则仓惶失措,遇贼则畏葸溃逃"云云。而前督王懿德在奏报校阅情况时,誉词颇多,可见所谓奏报训练情况,全为谎言。
[5] 《道咸宦海见闻录》,第280页。

长不及,除抽一部分参加春、秋操阅外,平日训练并无人管理。京师、督、抚、提、镇等各标,因其担负的官府勤务繁多,对训练也有所影响。

其二,清廷财政困难,兵丁欠饷太多,常出外谋他业为生计。直隶总督庆祺于1858年奏称:"近以饷银积欠,生计维艰,传点虽不误期,而平日另图生业,擅离营汛等情,亦殊不免。"[1]福建布政使张集馨记载,1860年闽省外营官兵饷需仅发至1858年秋,又半银半票,加之各级官弁种种占扣,"是以每月每兵仅得饷三钱有零,不敷一人食用,别寻小本经纪,或另有他项技艺,藉资事蓄。"[2]京师兵饷稍足,但官弁用种种方式巧取豪夺。兵科掌印给事中包炜奏称:京师巡捕五营万人,各官以"署差"名义,扣夺兵饷,"实在随营当差者不过三四千人。其署差之兵,仅于查阅时应名,至实终岁不曾当差。该兵乐稍有所得,且可以在外自谋生理"。[3]此类兵丁久不在营,谈何训练一节。按期归营传点应操,不过应卯而已。

其三,当时将弁吃空额风气极盛,军不足额情况十分严重。吏部右侍郎爱仁奏称,京师"步军营额设甲兵共二万一千余名,风闻现在空额过半","若遇该管上司巡查,将各堆拨兵丁名下捏注别项差使,此外暂雇数人冒名应差,雇价每人每夜不过需钱七八十文,竟有一人赶赴三四堆拨应名者"。[4]工科给事中焦友麟奏称:"臣籍山东,闻登

---

[1] 《筹办夷务始末》(咸丰朝),第3册,第1129页。
[2] 《道咸宦海见闻录》,第279页。
[3] 咸丰八年六月二十一日,《军机处录副·军务类·营制项》,3/71/4188/32。该奏称"署差"方法:"各官占用之兵,副将例得占用六十名,参、游而下,以次递减,至外委仅得占兵二名,俱系随营当差,不准在外自便。近闻各官占用多至数倍,而占用之兵,俱由己包揽,令其自便,名为署差,即该兵每月所得钱粮一半给兵,一半入己。如有马之马兵署差,马乾银二两五钱入己,钱粮银二两给兵。无马之马兵署差,将钱粮银入己,仅给该兵二千五百文。战兵署差,将钱粮银入己,仅给该兵京钱一千八百文。守兵署差,将钱粮银入己,并不给予一钱,该兵仅得两季米粮。如不愿署差者,势必多方抑勒,使之求生不得,求退不能,势必令其自告署差而后已。所包揽署差之人,副、参、游等官俱系其辕门官经手,都、守衙门俱系门上头目经手,千、把、外委所得,俱系都、守分给。所有给兵之钱,名为找儿钱。即一守备微官,每月可得署差钱八百千,则其它可知。"
[4] 咸丰三年三月初九日,《军机处录副·军务类·营制项》,3/71/4187/14。

州水师额设五百名,现存不过二百名,每遇抚臣校阅,则雇渔户匪人充数。"[1]平日并无其兵,一遇征发,临时雇募充数派调。此类充兵者,根本就未加训练。

其四,兵卒骄悍,将弁嬉惰,军纪荡然无存。曾国藩言清军风习:

> 兵伍之情状,各省不一。漳泉悍卒,以千百械斗为常,黔蜀冗兵,以勾结盗贼为业,其它吸食鸦片,聚开赌场,各省皆然。大抵无事则游手恣睢,有事则雇无赖之人代充。见贼则望风奔溃,贼去则杀民以邀功。章奏屡陈,谕旨屡饬,不能稍变锢习。[2]

军情腐败至此,训练何以进行?第二次鸦片战争时期,山海关属清政府筹防重地,而"该处文武各官,于防守事宜毫无准备,数千斤大炮掷于街市,城门半已损坏,半被土壅,不能启闭,兵无纪律,器械不齐"。[3]在这样一派"备战"景象前,平日的状况不难想象。

清军的装备与训练同近代战争之差距

19世纪五六十年代正是欧美资本主义快步上升的"黄金时代",英国与法国又是此期走在最前面者。两国的军队在当时世界上首屈一指。工业革命的结果,使之军械装备不断得到更新改良;对外扩张、互相争霸的要求,对其提出更高的训练要求。英国海军打败西班牙无敌舰队以后,一直保持其在舰船、兵员、炮械、训练上占世界第一的地位。法国陆军在拿破仑一世失败后有所削弱,拿破仑三世上台以来重新得到加强。因此,第二次鸦片战争中暴露出来的清军在装备与训练上同英法联军的差距,就是同近代战争的差距。

装备方面的差距是显而易见的。英、法海军的舰船以蒸汽动力为

---

[1] 咸丰元年七月初六日,《军机处录副·军务类·营制项》,3/71/4187/5。
[2] 《议汰兵疏》,咸丰元年三月初九日,《曾文正公全集·奏稿》,光绪二年,传忠书局,卷一。
[3] 僧格林沁奏,咸丰九年十一月二十三日,《筹办夷务始末》(咸丰朝),第5册,第1713页。

主（有的只是部分动力，仍备帆具），铁壳船较为普遍。清军水师木制篷帆战船断难与之争锋。在广州附近的珠江上，清水师师船与英舰交战数次，无不大败溃逃。数千里的广阔洋面上只能听凭英、法舰船任意往来。1859年第二次大沽之战清军获胜后，兵部尚书全庆等建议："登州水师，合旅顺，以截其归路。"咸丰帝阅此立即否定，朱批道："此举万万不能，洋面争衡，徒贻笑耳。"[1]中外火炮威力之迥异，可见于直隶总督谭廷襄之语，"夷炮所至，两岸一二里内不能驻足……（清军）万斤及数千斤之炮，轰及其船板，仅止一二孔，尚未沉溺，而北炮台三合土顶被轰揭去，南炮台大石镶砌，塌卸小半，炮墙无不碎裂"。[2]僧格林沁经第二次大沽之战后亦称赞英、法炮火威力，"未经与夷人接仗者，必以为营墙丈余，足资抵御，不知该夷炮火之猛烈，丈余濠墙，可以穿透"。[3]1860年战争时，英军带来最新发明的阿姆斯特朗炮，法军亦带来了新式的拿破仑炮。前者是后装线膛炮，制造精良，炮弹与炮管间没有空隙，因而比其他式样的炮射程更远，精准度更高，使用年限更长，炮身重量也轻。[4]后者是改进的前装线膛炮，在1859年的意大利战争中十分得用。[5]在轻兵器方面，法军使用的是1849年试制成功的米涅式步枪，其主要性能：长度为1.4米，重量4.8公斤，口径为17.8毫米，螺形膛线四条，初速为365.7米/秒，最大射程914米；英军使用的轻兵器为1852年根据米涅式步枪原理而制造出的恩菲耳德式步枪，制

---

[1]《筹办夷务始末》（咸丰朝），第4册，第1474页。
[2]《丛刊·第二次鸦片战争》，第3册，第337页。《筹办夷务始末》（咸丰朝）收入此折时将"一、二孔"，误为"一、二处"。
[3]《筹办夷务始末》（咸丰朝），第5册，第1699页。
[4]《北华捷报》1860年4月7日、14日转载《泰晤士报》关于此炮的介绍："普通发射12磅炮弹的野炮，其材料人工大约价值200镑，最大射程1 400码，重约19英石，需要六匹马来拉。它能在完好状态下发射800次，超过此数后，便失去了价值，如果继续使用的话，那是容易炸裂而受人责备的。而一门发射12磅炮弹的阿姆斯特朗炮，价格250镑，它的射程超过5 000码，重约八英石，只需四匹马就能以最快的速度拖动它。其中一些炮已经发射3 500次，仍同新炮一样。"恩格斯对阿姆斯特朗炮和拿破仑炮均有研究，对阿姆斯特朗炮评价甚高，见《论线膛炮》，《马克思恩格斯全集》，第15卷，人民出版社，1963年，第31—44页。
[5] Knollys, *Incidents in the China War of 1860*, p.41.

作非常精良，超越欧洲大陆各国军队所装备的一切步枪。这两种枪装弹快捷，施放灵便，并上安刺刀。当然这些长处都是相对清军的火绳枪而言的。弓箭刀矛，在几世纪前就已淘汰不用了。

19世纪40年代初的第一次鸦片战争，"船坚炮利"的"西方岛夷"击败了赫赫天朝。清朝官吏们已经觉察到武器装备与世界水平的差距。但痛定之后，一切如故，十余年中，清军的装备没有多少变化。而此期恰是英、法等国武器迅速换代的年代。蒸汽铁舰逐步替代了木制帆舰，线膛炮更替了滑膛炮，新式的米涅式步枪和恩菲耳德式步枪也是此时试制成功、分发部队的。差距不是在缩小而是在扩大。清军装备落后而没有改进的原因可归结为两点：一是清朝统治者们一味苟安，不思振作，致使第一次鸦片战争后出现的改良军器的生机，很快便消退无存；二是当时中国尚未出现制造新式军械所需要的近代机器工业，传统的手工业无法充当此任。以后的洋务派对此作了实际的努力。双方的训练则不可同日而语。军队的训练方式、标准在于它所使用的装备。军队的训练状况从属于它处在的社会环境。政治风尚的明浊，军队文化水平的高下，军官管理能力的良窳，从根本上说，是上升时期的资本主义和坠落时期的传统社会展现出来的巨大差距，使清军的训练废弛与英法联军的训练较为精良在实际战斗中形成了鲜明的对照。火炮是第二次鸦片战争中最为得用的武器，其射击的准确性可视为训练水准的例证。几乎每战清军将领惊呼敌"炮火猛烈，不能驻足"，而清军的炮弹击中敌军却不多（当然火炮本身就有差别）。关于这方面的记载，中外官私各方面的文献中都有。从军事技术角度来看，西方军队的炮兵射击技术较高，是因为他们受益于对数学和射击弹道原理的研究；而清军官弁，即使注意训练，至多不过是依据经验。在部队训练的重点上，清军仍注重单兵的技术训练，而忽视分队的战术训练——从一定的意义上说，也不知道近代战争所应运用的战术。结果在战斗中仍如在冷兵器和旧式火器混用时那样，队形密集，在敌猛烈炮火下伤亡巨大。就在单兵技术训练方面，注意的还是历来视之为"根本"的马步骑射，而没有注意近代战争中更能发挥作用的火器训练。

最能客观反映清军的装备与训练水平的是清军在各次战斗中毙伤敌军的数字。兹列表于下：

单位：人

战斗	时间	英军		法军		合计
		死	伤	死	伤	
第一次广州之战	1856.10.27—29	3	11			14
虎门之战	1856.10.12—13	1	4			5
佛山之战	1857.6.1	13	43			56
第二次广州之战	1857.12.28—29	8	71	2	30	111
第一次大沽之战	1858.5.20	5	17	6	61	89
第二次大沽之战	1859.6.25	89	345	4	10	448
新河之战	1860.8.12	1	19	不详	不详	
塘沽之战	1860.8.14	无	3	1	12	
石缝炮台之战	1860.8.21	17	184	40	170	411
张家湾之战	1860.9.18	1	15 或 17	不详	不详	
八里桥之战	1860.9.21	伤亡较小		3	17	

从上表可见，除第二次大沽之战和石缝炮台之战英法军伤亡较重，尤其是第二次大沽之战，英法侵略军战死数为清军的三倍，[1]其他各次战斗中，英法联军的伤亡相对战斗规模来说是微小的，同清军的伤亡不能相比。由于作者未能一一查到清军指挥员各次战斗后奏报的伤亡人数；英法侵略者的记载为估计数，又动辄上千（可夸耀战绩），难以遽然相信，因此很难判断清军每战伤亡的准确数。此举几例：一、据一探报称，第一次大沽之战清军"死伤兵勇四百余名"，[2]此数是英法联军伤亡的四倍。而法军此战的伤亡绝大部分是攻占炮台后，炮台内部的火药库爆炸引起的，若以此计，对比还不止四倍。二、据一日记称，新河之

---

[1] 僧格林沁在第二次大沽口之战后称："满汉各营兵弁阵亡三十二名。"（《筹办夷务始末》[咸丰朝]，第 4 册，第 1448 页）
[2] 金大镛禀报，咸丰七年四月初九日辰刻具，《丛刊·第二次鸦片战争》，第 1 册，第 642 页。

战清军"官兵受伤六七百人",[1]与英法联军相比,是几十比一。三、1860年清军在大沽失利后,军伍减员三千人。[2]当然,此数除战斗伤亡外,还有不少是战败溃逃之兵。英法联军的军医说,中国武器的杀伤力很小,它的子弹微光一闪,掠过表皮,就失去效力了。[3]另一法国军官说,清军的火枪"打得一点也不准,这样,我们的损失就和我们所遇到的抵抗成不了比例"。[4]

以上各方面的考察说明,装备窳败、训练废弛是清军在第二次鸦片战争中惨遭失败的重要原因。

---

[1]《英夷和议纪略》,《丛刊·第二次鸦片战争》,第2册,第465页。
[2] 1860年英法联军北塘登陆前,大沽、天津、营城、山海关除本处额兵外,共驻有各地援兵约2万名。至石缝炮台之战后,僧格林沁带出1.7万名。
[3] 见蒋孟引:《第二次鸦片战争》,生活·读书·新知三联书店,1965年,第94页。
[4]《丛刊·第二次鸦片战争》,第6册,第276页。

『天朝』观念下的外交失矩

广州反入城斗争三题

广州反入城斗争,又称"广州入城问题",是鸦片战争以后中英关系史上的重大事件。它肇因于1842年8月的《中英南京条约》,以1857年12月英法联军攻占广州为结局,历时达15年之久。由于其中有广州各阶层民众不顾清朝官员的压制,坚决反对外国人入城的种种表现,显示了他们对侵略者的不妥协的态度,因而此一事件素来为研究者所注重,且有许多论文进行分析研究;一般的中国近代史著作对此亦均无遗漏,皆有论述。问题似乎已经有了明确的答案。然而,笔者以为,对于这一事件,似仍有进一步进行研究的必要和可能。

要求入城的条约依据

英国人要求进入广州城,其依据是《中英南京条约》。查该条约中文本,其第二款载:

> 自今以后,大皇帝恩准英国人民带同所属家眷,寄居大清沿海之广州、福州、厦门、宁波、上海等五处港口,贸易通商无碍;且大英国君主派设领事、管事等官,住该五处城邑。[1]

根据上文的意思,英国民人只能居住于"港口",并无要求入"城"的权利;而英国外交官的情况则稍微复杂一些,关键是"城邑"的解释。

在中文中,"邑"可作"城"来解释,又可作地域单位来解释,

---

[1] 王铁崖:《中外旧约章汇编》,第1册,第31页。

如《周礼》中称："九夫为井，四井为邑，四邑为丘，四丘为甸，四甸为县，四县为都。"又注："四井为邑，方二里。"若作地域单位解释，是指大约一平方公里的地方。不过，"城"和"邑"两个字连在一起，中文意思应当是十分明确的，是指城里。

实际上，对于"城邑"二字当作何解，清政府官员心中也是清楚的，只不过在公开场合不这么说。例如，闽浙总督刘韵珂在处理福州入城问题时，于1845年4月21日奏称："查江南原议和约，虽载有英国领事官住在广州、福州等五处城邑，专理商贾事宜等语，惟并未指明城内。"但在这一奏折所附夹片中却换了一种说法，谓："查核原议和约，载有领事住居城邑之语。所云城邑二字，原指城内而言，该夷所请本非违约妄求。"奏折的正本与附片对同一名词有着两种不同的解释，是刘韵珂为保密起见在公开和秘密场合采用不同的说法。当时清政府实行的邸抄等公文制度，更兼清政府内诸多书役衙丁为英国人提供情报，使雍正帝建立的原来十分机密的奏折制度，在实际运作中已变得无密可保。刘韵珂正是恐怕真情泄露，于是在正折和夹片中各说一调。他在夹片中称："因均关机密，正折内不便胪叙，谨附片详细密陈"，并称除布政使徐继畬外，"余人皆未知悉"，要求道光皇帝将此夹片"留中"。也就是说，除了刘韵珂、徐继畬和道光帝之外，就连军机大臣也无从知道该片的内容。尽管刘韵珂内心明白"城邑"是指城内，但仍派徐继畬告诉英国领事，"城邑二字，系兼指城内城外"，而英人"前来通商，自应在城外居住"。[1]

由此，似乎可以得出结论，根据《中英南京条约》中文本，英国民人只能居住在港口，没有要求入城的权利，而外交官则可以入城。从广州的具体情况来看，英国商民居住于城西南的商馆一带，濒临珠江，可以认定为港口，因此，也可以认定为已经实现了《南京条约》；只不过英国驻广州领事的入城问题，与《南京条约》的规定尚有差别。

---

[1] 郦永庆编选：《第一次鸦片战争之后福州问题史料》，《历史档案》，1990年第2期，第43—47页。由引者所加粗。

但是,《中英南京条约》英文本,措辞就完全不同了。其原文为:

His Majesty the Emperor of China agrees, that British Subjects, with their families and establishments, shall be allowed to reside, for the purpose of carrying on their Mercantile pursuits, without molestation or restraint at the Cities and Towns of Canton, Amoy, Foochow-fu, Ningpo and Shanghai, and Her Majesty the Queen of Great Britain, etc. will appoint Superintendents Consular Officers, to reside at each of the above-named Cities or Towns...[1]

该段文字直译当为:

中国皇帝陛下同意,英国国民及其家人和仆从,从今以后获准居住于广州、厦门、福州府、宁波和上海的城市和镇,以进行通商贸易,不受干扰和限制;统治大不列颠及各处的女王陛下,将指派监督或领事官员,驻扎上述城市、镇……

将中、英文本进行对照,十分明显,中文本中的"港口"、"城邑",在英文本中皆作"城市""镇"。如果根据《中英南京条约》英文本来解释,英国的民人和外交官皆有权利要求进入广州城。

根据当时和现在通行的国际惯例,国际条约的各种文本具有同等的法律效用。由于签字时未作声明以何种文本解释为准,两种文本的解释发生分歧时,应允许各方各执己见。世界历史上因条约文本的解释不同而发生的争执,比比皆是。但是《中英南京条约》的情况还有所不同,有两点特别之处。其一是,该条约的中文本是由英国使团的中文秘书马儒翰起草的,[2]参加谈判的清政府官员根本不懂英文,也不知道英文本上写些什么,更何况英方在谈判中根本不容许对条约(由于不懂英文,

---

[1] Inspectorate General of Customs, *Treaties, Conventions, etc., between China and Foreign States*, Vol.1, Shanghai: The Statistical Department of the Inspectorate General of Customs, 1908, p.160.

[2] 马儒翰(John Robert Morrison)是传教士马礼逊(Robert Morrison, 1782—1834)的长子,中国史书又称其为马礼逊、马里臣、巴利逊等,曾在马六甲英华书院读书,后任广州英商的翻译。1834年起,任驻华商务监督秘书等职,为英国政府服务。

只能是中文本）内容进行修改。因此，该条约的中英文本的歧义本是英方一手造成的。其二也是因清政府官员不懂英语所致。当时中英往来的官方文书，英方须得在英文本后附有中文本，而清方只有中文本。这就在实际运作中形成了以中文本为主的惯例。很可能是由于进入广州城而引起的文本争论，使得英国在1854年提出修约十八条要求时，其中一条为"立兹条约，当以英字为确据"。[1] 1858年签订的《中英天津条约》更是明确规定，"自今以后，遇有文词辩论之处，总以英文作为正义"。[2]

英国第一次明确提出进入广州城的要求，是在1843年。负责战后谈判事务的钦差大臣耆英，为此答复英国全权代表璞鼎查（H. Pottinger），谓：

> 进广州城一款。现在两国和好，毫无芥蒂，岂有城内城外之分？况江宁、福州、上海等处，既可进城，何独广州不可？无如广东，民风非江浙可比。自遭兵火之后，惊魂未定，易启猜嫌……现在本大臣会同督抚，转饬地方官设法开导，容俟开关贸易后，彼此相安，如有应行入城相商之件，自应会商。[3]

耆英的这份文件，虽未同意英人入城，也未明确否认英人的入城权利。很可能由于这一次的经验，耆英看出了"城邑"二字的重要性。他此后签订的《中英虎门条约》中，再未用"城邑"一词，而只用"港口"（英文本作 ports）。而他签订的《中法黄埔条约》所用措辞为"五口市埠地方"（法文本作 ports et places），也未涉及"城"的概念。

1845年3月，英国驻华公使德庇时（J. F. Davis）重提入广州城的要求。清钦差大臣两广总督耆英仍以"民情未协"相推托。至年底，值清政府交纳最后一笔战争赔款，按照《中英南京条约》，英国应将其占领的舟山岛归还中国。德庇时以全面履行《中英南京条约》为由，将入广州

---

[1]《筹办夷务始末》（咸丰朝），第1册，第344页。
[2]《中外旧约章汇编》，第1册，第102页。
[3] 佐々木正哉编：《鸦片战争後の中英抗争：资料篇稿》，東京：近代中國研究委員會，1964年，第351頁。

城与归还舟山岛联系到一起，声称若不允入广州城，即不归还舟山岛。这下子击中了耆英的要害。他在致德庇时的私函中称，归还舟山一事"若有游移，我即无以自安其位"，同时，他又在正式照会中声明：

> 英民进城一节，实未列入条约。查江南和约（指《中英南京条约》）第二条载明，领事、管事等官住该五处城邑，专理商贾事宜，英人则带同家眷，寄居五处港口，贸易通商，并未言及进城之事。即善后事宜（指《中英虎门条约》及其附件）内，亦均未开载。请贵公使查阅自明。[1]

耆英的照会，措辞如同前引刘韵珂奏折，不承认英民入城的条约权利，所据者自然是《中英南京条约》中文本。这就将了德庇时一军。德庇时是个中国通，懂中文，1816年随阿美士德使团来华时，充任汉文正使，1834年随律劳卑来华，出任对华商务第三监督，后任第二监督。他知道，若援引《中英南京条约》英文本进行辩论，对不懂英文的清政府官员来说，毫无意义。于是，他所援引的依据，是其他四口的先例以及本文前引耆英致璞鼎查的文件，"贵大臣与前任璞公使肃然应许，云：容俟开关贸易，彼此相安，而后可进城"，[2]避而不谈条约的本身。耆英此时因事关归还舟山（实际上也事关其功名禄位），同意英人入城，但要求推迟时间，但对于条约义务，仍持否定态度，照会中称"进城一事，本属小节，历次条约，均未载明"。[3]

1846年4月，耆英、德庇时会晤于广东东莞虎门，签订了《英军退还舟山条约》。该条约的中文本第一款为：

> 进粤城之议，中国大宪奉大皇帝谕旨，可以经久相安、方为妥善等因。此次地方官难管束粤省士民，故议定，一俟时形愈臻妥协，再准英人入城；然此一款，虽暂迟延，断不可废止矣。[4]

对照英文本该条，意思稍有参差，主要是关于对道光帝谕旨的理解，

---

[1] 佐々木正哉編：《鴉片戰爭後の中英抗爭：資料篇稿》，第20页。
[2] 同上书，第23页。
[3] 同上书，第27页。
[4] 《中外旧约章汇编》，第1册，第70页。

而关于入城的字句,则是完全相符,英文本作"right to admit Foreigners into the City of Canton"。从文字的角度来看,此一款肯定了英人早已有入城的权利,这也似乎使清政府曲折地承认了《中英南京条约》已给予英人这一权利。不管怎么个说法,英人所认定的《中英南京条约》规定的入城权利,在《英军退还舟山条约》中才真正解释清楚。然而,细心地分析这一款的文字,不难发现,英并未取得实际进展。因为对英人行使入城权利的时间规定,不像《中英南京条约》中的"从今以后",即立即生效,而是无限期地向后推迟。也就是说,从此清政府若以"时形"未臻"妥协"为由而拒绝英人的入城要求,反倒是有了充足的条约依据。

英方也发现了这一漏洞。一年后,德庇时以英人在佛山一带遭石块袭击为由,命令驻在香港的英军攻占虎门,进据广州城西的商馆。与此同时,德庇时又向耆英提出了确定入城时限等一系列的要求。1847年4月6日,耆英在此军事压力下屈服,照复德庇时,许以两年之后对外国人开放广州城。[1]

至此,可以得出结论,根据《中英南京条约》《英军退还舟山条约》和耆英的照会,从法理上说,英人自1849年4月6日起获得了自由进入广州城的权利。又根据《中美望厦条约》《中法黄埔条约》的最惠国条款,美国人和法国人也同时获得了同一权利。当然,还应当指出,上述条约和照会,都是英国等西方列强用战争或讹诈的手段相迫的,都是不平等的。

要求或反对入城的理由

如果严格地抠字眼,条约英文本中的"城市"(city)和"镇"(town),与当时中国的"城"的概念,还是很有区别的。当时中国的

---

[1] 未见中文本,英文本见 Inspectorate General of Customs, *Treaties, Conventions, etc., between China and Foreign States*, Vol. 1, p. 210。

城,四周有城墙,有护城河,有城门,有一整套的防御工事和装备。"城"的准确概念,似可被认为是西方中世纪城堡(castle)的放大。而当时英文中的"城市"和"镇",则有了近代的意义。它们是指大型居民点,兼备市政、商业、工业等功能。如果从西方"城市"的概念即居民点的概念出发,观察沿海五个通商口岸,又可以得出结论:上海县城、宁波府城外较为荒凉,人口不多,算不得城市;福州城南沿闽江之岸,有码头,有商店,人口较多,已有城市的味道;厦门城只不过是一个直径一华里的圆形要塞,内驻福建水师提督衙门,和西方的城堡完全相同,商业、运输业及人口稠密地区在城西南的"十三道头"一带,由此,厦门的"城市"当在城外而不在城内;广州英人所居住的商馆,位于城西珠江岸边(今广州沙面以东),人口稠密,房屋毗邻,热闹非凡,一切景象与城内并无二致,商业活动更是有过之而无不及。可以说,商馆一带与城内的区别只不过是隔着一道城墙。从近代城市观念出发,可以认为,居住在商馆的英国商人及外交官已经"入城",而不是被拒之"城外"。笔者如此钻牛角尖,并不是刻意否认英国人有入城之权,而是想在此中提出问题:一、既然从近代城市观念出发,商馆与城内并无区别,英方为何一再要求越过这道城墙,进至城内?二、清政府为何将英国人拒之城门之外?三、广州各阶层民众为何冒着违抗官府的风险,坚决不允外国人入城?也就是说,要求或反对入城的理由是什么?

前两个问题似乎比较简单。

英方要求入城的外交理由是全面履行条约,但他们内心也明白,入城并不能给他们带来多少实际利益,尤其是经济利益。否则他们在1849年4月一切条约依据全部具备的情况下仍被拒绝入城时,不会不采取激烈的手段,而只是表露出软弱的姿态。事实上,第二次鸦片战争结束后,已实现入城的英国却将其领事馆从城内搬至距城比商馆更远的沙面。其他通商口岸也有这样的情况。居住在上海县城的英国官员和商人,也因居住条件和卫生状况,由城内搬至城外。对于英国商人说来,商馆一带正是中外贸易的传统地段,如果让他们迁出商馆而搬至城内,他们必然会出现更为强烈的反对。他们的要求,主要表现为争取扩大商馆的区域,及在广州河南等地建立仓储码头等设施,以扩大他们的商务活动。很显然,英方要求入城,其目的是无形的而不是有形的,更侧重为心理因素一面而非为实际利益一面。他们以"高等民族"自居,认为被拒绝入城是对他们的污辱,企图用入城的手段来击垮清政府力图保持的"天朝"颜面。正因为如此,1843年以来,他们始终不放弃入城的要求,而又始终未因拒绝入城而采用战争的手段。在19世纪,英国对于牵涉其实际利益的事务,是不吝惜诉诸武力的。

清政府反对入城,除了为保持"天朝"的尊严外,主要是"严夷夏之防",防止出现"华夷混杂"的现象。清王朝是以武力镇压而建立起来的专制政权,极端恐惧本国民人与外国势力相联系,进而造反。为此,广州一口通商时期,他们在"华夷之隔"上颇用工夫。商馆制度、保商制度、行商制度等等,正是这类努力的表现。鸦片战争后,原有的制度被打破了,原有的恐惧心理并没有消除。福州、广州等地,清政府官员一再不允入城,正是害怕出现华夷混杂、难以控制的局面。也正是由于害怕"华夷杂居",上海的地方官与英国领事议定了《上海租地章程》,在上海县城以北的农田上建立"外国人居留地"(Foreigners Settlement),即租界。在许多方面来看,最初的上海租界恰如广州商馆的放大。然而清政府的官员们也逐渐地认识到,"华夷杂居"并没有想象的那么可怕,因此,他们在英国的政治压力(1845年,福州)、拒不归还舟山(1846年,广州)、战争威胁(1847年,广州)面前,采取了"两害相权取其轻"的态度,表示屈服。而1849年的拒绝入城,清政府官员是害怕激起民变,这是"两害相权取其轻"的另一种方式的表现。

由此可见,英方要求入城和清方拒绝入城,既有其相互对立的一面,又有其相互妥协的余地。这使得英国政府与清朝政府在广州入城问题上,时而抗争,时而妥协,拖延达15年之久。

至于广州各阶层民众反对入城的理由,似乎比较复杂。

用于分析广州各阶层民众反入城理由的资料,自是他们的揭贴长红。然最为集中者,当数日人佐木正哉从英国国家档案馆抄录的英国外交部档案。这也从侧面告诉我们,英方对民众反抗的动态也是极其关注的。

笔者从所见的广州各阶层民众反入城的揭贴长红中,发现两点:一是此类揭贴长红很少说明反入城的理由,似乎这已经不再成为什么问题,无须进行叙说。大多数揭贴的重点放在如何组织斗争等具体问题上。二是为数不多的涉及反入城理由的揭贴,理由又各种各样,似乎没有一个统一的、已达成共识的反入城的理由。为了说明后一点,将此类揭贴分别叙述于下:

甲、防止英人入城后进行侦察,扩大侵略。1846年的《广东全省水陆乡村志士义民公檄》中称:

> 英夷生化外习毒之乡,狼心兽面,虎视狐疑,在彼之不敢觊觎我粤者,惟不得进城,探实地势与消息矣。今公然奉示入城,不但强悍霸占,欺凌百姓,其害更有不可胜言者。[1]

这种理由,据后来的历史发展来看,并不属实。该揭贴的作者似乎也发现了这一点,后面加了含糊的用语"其害更有不可胜言者"。

乙、防止英人入城后影响商业的局势。1849年的《锦联堂公启》称:

> 向来外夷数百年来,未闻进城,各国皆守分乐业,华夷并安。今英夷忽有此举,以致人情惶恐,客心疑惑。在粤之商,早决归计,远方之客,闻风不来,则货物何处销售,更恐意外骚扰,又于何处寄顿。是以爰集同人,定议章程,暂停与夷人交易。[2]

"锦联堂"是广州经营进出口纺织品商人的行会组织。他们的揭贴,反映出商人阶层求稳怕乱的心态。但是,从他们的《公启》之中,似乎可以看出,他们所担心的不是英人入城的本身,而是英人入城激起的中外纠纷将引起商情大乱。他们已经看出,在当时民情与英方完全对立的形势下,英人一旦入城,必会发生强烈的对抗。对于英人入城本身,这份揭贴并无直接评价。

---

[1] 佐々木正哉编:《鴉片戰爭後の中英抗爭:資料篇稿》,第270页。重点号为引者所加。

[2] 同上书,第318—319页。

丙、防止英人入城后侵凌民众。1846年的《明伦堂绅士议论》中称：

> 一、查百姓何以不准外国之人入城。当经细问士农工商各项民人，但谓近来夷人猖狂，每每到处寻衅。或挟带鸟枪入村，打雀为名，遇见鸡犬猪牛，则辄为放枪打毙。遇见妇人孩子，则或调戏，或恐吓以取笑。遇见花果禾稻，则或偷取或残害，以肆其暴戾之性。种种不法，难以尽说。兼之当其行凶之时，设若有人拦阻劝止，必遭其突用鸟枪打死。如此不近人情之夷狄，倘再准其入城，将来扰害，更未有底止矣。所以我等百姓万不能容其入城也。[1]

从上述文字来看，此是士绅等对民情调查的答复。当地民众从鸦片战争后中外纠纷各事件中，认定英人"不近情理"，更恐其入城扰害，于是坚决地进行反抗。这是完全正当、合乎情理的理由。但是，其中又有几点难以解释的疑问，一、为何在这些中外纠纷发生之前，即鸦片战争刚刚结束时，广州民众就有强烈的反对英人的情绪，以致发展到反入城斗争？二、从"保家护乡"的角度出发，反入城斗争的主体应是城内的各阶层民众，为何居住于城外的各社学、团练等组织，反而在这场斗争中扮演了更加重要的角色？三、侵凌民众的外国人，只是来广州外国人中的一部分，为何不分良莠，一概排斥？更何况从清政府官员当时的认识来看，"英夷求进粤城，不过游览都市，拜见官长，以为光荣，并无立夷馆之说"。[2]若是如此，入城只是一部分外交官或商人的偶尔之举（这种认识当然并不正确），并不会发生多少中外纠纷事件，为何广州民众竟会如此激烈地冒犯官府，坚决不允外国人入城？

丁、防止英人入城后强行征税。1847年的《匿名揭贴》中称：

> 夷人屡以入城为名，希图各国商税。[3]

同样的内容，以后还有出现。1856年的《阖省防虞公局告示》中称：

---

[1] 佐々木正哉编：《鴉片戰爭後の中英抗爭：資料篇稿》，第274页。

[2] 耆英、黄恩彤奏，道光二十六年五月初四日奉朱批，《筹办夷务始末》（道光朝），第6册，第2993页。

[3] 佐々木正哉编：《鴉片戰爭後の中英抗爭：資料篇稿》，第279页。

现在细查得逆夷苦苦要入城之故，因该夷欠赔俄罗斯兵饷七千八百余万，定于在广东省城征取。必须入过城一次，即便勒收租税。每日城内勒收地租银一万两，城外亦收地租银一万两，另每日勒收货物税银一万两。每日共收银三万两，每月合计收银九十万两。此乃吾人性命身家所关，务祈同心联络。各宜瓦面多设火煲灰箩器械等物堵御，尽力攻守，务除大害，不许入城，方能保全。[1]

从当时的英方文献和后来的历史过程来看，称英国人要求入城以希图征税的说法，是没有根据的。从上引两份揭贴的全部内容来看，这些揭贴的作者对英国的情况并不了解。而这些并不了解内情的人之所以提出"征税"的说法，只会有两种可能：一是揣度，因为这些被当时的中国人认为"不知礼义"、"唯利是图"的夷人，每一项要求历来都有其经济上的图谋，由是而产生"征税"的联想。[2] 二是为宣传的需要而生造，因为这些涉及民众生计的题目，更能鼓动民众参加反入城斗争，前引最后一份揭贴似乎更为明显地表露出这种倾向。

综上所述，笔者以为，由少数揭贴提出的以上四种反对入城的理由，似乎都不成为广州各阶层民众反入城斗争的真正理由。这是并不奇怪的。今天的研究者，已经看到了历史的结局，已经掌握了比当时的人们更多的国际知识，也实在不能找出入城一事与国家利益、民族利益、民众利益之间的联系。西方列强加于中国的侵略压迫并不会以是否入城而增损，也就是说，反对入城与反对帝国主义的侵略压迫并

---

[1] 佐々木正哉编：《鸦片战争后の中英抗争：资料篇稿》，第331页。文中所提的赔款之事，当指以英国、法国、土耳其为一方，与俄国进行的克里米亚战争，不过揭贴的作者弄错了，那次战争是以英、法、土获胜，俄国失败而告终的，因而不可能有赔款之事。

[2] 事实上，当时官府也有相同的说法，尽管后来又否定。1849年广州反入城高涨之时，徐广缙奏称："且夷性叵测，必欲进城，其居心实有不可问者。前此侦探，谓欲震耀各夷，抽纳税饷，犹属饰词。近复明察暗访，始知该夷听信传言，谓藩署存银二十四大库，进城后即可据为己有，竖立旗号，广东即为其所得，报知国王，希图邀功冒赏。"（《筹办夷务始末》[道光朝]，第6册，第3170—3171页）由此可见徐广缙等人的认识偏误。徐广缙的这种认识，自然也会影响到民众。

无直接的联系。这一点,似可以举当时英人已经入城的上海、宁波、福州为例来证明,也可以举后来英人实现入城的广州、潮州和众多通商口岸为例来证明。因此,从国家利益、民族利益、民众利益的角度,去探讨广州民众反入城斗争的具体理由,其本身就是靠不住的。既然今天的人们尚不能找到反对入城的理由,那么,当时尚未看到入城后果的人们,对此自然不可能提出确实可靠的理由。这也从反面说明,要认识广州民众之所以如此激昂地反对入城,不能从具体的、细小的枝节上去寻找理由,只能从宏观的宽泛的背景中去把握此事的由来。

实际上,早在1842年鸦片战争刚刚结束时,由何大庚撰写,钱江刊刻,贴于广州府学明伦堂的《全粤义士义民公檄》,就已经定下了后来反入城斗争的基调。其中一段称:

> 兹闻逆夷将入珠海,创立码头,不惟华夷未可杂居,人禽不堪并处,直是开关揖盗,启户迎狼。况其向在海外,尚多内奸,今乃逼近榻前,益增心患。窃恐非常事变,诚有一言难尽者;若他国群起效尤,将何策以应之?是则英夷不平,诚为百姓之大害,国家之大忧。[1]

这份流传极广的揭贴,已经道出后来的入城问题,用了"华夷杂居"、"逼近榻前"的语词,反映出何大庚、钱江等人的预见性。然而,这一篇檄文,并没有直接说明反对"华夷杂居"、反对"逼近榻前"的理由,而只是表现出极端强烈的仇外情绪。

如果以此为启迪,用仇外情绪来说明当时广州各阶层民众反对入城的理由,问题的症结就打开了。正因为广州民众由仇外情绪所驱使、所激励,因而最为自然不过地不加分析地反对英方提出的一切要求,反对入城,反对租地。正因为反对的本身就已经成为理由,因而大多数揭贴无须再说明反入城的理由,只是更强烈地表达其仇外情绪,并将一切反对他们的人,指责为汉奸。笔者以为,广州各阶层民众正是在仇外情绪

---

[1]《丛刊·鸦片战争》,第3册,第355页。

的作用下，盲目地反对英方提出的入城要求，而并没有客观地分析入城究竟会给民众带来何种利弊。在整个反入城斗争中，情绪支配理智。这么说，并不是贬低广州反入城斗争（对历史成因的分析中，褒与贬本身毫无意义），而恰恰是说明了鸦片战争之后广州地区"民夷对立"的大背景、大环境。

广州民众的仇外情绪，对清政府官员在入城问题上的决策，一开始就起到了决定性的制约作用。1843年，当入城问题刚刚提出，耆英等人有意妥协时，士绅何有书上书耆英表示反对，谓：

> 夷人到省，向在城外夷楼聚处，国有典章，二百年从无夷人入城之事。旧闻习见，妇孺同知。迩有道路传言，说有夷长欲进省垣拜会各大宪，未审否。舆论沸腾。盖既有拜会之名，必将肩舆仪仗，卤簿前驱，民间闻所未闻，见所创见，震慑人心，惊骇耳目，观者定如堵墙。所可信者，各县联络，千有余乡，团练义民，十万余众，均已拨归各社各乡，时勤操练，严加约束，断不致滋生事端。但虑省城五方聚集，良莠不齐，诚恐烂匪凶徒，猝然干犯，夷人或不相谅，是敦和好，反至参商。[1]

由于是上书官宪，话说得极其委婉，但却直截了当地指出了"民夷对立"的状况。表面上攻击"烂匪凶徒"，却又暗示着十万"团练义民"。在这种温和的官场用语之中，有着极为犀利的机锋。耆英的态度为之一变。此后，"民情未协"成为清政府官员拒绝英方入城要求的正式且唯一的理由。

若用仇外情绪来说明广州各阶层民众反入城斗争的动因，那么，对于这场斗争，又该作何评价？

首先需要辨析的是，广州民众仇外情绪产生的原因。

广州民众的仇外情绪，来源于两个方面：一是文化观念，一是现实生活。从文化渊源的角度来考察，毫无疑问，这种仇外情绪脱自于传统的"夷夏之别"。在长久的中国历史上，中原地区的以儒家为正统的华夏

---

[1] 梁廷枏：《夷氛闻记》，中华书局，1959年，第148页。

文化，一直保持其以夏变夷的优越地位，从未受到更为先进的文化的有力冲击。由是降至清朝，这种观念在政治架构上演化为"天朝上国"，在对外交往中又鄙视包括西方国家在内的各国文明。在鸦片战争之前，这种"夷夏"的观念，尽管不合世界潮流，但在当时文化自我封闭的背景下，得以存留。鸦片战争中，"堂堂天朝"惨败于"区区岛夷"。这种军事上的逆转，并未使中国士大夫阶层普遍承认西方亦有值得重视、值得研究、值得学习的文明体系。具体到广州地区，领导各阶层民众进行反入城斗争的，仍是士绅阶层，他们的"夷夏"观念仍是根深蒂固，这从他们的各种揭贴中有着极为强烈的表露。广州地区传统文化素称发达，士绅学子众多，正是这种"夷夏"观念使他们凝聚起来，结为一体。由此，从传统文化的角度来看，他们是"有理"的，而主张妥协的一部分清朝官员是"失道"的，当他们反对夷人而冒犯清朝某些官员时，正是以"有理"犯"失道"，因而他们的举动得到了广州士绅阶层的普遍支持，得到了广州地区以外的众多清朝官员的普遍支持，即使在广州地区，他们也得到了许多清朝官员的暗中支持。耆英、黄恩彤等人，在广州的官僚集团中只是少数。因此，耆英之流对举着"夷夏之别"旗帜的广州士绅，也避让三分，常常处在"理亏"的位置上。从许多揭贴等材料中也可以看出，许多士绅反对入城是为了循规旧制，即恢复到鸦片战争以前夷夏有序的旧制上来。

广州民众仇外情绪的另一个产生原因是，鸦片战争期间英军的暴行和鸦片战争之后多起英人恃强作恶的中外纠纷事件，这一点在揭贴等文献中也有着充分的表露。这里且不论英军的抢劫、奸淫和个别英国商人的行凶事件，因为其中的是非根本无须讨论；就是普通英人，战后处处以"高等民族"自居，其傲态和无视中国传统道德的作为，也不能不引起普通中国民众的反感。由此，广州民众在战争期间积累的对英军的仇恨，经过历次中外纠纷事件的培植，最后表现为不加区别的普遍的对"夷"的敌视。

如果从今天的角度出发，我们可以极其容易地得出结论，鸦片战争结束后，中国人民应当反对西方列强的经济侵略和政治压迫，应当反对西方列强凭借不平等条约所获得的领事裁判权、协定关税、片面最惠国待遇、军舰自由进泊通商口岸等等侵略权益,而不应当以极大的努力去反对无足轻重的入城;中国人民应当区别英国政府、军队和民人,应当区别英国民人之中的为非作歹者和守法者,而不应当普遍地仇外。这些结论,是以今天所能达到的高度而得出的。但是,从历史的角度来看,也应当承认,广州民众的仇外情绪当时有其存在的合理性,广州民众反入城斗争当时有其发生的条件。

笔者以为,中国近代意义的民族主义产生于甲午战争前后,而在近代意义的民族主义产生之前,也只有传统的"夷夏"观念(也是一种民族主义)。不管我们今天对这种"夷夏"观念作何评价,但它当时是一种不可否认的、在中外关系中占主导地位的客观存在。鸦片战争后,"夷夏"观念受到了冲击,开始其缓慢的异变。如果将鸦片战争后广州民众的仇外情绪与其前后的文化观念嬗变的历史连结在一起,我们可以很容易地看出,这种脱自于"夷夏"观念的仇外情绪,恰恰是后来近代民族主义产生链条中的一环,是中华民族近代意义上的民族意识觉醒的先声。中国近代的民族主义,是在各国帝国主义百般蹂躏的大环境、大背景中产生出来的,与西方近代的民族主义产生的条件相比,有其特殊性。正是这种特殊的条件,使中国的民族主义与仇外情绪之间,有着某些相通之处。同时,从这一链条的这一环节出发,我们也可以清楚地看出,当近代民族主义尚未产生之前,"夷夏"观念占主导地位之际,广州民众所能萌发、所能掌握的,也只能是仇外。这是历史的客观使然。当然,我们不能否认仇外情绪本身的落后性,也不能否认,作为中国近代意义的民族主义产生的源头之一,仇外情绪使得这种民族主义一开始就有其容易走极端道路的血缘遗传性的缺陷。

由于近代意义的民族主义尚未产生,由于近代意义的国际观念尚未产生,中国人民当时还不能完全正确地认识到自己的国家利益、民族利益、民众利益,因而也不可能如同我们今天清醒认识到的那样,立即去反对领事裁判权等侵略权益。战争期间,反对帝国主义的军事侵略是容易看清的。战争结束之后,如何反对其经济侵略和政治压迫,对当时的人们说来,却是难以看清的。更何况仇外情绪又遮拦了激愤的广州民众的视野,使他们在入城问题上表现出类似排外的举动。这也是历史的客观使然。没有先进思想的指导,没有先进人物的指挥,中国近代的民众反抗外国侵略势力的斗争,如广州反入城斗争以及后来的反洋教、义和团等等,长期处在低级阶段。而中国人民自觉地举起反对帝国主义的大旗,进行坚决的明确的斗争,开始于20世纪的五四运动。我们不能用后来的标准来要求当时斗争的水准,正如我们不能用反入城斗争的标准来规范我们今天的对外关系准则一样。

综上所述,笔者以为,鸦片战争之后的广州入城问题,是一项对国家、民族、民众利益无足轻重的小问题;广州各阶层民众在仇外情绪的驱策下,所进行的坚决的反入城斗争,尽管有其存在的合理性和产生的条件,但只是一种低级水准的斗争。若将其提到"反帝反侵略"的高度上去褒扬,则无视了我们今天所处的时代,自我降低了我们的认识水准,也模糊了中国近代反帝反侵略的真正方向和意义。与之相反,如果我们不加分析地将之贬抑为毫无意义的排外妄动,也是缺乏历史感的表现。中国近代是一个新陈代谢飞速的时代,许多具有进步意味的事物,在其最初形态,往往是极其丑陋的,用今天的标准来衡量,往往是不可取的,而且,当历史进展到更高的层面时,也就顿然失去了原有的光彩。

1849年"伪诏"的确认

1961年,美国诺德先生根据《筹办夷务始末》(道光朝)一书,提出一个极其大胆的推定:1849年4月1日两广总督徐广缙致英国驻华公使文翰(S. G. Bonham)的照会中所附的一道谕旨,是徐广缙私自伪造的。[1]这真是惊人的发现。在当时的中国社会中,先斩后奏已属格

---

[1] John J. Nolde, "The 'False Edict' of 1849", *The Journal of Asian Studies*, Vol. 20, No. 3 (May, 1961), pp. 299–315.

外逾规破格之事,伪造圣旨是官僚士子们想都不敢想之事。果真如此? 30年过去了,诺德的这一推断,一直未得到完全的证实。

从笔者在中国第一历史档案馆所查阅的清方档案来看,诺德的推断是完全正确的。

自1848年文翰接任驻华公使后,多次照会徐广缙,提出如期实行入城的问题。徐广缙则不顾《英军退还舟山条约》和耆英允两年后入城的照会,声称前约只是"姑为一时权宜之计,而其实非永远保护之道",对英方入城要求继续以"民情未协"为理由来拒绝。[1]文翰提出亲至广州两广总督衙署会晤徐广缙,商谈此事及中英关系中的其他事务。徐广缙看出英方在会谈地点上潜含着实现入城之用意,遂提出反建议,在虎门广东水师提督衙署会晤。最后据文翰的意见,会晤地点定在虎门江面的英舰上。1849年2月17日,徐广缙与文翰进行了会谈,其中讨论的主要问题,就是1849年4月6日起实现英人入城。尽管徐广缙对入城一事仍予以拒绝,但同意了文翰的一项要求,即由徐广缙出面上奏请旨,让道光帝表示态度。文翰还提出,可用英国轮船将徐广缙的奏折送往上海,从上海由驿发送北京。徐广缙以不合体制为由表示反对,声称用"六百里加急"驿送,40日内即可得到批回的谕旨。

请旨一事,并不是表示英方愿意按照中国皇帝的谕旨行事,而是他们已经看出,广东官员并无平息民众反入城热潮的能力,他们想利用皇帝的权威来压制民众,即"遍贴誊黄,以践前约"。[2]这种请旨的手段,在1846年关于广州入城的谈判中就使用过,对促成《英军退还舟山条约》起到了重要作用。此次文翰正是重演德庇时之故技。

从虎门回到广州后,徐广缙立即将会晤结果上奏道光帝。从《军机处录副奏折》来看,上奏的日期为2月20日,从军机处《随手登记档》

---

[1] 佐々木正哉编:《鴉片戰爭後の中英抗爭:資料篇稿》,第114—116、122—123页。
[2] 徐广缙等奏,道光二十九年正月二十八日,《军机处录副·帝国主义侵略类·第一次鸦片战争项》,3/167/9186/56。又见《筹办夷务始末》(道光朝),第6册,第3164页。以下引用徐广缙、叶名琛等折片、道光帝上谕,皆将《筹办夷务始末》与档案进行核对。凡两者一致者,出处皆注《筹办夷务始末》。

来看，发文的速度为"四百里加急"。3月11日，道光帝收到了这份奏折。他原本支持徐广缙拒绝入城的态度，[1]但此次徐奏中有"拒之过峻，难免激成事端"之语，并声称英军可能北犯江浙，遂下旨"暂准入城以践前约"，让徐广缙"酌量日期，暂令入城瞻仰"，但英人"经此次入城一游之后，不得习以为常，任意出入"。[2]据《随手登记档》，该道谕旨以"五百里加急"的速度发往广州。

2月21日，就在徐广缙上奏的第二天，文翰将虎门会晤的要求写成备忘录，发送给徐广缙。文翰提到，应将道光帝的谕旨"俟三月初九日（4月1日）以前，或于初九日，请贵大臣登复，以便本大臣随时设法，致固守成就约款"。徐广缙于2月27日复照，声称请旨的奏折"现已由驿发报，二（三）月初十日（即4月2日）约可奉到批回，其应否如何办理之处，十二、十三日（4月4、5日）再行复照也"。[3]徐广缙将答复的时间推迟了几天。

道光帝3月11日的谕旨，于3月25日到达广州。[4]但广州的局势已不容徐广缙按道光帝的谕旨来办。3月27日，徐广缙又用"四百里加急"的速度发出一份奏折，表示不同意道光帝允英人"一游"的旨意，称言"婉阻之未必遽开边衅，轻许之必至立启兵端"。[5]与此同时，叶名琛也上奏支持徐广缙，4月14日，徐、叶的奏折送到道光帝手中，他看到徐、叶的局势分析后就立即放弃了让英人入城"一游"的旨意，表

---

[1]《筹办夷务始末》（道光朝），第6册，第3151、3159页。
[2] 同上书，第3164、3166—3169页。
[3] 佐佐木正哉编：《鸦片战争后の中英抗争：资料篇稿》，第132页。徐广缙复照中"二月"，当是"三月"所误，因为二月初十日是公历3月4日，距徐广缙发奏仅12天，即便用"八百里加急"，这么短的时间内也不可能得到批回的，又该书据手抄稿影印，很可能是印刷原因而漏印一横。
[4] 据徐广缙奏（道光二十九年三月初四日，《军机处录副·帝国主义侵略类·第一次鸦片战争项》，3/167/9186/59），该折内容与《筹办夷务始末》相同，仅删去前面"某日接准军机大臣字寄"的清代奏折的开头。后引内容，注《筹办夷务始末》。
[5] 徐广缙奏，《筹办夷务始末》（道光朝），第6册，第3171页。上奏日期据《军机处录副·帝国主义侵略类·第一次鸦片战争项》，3/167/9186/59；发文速度据军机处《随手登记档》。

示同意徐广缙的意见。道光帝的谕旨,仍以"五百里加急"的速度发往广州。

当3月27日徐广缙上奏之时,距与文翰约定复照的期限已经很近了,等道光帝再次批回是来不及的。4月1日,徐广缙照会文翰:

> 本月初八日(即3月31日)十二点钟,恭奉大皇帝谕旨,以本大臣由驿驰奏贵国现议进城一节,谕以:"设城所以卫民,卫民方能保国,民心之所向,即天命之所归。今广东百姓,既心齐志定,不愿外国人进城,岂能遍贴誊黄,勉强晓谕。中国不能拂百姓以顺远人,外国亦应察民情而纾商力,更须严禁土匪,勿令乘机滋事,扰我居民。外国商人远涉重洋,总为安居乐业,亦当一体保护,庶几永敦和好,共享太平。钦此。"可见本大臣前与贵公使面议之言,非固执己见。即远奉谕旨,亦不出此公论也。为此照会。[1]

《筹办夷务始末》是根据皇帝收文日期编排的,诺德先生根据该书3月11日上谕、4月14日上谕与4月1日照会相互核对,推论徐广缙上引谕旨,是其私下伪造的。

徐广缙是否伪造了上谕,关键在于《筹办夷务始末》(道光朝)所录的徐广缙两次奏折之间,是否另有奏折,道光帝两次上谕之间,是否另有上谕。

查军机处《随手登记档》,自3月11日收到徐广缙关于虎门会晤的奏折之后,至4月14日再收到徐广缙表示不同意让英人入城"一游"的奏折之前,道光帝收到广东方面奏折情况为:

3月20日,收到粤海关监督基溥、署广东水师提督洪名香的三份奏折,内容是谢免欠项、暂缓出洋、奉旨查防汉奸,道光帝朱批"是"、"览"等字样,并无上谕下发。

3月21日,收到徐广缙、叶名琛等人三折一片,内容是知州方卓然送部引见、查各属分贮银两、谢赏"福"字及"定期至虎门与英夷面

---

[1] 佐々木正哉编:《鸦片戦争後の中英抗争:资料篇稿》,第140页。

议"一片。前三折道光帝仅朱批"吏部议奏"、"户部知道"、"知道了",后一片仅批一"览"字。值得注意的是,虎门会晤结果的奏折于3月11日收到,而关于约定会晤日期的附片晚到10天,这因为前者用"四百里加急"发送,后者仅用平常速度发送。当日道光帝并无上谕下发。

3月22日,收到徐广缙、叶名琛四折一单,内容是审拟朱巫志、邓大统等人案件,上报雨水粮价、上报盐银,谢赏"福"字等事项。道光帝分别朱批"刑部速议具奏"、"知道了"、"户部知悉"、"览"等字样,并无上谕下发。

4月9日,收到徐广缙、叶名琛三折两片,其内容是审办匪徒陈均保等案、英人伯德令已离琉球、请以曾琪升署守备、请以王如平升补广州协都司等。道光帝也是例行朱批。值得注意的是,徐、叶关于审办陈均保的奏折中还有一片,道光帝的朱批为"刑部知道,留夹片一件"。这样,这份留中的夹片的内容,《随手登记档》中自然无法摘由,笔者在档案馆中也没有找到。这份夹片的内容是否与广州入城有关呢?笔者认为,似不可能。这是因为,根据清代奏折制度,关于广州入城的大事,应以专折,而不应以附片上送,更不可能作为审理案件奏折的附片上送。这还因为,若是关于广州入城之事,因时间紧急,应当以"四百里加急"或更快速度发出,而此日的折、片全是以普通速度发送的。在当时,奏折以普通速度发往北京需30天以上。由此推算,该片是3月初发出的。若此时徐广缙因对时局估计有所变化而另下决心,可用"六百里加急"发送,还可能来得及,决不会以普通速度发送。查《上谕档》,该日道光帝下有一旨,即同意王如平升补都司。

从军机处《上谕档》来看,从3月11日至4月14日(包括未收到广东方面奏折的日子),道光帝除上引王如平任职一道上谕外,并无任何发往广东的谕旨。

由此可见,徐广缙4月1日照会中所引上谕,确实不是出自"圣裁",而是私自伪造的。

伪造圣旨是一件大事,徐广缙对此还是心虚的,为此,他在行动的前后都对道光帝做了一些小手脚。

当徐广缙3月25日收到道光帝3月11日上谕后，肯定准备伪造圣旨了，但他在3月27日的奏折中，仅是轻描淡写地声称："数日之内，拟即照会该酋（即文翰），晓以民为邦本，民既不从，大皇帝亦不肯拂百姓以顺远人。"〔1〕这一段文字并没有明说将自行拟旨，仅表示将在照会中说明道光帝的态度，却为他后来的行动作了铺垫，预留了地步。

4月1日，徐广缙发出引有伪诏的照会后，当日上奏道光帝，但在多方面进行淡化处理：一、他将上奏的事由称为3月25日收到道光帝2月17日的上谕，〔2〕遵旨查访英方的情况，仅在最后部分提到照会之事，使整个奏折显得更像报告英方情况而不是报告私拟圣旨。二、他在奏折中称"本日拟即备文照会"，将已经实行的事实，说得不那么肯定，显得仅仅是意向性的。三、他在奏折中仅摘抄其私拟谕旨的小部分内容，而不是全文。〔3〕四、也是最关键的，他将这份重要的奏折混在平日例行公务的三折三片一起，用普通速度发送北京。〔4〕徐广缙心中十分清楚，普通速度驿递需时30天以上，若在这段时间内局势有变，他可用加急速度奏报道光帝，抢先进行说明和解释，以挽回一些不利于他的后果。

后来的事实也果真如此。

4月4日和5日，徐广缙两次收到文翰的照会。他见文翰并无用兵

---

〔1〕《筹办夷务始末》（道光朝），第6册，第3171页。
〔2〕 该奏折被收入《筹办夷务始末》，仅前头部分删去百余字，特别是删去了事由："窃臣于三月初二日接准军机大臣密寄道光二十九年正月二十五日奉上谕……查广东商民心齐志定，断难暂准外夷进城缘由，已由臣于本月初四日恭折由驿驰奏在案，近复不时探访英夷……"正月二十五日上谕可见《筹办夷务始末》（道光朝），第6册，第3159页。
〔3〕《筹办夷务始末》（道光朝），第6册，第3184页。
〔4〕 据军机处《随手登记档》，其余三折三片的内容为：一、署顺德县令送部引见；二、委准调电白县令署南雄州牧；三、现办清远、英德匪徒情形；四、英船在琉球搁浅；五、粗率不职的都司降补千总；六、海防紧要酌将暂缓引见。这七份折、片四月初十（即5月2日）收到。道光帝每日处理公务甚多，不认真审阅很容易混过去，而徐广缙自可声明其已经上奏过。

之意,仅在照会上表示不满,声称要将此情况"具奏本国家",并要求进城"具礼拜会"徐广缙时,[1]总算放下心来。他于4月6日一面答复文翰,拒绝在城内会晤;一面上奏道光帝,称文翰"势处两难,较前已似有乘机转圜之意"。直到此时,他才吐露真情,随奏附上他4月1日照会的全文。这份奏折,徐广缙用"四百里加急"的速度发往北京。[2]

4月6日,广州商馆前贴出告示,据徐广缙称,告示内容是"布告各国夷商,现已罢议入城,大家安静贸易"。4月11日,绅商许祥光、伍崇曜向徐广缙报告:文翰已在新闻纸上遍告各国,"罢议入城";并向徐广缙介绍新闻纸的功能:"夷人举动,无论大小事件,总以新闻纸为确据,不但本国取信永以为凭,仰且各国通知不能更议。"[3]徐广缙由此认定大局已经粗定。同日,徐广缙再次收到文翰的照会,由于对其文字的误解,认为文翰已放弃继续要求入城的权利。[4]4月13日,他上奏道光帝,声称英国已"畏葸中止"入城之举。该奏折以"四百里加急"发往北京。[5]

到4月18日,局势已经完全明朗,英方在徐广缙、叶名琛等人的强硬态度面前,并无直接有力的对策。徐广缙等人当日一口气发了四折两片,仍用"四百里加急"的速度,向道光帝报捷。[6]

由此可见,徐广缙为伪造圣旨一事,时时均有奏报,一旦查起来,

---

[1] 佐々木正哉编:《鴉片戰爭後の中英抗爭:資料篇稿》,第140—142页。徐广缙在奏折中称,该照会于三月十五日(4月7日)收到,与其复照中收到时日不同,显系其4月6日奏折未提此事,至4月13日奏折时才报告,由此蒙混道光帝。

[2] 《筹办夷务始末》(道光朝),第6册,第3176页。所附照会见《军机处录副奏折》,核对上奏照会与致文翰照会两文本,仅开头部分"本月初八日十二点钟"改为"为照会事。现在",其余完全相同。发折日期据《军机处录副·帝国主义侵略类·第一次鸦片战争项》,3/167/9186/62;发文速度据军机处《随手记档》。

[3] 《筹办夷务始末》(道光朝),第6册,第3179页。

[4] 徐广缙奏称,该照会于三月二十二日(4月14日)收到,与其给文翰照会中所称日期不符,仍是蒙混道光帝的手段。

[5] 《筹办夷务始末》(道光朝),第6册,第3179—3180页。发文日期据《军机处录副奏折》,发文速度据军机处《随手登记档》。

[6] 同上书,第3185—3192页,发文日期据《军机处录副奏折》,发文速度据军机处《随手登记档》。

亦有为己辩护的理由。

若从道光帝的角度来看，情况又会是怎么样呢？

4月14日，道光帝收到徐广缙3月27日的奏折，由于徐广缙并未声明将私拟上谕，仅称拟在照会中表明道光帝的态度，道光帝在当日谕旨中称"自应照该督等所议酌办"，"操纵之法，朕绝不为遥制"。[1]北京与广州远隔数千里，徐广缙不执行3月13日的谕旨，而自行另断，在道光帝的心目中，仍符合"将在外，君命有所不受"之古训。尽管4月14日的谕旨至4月28日方到达广州，但也使得徐广缙自3月27日以后的行动，有了合法合礼合理的依据。4月25日，道光帝收到徐广缙等4月6日的奏折，见到徐私拟的4月1日的照会。但此时徐广缙报来的已是好消息了，道光帝自然不会横加指责，更何况"其如何寝议，谅已详奏在途，难以悬揣"，于是他在徐的照会上，仅朱批一"览"字。[2]实际上也就默认了徐广缙违反礼制的举动。5月1日，道光帝收到徐广缙等4月13日的奏折，得知"英夷不敢入城，已见明文"，十分喜悦，不仅朱笔褒奖"远胜十万之师"，而且颁给"黄辫珊瑚豆大荷包"等赏品。此时，在道光帝的心目中，伪造圣旨一事，不再是罪过，而是"胸中之锦绣、干国之良谋了"。[3]5月2日，道光帝收到徐广缙故意慢送的4月1日的奏折，在此胜利之际，道光帝对这份晚来的报告，根本没在意，仅朱批"知道了"三字便了事。[4]5月7日，道光帝收到徐广缙等4月18日的奏折，"嘉悦之忱，难以尽述"，封徐广缙为子爵、叶名琛为男爵。[5]伪造圣旨一事，早已放到脑后去了。

于是，在一片欢天喜地之中，"伪诏"一事不再有人提起。徐广缙在自撰年谱时，使用曲笔，含混地称其在四月（系夏历，未指具体日期）收到道光帝褒奖的朱批（系将道光帝4月25日、5月1日、5月7日的

---

[1] 《筹办夷务始末》（道光朝），第6册，第3174—3175页。
[2] 同上书，第3177—3178页。徐广缙4月1日照会上的朱批，见《军机处录副奏折》。
[3] 同上书，第3180、3183页。
[4] 同上书，第3185页。
[5] 同上书，第3189—3190页。

朱批和上谕拼凑而成的),并在"同日"奉到上谕:"设城所以卫民……"(即其自拟圣旨),然后"遵即恭录,照会文酋"。[1]而咸丰年间清政府编纂道光朝《筹办夷务始末》,编纂官们自然不会将徐广缙私拟圣旨的照会编入。由此,伪诏一事似乎在空气中消失了,在中国史籍上并未留下痕迹。这是因为,尽管徐广缙的举动实际上得到了道光帝的允准,但毕竟是一件违反礼制的事。

对徐广缙说来,局势向有利于清政府的方向发展,使其顺利地通过了道光帝这一关;但如何通过文翰这一关,即让文翰相信其私拟圣旨是真的,他又很是花费了一番工夫。

当时,广州各衙署中有一些人为英方所收买,清方的各类公文,往往很快为英方所侦知。同时在香港,也有清政府的坐探,英方的一些举动,也会很快报告到两广总督等官员耳中。此次也不例外。就在4月1日文翰收到徐广缙照会之前,于3月28日收到广州领事的报告:"现有一种流言,大意是徐总督已收到了上谕……其回答是倾向于允准我们入城的。"3月30日,香港首席翻译郭士立又向文翰报告:上谕已于3月25日到广州,命令中国官员"妥协,将一切责任推到民众身上,并细心地避免衅端"。[2]可以说,英方的情报是相当准确的。可是,文翰为何没有怀疑徐广缙伪造圣旨呢?

要说文翰一点怀疑也没有,似乎也非如此。他在收到徐广缙私拟的伪诏后,于4月2日给徐广缙的复照中,曾提出过折中的方案:

> 大英国主之全权大臣,并随带官员,若进城在尊处,具礼拜会贵大臣也。嗣后管事官等,随时必进城,可以在彼互相妥定。行此者,斯时凑合也。[3]

若将此"斯时凑合"的方案,与道光帝3月11日"暂准入城"的方案相比较,除文翰的"嗣后管事官等,随时必进"与道光帝的"一游之

---

[1] 《思补斋自订年谱》,《丛刊·第二次鸦片战争》,第1册,第154—155页。
[2] 英国外交部档案,见John J. Nolde, "The 'False Edict' of 1849", p.310。
[3] 佐佐木正哉编:《鸦片战争后的中英抗争:资料篇稿》,第141页。

后，不得习以为常"不同外，临时处理手段是完全一致的。这种一致，难道仅是一种巧合而没有情报的作用？

日人佐々木正哉录英国外交部中文档案而编成的《鴉片戰爭後の中英抗爭：資料篇稿》一书，主要录双方来往照会，但在此处却出现了徐广缙、叶名琛、穆彰阿等人关于入城的奏折。这就给人提出一种启示。

可以先分析一下这些奏折。该书收徐广缙两折。一是报告与文翰虎门会晤的情况，随折所附的，正是伪诏。很显然，无须再考证，这份奏折是伪造的。[1] 二是报告士绅禀称不容英人入城，"该民众志成城，官不可制"，并署二月十四日（3月8日）发出。查军机处《随手登记档》，唯一能与此发折日期相符的，只有道光帝4月9日收到的徐广缙审办陈均保一折被"留中"的附片。前已叙及，该"留中"附片的内容似不可能与入城内容有关，而此折又在最后标明"理合恭折具奏"而不是"理合缮片附奏"，说明它是正折而不是附片，再观其内容，亦无"留中"之必要。[2] 由此可见，这一奏折是伪造的。该书收有叶名琛一折，内容是广州民夷对立，入城必不可行。据该折，事因正月二十八日（2月20日）奉上谕，"著叶名琛会同李璋煜、赵长龄，体察目前情形，（对入城一事）筹议具奏"，查军机处道光二十八年十二月至二十九年二月的《上谕档》，并无此谕。该折最后称"缮折由六百里具奏"，查军机处道光二十九年正月至三月的《随手登记档》，并无收到此折的记录。[3] 这足以证明此折是伪造的。该书收有穆彰阿一折，内容是请饬两广总督等，开导广州民众，"责以大义，毋得妄行启衅"。据该折，事因道光二十九年正月二十八日奉道光帝在徐广缙奏折上朱批："军机大臣会同该部议奏。"[4] 查《上谕档》、《随手登记档》均无该朱批、该奏折的任何痕迹，而正月二十八日根本没有收到广东方面的任何奏折，更何况入城一事，

---

[1] 佐々木正哉编：《鴉片戰爭後の中英抗爭：資料篇稿》，第148—149页。
[2] 同上书，第137—138页。
[3] 同上书，第136—137页。
[4] 同上书，第138—139页。

不属清政府六部中任何一部管理,"该部"指何,实不知所云。这份奏折肯定也是伪造的。此外,该书所收徐广缙致广东水师提督洪名香关于奉旨加强虎门防御的咨会,据清方档案考订也是伪造的。

问题由此而凸显出来,既然该书所收关于入城的四折一咨都是伪造的,那么又是谁伪造的?又是如何存入英国外交部档案的?实际上也就是说,是谁将这些伪造的文件送到文翰手中的?

根据当时的条件来分析,不外是两种情况:一是广东各衙署的衙役书吏,为了贪财,伪造清方文献卖给英方。但此中又有疑问,为何文件伪造得如此逼真,又如此系统?很难予以解释清楚。另外一种情况是,这些文件都是徐广缙或手下人伪造的,有意透露给英方情报系统的。根据这一思路,我们可以看出,这四折一咨有着内在的联系:为了证明伪诏是真实的,于是成龙配套地伪造了报告虎门会晤的奏折;为了配合这一奏折,又系统地伪造了徐、叶两折,将广州不能入城的原因归于民众反对;为了表示官府不愿开战,又伪造了穆彰阿的奏折;为了警告文翰不得轻意动武,表示清军有备,又伪造了徐广缙的咨会。将这些伪造的文件合起来看,有着一个明显的统一的思想,而这一思想与徐广缙当时的制敌方略是完全合拍的。由此,我们似可以大胆推测,所有这些伪造的文件,都是徐广缙进行情报战的手段。这样的话,徐广缙不仅伪造了一道上谕,而且还伪造了四份奏折一份咨会,更在这些奏折咨会中,又伪造了三道圣旨。

不管这些文件是谁伪造的,这么多的假情报涌至文翰面前,也确实使他难以判明形势。

最后,还须说明,徐广缙、道光帝等人所认定的1849年4月英方已明确放弃入城的看法,亦属误解。徐广缙的证据之一是,英方在新闻纸上表示"罢议入城"。查文翰确实在4月2日发表过一项文告,但仅称"女王陛下的公使决定,英国臣民目前不要试图入城"。[1]徐广缙的证据之二是,他于4月11日收到的文翰照会,最后一段称:

---

[1] *Chinese Repository*, Vol. 18, pp. 220 - 221.

> 所议之款,今如前未定,必须存候也。现时本大臣与贵大臣,更不得辩论此事矣。[1]

从汉语来看,这段话意思不太清楚。徐广缙在其奏折中将其解释为:"现经议定,以后再不辩论进城之事。"[2] 而从英文来看,意思完全不同:

> The question at issue rests where it was and must remain in abeyance. The discussion of it cannot, at present, be further pursued between Your Excellency and myself.[3]

译成现代汉语为:

> 所争论的问题,依旧停留在过去的水平上,只得暂时搁置。阁下与敝人之间的争论,将不必再进行下去了。

英方的意思是,在两年的期限到达之前,英方暂时不进行辩论,而是将情况上报本国政府,等待指示。看来在七年之后,如《南京条约》那样,又出现了中英文问题。此后英方一再要求入城,清方一再以新闻纸通告和"不得辩论"之照会相拒之。问题由此拖了下来,直到1856年,成为英国发动第二次鸦片战争的所谓"理由"之一。

---

[1] 佐々木正哉编:《鴉片戰爭後の中英抗爭:資料篇稿》,第144页。
[2] 《筹办夷务始末》(道光朝),第6册,第3185页。
[3] 英国外交部档案,见 John J. Nolde, "The 'False Edict' of 1849", p. 311。

入城与修约：论叶名琛的外交

从任何意义上讲，两广总督叶名琛都可谓是第二次鸦片战争时期最重要的人物之一。他在战争期间的表现，却不无乖戾之处。晚清名士薛福成讥评其为"不战不和不守，不死不降不走，相臣度量，疆臣抱负，古之所无，今亦罕有"。[1] 已故的南京大学教授蒋孟引先生对其贬斥甚多，称之为"三个促使战争爆发的人"之一。[2] 在一片指摘声中，唯一的例外是任教澳大利亚的黄宇和博士，为叶名琛进行了全面的辩护。对薛福成提出的"六不"，黄宇和先生都提出了自己的看法。[3] 薛、蒋、黄都是对叶名琛和第二次鸦片战争作过深入思考的人，代表三个不同时期的资料占有程度和研究分析水平。经过他们和其他先进的努力，[4] 可以说，叶名琛在第二次鸦片战争中的表现与相关史料，已是大体清楚了。

然而，到了今天，对叶名琛在第二次鸦片战争中的所作所为当作如何评价，意义尚存但价值日减。似更为重要的一点，就是要解释叶名琛诸多乖戾行为之原委，给予合乎逻辑的答案。历史是人的活动的组合，历史研究就应当切入当时人的内心。这是因为现有的研究结论放在一起

---

[1] 薛福成：《书汉阳叶相广州之变》，写于1887年，收入《庸庵全集续编》，见《丛刊·第二次鸦片战争》，第1册，第233页。
[2] 蒋孟引：《第二次鸦片战争》，此书是其1940年代在伦敦大学的博士论文，修改后于1965年出版（生活·读书·新知三联书店）。
[3] 黄宇和：《两广总督叶名琛》，此书是其1970年代在牛津大学的博士论文，1976年出版英文本，1984年出版中文本（中华书局）。
[4] 这一方面的工作，还特别需要指出的为两项资料性的建设：齐思和等编《中国近代史资料丛刊·第二次鸦片战争》，上海人民出版社，1978年；佐佐木正哉编：《鸦片戰爭後の中英抗爭：資料篇稿》，東京：近代中國研究委員會，1964年。

显得十分矛盾:如此聪明极其能干的叶名琛,在第二次鸦片战争中却无比愚蠢相当低能。

本文由此而重述叶名琛及其在第二次鸦片战争中的表现,并加以点评,旨在揭示其内心世界,说明其处事行为的依据。

反入城的情结

叶名琛,字昆臣,湖北汉阳人,1809 年出生于一个官宦诗书人家。他的祖父和父亲,做过清朝的小官,但在著述上更有名气。叶名琛 26 岁时中进士,入翰林院。1838 年散馆后,外放陕西兴安知府。后历山西雁平道、江西盐法道、云南按察使、湖南布政使、广东布政使,至 1848 年擢广东巡抚。出翰林院仅仅 10 年,39 岁就升至省级大员,期间还包括丁母忧在家守制 27 个月。青年登科,中年腾达,此外的方方面面,因与本文的主旨无涉,不再细论。但仅从其家世和简历来看,称其聪明能干,确实有其根据。

1846 年叶名琛任职广东后,发生了对其一生影响极大的两件事。其一是 1847 年 4 月 1 日,英舰 1 艘、轮船 3 艘、士兵 900 人从香港出动,沿途摧毁清军炮台,钉死 800 余门大炮的火门,4 月 3 日占领广州城边的商馆,广东清军对此毫无还手能力。当时的两广总督耆英屈服英方的压力,出具照会,同意两年后即 1849 年 4 月 6 日开放广州城。其二是 1849 年 4 月,两年的期限已到,英方强烈要求入城,当时的两广总督徐广缙顶住了英方的压力,拒绝入城要求,英方最终无计可施。前一次事件时,叶名琛任广东布政使,地位尚低,不足以影响决策。但似有资料说明,叶名琛对耆英的软弱姿态是不满的。[1] 后一次事件时,叶已升任巡抚,坚决支持徐广缙,组织当地团练,准备以武力与英方相抗,事后受封男爵。一反一

---

[1] 1847 年 7 月,叶奏称:"无事则安民以抚夷,有事则用民以防夷,方为正办。"见黄宇和:《两广总督叶名琛》,第 122 页。黄氏注明此文出处为英国外交部档案,当为被英法联军劫去之两广总督衙门档案。不过对此尚有一点小疑问,叶时任布政使,按清代制度还无直接奏事权。查《随手登记档》,此年收到叶折仅两次。一为道光二十七年三月十三日朱批叶名琛奏折"到粤接印日期由";一为道光二十七年八月初三日朱批叶名琛奏折"恭贺万寿由"。没有发现关于此折的记载。

正,一软一硬,效果立现。叶名琛由此很自然地得出结论,英方是欺软怕硬。封爵更是清朝历史上少有之事,一般只有统兵大员武功卓著方有此典。叶名琛身为文臣,似乎已经领略到"不战而屈人之兵"的至妙境界。从此之后,叶在对外事务上主要是硬顶,有武备而不那么强调武功。

尽管叶名琛不足40岁就当上了巡抚,但毕竟没有出众的功绩。反入城中的表现,为他获得全国性的名誉,成为许多人心目中的英雄。也就在此时,他的心中萌生了一个不解的情结,那便是入城。

此后不久,入城问题上又发生两件事。

其一是英国公使文翰(S. G. Bonham)继续向广东方面交涉入城。

按照徐广缙、叶名琛的理解,1849年4月9日文翰的照会,实际上是放弃了入城的权利。[1]不料文翰向国内报告情况后,根据国内训示,于1849年8月21日照会徐广缙,重提入城,并指责清方违约,要求将此情上达于清廷。徐广缙于27日复照:"接据贵公使照会(指4月9日照会),以后再不得辩论入城之事,言犹在耳……又何必再请具奏,为此无益之繁文哉?"文翰忙于30日再次照会,解释其4月9日照会之本意。[2]徐广缙不愿在对照会的理解问题上过多纠缠,9月2日的复照又将问题转到入城可能引起的后果上:"查罢议进城,并非爽约,实为保护贵国之商货……贵公使总理五口,商人之安宁,贸易之衰旺,皆一身之任,必当通筹全局。慕虚名而损实际,智者不为也。"而入城会引起何种后果恰恰是徐广缙与文翰自1849年年初以来反复争论者。文翰也不愿在此问题上继续纠缠,9月10日第三次照会只要求将其照会上报朝廷。

---

[1] 详见本书《广州反入城斗争三题》第三节。
[2] 文翰此次照会的中文本,翻译仍然很成问题。其原文称:"内称查本年三月十九日据贵公使照会(指4月9日文翰照会)'以后再不得辩论进城之事'等语前来,即查明前次本文,内无此言,则皆非是。盖于该文,有云'所议之款,今如前未定,必须存候也,现时本公使与贵大臣,更不得辩论此事矣。本公使再称,甚惜,自应将爽约之情具奏本国家阅览'等词,是乃本公使再称必将爽约之情,叙入咨文,因此衷心甚惜念。维时固当暂罢其事,何能更与贵大臣辩论。定行遵候批回本公使曾经递去之原咨,方可再议耳。"(佐佐木正哉编:《鸦片战争后的中英抗争:资料篇稿》,第151页)徐广缙是否理解了文翰此次对4月9日照会本意的说明,现今无资料可证。但从后来叶名琛的照会来看,叶对文翰4月9日的照会始终存有误解。

徐广缙对此倒答应得很痛快，13日的复照中称："查此事本可毋庸转送进京。今接来文，必请转送，始可回复贵国，想贵公使亦自有为难之处。既敦邻谊，当于八月（阴历）下旬折差之便，将前次照会之事转送进京可也。"[1]徐广缙的这番话，似乎是做点好事以让文翰可以向国内交差了事。然而，徐广缙上奏时并没有将文翰的照会附呈，只是附呈了他给文翰照会的"底稿"。然再细查这份"底稿"，亦非原件，竟是将其8月27日和9月2日发给文翰的两道照会拼凑而成的！文翰的照会本是向清廷提出抗议，并宣称保留入城权利，而徐广缙的奏折却称，英方被拒入城，感到"为人所轻，似觉赧颜，恳请转奏"。[2]

有资料表明，徐、叶此期交谊极洽，但无资料表明，徐氏如此行事有无叶氏的参与。但若从叶名琛后来做事的方法来看，徐此次做了他的老师。此次交涉，徐氏对英方的手法是避实就虚，即不纠缠其入城权利而大谈入城对其的危害；徐氏对朝廷的手法是虚虚实实，即大谈自己对形势的判断而少讲具体的交涉过程。至于不报文翰照会，拼凑己方照会，对徐氏说来根本就算不上什么。他是连圣旨都敢伪造的！

其二是英方北上上海、天津交涉入城。

英国外相巴麦尊（J. H. T. Palmerston）收到被拒入城后广州民众狂欢和徐、叶封爵的报告后，勃然大怒，于1849年8月18日指示文翰继续交涉，并发下他本人致清朝首席军机大臣穆彰阿、大学士耆英的照会。文翰根据指示，未在广州交涉，由英国驻上海领事馆官员将巴麦尊和文翰的照会，交给苏松太道，结果被拒收。清方拒收的理由是，办理各国通商事务统归兼任管理五口通商事务钦差大臣的两广总督管理。[3]文翰得悉后，于1850年4月至上海，准备找江苏官员交

---

[1] 以上文翰、徐广缙照会，见佐々木正哉编：《鸦片戦争後の中英抗争：資料篇稿》，第149—153页。

[2] 《筹办夷务始末》（道光朝），第6册，第3206—3208页；《鸦片战争档案史料》，第7册，第948—952页。

[3] 据文翰照会，他于己酉年（1849）九月（阴历）收到巴麦尊照会，此事当发生在该年年底。

涉。两江总督陆建瀛为避免见面,以"视事"为名前往扬州,后听说文翰欲北上天津,便指示苏松太道接收英方文件,转呈清廷。巴麦尊照会指责徐广缙危害中英和好关系,并要求在北京进行谈判,"商订其事"。此时道光帝刚刚去世,年轻的咸丰帝当政。他认为英方是在行离间计,陷害忠良徐广缙、叶名琛。他让穆彰阿复咨陆建瀛,要求英方放弃入城,并下旨重申今后一切对外事务只许与兼任钦差大臣的两广总督交涉。[1]文翰并未就此罢休,派员北上天津投递文书,仍被拒收。至6月,文翰毫无进展,只能返回香港。

文翰的这种举动,在当时清朝官员心目中,属于"告御状"。既然英方不能用武力实现入城,那么,唯一有效的方法就是上告皇帝,由上而下压徐广缙让步。在专制的时代,臣子的进退荣辱全系于帝意。咸丰帝明确无误的态度,使叶名琛体会到新皇帝对广东官员的高度信任。他也知道,这种信任正是植根于他们反对入城的坚决态度。也正是有了这一次的经验,此后各国使节多次扬言北上交涉,叶是毫不动摇,根本不放在心上的。

反入城的情结,在叶名琛的心中膨胀。

文翰南下后,咸丰帝频频下旨沿海各地加强海防。1850年11月27日,两广总督徐广缙、广东巡抚叶名琛上了一折两片作复。尽管徐、叶也强调了海防的重要性,但在折、片中却无具体措施。他们的御敌之方,仍是1849年4月反入城时的老法:一、断绝通商;二、借助民力。其理由是,英国以贸易为生计,英商挟重资而来,广东贸易操其命运,绝不敢舍此大利而轻易开战;一旦开战,香港英军仅一两千人,又何敌于广州数万同仇敌忾之民众,且香港巢穴可虞,黄埔船货可虞,广州城外商馆可虞,英人必有顾惜。他们的结论是,英国不敢也不会大打出手,以往的手段已经被证明是正确的,今后仍旧有效。[2]这些由徐、叶联衔的折、片,肯定包括了叶名琛的思想。因为从后来叶氏的所作所为中,可以很清楚地看出这一"御夷"思想的延续。只不过这一思想被后

---

[1] 以上情节见《鸦片战争档案史料》,第7册,第956—962页。
[2] 同上书,第1042—1045页;《筹办夷务始末》(咸丰朝),第1册,第101—105页。

来的历史证明是漏洞百出的。

英、美的修约要求与叶名琛的内心判断

1852年5月，徐广缙被调往广西镇压太平天国，叶名琛署理两广总督兼管理五口通商事务的钦差大臣，开始走向前台。也就在此时，英国公使文翰回国休假，英国驻广州领事包令（J. Bowring）代理公使一职。

包令是一个语言天才，声称懂得100多种语言，曾经当选议员。1849年3月，他出任广州领事，亲历那场反入城斗争，对拒绝入城极为反感。他曾上书国内，要求动用武力，迫清朝同意入城。英国政府考虑其商业利益，对此未予同意。此次代理公使，他于4月16日照会徐广缙和叶名琛，通知他的到任。在照会的最后，他又设置了小小的陷阱，要求与徐、叶会晤。两国官员会晤，此时已经成为悬案，因为文翰一再要求会晤地点为广州城内两广总督衙署，实际上就是为了实现入城。包令虽未明确指定会晤地点，但他给国内的报告中称其用意就是入城。叶名琛于25日复照，以军务倥偬为由，拒绝会晤。[1]

进一步的观察不难发现，叶名琛是清方官员中反对入城最为坚决者，包令是英方官员中要求入城最为坚决者，两位官员初次交手，虽然不见风浪，却预兆着今后两国在入城问题上更大更久的对抗。

很可能这是叶名琛第一次独立处理对外事务，而这一次的经验又使他充满信心，从此形成了叶氏独特的外交风格：一、对于各国的照会，每次都以尽可能快的速度答复；二、对于各国的要求，每次都用最和缓的语气予以拒绝；三、对于各国使节会晤要求，每次都以公务繁忙予以

---

[1] Foreign Office, *Correspondence Relative to Entrance into Canton 1850 – 1855*, Presented to both House of Parliament by Command of Her Majesty, London: Harrison and Sons, 1857, pp. 10 –12. 包令的这种做法受到了国内的批评。又，此时徐广缙虽未调广西，但在高州镇压天地会起义，仅叶在广州。包令照会因此同时列上徐、叶。清方复照虽同列徐、叶，却是叶一人处理的。

回绝。毫无疑问，他是用一种最消极的方法来维护国家和民族利益，而这种不合西方外交惯例的方法又使西方使节极为恼怒。

1853年2月1日，叶名琛正式受命为两广总督兼管理五口通商事务钦差大臣。一年后，包令也正式出任驻华公使、香港总督、五口通商事务监督，他在伦敦受命时，奉到了一项重要指令，即"修约"。"修约"是指对鸦片战争后英、法、美迫清朝签订的第一批不平等条约进行修订，其最基本的要求就是开放内地、取消子口税、鸦片贸易合法化等项。后来的历史确切地表明，"修约"是西方列强侵华的重要步骤。

1854年4月16日，即包令就任的第二天，他照会叶名琛，要求会晤，其中自然潜含着入城之用意。叶名琛当然看出包令的入城企图，复照以军务繁忙为由拒绝会晤。4月25日，包令在会晤被拒后，发出一长篇照会，正式提出"修约"要求。然而，包令的此份照会内容却极为繁杂，仅在开头的几十字涉及修约：

> 本公使恭奉谕旨，抵中土之后，应及提论，首及本闰七月初六日（8月30日）为万年和约（指《南京条约》）议定扣计十二年期满，按照善后约（指《虎门条约》）第八条所载，凡有新施予及各国者，英人亦一体同邀之词，自可援佛兰西、亚美利加二国条款，向贵国确要，以前所定和约，重行订酌会议也。

该照会的主要篇幅是六大交涉事项：一、进入广州城；二、茶叶抽厘；三、广州近郊租地；四、两国官员互相拜会；五、华人欠英商款项；六、英人被击被盗事件。而六大事项中，文字最长的又是入城。该照会的最后，包令正式提出，在广州城内两广总督署与叶名琛会晤。从上引文可见，英方这一照会的汉译颇成问题，若无一定的背景知识，似难把握"向贵国确要，以前所定和约，重行订酌会议"一语的准确含义。叶名琛看来根本没有弄清英方照会中提出的"修约"要求，5月7日发出的复照中，对"修约"一事未置一词，而以大量笔墨对六大事项——批驳。至于入城会晤，叶名琛提出反建议，会晤地点改为城外行商伍崇曜的仁信栈房。

叶氏的注意力全都放在入城一事上去了。

5月11日，包令第三次照会叶名琛，对其未对"修约"一事作出答复表示不满，然后又用大量的篇幅就六大事项进行辩论，照会的最后，坚请会晤地点为城内总督署。[1]为了实现此次会晤，包令还派出翻译官麦华陀（W. H. Medhurst）去广州交涉。麦华陀的广州之行，终因英方坚持城内会晤而失败，但叶名琛此时对"修约"总算是有了一些了解。他对英方的答复是"有俟届期再议"，即将此事拖下再说；[2]对咸丰帝上了一份夹片，全文为：

> 米酋马沙利（H. Marshall）于上年十二月二十九日即已回国，接办之麦莲（R. M. McLane）于本年三月十七日抵粤。孰意英酋接办之包令亦于本年三月十六日来粤，文翰即于三月十八日回国。两国公使同时更易，其中必各有因。初来颇觉秘密，迨至再四查询，始知皆由于道光二十二年前在江南定约时，有十二年后，再行重订等语。本年闰七月初六日即已届满，该国王等分遣各酋来粤，即专注意于此。伏查当年江南既定约以后，何又复以十二年为期？明系预留地步，使之得以饶舌。臣惟有相机开导，设法羁縻。[3]

如此重大之事，叶名琛却如此轻描淡写，且表现出对条约内容极为生疏，可见在其心中并不以为关系重大，难怪清廷当时对"修约"一事并无警觉。不过，叶氏也提出其对策——"开导"，即用言论笔墨来挫败此议，又可见其轻率自信。且不论叶氏此策是否果效，却是其后来的一贯做法。

是年6月，英国公使包令、美国驻华委员麦莲至上海交涉"修约"。

---

[1] 以上双方照会，见佐々木正哉编：《鴉片戰爭後の中英抗爭：資料篇稿》，第184—192页。

[2] 由于没有找到叶名琛的复照，不知其如何作复，但包令在天津交涉时透露出叶的态度："旋接回咨，有俟届期再议之言。"（《包令在天津海口咨达转奏词意大略》，见佐々木正哉编：《鴉片戰爭後の中英抗爭：資料篇稿》，第194页）"届期"一词，究竟何意，尚不可解：以当年8月30日即《南京条约》12年期满为"届期"，或以1856年《望厦条约》12年期满为"届期"，不能定论。

[3] 《筹办夷务始末》（咸丰朝），第1册，第270—271页。上奏日期为1854年5月23日，据《丛刊·第二次鸦片战争》，第3册，第8页。又，叶氏称"修约"之依据为"江南定约"，即《南京条约》之误。可见其对此事甚为轻视，就连《南京条约》、《虎门条约》、《望厦条约》、《黄埔条约》都懒得去查一下。

江苏官员奉旨劝英、美使节南下,一切只能与兼任管理五口通商事务钦差大臣的叶名琛商谈办理。8月,英、美、法三国使节在香港举行会议,决定联合行动,照会叶名琛,要求"修约"。叶的答复是"小行变通则可,大事则无权办理",[1]并认为条约并无大加更改之必要。[2]英方翻译官麦华陀为此再至广州,为包令与叶名琛的谈判铺路。包令指定广州城内总督署或香港其官邸为谈判地点,叶名琛见其有首先实现入城之用意,反建议谈判地点为城外海珠炮台或珠江上的英国军舰。[3]9月,三国公使再赴上海。江苏巡抚吉尔杭阿看出三国对"修约"一事不会善罢甘休,上奏提议,"可否钦派重臣会同两广总督妥为查办",意即削弱叶名琛的外交权,结果受到咸丰帝的痛斥。[4]10月,英、美、法三国代表抵达天津海口,全力指责叶名琛。英方此时方提出"修约"要求18条,美方提出修约要求11条,[5]咸丰帝仅同意3条可与叶名琛等继续

---

[1] 《包令在天津海口咨达转奏词意大略》,佐々木正哉编:《鸦片戦争後の中英抗争:資料篇稿》,第194页。叶氏此论,颇合《望厦条约》之规定,看来他此时已经查阅了有关条约。
[2] 《中华帝国对外关系史》,第1卷,第467页。
[3] 从叶氏奏折可见,他对"署中相见"一事十分警觉,对三国代表北上一事也已得知,并要求咸丰帝"该夷酋等如果径抵天津,无论要求者何事,应请敕下直隶总督仍令该夷酋等速行回粤,臣当相机开导,设法羁縻",可见其对策依旧未变(《丛刊·第二次鸦片战争》,第3册,第65页)。
[4] 《筹办夷务始末》(咸丰朝),第1册,第306—307页。
[5] 英方修约要求为:一、公使驻京;二、开放内地;三、天津开埠;四、公使可至督抚衙署以平行礼会见督抚;五、修改税则,鸦片合法进口;六、英船可承运通商口岸之间货运;七、废除子口税;八、定明各种银元价值;九、共同肃清海匪;十、制定华工出国章程;十一、下诏允许英人购买中国土地;十二、下诏保护英人生命财产;十三、下诏追回华人欠英人之款;十四、停止广东茶叶抽厘;十五、进入广州城;十六、新约十二年为期,到期重订;十七、设立保税官栈;十八、条约以英文本为准。美方要求为:一、公使可至中国官署会面;二、美人租房租地享有华人之权利;三、两国官员合审中美民人争讼案件;四、美船可承运通商口岸之间货运;五、定明各种银元价值;六、重订税则;七、随时可修改条约;八、建立保税官栈;九、免除所欠关税;十、开放长江,开放内地,公使驻京;十一、允许美人在中国沿海捕鱼开矿。(《筹办夷务始末》(咸丰朝),第1册,第343—347页)法国公使因军舰故障未能成行,仅派一随员搭乘美舰前往天津,故法国未正式提出修约的具体要求。

商量，其余坚拒。[1]三国代表至此，无能再为，只得南下香港。1854年的三国联合"修约"完全失败了。

由此可见，1854年英国的修约活动，一开始就与入城要求纠缠在一起。包令规定了谈判的地点，使之与叶名琛的直接谈判化为泡影。叶名琛始终没有收到英国等国的具体修约要求，不清楚对方的条件，反是屡屡感受到英方要求入城的压力，这使他在内心中对"入城"与"修约"两事，更为看重前者。三国使节两度北上，频频指责叶名琛，欲其去职，增加了他对西方使节的敌视。咸丰帝全力支持叶的态度，增加了他与西方对抗的信心。三国"修约"失败后并无进一步的军事行动，使得叶名琛觉得三国的能量也不过如此，尽管他并没有完全掌握相关的背景知识。[2]

正当叶名琛为入城、修约诸事与英国等国交涉时，广东珠江三角洲地区于1854年6月爆发了红兵大起义，先后占据东莞、佛山、花县（今花都市）等地。自7月底，数万红兵包围广州。清军虽在陆路获有胜仗，但在江面上不敌红兵。12月初，大批红兵船队开至广州江面。有人以唐借回纥收复两京之典，建议借用英海军力量，叶名琛初不允，后在肇罗道沈棣辉的力劝下，同意行使此计。[3]也就在此时，英国公使包令收到广东士绅来信，要求英国海军参加击灭危害中英商人的"艇匪"。包令于12月5日致函英驻广州领事，称此信若由叶名琛发出，他会"认真考虑，尽快回复"。在此内外背景下，叶名琛于12月7日照会包令，希望广州江面上的英舰"通力剿匪"。[4]包令收到这一求

---

[1] 咸丰帝同意商谈的三条为：英方要求第十条、美方要求第三条和第九条（军机大臣字寄两广总督叶名琛等，咸丰四年九月二十二日，《丛刊·第二次鸦片战争》，第3册，第63—64页）。
[2] 英、法当时未动手，主要原因为两国此时正与俄国进行克里米亚战争，无力东顾；美国此时见太平天国势盛，估计清朝会很快垮台，故主张再观望一段时间。
[3] 华廷杰：《触蕃始末》，《丛刊·第二次鸦片战争》，第1册，第164页。又，该文称沈棣辉为"臬司"，即按察使，查沈氏于1855年6月方迁按察使，此时的职位仍为道员。
[4] 见《两广总督叶名琛》，第78页。

援的照会后,于12月13日率英舰数艘由香港前往广州,同时照会叶名琛,称按照英国"成规","凡遇外国有外敌内患之事,俱袖手旁观",英舰只是用来保护英商的。[1]此一番中立的言论,当然使叶感到不快,但他仍派出一名直隶州知州和一名县丞前往接待。包令亦派翻译官麦华陀与清方官员会晤两次。在会晤中,英方提出,包令进城至总督署与叶名琛"和睦相见,面酌要务"。[2]包令认为,既然叶提出求援,正说明广州局势紧张,他亦可乘此机会实现入城。叶名琛探明包令的来意后,不免大觉上当。他当然不会同意入城,对会晤一事答复为"正欲相见,无论何处,皆可允行,惟署在城内,断难应允"。[3]包令在广州城外逗留了十几天,见仍不能实现入城,便率舰返回香港。此一事件,特别加深了叶名琛的印象:英方乘人之危不择手段以能实现入城。由于包令此次未提"修约","修约"之事只能在叶的心目中淡化。

"以静制动":1854—1856年叶名琛的对策

尽管咸丰帝于1854年11月12日下旨,英、美修约要求中的三款,可由英、美使节南下后与叶名琛等商办,尽管叶氏奉旨后也期待着英、美使节找上门来,进行交涉;可是,叶氏遇上了两项麻烦。

其一,西方各国使节没有主动的表示。美使麦莲于12月初来到广州,可对"修约"一事未置一词;英使包令12月中来到广州,可仅仅要求入城;法使布尔布隆(A. de Bourboulon)一直未去广州,叶氏只是听说他在上海。就叶的眼光来看,查办三款是大清朝对外"夷"的恩惠,哪有对方不恳求自己找上门去主动施惠的?更何况他本人对三款也极有意见,特别是广东茶叶抽厘,关系到此时镇压红兵的军费,前任英国公

---

[1] 佐々木正哉编:《鸦片戰爭後の中英抗爭:資料篇稿》,第196页。
[2] 同上书,第197页。
[3] 《丛刊·第二次鸦片战争》,第3册,第69页。又,叶未将其向英方求援一事上奏朝廷。

使文翰以不合条约为由先后十一次照会交涉,他都顶住了,此次他也实在不肯相让。

其二,叶名琛不知道英、美、法三国在天津交涉时究竟提出了什么要求。咸丰帝并未将英方要求18条、美方要求11条下发,[1]而美、英使节又对他"秘而不宣"。他不得已只能派出密探,四处打听。几个月过去了,密探们一无所获。一直到了1855年5月,密探才声称乘包令前往暹罗(今泰国)之机,"始在该夷楼内写字人处代为抄出各条"。英方的众多要求使叶氏震惊,但细核之后又生出几分奇怪:除了入城、茶叶抽厘、中外民人纠纷外,其余各条为何英人在广东默无一言?为此,他分析,英方要求"似非尽出该酋之手,恐在上海时,另有内地奸民为之代谋"。也就是说,英方要求并非出自本国的训令,亦非包令本人的自我拟定,而是包令离开广东后在上海听信了"内地奸民"(意指太平天国、小刀会等反叛者)的主意。英方的这种轻意任意随意的完全自说自话的修约要求,又怎么会在叶名琛心中占有重要地位呢?

叶名琛耐心地等待着,一直等到1855年9月18日,未见英国等国代表上门恳求,于是他上了一道长达4 000余字的长篇奏折,将咸丰帝允准商办的三款也推翻了。叶的结论是,英国等国既在天津废然思返,回粤后又无动静,他更应当"坚持定约","杜绝奸谋"。[2]

---

[1] 咸丰帝1854年11月12日谕旨中称:"本日崇纶等折片各一件,并八月二十九日、九月初三日、十一、十五等日,崇纶并文谦等折片七件,及九月十五日谕崇纶等密旨一道,均著抄给(叶名琛)阅看。"(《丛刊·第二次鸦片战争》,第3册,第64页)查英、美具体修约要求附于崇纶九月十五日收到之奏折后,但若抄给叶阅看,即非"七件"而成"九件"了。由此可见,咸丰帝未将此重要情报转给负责对外事务的叶名琛,叶后来对此也极有意见。

[2] 以上引文皆见《丛刊·第二次鸦片战争》,第3册,第68—74页。然叶氏推测上海"奸民"为英、美出谋划策一事,江苏官员另有说法。英、美使节回到上海后,江苏巡抚吉尔杭阿曾与之会见,吉尔杭阿"见其所请各款,与在上海时呈递节略,迥不相同,当向诘询。据称:在上海所呈节略,系七月以前之事,迨伊等遵旨回至广东,又奉国王之命,备叙条约,复来上海,即赴天津,是以未经送阅"。(同上书,第67页)由此可见,咸丰帝也未将英、美要求告诉江苏官员;而江苏官员与英、美使节多有交往,故得此情报容易,不似叶氏需雇密探抄出。

早在1854年5月,叶名琛便得到了英、法与俄进行克里米亚战争的情报。至1855年的年底,再次得知该战的战况。于是,他兴致勃勃地上奏报告:俄军在陆路大败英、法等国军队十几万人,并以军舰30余艘攻入英国国内;英国女王乘轮船前往美国、法国求援,并派其弟前往大吕宋(西班牙)、小吕宋(今菲律宾一带)、荷兰等国搬救兵。叶指出,"俄国犹强盛如前,英国似有力不能敌之势。"[1]叶名琛的情报完全错误,恰恰颠倒了胜负的双方!叶氏从何处得到这种错误情报,今难以查证,而这些错误情报又实实在在地使叶对"失败"一方的英、法多一分轻蔑之心。

1856年2月3日,美国驻上海领事通过苏松太道递交新任美国驻华委员伯驾(P. Parker)致江苏巡抚吉尔杭阿的照会,声称将前往上海交涉修约事宜。吉尔杭阿次日致函伯驾,告知事权归于兼任五口通商事务钦差大臣的两广总督,劝其与叶名琛交涉。[2]此时任上海海关税务司的英国驻上海副领事李泰国(H. N. Lay),也向苏松太道指出,"各国条约章程,必求更改,否则恐致生事,广东叶总督绝之已甚,各国公使万不肯再向关说"。[3]两江总督怡良等将此情上奏,咸丰帝于3月24日下旨,命令叶名琛"妥为驾驭",如果各国要求"实止细故",不妨"稍事变通";如果各国"妄事要求","即行正言拒绝"。咸丰帝在谕旨中还特别指出,叶名琛"勿峻拒不见,转致该夷有所借口"。[4]咸丰帝的最后一句话,当指叶曾于1856年1月29日拒绝与伯驾在广州会晤一事,叶当时的理由是"刻无暇晷"。[5]

1856年5月2日,美使伯驾照会叶名琛,宣称《望厦条约》12年

---

[1]《丛刊·第二次鸦片战争》,第3册,第8—9页;《筹办夷务始末》(咸丰朝),第2册,第436—437页。叶折中所称俄国海军攻入英国实属子虚乌有,就陆战而言,至1855年9月,英、法、土已占尽优势,俄军已被迫撤离塞瓦斯托波尔要塞。
[2]朱士嘉编:《十九世纪美国侵华档案史料选辑》,中华书局,1959年,上册,第63页。
[3]《筹办夷务始末》(咸丰朝),第2册,第451页。
[4]《丛刊·第二次鸦片战争》,第3册,第74—75页。
[5]《十九世纪美国侵华档案史料选辑》,上册,第63页。

即将期满,请清廷"早派大臣,亦锡以便宜行事之权,会同在北京将各要款酌办",并称他"欲巡行各港,约在唐六月初旬前后便可起程赴京"。[1]与此同时,英国公使包令、法国代办顾思(M. R. R. Courcy)也照会叶名琛,援引最惠国条款要求修约。伯驾的照会,有如一份通知,只表示其即将北上,且明显地流露出不准备与叶继续交涉;英、法的照会也只是强调其权力,并无与叶继续交涉的意思。叶名琛看来也已听到伯驾劝说包令、顾思联合北上的消息,于6月23日出奏,"嗣后该夷酋无论行抵何省,如有呈恳求代为陈奏之件,总令其回粤,听候查办";而他的具体办法是,"坚持定约,俾得随时驾驭,设法钳制,庶可消患于未萌"。[2]6月30日(即阴历五月二十八日,在伯驾照会中"唐六月初旬"之前),叶又照会伯驾,表示愿将其来文"随时代奏",并称其北上"更属无益,似不如免此一行"。[3]

  1856年美、英、法三国再次要求修约,是西方列强侵华的重要步骤。李泰国在上海所宣称的"恐致生事",并非空穴来风。由于三国使节此时已与叶名琛交恶,不愿与之多打交道,叶也只是收到几份低调的强调"修约"权利的照会。与以往入城交涉的反反复复相比,叶名琛仅感到刮来一阵微风,根本没当一回事。他在上奏中提到的那种处置办法,实质上就是1854年的"开导",即不同意对方的修约要求而无休止地与对方打笔墨官司。他认为,此一方法已在1854年证明为"灵验",这次仍可继续使用。他并不知道,此时在香港的包令,正在向伦敦要求炮舰,以实现英国的修约要求;此时在澳门的顾思,正在向巴黎报告马神甫事件,要求武力干涉;而法国政府一得知马神甫事件,就立即与英国政府联络,筹备联合侵华。伦敦的法国使馆、巴黎的英国使馆,要员们进进出出,已经初步拟定了出兵的计划。

---

[1]《十九世纪美国侵华档案史料选辑》,上册,第65—66页。
[2]《丛刊·第二次鸦片战争》,第3册,第75—77页。
[3]《十九世纪美国侵华档案史料选辑》,上册,第66页。

战争初起与叶名琛的"报捷"

1856年10月8日,广州发生"亚罗号"事件。这本是中英关系史上不大的冲突,可英国公使包令、英驻广州领事巴夏礼(H. S. Parkes)却乘机生事,一味扩大事态。10月16日,包令照会叶名琛,"如不速为弥补,自必饬本国水师,将和约缺陷填足"。[1]按照当时的外交语汇,英方所称的"和约缺陷",即为中英长期争执的入城等问题。

10月23日,英国驻东印度区舰队司令西马縻各厘(M. Seymour)率英舰3艘从香港出发,越过虎门,沿途炮击珠江上清军炮台。叶名琛听到消息,十分镇定,声称"必无事,日暮自走耳"。他下令珠江上清军战船后撤,对来犯英军"不可放炮还击"。[2]24日,英军火炮摧毁河南凤凰岗等处炮台。25日,英军占领广州城南珠江上的海珠炮台,兵临广州城下。直至26日,叶才采取第一个步骤:下令关闭粤海关,停止中外贸易。27日起,英军开始炮击广州,炮弹直入总督署,兵役逃匿一空,叶面无惧色,端坐二堂。当日,他发下两份文件:其一是通告,号召广州军民"勠力同心",对来犯英军"格杀勿论",并开出赏格,杀敌一名,"赏银三十大元";[3]其二是给美、法等国领事的照会,声称英军已炮击广州,清方"无暇保护贵国民人","倘有疏失,惟向英国巴领事官是问,勒令伊赔偿也"。[4]28日,英军继续炮击,打塌城南一段城墙,叶仍不为所动。

从以上叶名琛的表现来看,他是相当克制地避免事态扩大:先是不还击,再是断绝通商,最后才下令军民共同杀敌。此种有序不乱的方法步骤,实为1849年广州反入城斗争时已经确定,几年来叶氏也不知在心中演习多少次。他给各国领事的照会,措辞也颇合当时盛行的"以夷制

---

[1] 佐々木正哉编:《鸦片戰爭後の中英抗爭:資料篇稿》,第203页。
[2] 华廷杰:《触藩始末》,《丛刊·第二次鸦片战争》,第1册,第165页。
[3] 《丙辰粤事公牍要略》,同上书,第197页。
[4] 《触藩始末》,同上书,第171页。

夷"之道。他之所以如此镇定，是他在内心中断定英方军事行动规模有限，不过是1847年英军在珠江上武力施暴的重演。对于这一判断，在10月26日给巴夏礼照会中，他也一语点穿。[1]他知道英军欲借"亚罗号"事件生起波澜，只不过一时还摸不清英方的底牌。

10月29日上午，行商伍崇曜入见，称英方欲与清方官员会晤。叶名琛立即派出雷州知府蒋立昂与西马縻各厘、巴夏礼会谈，询问英方军事行动之真正目的。西马縻各厘表示，如不开放广州城，就不停止军事行动；巴夏礼更是宣称，"总督不许我入城，不与我相见，我定破此城！"[2]这正不出叶氏所料：英方的目的果为入城！他心中一下子有了底，再也不能像1847年耆英那样，一闻炮声便屈服。于是，他没有立即答复。当日下午，英军开始攻城，士兵百余人从城墙缺口攻入广州新城，西马縻各厘、巴夏礼亦随军进至城内总督署。英人交涉十余年的入城终于在炮火中实现。（叶氏当日上午去文庙拈香，正避居旧城巡抚衙门。）至日暮，英军因兵力不足，撤往城外。叶由此认定自己的判断得到了验证：英军兵力有限，只要自己能硬着头皮顶下去，英方必无计可施。

10月30日，西马縻各厘照会叶名琛，要求开放广州城，伴随照会而来的是英军间歇性的炮击。叶纹丝不动，于31日复照，拒绝入城。11月1日，在连续几天炮击后，西马縻各厘再次照会叶名琛，要求开放广州城。叶于3日复照，仍是拒绝。当日，西马縻各厘第三次照会叶名琛，还是要求开放广州城，而这一天的炮火特别猛烈，且连续轰击城内公共设施。叶于5日复照，再是拒绝。6日，英军攻占广州东南角的东炮台，并击毁清军20余艘师船，西马縻各厘当日第四次照会叶名琛，对拒绝入城表示"深惜"，意即决裂。叶于7日复照，态度依旧强硬，宣称"两国办事"，"原非可以任意强致"。9日，西马縻各厘第五次照会叶名琛，对叶氏开列赏格表示不满，并称如不开放广州城，"再过一日，定

---

[1]《中华帝国对外关系史》，第1卷，第482页。
[2]《触蕃始末》，《丛刊·第二次鸦片战争》，第1册，第167页。

当督兵前攻"。叶于12日复照,完全拒绝。当日,英军攻占虎门横档炮台,次日又攻占虎门亚娘鞋岛主炮台。15日,西马縻各厘第六次照会叶名琛,称叶名琛"仍不听从,必将其炮台数座全行毁拆,其余各台亦据取看守"。叶于16日复照,指责英军的行径非为"敬天神之所为"。[1]

英国公使包令特别希望通过此次军事行动,打开进入广州的城门。英军刚刚出动,即10月24日,他即致函西马縻各厘,要求为他安排在城内两广总督署与叶名琛的会谈。[2]他想以胜利者的姿态进入广州,进而可解决多年的悬案。11月10日,英军的行动初步得手,他便照会叶名琛,要求开放广州城。叶于12日复照,予以拒绝。14日,包令得知英军占领虎门,再次照会叶名琛,坚请入城。叶于17日复照,仍是拒绝。包令当时虽未收到复照,但英军的节节胜利,使之认为广州的城门不会关得很紧,便于17日从香港出发,溯江而上广州,沿途一座座被毁的清军炮台,又使之气畅志扬,认为此行必然成功。18日,他第三次照会叶名琛,提出"愿到贵署面晤",并称叶能同意此项要求,"本公使即请水师军门西(西马縻各厘),息兵可也"。叶于19日复照,还是拒绝。20日,包令第四次照会叶名琛,宣称叶要为一切后果负责,并称将向清廷报告情况。叶于21日复照,毫不让步,称"本大臣早已将前后及现在情形,转报京师矣"。[3]包令没有想到叶名琛会如此强硬,无可奈何,只得于22日返回香港。

整整一个月,炮击几千出,照会十余道,广州地区的中英军事对抗已是相当地激烈,中英两国实际上已经进入战争状态。[4]尽管广州的

---

[1] 以上双方的照会,见佐々木正哉编:《鸦片战争后の中英抗争:资料篇稿》,第204—211、215—216、218—220页。
[2] Foreign Office, *Papers Relating to the Proceedings of Her Majesty's Naval Forces at Canton*, London: Harrison and Sons, 1857, p.33.
[3] 以上双方的照会,见佐々木正哉编:《鸦片战争后の中英抗争:资料篇稿》,第211—212、216—225页。
[4] 由于包令等人的战争行动尚未得到英国政府的批准,清廷在叶名琛的欺瞒下尚不知广州的实况,战争虽已开始,但似还不能以当时西方惯行的战争法规则概括之。此一时期的战争,又称为"亚罗战争"。

清军城防一破再破,珠江上的清军炮台一陷再陷,可是,叶名琛顶住了英方的压力。

此时的叶名琛,已不再是1847年、1849年那个文臣了。叶名琛1853年刚刚执柄两广总督时,即率兵全歼高州的凌十八,受封太子少保;遍及全省的天地会起义,亦被其一一击灭,拜相体仁阁。相对于数万红兵围困广州半年、广州外围城市失陷十余座的巨大风暴,此时的军事局面虽说十分难堪,但对叶说来也不过是如淋受一场阵雨。他见过大世面,受过大考验,有了相对的军事经验,绝不会被英军此时的区区武力所慑服。

尽管叶名琛于11月21日的复照中宣称早将广州的事态上奏朝廷,但实际出奏时间却要晚一些。而这份11月24日才发出的奏折(距"亚罗号"事件已经整整一个半月),却是一份"捷报"。叶宣称,已于10月29日和11月6日两获胜仗,毙伤敌400余人,击毙英军司令西马縻各厘!叶还宣称,已调集兵勇两万余人,广州"足敷防守";美国、法国等西洋各国,见英国无理,"未必相助"。[1]由于叶谎报军情,使朝廷的决策也显得十分可笑。咸丰帝下旨,如果英国"因连败之后,自知悔祸,来求息事,该督(叶名琛)只可设法驾驭,以泯争端。如其仍肆鸱张,断不可迁就议和,如耆英辈误国之谋,致启要求之患"。[2]也就是说,作为军事上的失败者叶名琛,只能等待胜利者包令前来"悔祸"。这一道由叶氏促成的谕旨,实际上也抽去了叶后退的桥板,此后他已不能向英方作任何实质性的让步了。

广州一带的战事,打打停停。英军虽多次获胜,但兵力不足,广东军民的小股骚扰更使之难以应付。[3]1857年1月,英军撤离广州城边的商馆,退往南郊凤凰岗。这似乎显示着叶名琛苦撑待变的镇定之计已

---

[1] 据《随手登记档》咸丰六年十一月十七日:"朱批叶名琛折(报六百里,十月二十七日广州发,六百里发回)一、英夷藉端寻衅、坚欲入城、力战两次获胜等由",可知其发折时间及基本内容。叶折未见,其内容可参看咸丰六年十一月十七日上谕,见《丛刊·第二次鸦片战争》,第3册,第90页。叶名琛关于第二次鸦片战争的奏折情况,见文后的"附记"。

[2] 《丛刊·第二次鸦片战争》,第3册,第90页。

[3] 详见《两广总督叶名琛》,第141—143页。

经初见成效。又据时任南海知县的华廷杰称,行商伍崇曜与英国领事巴夏礼商定,在城外建一"公所",以后英国公使与两广总督的会见、英国领事与清朝地方官的会见,皆在"公所"进行。广东布政使江国霖闻之全力支持此议。但叶氏听后,认为此系英方军事威胁失败后"不得已而思其次",是英方退缩的表现,为防止"此辈由渐而入",他"坚拒弗纳,毫无可商"。[1]是年1月23日,叶名琛向咸丰帝发出了第二份"捷报":"防剿英夷水陆获胜,现在夷情穷蹙。"[2]至2月,英军撤出珠江,退往虎门,此后两个月,英方在军事上并无进展。叶名琛于4月1日向咸丰帝发出了第三份"捷报":"官兵连旬击剿,叠次焚船毙匪,堵御尚为严密。"而这份"捷报"中另有一个更大的喜讯,叶称已听到"传闻",英国政府对包令、巴夏礼的战争行为十分不满,认为"不应向中国启衅",将"加派夷酋来粤定议"。就军事行动而言,叶实属夸张,就英国新使而言,倒也确有其事,只是原因正好颠倒。[3]咸丰帝指示叶见好就收,至夏天英国新使到达时,"以礼相接","弭此衅端"。[4]叶奉到谕

---

[1]《触蕃始末》,《丛刊·第二次鸦片战争》,第1册,第170—171页。由于没有查到相应的英方记录,此项协议是否真正商定,还不能确定。当时的行商为尽快结束战争,向官方报告时常有夸大和粉饰,但仍可从中看到叶的心态。

[2] 据《随手登记档》咸丰七年正月二十六日:"朱批叶名琛折(报六百里,六年十二月二十八日广州发,五百里报回)一、防剿英夷叠胜、夷情已蹙由",可知其发折时间及基本内容。叶折未见,其内容可参看咸丰七年正月二十六日上谕,见《丛刊·第二次鸦片战争》,第3册,第101页。

[3] 1856年12月,英国政府收到包令关于"亚罗号"事件的报告,立即支持包令的军事行动,并积极筹划扩大战争,但英国议会中有不同意见。1857年2月24日,上院一议员提出动议,谴责在华英国官员擅用武力,26日,该议案以110对146票被否决。与此同时,下院一议员也提出类似议案,3月3日,以263对247票得以通过。英国首相巴麦尊于次日解散议会,进行大选,结果巴麦尊一派在大选中获胜。3月20日,英国政府派额尔金伯爵(Earl of Elgin)为专使,扩大侵华。从此一时间表来看,由于当时的通信时间,叶可能只是听到了对其有利的消息,尚不知英国决定发动大规模的战争,即叶未必是编造谎言。不过,从总体看来,叶的情报系统是很成问题的。后将详述。

[4] 据《随手登记档》咸丰七年三月二十九日:"朱批叶名琛折(报六百里,三月初七日广州省城发,六百里报回)一、英夷被剿、渐有范围、现在筹办情形由",可见其发折时间及基本内容。叶折未见,此处咸丰七年三月二十九日上谕,见《丛刊·第二次鸦片战争》,第3册,第104页。

旨后，曾于5月21日派广东水师提督吴元猷试探包令是否愿和，需要何种条件方可满足。[1]然英方不打算与叶谈判。5月26日叶名琛向咸丰帝发出了第四份"捷报"：英人"乘机起衅，天褫其魄"。咸丰帝当即指示："俟新使到后，设法妥办，总宜息兵为要也。"[2]就在叶再三再四报捷的同时，得到增援的英军舰队重入珠江。6月1日，英舰17艘大败清水师战船百余艘，追至佛山。战后，英舰主力又退出珠江，仅在南郊大黄滘一带驻留军舰三四艘，也无照会致叶氏。而叶名琛却于6月27日向咸丰帝发出了第五份"捷报"："防御英夷，三次接仗获胜。"面对叶氏不断送来的捷报，咸丰帝也麻木了，仅在该折上朱批"览奏俱悉"四个字，没有作进一步的指示。[3]

自"亚罗号"事件后，双方武力相抗已达数月。伦敦的英国政府为了达到"修约"的目的，正准备扩大战争；但香港的英国公使包令等人因未奉到国内指示，同时也认定叶名琛权力有限，而从未提出过"修约"，只是要求入城。这就使得叶的目力所注，也仅仅是入城。1849年以来的全部经验，已经充分地证明，英国决不会为一小小的入城问题而发动大规模的战争；叶名琛得到的全部情报，也已明确地显示，英国为其商业利益不愿为入城一事而与清朝决裂。对此，叶名琛充满着自信。

叶名琛也愿意和解，因而对英方的照会是有来必答。叶的每一次照会，都是据理力争。他的理由是：1849年4月9日文翰照会已经放弃了入城；不让英人入城是为了保护英人不受伤害。可此类言论自耆英、徐广缙以来，清方不知重复了多少次，英方已不愿再继续辩论，这又使得

---

[1] 见《两广总督叶名琛》，第129、131页。
[2] 据《随手登记档》咸丰七年五月二十四日："朱批叶名琛奏折（报六百里，五月初四日发，六百里发回）一、接奉廷寄密陈近日夷务情形由"，可见其发文时间。叶折未见，此处内容据咸丰七年五月二十四日朱批，见《筹办夷务始末》（咸丰朝），第2册，第535页。又，咸丰帝因长期未得到广东的消息，曾于1857年6月4日（咸丰七年五月十三日）下旨，让叶"详细具奏"（同上书，第530页）。但从发文收文时间来看，叶收到此旨前已经"报捷"。
[3] 据《随手登记档》咸丰七年闰五月二十六日："朱批叶名琛折（报六百里，闰五月初六日由广州发，六百里发回）一、密核防御英夷、三次接仗获胜由"，朱批："览奏俱悉。"

叶认为英方是无理而词穷。叶名琛不害怕对抗，因而敢对英方的军事行动针锋相对。他知道，他采用的方法——断绝通商、动员军民——需要时间，不是马上能生效的。他相信，时间会使英方为数甚巨的经济利益大大受损，吃亏不起，时间会使英方有限的兵力虽胜无功，穷蹙自退，时间会证明他的方法可行果效。

就实际而言，叶的方法已经是过时了。鸦片战争之后，清朝的通商口岸已达五口；而至19世纪50年代之后，上海已开始取代广州，成为最大的对外通商口岸。此时广州一口断绝通商，已不可能产生鸦片战争前后那种经济制裁的巨大作用，更何况当时猖獗的走私活动，又大大降低其效用。在断绝通商的1857年，广州的茶叶走私出口量达1 963万磅，相当于1856年出口量的三分之二。[1] 粤海关监督给叶的咨会，对走私活动大为抱怨，要求予以制止。[2] 可当此广东海防力量尽失的情况下，叶又何来武力以杜绝走私？与此相反，断绝通商却使清朝蒙受着巨大的经济压力。1850年代粤海关每年的税收约银100万两，是当时财政困难的清朝一笔不小的收入。[3] 咸丰帝为此于1857年4月23日和6月4日的谕旨中均提到粤海关税收问题，意即尽早恢复通商。[4] 至于动员广州军民"勠力同心""格杀勿论"，虽也收到一定的效果——广州附近的英军不敢小股驻扎，几次退出珠江，香港也发生了"毒面包案"，但离给英军以致命打击尚有很大距离。而叶在广州进行的军事动员费用也极大，每月需银8万余两。[5] 毫无疑问，以上所述，不过是今天的分

---

[1] 见《两广总督叶名琛》，第147页。
[2] 《海关咨请》，见佐々木正哉编：《鴉片戰爭後の中英抗爭：資料篇稿》，第335—336页。
[3] 咸丰三年十月至四年九月粤海关税银为1 166 492两，咸丰五年十月至六年九月粤海关税银1 080 240两，除本省留用军费外，另解户部、内务府、山东、湖南、江西、云南、江南大营、广西等处（见粤海关监督恒祺片，《丛刊·第二次鸦片战争》，第1册，第418—419、426—429页）。
[4] 《丛刊·第二次鸦片战争》，第3册，第104—105页；《筹办夷务始末》（咸丰朝），第2册，第530页。
[5] 《防剿夷匪各起兵勇口粮》，见佐々木正哉编：《鴉片戰爭後の中英抗爭：資料篇稿》，第347—349页。

析。叶本人决不会这么看。他相信，只要能镇定，只要能硬顶，香港英军兵力有限，处处获胜却不能处处占领，又有何种方法能实现入城？待新任英使一旦到来，局面自然就会立即改观。[1]

正是抱着这种信念，叶名琛不惜于谎报军情，将其屡屡的失败粉饰为次次的胜利。此时太平天国已经摧毁江南、江北大营，长江流域的局势贴危，没有必要用广州一带的些微败绩去干扰圣听。更何况此时朝廷无兵无饷，奏报败仗不但无用反徒增咸丰帝的恼怒，自己的地位也将不保。既然自己有能力处理危局，就没有必要使自己的地位处于危局。倘若清廷此时换马，岂不落入包令等人的圈套，自己的一切努力岂不白费。尽管按照当时的道德观念，他犯下了欺君之罪，但深谙传统道德精义的叶名琛却认为，他胸怀着另一种忠诚。

然而，新来的英国专使的使命，与叶的情报恰恰相反；而不断出错的叶氏情报系统，又使他在错误的道路上越走越远。

广州城陷前的自信：不确的情报与错误的分析思路

1857年7月2日，英国专使额尔金到达香港。然此时印度爆发了土兵起义，侵华英军不能如期到达，额尔金遂于7月16日返回印度，并将已到香港和正在途中的英军撤回，以全力镇压印度土兵起义。叶名琛也侦知了额尔金的到来，尽管情报来得晚一些。7月21日，他派两名官员去香港，试图打开僵局。但额尔金此时已经离去，包令又无权与清方交涉，叶的和平行动毫无结果。[2]不久后，广州盛传印度土兵起义的消

---

[1] 此时因进京觐见刚刚回到广州的广东巡抚柏贵，在形势判断上完全附和叶名琛。他于1857年8月22日出奏，称"查询此次夷务，实为坚欲进城，蓄谋已久，其所谓水师拿获划艇匪犯一节，不过借端启衅……督臣叶名琛早已知其诡计，况复叠次钦奉训谕，愈见坚定不摇……察访近日英夷情形，穷蹙已极，谅不日即可就范"。（《丛刊·第二次鸦片战争》，第3册，第115页）
[2] 见《两广总督叶名琛》，第129、133页。

息,"伊(英国)属国孟加拉作叛,彼军(英军)战败","彼军在孟加拉大败,中埋伏,覆其全军,亡一大帅,或谓亡一驸马,该酋忧惶无措"。同时传来的消息还有,"英人穷极无聊,不但拖欠兵饷,日用亦颇贫窘,急盼通商"。南海知县华廷杰曾面询叶名琛,叶答"各处探报相符"。这类并不属实的传言,使广州"人心俱大喜",放松了战争的警惕。[1]叶更是将此喜讯于9月10日上报咸丰帝。[2]

1857年9月20日,额尔金从印度再至香港。叶名琛得知消息,于10月21日提议罢兵议和,额尔金未予理睬。[3]也就在此时,广东布政使江国霖接到行商伍崇曜的密报,英军即将进攻广州。叶名琛闻之全然不信,宣称"决无是事,我日日皆有探报,毋信谣言"。[4]事后果然英军并无大举,叶洋洋自得,官绅亦咸称赞叶之镇定,叶也将此情于10月23日上闻。[5]

从今天人们所掌握的情报来看,此时的国际形势,已对清朝极为不利:英、法已经结成侵华联盟,英法联军正源源不断地开往中国沿海;美国虽未出兵,但同意在外交上与英、法一致行动;俄国正谋求与清朝

---

[1] 华廷杰:《触藩始末》,七弦河上钓叟:《英吉利广东入城始末》,见《丛刊·第二次鸦片战争》,第1册,第178、215页。

[2] 据《随手登记档》咸丰七年八月十五日:"朱批叶名琛折(报六百里,七月二十二日广州发,六百里发回)一、英夷内乱并米夷等国□□通商由",朱批:"览奏已悉。"叶折未见,当日亦无有关此项内容的谕旨下发,因而对叶折的内容仅能凭"内乱"两字作判断当属印度土兵起义。从咸丰帝的态度来看,似认为形势没有超出叶以前的报告,已有的谕旨已足够清晰,一切可由叶按先前旨办理即可,便不再下旨。七月二十二日,为公历9月10日。

[3] 见《两广总督叶名琛》,第129、133页。

[4] 《触藩始末》、《英吉利广东入城始末》,见《丛刊·第二次鸦片战争》,第1册,第178、215页。

[5] 据《随手登记档》咸丰七年九月二十七日:"朱批叶名琛折(报六百里,九月初六日广州省[城]发,六百里发回)一、遵复筹办夷务情形由",朱批:"览奏均悉。"叶折未见,当日亦无有关此项内容的谕旨下发,因而对叶折似无从判断。但从咸丰帝的反应来看,叶折的内容当属叶先前敌情判断与对策的合乎逻辑的发展,否则不会不下旨。同该折同时递到的还有8份奏折,咸丰帝对其中1份下有谕旨,其余7份作有朱批。九月初六日为公历10月23日。又,咸丰帝曾于9月13日下旨:广东"夷务,日久未见奏报,甚深悬系","著叶名琛即将现办情形迅速具奏"。(《筹办夷务始末》[咸丰朝],第2册,第583—584页)

缔结一项与英、法、美同类的不平等条约。可以说，当时世界上最强大的四个国家，已经结成了联合侵华之态势。就是广州的军事形势，清方也是败局已定：江面战船尽失，江岸炮台全毁，广州城墙上还有几个大缺口，英法联军一旦兵力集结，立即可以攻下广州。更何况英法联军已于8月7日封锁广州，在经济上予以施压。可是，叶名琛的情报系统却向其报告，英方已经陷于困境。开战以来，叶向香港等地派出了大量探子，收集情报。可他又收集到了什么样的情报呢？叶的奏折对此有相当详细的报告：[1]

一、"额尔金当七月（阴历）内在孟加拉败仗之际，由陆路奔逃，已被孟夷各兵追至海边，适佛兰西有兵船数只往过，连开数炮，孟夷之兵始行退回，额酋乃得免于难。"这说的是印度土兵起义之事。事实恰与叶的情报相反，英方已控制了印度的局势，而额尔金蒙法舰搭救更是无稽之谈。

二、俄国军舰、轮船各一艘，"俱系来香港，向英吉利国夷人，索取前许之兵费"。这说的是克里米亚战争之事。在叶名琛的情报中，克里米亚战争是英、法方面战败，英国等国需向俄国支付战争赔款！事实恰与叶的情报相反，英、法在克里米亚战争中全面获胜，从此牢固地在地中海及大西洋占据优势，而英国需向俄国赔款更是荒谬不堪。[2]

三、英国"女主国书，已于十月中旬（阴历，即11月26日至12月5日）由火轮船递到香港，探闻内载所陈中国事宜，务使好释嫌疑，以图永久相安，勿得仗恃威力，恃强行事。即中国有未能相允之事，仍当

---

[1] 以下五节引文，除注明外皆见《丛刊·第二次鸦片战争》，第3册，第118—129页。
[2] 1856年底，广州刊布了一名为《阖省防虞公局告示》的揭贴，称"现在细查得逆夷苦苦要入城之故，因该夷欠赔俄罗斯兵饷七千七八百余万，定于在广东省城征取，必须入过城一次，即便勒收税租。每日城内勒收地租银一万两，城外亦收地租银一万两，另每日勒收货物税银一万两。每日共收银三万两，每月合计收银九十万两"。（佐佐木正哉编：《鸦片战争后的中英抗争：资料篇稿》，第331页）此中可见英国需向俄国赔款的谣言流传之广。当然，叶也未必相信英人入城是为了收取租税，以支付赔款。

和衷审度,据情奏报,听候国旨施行,断不准妄动干戈,复及沿海各省,有失国体"。这说的是额尔金的使命和权限。事实恰与叶的情报相反,额尔金奉到的训令是清方若不允英方的要求,就立即进行战争,并将战火燃至北方各省。而对英国女王的权威权力,也羼杂着叶本人以儒家政治学说对英国政治结构的误解。

四、法国专使葛罗(J. B. L. Gros)"由本国开行时,屡奉国王明示,英国与中国现有争战之事,派尔往广东,只在守约通和,不准助势附敌。毋令中国视我佛国为寇仇小人一般,致与前议和约有乖"。这说的是葛罗的使命。事实恰与叶的情报相反,葛罗本是法国派来率军开战的特使,法国远征军正赴中国。

五、美国前任驻华委员伯驾在广州以东的猎德炮台开战,[1]"迨该国闻知,皆谓外国与中国交锋,各国旧例不准干预,今伯驾插入扛帮,实为多事,是以将其撤回";"此次列卫廉(W. B. Reed)在国,即公同议定,照常通商,毋得另生枝节"。这说的是伯驾去职的原因和新任公使列卫廉的使命。事实恰与叶的情报相反,伯驾的去职与猎德炮台之战无涉,而是其在修约活动中尚无出众的表现,列卫廉的到来又恰恰说明,美国政府打算"另生枝节"。

对照历史真实,叶名琛的情报完全颠倒,这也毫无疑问地使其对局势的判断发生根本性的错误!今天若要一一查证这些假情报的出处,已无可能。但从常识来推断,很可能是叶所雇的密探本无情报来源,但为获得巨额赏金,乃揣摩叶之心思而随意编造,以图其欢心。不然的话,就很难解释,为什么这些情报会如此地整齐一律,又恰恰是对叶最为有利的。

对于叶名琛的这些情报,也有人表示怀疑。广东布政使江国霖曾当面询问:"中堂所用探报,自然都可信?"叶闻后怫然斥之。在番禺知县

---

[1] 1856年11月15日,美国军舰两艘前往广州,被清军误认为英国军舰而开炮轰击。20至22日,美舰实施报复,攻占猎德炮台。后叶名琛多次照会解释,事态未扩大。此为中美之间的第一次战争。

李福泰、南海知县华廷杰的面前,叶也曾得意洋洋地亮出底牌:

> 从前林文忠公(则徐)好用探报而反为探报所误,偏听故也。我则合数十处报单互证,然后得其端绪。即如彼中大汉奸张同云,前日尚有信来,不过不惜重资,彼故为我用。[1]

既然情报来源多达数十处,即需有综合分析的能力。这需要背景知识的宽泛和长期工作的经验,方能对情报的真伪作出判断。叶名琛于此道实属低手,他曾在奏折中写道:

> 近日英国新闻纸愈加密秘,编列号数,封锁在箧,非当议事之期,各夷官皆不能取阅,外间更无从购览。因密派向在夷楼交涉熟习相信不疑之人,能通夷语兼谙夷文,每值议事时,作为无心相遇,左右其间,旁视侧听,始得备悉其详。[2]

"新闻纸"即为报纸,很显然,叶将之类比于当时清朝的"邸报"。在这些密探的欺蒙下,本是公开的报纸被叶当作绝密的情报,不知骗去叶多少银子。除此之外,叶还另有妙法。其父叶志铣喜扶乩,叶名琛建长春仙馆以奉养其父,军机进退咸取决于此。"各处神签"是否吉利被其用来验证情报!

自1857年6月1日佛山水道之战后,中英之间并无大的战事,也无照会往来。虽然美国新任公使列卫廉于11月16日和28日两次照会叶名琛,要求"修约",并提议"面晤",但叶对此一概拒绝。[3]他对美国一向比较轻视,此时注重的是英国,正等待着英国照会的到来。12月11日,通事吴金来到广州,带来包令、布尔布隆的照会,通告英国专使额尔金、法国专使葛罗的到达;并告次日英、法轮船将亲送照会前来广州白鹅潭,上持白旗,示无战意,请叶名琛派人前往收取。将近一年,英国一直未与叶通照会,此次的主动行为,已在叶心中留下了"示弱"的印象。12日,英、法轮船送来了额尔金、葛罗的照会。而其轮船上的白

---

[1]《触蕃始末》,《丛刊·第二次鸦片战争》,第1册,第179页。
[2] 叶名琛奏,咸丰七年十一月十二日,见《丛刊·第二次鸦片战争》,第3册,第128页。
[3] 双方的往来照会,同上书,第170—174页。

旗，使得叶名琛大为快慰，对其手下宣称：

> 彼实穷急望通商，却不甘求我，仍作大言欺人，其中实已全馁，故肯插白旗进港。彼国凡弱而降服者，则竖白旗……（道光）二十一年（即1841年），粤省受敌人三炮，即挂白布于靖海门以止炮。此次彼亦插白旗，乃天道好还，可为前番吐气。[1]

英、法官员"免冠佩剑、礼貌尚称恭顺"的情态，交递照会后"叙茶小坐"的情节，似乎显得不那么凶狠逼人，叶对此也十分注重，上奏时将此一一叙入。

额尔金的照会并不太长，在指责清方不允入城、伤害英国平民后，开出其条件：一、入城；二、赔偿"亚罗号"事件以来的一切损失；三、修约。前两项限十日内同意，否则将进攻广州。[2] 按照西方的外交惯例，额尔金的照会无疑是一份最后通牒，可叶名琛却不这么看。由于额尔金照会中文本的文意不那么清晰（叶称之为"文理鲜通，字句费解"），更兼其对当时西方通行的外交范式常常有误（出任钦差大臣后，时常自以为理、礼兼备而西方使节恼怒不堪），他体会不到最后通牒中潜含的那种杀气（"文明"词句背后的要挟，确与中国传统的"讨贼檄文"大不相同）。就额尔金照会本身而言，其中相当部分又是抗议不允入城，所提条件，第一项还是入城；至于"修约"，照会中仅有一句，"贵国皇上特派平仪大员，会同本大臣商议定约，内将粤省前两则（即指入城、赔偿），并另有未妥之处，定其协宜"，此外并无更多的叙说。叶名琛的眼光，又习惯性地盯在入城一事上了。

英国的目的究竟为何？叶名琛按自己的思维逻辑得出了三点结论：一、额尔金新到广州，若将以前各位公使的要求置若罔闻，恐国内会对其不利，不如"再行渎请，无论准驳，姑为尝试"；二、由于英方曾在广州商馆等处三次放火，恐清方提出赔偿要求，故先提出赔偿；三、英国"穷乏已极"，尤其印度土兵起义后饷项无出，如果各项条件都不能满

---

[1]《触番始末》，《丛刊·第二次鸦片战争》，第1册，第178—179页。
[2] 佐佐木正哉编：《鸦片战争后の中英抗争：资料篇稿》，第239—240页。

足,但能像 1841 年广州之战那样许给赎城费,"亦稍济眉急"。根据这一分析,叶名琛竟将这份最后通牒当作是"求和"的举动!

与额尔金照会同时送来的还有法国专使葛罗的照会。法方的要求与英方大体相同。其一是关于马神甫事件,须将西林知县治罪;其二是赔偿"亚罗号"事件以来法方的损失;其三是修约。葛罗的照会也是一份最后通牒。可是,叶名琛的密探又送来了对叶极为有利的情报:葛罗曾力劝额尔金"自酌息事",此次转为英方所利用,"实因包令在香港再三央恳","似尚非出自本心";美国公使列卫廉得知后"大为揶揄","讥笑之词,形诸笔墨,现已刻入新闻纸内,各国传观",葛罗为此"亦颇自生惭恧"。叶由此认定,法国必无能为。[1]

与英、法照会同时发出的还有美国公使列卫廉的照会,要求"修约"。不过这份照会叶名琛于 17 日才收到。叶对此没有放在眼里。[2]

为此,叶名琛于 12 月 14 日回复了一道 2 000 余字的照会给额尔金,对英方的理由一一驳斥。其中他最为得意的一段是,以额尔金的前任德庇时(J. F. Davis)和文翰不同境遇相比较,让额尔金效法文翰,不要步德庇时之后尘。[3] 他还提醒额尔金,"今既来粤,贵国所倚重原为在此了事,断非到此生事"。为了给额尔金留下台阶,他称额尔金的照会"似出于旁人怂恿,并非贵公使之本心"。叶的复照,全然拒绝了英方的一切要求,但为额尔金留下了一条"后路":"两国素称和好,至中外通商照常,原当彼此行文,妥为商办也。"[4] 恢复通商,本是英方对付清方的手段,即清方同意入城、赔偿两项条件后,可解除对广州的封

---

[1] 叶名琛奏,咸丰七年十一月十二日,见《丛刊·第二次鸦片战争》,第 3 册,第 127 页。
[2] 同上书,第 174—176 页。
[3] 在叶名琛的情报中,德庇时因在 1847 年擅用武力,结果被商民回国控诉而丢官卸职,文翰因在 1849 年入城一事上保持克制而进封爵位。对于照会中的这一段,叶曾十分自得地拿出向其手下炫耀(见华廷杰:《触藩始末》,《丛刊·第二次鸦片战争》,第 1 册,第 179 页)。
[4] 佐々木正哉编:《鸦片戰爭後の中英抗爭:資料篇稿》,第 240—243 页。

锁；叶却反过来当作对付英方的手段，即英方放弃一切要求后，他可以考虑粤海关的重新开放。对于法国专使葛罗的最后通牒，叶名琛同于14日复照，长篇大论，一律拒绝；对于美国公使列卫廉的照会，叶于18日复照，言简意赅，也是拒绝。

叶名琛的复照，英、法专使看后觉得不可理喻，搁置一旁。而密探从香港送来的绝妙情报却让叶名琛耳热心动："惟据密探由香港回省函禀，额酋、葛酋接阅（叶名琛复照）后，大为惊愕，相顾失色，俱称我各国情形，中国何以尽知底蕴，为从来十余年照会中所未见。"最后通牒规定的十天期限过去了。英、法兵力开始向广州调动，但还没有进攻。又过了两天，24日，英、法专使发来照会，声称已将事务移交给军方。同日，英、法海陆军司令亦发来照会，令广州清军在两天内退出90里。叶名琛于次日复照，仍是拒绝。[1]两天的期限也过去了，英、法仍未进攻，叶认为，英法不过是虚词恫吓；更兼这两天扶乩谶语无不大吉大利，叶估计，否极泰来的转机就要到了。27日，即英、法发出最后通牒后第15天，叶名琛上了一道长达7 000余字的奏折，充满自信地宣称："乘此罪恶贯盈之际，适遇计穷力竭之余，备将节次要求各款，一律斩断葛藤，以为一劳永逸之举。"在这篇奏折的最后，叶写了一句概括性的话，"英夷现已求和，计日准可通商"。[2]

尽管叶名琛此时对未来形势的走向信心十足，但英法联军的频频调动，却使广州城内的大小官绅们神经极度紧张。叶宽慰地对他们安抚道，"彼无能为也，第作战势来吓我耳。张同云在彼中，动作我先知之，彼穷蹙甚矣"。南海县丞许文深由行商伍崇曜等授意，向叶建议："现在相持不下，可否由绅士往敌船一探，或可转圜？"叶闻之怒斥："如有官绅士庶敢赴洋船议事者，我即指名奏参。"[3]

---

〔1〕 佐々木正哉编：《鴉片戰爭後の中英抗爭：資料篇稿》，第243—245页。
〔2〕 以上引文凡未注明出处者，皆见《丛刊·第二次鸦片战争》，第3册，第118—129页。
〔3〕 《英吉利广州入城始末》，《触蕃始末》，《丛刊·第二次鸦片战争》，第1册，第179—180、215—216页。

12月28日,即叶名琛上奏的第二天,英法联军大兵进攻广州,炮弹纷入总督署。叶镇定平静,只顾寻检要紧文件。旁人劝其迁徙,他宣称"只有此一阵,过去便无事"。后因多方劝说,方迁入旧城。29日,英法联军攻入城内,叶仍无丝毫的慌张。30日,广州将军穆克德纳和广东巡抚柏贵,避开叶名琛,发布安民告示,宣布"两国议和"。行商伍崇曜入见,叶虽没有反对议和,但仍坚持他的条件"不可许入城"。一直到了1858年1月4日,即英法联军攻占广州整整一周,他仍照常见客,并据乩语宣称五天后"便无事"。他还向南海知县华廷杰和番禺知县李福泰郑重交代:"各绅讲和,他事都可许,或给以银钱都无不可,盖彼实穷窘异常,独进城一节断不可许!"〔1〕

第二天,1月5日,叶名琛被英军捕走。

简短的结语

如果仅就现象而言,叶名琛在第二次鸦片战争中的表现,确实使人感到乖戾无解;但若切入其内心,可以看出,他将与英国之间的严重对抗,仅当作1849年反入城斗争的延续,并由此断定,中英之间不会发生大规模的战争。也就是说,他面对的不是整个英国,更不是英、法、美西方三大列强,而只是包令等英国驻华外交官员的武力威胁。如果仅是入城,叶名琛的判断似非为错。自1843年以来,广州入城问题一直是中英交涉的重大事项,英方的各种手段也一一施展。但是英国政府为其商业利益,不愿为此决裂。可到了1854年英国等国提出"修约"要求后,情况发生了逆转。即使没有"亚罗号"事件,英、法两国也已结成同盟,准备利用马神甫事件,联合对华用兵。

毫无疑问,叶名琛在外交上犯过许多错误。比如他拒见各国使节,致使一些使节任期已满而国书都无从递交。又比如他的情报错误,致使

---

〔1〕《触番始末》,《丛刊·第二次鸦片战争》,第1册,第183—184页。

他对国际形势的判断完全颠倒。再比如他对外国的一切要求,不分是否合理,概加拒绝,致使各国对其极为敌视,外交活动最后陷于停顿。然而,叶的最大错误,就是没有看清西方列强的"修约"活动是其侵华的重要步骤。他的知识结构,也注定其不可能从几份通知清朝另派大员进行"修约"的照会中,看出世界帝国主义在东方的扩张势头,并由此判断新的大规模战争即将到来。更何况作为"修约"的条约依据——《中美望厦条约》中明白写道:

> 和约一经议定,两国各宜遵守,不得轻有更改;至各口情形不一,所有贸易及海面各款不无稍有变通之处,应俟十二年后,两国派员公平酌办。

《中法黄埔条约》中明白写道:

> 日后大佛兰西皇上若有应行更易章程条款之处,当就互换章程年月,核计满十二年之数,方可与中国再行筹议。[1]

根据这些条款的文字和精神,条约修订须得双方的同意,且只能作局部的细节的修改。叶后来也凭此与各国使节据理力争。他并不知道,在当时的世界中,国际政治通行的原则是强权。

退一步说,即使叶名琛看出了英国等国的主要目的是"修约",也不能同意,更无权同意,就是清廷,也绝不会让步。清朝与英国等西方列强之间的战争似不能避免。就此而言,若要追究历史的责任,战争的到来应与叶无涉,只是他不解世界大势而错误判断局势,只是他出于自信而谎报前线军情,使清朝在毫无准备之际,一下子陷于全面战争之中。1858年1月17日,咸丰帝收到叶上报"英夷现已求和,计日准可通商"的奏折,十分欣慰,认为"俟续有照会,大局即可粗定";10天后,1月27日,他又收到广州将军穆克德纳等人的奏折,得知广州失陷、叶名琛被俘,脑子一下子转不过弯来,在该折上朱批:"览奏实深诧异!"[2]

---

[1]《中外旧约章汇编》,第1册,第56、64页。
[2]《丛刊·第二次鸦片战争》,第3册,第132页。

附记：关于叶名琛的未见奏折

自"亚罗号"事件之后，叶名琛关于与英、法等国交涉的奏折，在清代官修文书《筹办夷务始末》（咸丰朝）中仅有一折一片，即咸丰七年十一月十三日出奏、十二月初三日收到的"密陈英、佛二酋呈递照会、据理回复折"和"俄罗斯兵船火轮船先后来粤，现已分别开行片"。[1]故宫博物院明清档案部（中国第一历史档案馆前身）为《中国近代史资料丛刊·第二次鸦片战争》编辑清代档案1 400件共120余万字（即该书第3、4、5册），也只收入上述一折一片。[2]为什么这两部重要的资料书未将叶名琛的其他重要奏折收入？

我由此在中国第一历史档案馆查阅其《宫中档朱批奏折》和《军机处录副奏折》帝国主义侵略类第二次鸦片战争项，也只在录副奏折中发现上述一折一片，没有其他的斩获。我再查阅军机处《随手登记档》，发现1856年10月8日"亚罗号"事件之后，咸丰帝共收到叶名琛250多件折片，其中有关"亚罗号"事件之后对英、法等国交涉的有八次：

一、咸丰六年十月二十七日发，十一月十七日到，六百里，"英夷藉端寻衅、坚欲进城、力战两次获胜等由"，奉朱批："另有旨。"

二、咸丰六年十二月二十八日发，咸丰七年正月二十六日到，六百里，"防剿英夷叠胜、夷情已慑由"，奉朱批："另有旨。"

三、咸丰七年三月初七日发，三月二十九日到，六百里，"英夷被剿、渐有范围、现在筹办情形由"，奉朱批："另有旨。"

四、咸丰七年五月初四日发，五月二十四日到，六百里，"接奉廷寄、密陈近日夷务情形由"，奉朱批："知道了。该夷乘隙起衅，天褫其魄，理宜然也。惟犬羊之性，诡谲百端，仍当密为防范，勿存轻视之心。俟新酋到后设法妥办，总以息兵为要。"

五、咸丰七年闰五月初六日发，闰五月二十六日到，六百里，"密核

---

[1] 收入该书卷十七，见该书中华书局版，第2册，第610—620页。
[2] 见该书第3册，第118—129页。

防御英夷、三次接仗获胜由",奉朱批:"览奏俱悉。"

六、咸丰七年七月二十二日发,八月十五日到,六百里,"英夷内乱并米国□□通商由",奉朱批:"览奏已悉。"

七、咸丰七年九月初六日发,九月二十七日到,六百里,"遵复筹办夷务情形由",奉朱批:"览奏均悉。"

八、咸丰七年十一月十二日发,十二月初三日到,六百里,"密陈英、佛二酋呈递照会、据理回复等由",奉朱批:"另有旨";"俄罗斯兵船火轮船先后到粤、现已分别开行、仍密饬防范由",奉朱批:"知道了。"

以上折片的题目均由当时的军机章京所拟。《筹办夷务始末》(咸丰朝)及《丛刊·第二次鸦片战争》收入的,仅为第八次上奏的折、片;那么,前七次的奏折又到哪里去了呢?

按照清朝制度,朱批奏折发回后,过一段时间需汇总上交军机处,军机处对此一一注销。据《随手登记档》,叶名琛的朱批奏折绝大多数都已交,军机章京也签注"交"或"随旨交"的字样。然上述8折1片,却没有上交的记载,而与上述8折1片同时出奏的其他折片也已大多有"交"或"随旨交"的签注。很可能叶名琛认为此一事项尚未完成,不妨将朱批折片暂时留下,待事竣后一并上交。由于没有上交,《宫中档》朱批奏折中就不会存有上述8折1片,而当存于两广总督署。广州将军穆克德纳等人于1858年1月24日奏称:"督署历年夷务稿件,于督臣上船之日,均为该夷劫去。"[1]也就是说,上述经过朱批的7折,很可能已被英法联军劫去(第8次1折1片此时尚未发回广州)。而这批被劫的"两广总督衙门档案",现存于英国。

又,按照清朝制度,皇帝发下的折片应由军机章京抄录1份,存于军机处。为何录副奏折也无前七次的奏折?军机大臣、户部左侍郎文祥于1860年11月21日奏称:"军机处档册折包,向俱随带在圆明园值房",英法联军占领圆明园后,文祥恐有损失,几次派员检取,均被截回。后派员假冒乞丐,"伺夜间无夷匪时,会同营汛官兵,即将各

---

[1] 《丛刊·第二次鸦片战争》,第3册,第135页。

档册检归一处,并将抛掷河旁到处掷弃者,均检齐归并,用蒲包捆运"。"奴才督饬章京等逐一检点,其咸丰七年至本年档册、随手(即《随手登记档》)幸无遗失,惟折包等件,已零星分散。"[1]也就是说,前七次的奏折录副很有可能在英法联军占领圆明园时丢失了。也因为如此,同治年间编《筹办夷务始末》(咸丰朝)一书时,编纂官们已寻不着叶名琛奏折,而只能仅录谕旨。特别明显的例子为其卷十五:

"钦差大臣大学士两广总督叶名琛奏:

"密陈近日夷务情形。

"朱批:知道了。该夷乘隙起衅,天褫其魄,理宜然也。惟犬羊之性,诡谲百端,仍当密为防范,勿存轻视之心。俟新酋到后设法妥办,总以息兵为要。"[2]

这与《随手登记档》完全一致(见上引第四次记录),很可能是从《随手登记档》中抄录的。在此附记作者寻找叶名琛前七次奏折的情况,意在说明,若有读者发现此7件奏折,敬请相告。这既可检讨本文对叶名琛内心思想的分析是否正确,更可将此项研究推进一步。

---

[1]《丛刊·第二次鸦片战争》,第5册,第285页。
[2] 见该书中华书局版,第2册,第534—535页。

公使驻京本末

在今天的国际社会中，一国派出使节，驻在他国的首都，进行相关的外交活动，自是再平常不过的事，不会成为什么问题。而在第二次鸦片战争中，"公使驻京"对清朝说来却是一场犹如生死一般的天大灾难。清朝为此进行了全力的抗争，表现出不惜一切代价的姿态，结果完全失败，连带的损失又是相当惨重。从某种意义上说，此一被后人迅速遗忘的事件，实是清朝维护其"天朝"观念与体制的悲烈的最后一战。本文主要根据清方的材料，记述清咸丰、同治两朝"公使驻京"及此中的核心"西礼觐见"之本末，以说明传统国家在适应国际社会的过程中榫卯不合的种种痛楚。

"公使驻京"之由来

在传统的儒家政治学说中，缺少平等国家的概念，强调的是上尊下卑的礼治；在长久的中国历史中，虽有群雄并立的格局，但一般皆自称正统，强调"汉贼不两立"；而由此传统演化和历史沉淀上发展完备起来的清朝对外体制，自视为"天朝上国"，不承认与之平等的国家的存在，即所谓的"敌国"。在观念上和体制上，都与西方近代逐渐周全的国际关系与外交模式格格不入。

1793年英国马戛尔尼（G. Macartney）使华，正是两种观念与体制之间的激烈相撞。尽管从后人的冷静判断来看，乾隆帝的傲慢举措，恰是那个横行无道的殖民主义时代中消极却有效的自卫，但毕竟已不合时代节拍。而在护送马戛尔尼南下的平淡历程中，军机大臣松筠对马戛尔尼出任驻俄国公使的经历发生了兴趣。这种没有特殊使命常驻他国首都长达三年之久的"公使驻京"模式,显然与中国传统中的"苏武牧羊"有着极大差别。尽管松筠得到了详尽的解释:"欧洲各国互派使节的惯例,通过常驻使节来解除两国间的误会,敦睦两国间的友谊",[1]但他并没有表明自己的态度,从各种资料来看,也未向朝廷作过报告。毕竟对他说来,英国是一个远不可及的"蛮夷"之乡,此类"公使驻京"不过是"夷乡夷俗"罢了。1816年英国阿美士德(W. P. Amherst)使华,又是两种观念和体制之间的再次激烈相撞。两次英使入京,皆为不欢而散,当年双方交锋的核心,非为英方殖民主义要求与清朝自护利益,而是觐见皇帝之礼仪。三跪九磕之礼,英使认为是藩属国对宗主国君主之礼而予以拒绝。对于这两次礼仪之争,今人多注意其皮相,批评十分得力却乏同情之了解。若从"以礼治国"的儒家政治学说中去细究,统治者不肯让步也非全为面子。三跪九磕,确实是清朝藩属国使节觐见清朝皇帝之礼,但绝不是藩属国使节觐见皇帝的专用礼节。它是清朝唯一的正式朝礼。不用此礼,不仅是对清朝皇帝怠慢,而且是对清朝礼制的破坏。这在讲究"礼治"的儒家国度中绝不可行。"礼崩乐坏"是王朝衰败的标志。从此之后,清朝对西方使节的进京,一直极为警惕。

1840至1842年鸦片战争,清朝大败,签订了不平等的《南京条约》。然在南京谈判期间,英方曾就进京一事进行试探:

> 因君主怀与大清友和之至意,即大皇帝准允本国特派钦使赴京,亦未属难。然先言明,此公使之往,系按照平行之例,不准挂"进贡"之旗,又不服叩头之礼,而准大英钦使在御前行礼,与本帝君之礼者无异。即大皇帝派命钦差赴到英国,则本君帝(帝君)待之如欧罗巴大国之公使者等。言非本大臣奉命而说者,乃抒其意而已矣。

---

[1] 斯当东著、叶笃义译:《英使谒见乾隆纪实》,上海书店出版社,1997年,第420页。

清方此时新败，不敢断然拒绝，答之："此系应俟届期再议。"[1] 即用婉转的手法将之拖后，最后不了了之。此后进行的中美《望厦条约》谈判中，清方就美使进京、递交国书一事拉开了漫长且坚固的防线，而美方提出的含有种种不平等条款的条约要求，却是清朝的不设防地带。[2] 而不久后又进行的中法《黄埔条约》谈判，仍是中美谈判的翻版。法方放弃了原本不存在的进京要求，换取了与英、美同等的不平等条约，并迫使清朝明令宣布对基督教弛禁。[3] 战争失败了，不平等条约签订了，京城的大门仍然保全了。而在此期间，1844年4月22日道光帝调两江总督耆英为两广总督进行中美谈判时，曾颁下一道谕旨：

> 耆英现已调任两广总督，各省通商善后事宜均交该督办理。著仍颁给钦差大臣关防，遇有办理各省海口通商文移事件，均著其钤用，以昭慎重。[4]

这是对"天朝"对外体制的重大修正，由此开始了两广总督例兼管理各国通商事务钦差大臣的惯例。从操作的层面来看，清廷可以避免与西方使节直接打交道，有事只能与两广总督交涉；西方各国亦可免除与清朝传统处理外部事务的机构礼部或理藩院进行交往而引起的不快。两广总督例兼的钦差大臣头衔"管理各国通商事务"（有时亦称"管理五口通商事务"），也正说明了清朝此时将对外关系的范围局限于各国在华贸易，无意于与各国发生政治关系，也无意于到国外进行外交活动。实际上已经破碎的"天朝"对外体制，进行这一番修补，颜面尚存，勉强且顽强地维持着。而此时的英国驻华公使也例兼香

---

[1] 佐々木正哉编：《鸦片戦争の研究（資料篇）》，東京：近代中國研究委員會，1964年，第216页。然佐々木正哉先生的断句为"则本君帝（帝君）待之如欧罗巴大国之公使者等言，非为本大臣奉命而说者……"，似为误，改。英使进京和清朝派使赴英，非为英国政府之训令，故清方婉拒后，英方没有再强调。

[2] 可参见熊志勇：《从〈望厦条约〉的签订看中美外交上的一次交锋》（《近代史研究》，1989年第5期）和拙著《天朝的崩溃》，第7章第3节。（生活·读书·新知三联书店，1995年）

[3] 可参见卫青心著、黄庆华译：《法国对华传教政策》，中国社会科学出版社，1991年，第3、4章和拙著《天朝的崩溃》，第7章第4节。

[4] 《鸦片战争档案史料》，第7册，第424页。

港总督、对华贸易总监督,驻在香港;法国驻华公使和美国驻华委员(后改公使)驻在澳门。[1]

1849年广州反入城斗争后,中英关系趋于紧张。英国公使文翰(S. G. Bonham)根据国内指示,于次年5月至上海,通过两江总督转递英国外相巴麦尊致清首席军机大臣穆彰阿、大学士耆英的照会和他本人致耆英的照会。刚刚登位不久的咸丰帝令两江总督劝英使南下,有事只许与兼任管理通商事务钦差大臣的两广总督交涉,并发下穆彰阿给两江总督的咨复。穆氏在咨复中称:"我中国臣下向皆恪守'人臣无外交'之义,是以未便咨复(英使)",表示清朝京内官员不能与外国官员有直接交往。文翰再派员赴天津投递文书,当地地方官奉旨拒收。[2] 英国公使企图绕过两广总督兼钦差大臣,直接与清廷打交道的努力虽然完全失败,但此时及此后重复展示的广州官员强硬的鹰派形象和上海官员温和的鸽派姿态,使得英、法、美力图打破两广总督的封锁,以使他们的要求能够上达朝廷。他们并不知道,尽管两广总督兼钦差大臣徐广缙、叶名琛一再直接拒绝或表示不能代为向皇帝上奏,而各国使节的要求实际上通过他们的奏折已经上报朝廷。至于北京与广州在外交言辞上的不同风格,只不过是"天朝"惯有的"驾驭外夷"的阴柔手段。

1854年,英、法、美三国代表向两广总督兼钦差大臣叶名琛提出"修约",要求清廷派出大员进行谈判,叶名琛一如既往地予以拒绝。三国代表前往上海,江苏官员也一如既往地以办理对外事务属兼

---

[1]《南京条约》、《望厦条约》、《黄埔条约》规定了各口领事与清朝地方官的交往程式,对公使和驻华委员与清朝的交往程式并无明确规定。《南京条约》仅规定:"议定英国住中国之总管大员,与大清大臣无论京内、京外者,有文书来往,用照会字样";《望厦条约》仅规定:"合众国日后若有国书递达中国朝廷者,应由中国办理外国事务之钦差大臣,或两广、闽浙、两江总督等大臣将原书代奏";《黄埔条约》仅规定:"将来大佛兰西皇上若有国书送达朝廷,该驻口领事官应将国书送与办理五口及外事务大臣,如无五口大臣,即送与总督,代为进呈。"从实际操作来看,英、美、法承认了清朝的办法,公使和驻华委员只与管理各国通商事务钦差大臣即两广总督交涉。

[2]《筹办夷务始末》(咸丰朝),第1册,第9—21页。

任管理各国通商事务钦差大臣的两广总督之职权为辞,要求三国代表返回广州,有事只能与叶名琛商议。英、美驻华使节北上天津大沽口外(法国公使因其军舰途中出事而未成行,仅派一官员随美舰北上),要求在天津进行"修约"谈判,否则直入北京。当地官员仍告以天津非办理通商事务之所,有事只能回广东,与叶名琛商议。几经周折,至 11 月 3 日,英国公使包令(J. Bowring)向清朝前长芦盐政崇纶提交"修约"要求 18 条,美驻华委员麦莲(R. M. McLane)亦提交"修约"要求 11 条。其中英方要求的第 1 条措辞直截了当:"英国钦派大臣驻扎京师";美方要求第 10 条也有"公使驻京"的内容,但稍述其理由:

> 嗣后欲免两国官宪民人,有互相错会意思,并为免异日艰难,必须准合众国钦派便宜行事大臣,或别样有权办事之员,驻扎中国京都。遇有事故,致可与首相学士,或用文移,或以会晤,互相商办,倘荷大皇帝豫悦,亦可与朝廷直行往来。[1]

咸丰帝看到英、美"修约"要求,认为"均属荒谬已极,必须逐层指驳,以杜其无厌之求"。他没有对"公使驻京"作直接评论,正是认为此项要求毫无道理,不可理喻。前长芦盐政崇纶奉旨对英、美"修约"要求进行驳斥,其中对英方"公使驻京"等项称:"如欲驻扎京师,随时往来内地各处,并驻扎天津贸易通商等事三条,京师为辇毂重地,天津与畿辅毗连,并内地各处,从无外国人混入其中,试问贵国尺地寸土,能畀我中国乎?应勿庸议。"对美方称:"京师为辇毂重地,从无外国之人,混入其中",公使驻京"属窒碍难行"。崇纶之言不仅露出其对当时的国际知识未解,也显现对国内情况的无知。这位在北方号称能办"夷务"的干员,竟然不理会北京就有俄罗斯教士团,竟然不知晓西方各国传教士早已深入内地。他还根据咸丰帝的旨命,郑重地通知英、美使节,两国"修约"要求中除了三项末节外,其余"于我国大有伤损","本大臣等尚不能容其所请,何敢代奏!"也就是说,已经上报咸丰帝并据咸丰帝旨意批驳的英、美修约要求,他不能向朝廷报告。这种障目的

---

[1]《丛刊·第二次鸦片战争》,第 3 册,第 46、49—50 页。

手法，使英、美使节十分不满。[1]1854年三国修约活动失败了，三国使节均向本国政府报告：其"修约"要求未能上达清朝中枢。他们当时并不知道广州、上海、天津等已有几十份奏折向清廷作了详细的汇报，咸丰帝也相应下发了几十道针对此事的谕令。

1856年，美国新任驻华委员伯驾（P. Parker）照会两广总督兼钦差大臣叶名琛，要求递交国书，进行"修约"谈判。叶名琛以其惯用手法予以拒绝。伯驾随即前往福州，与闽浙总督王懿德相会，请其代为递交国书。美方的国书共两份：一为介绍伯驾任职；另一为美国总统致清朝皇帝，要求进行"修约"谈判，其中还特别提到了"公使驻京"：

> 此次重订条约，朕意以为应须明立一款，使合众国驻扎中国之大臣，得以居住北京辇毂之下，而贵国不论何时简派大臣，亦可驻扎合众国华盛顿都城之内。

王懿德对此的回答是："汪洋大海，相隔甚远，彼此均有不便，且都城内外，均非夷酋驻扎之地，所请恐难准行。"在美方的一再要求下，王根据《望厦条约》，将美方国书由驿送京。咸丰帝看到送来的美方国书，对其中的"公使驻京"仍未予理睬，而对闽浙总督代递国书的做法极为不满，指示道：

> 王懿德接到此件，自应正言拒绝，告以一切夷务，皆由广东办理，他省不能入奏，令其将原件赍回广东，一面照抄密奏，不使该夷知悉，方为得体。前年该酋驶抵上海、天津，怡良、崇纶等皆系如此办理，该酋始俯首帖服，起椗南返。

根据咸丰帝极为周密详尽的指示，闽浙总督照会伯驾：前次送来国书，已由驿驰奏，"兹准军机大臣字寄：'以此事应归钦差大臣两广总督具奏办理，并非闽浙总督管理之事，未便代呈，兹将原匣发还转交可也。'为此照会，并将原匣送还，惟希查收。"[2]也就是告诉美方：国书虽然到了军机处，但被退了回来，没有到达皇帝的手中。

---

[1]《丛刊·第二次鸦片战争》，第3册，第52—59页。
[2] 同上书，第78—80、83—84页；《十九世纪美国侵华档案史料选辑》，上册，第66—68页。

可以说，自1849年反入城斗争之后，先后出任两广总督兼钦差大臣的徐广缙、叶名琛，在咸丰帝的支持怂恿下，一味强硬，对英、法、美等西方各国的各种要求一律予以拒绝；而各国使节北上其他通商口岸交涉时，各地官员奉旨以职权属两广总督、本地无从办理为由，劝其南下广州；清廷由此避免受到西方列强的直接压力。当咸丰帝一再以这种保守的程序性手段，挫败西方各国包括"修约"在内的各种要求时，也使自1844年以来实行的由两广总督处理中外交涉的清朝对外体制处于危机之中。强横的两广总督叶名琛，使中外关系处于几乎断绝的状态中。后来出任两江总督的何桂清对此评论道：

> 该夷（指英国）之最疑者，中华大吏不将其苦衷据实具奏。因凡有关涉夷务事件，止奉廷寄，不奉明发，而准行事件亦作为承办官员意见代为乞恩，非由该夷求请，故不感激而转疑中华大吏一味蒙蔽圣聪也。吉雨山廉得其故，遇有可行之事，即告以据实代奏。其不可行之事，则告以尔等欲我代奏，不能不奏，然一经代奏，大皇帝必将我革职治罪。我等相好，将此顶纱帽结交朋友无甚要紧，但不知尔等安否？设有出言悖谬之处，直告以头可断，事不能为。该夷以为不欺，尊之曰吉大人而中心诚服矣。现在欲求陛见，欲求与全权大臣面晤，疑团未破也，好体面也。[1]

何氏的议论自然包含着那个时代清朝官员的认识局限，对当时西方的外交惯例及相关知识的无知使之不知如何保护本国利益，只是想把两国公事当作朋友私事那样有商有量地私下解决。但何氏也确实说出了英国等国在华官员对清朝对外体制的疑忌和敌视。英国政府发动第二次鸦片战争之初，在给其高级专使额尔金伯爵（Earl of Elgin）的训令中明确指出：英国公使常驻北京，并有直接与京内高级官员行文的权力。

还需说明的是，此时的清朝"成功"地阻止了俄使的进京。1857年

---

[1] 何桂清致钱炘和，咸丰八年五月初二日，《军机处录副·帝国主义侵略类·第二次鸦片战争项》，3/167/9231/82。"吉雨山"，江苏巡抚吉尔杭阿。

2月,俄国派普提雅廷(E. V. Poutiatine)为使华全权代表,以与清朝签订一项与英、法、美同等权利的不平等条约。俄国外交部将此通报清朝理藩院,咸丰帝下令阻止。结果,普提雅廷4月从恰克图要求入境,被拒;6月,从黑龙江要求入境,被拒;8月,从天津大沽要求入境,仍被拒。此后,普提雅廷去了香港,加入了此时已结成的英、法、美对华联合行动的同盟。英、法军事入侵,俄、美外交配合。

《天津条约》的签订及对"公使驻京"的规定

一直到1858年4月英法联军抵达天津大沽口外时,咸丰帝对联合上门的英、法、俄、美四国的要求还是不清楚的。他甚至一厢情愿地让军机大臣为准备出面交涉的直隶总督谭廷襄制订了"详尽"的外交方略:对俄表示和好,对美设法羁縻,对法进行劝告,对英严词诘问;如此拆散四国同盟,孤立英国,然后由俄、美出面调停,可迫英、法以就范围。[1]他似乎已经忘记,不久前两江总督何桂清递送军机处的英、法、俄、美四国使节的照会,已是初步开列了他们的要求,其中就包括"公使驻京";而抢先到达大沽口外的俄使普提雅廷又将此四国照会再次投递。[2]谭廷襄

---

[1]《军机大臣拟答俄、美、法、英四条》,《筹办夷务始末》(咸丰朝),第2册,第721—722页。
[2] 英使额尔金致首席大学士裕诚的照会称:"设照泰西各大邦向来恒素交谊成规,各土大吏得以任意进诣京师,似则近年在粤不美之患,多为杜绝。"法使葛罗致裕诚的照会称:"查大西各国,常派大臣前往各国京师寄寓,向例如此。今就贵国而论,苟京师有本国或大英国钦差大臣寄寓,俾凡有不协之处,可直进奏。或不寄寓,倘有两国交涉之事,即能前赴妥办,甚为方便。"美使列卫廉致裕诚的照会虽没有明确提出"公使驻京",但对1856年国书被退回提出抗议:"此是大无礼之事。"俄使普提雅廷致军机处的咨文是夹在美使照会中的,语气特别:"至各国所愿之事:其一,遇有要事,各国派出可靠之人,直赴京师商议,不可阻止。如此办理,一切自然分明。地方官虽距京师较远,亦不至任意办理,外国与中国相交之道,亦可愈为坚固。况如今各国皆如此办理,看来并无不善之处,贵国亦可如此办理。"(《筹办夷务始末》〔咸丰朝〕,第2册,第654、657、658、661页,再次呈递照会事,同上书,第718—720页)以上四国照会,惟俄国照会文理通顺,此与该国在北京设有教士团有关。英、法照会若非仔细且反复推敲,难解其本意。无怪清朝与咸丰帝对此没有什么反应。当时的翻译问题对中西外交影响很大。

照计行事,无奈英、法使节以谭氏未奉到全权为由,拒不相见。谭氏请俄、美代为说和,俄、美却乘机提出本国的要求。

由于法国在此时更愿以温和的形象出现,又由于法、俄历史关系,法国与俄国使节会商后,5月5日,由俄方出面代为向清政府相商条约要求,其中关于"公使驻京"一项为:

> 佛酋请与英、米等国各派钦差驻京。俄酋议令如有重大事件,准其到京,俟说明后,仍行回去。小事即在本省督抚及驻扎道员处商办,如不为商办,备文直达京师。若有喜庆请安等事,亦准到京,一切费用,本国自备。

据谭廷襄的奏折,出面的清朝代表为沧州知州卞宝书,对此"答以难允"。俄方出面的普提雅廷向清朝表功称:"连日向英、佛相商,大费唇舌,现在佛夷之事,已有眉目。"按照这一说法:法方的方案是"公使驻京",俄方提出修正方案是公使有事可以进京。咸丰帝收到谭廷襄的奏折后,让军机大臣代拟对此项要求的答复:

> 佛酋欲与英、米各夷谱人驻京,俄国议令遇事前来。可告以中国与外国往还,总在边界,惟有属国,始行进京朝贡,亦无钦差驻京之事。俄国学生久在京中,岂不知之?至通商地方各有大臣,该夷既来贸易,即当遵照中国章程。此条不能代奏。[1]

这是清朝第一次正式对"公使驻京"一事表态。而其言辞所露,又可见两点:其一是尽力维持昔日的"天朝"体制;其二是中法关系只是"贸易"关系。根据指令,谭廷襄酌拟将来进行谈判时的"清单",上奏请旨,对英、法等国准备有所让步,即减少关税、增加通商口岸,至于"公使驻京"则是丝毫不让。[2]

由于英、法使节继续拒绝与尚无"全权"头衔的谭廷襄谈判,5月12日,俄方再次向谭廷襄转来了英、法的信息:

---

[1]《筹办夷务始末》(咸丰朝),第3册,第743—748页。
[2] 同上书,第761页。该清单称:"英酋来文,大吏进诣京师,英民游历各省一条。查进诣京师,并无要……应行议驳。""佛酋来文,外国官员寄寓京师一条。应与英国一律驳议。"

> 英、佛所求，最要在进京一节。若有要事，或隔数年，准其到京一次，随从不过数人，中国何畏何惧，必不应允？如将此节说定，伊（指俄使普提雅廷）即出头了结别事，否则不能开口，务须速给回信，以免参商。

从后来的中英、中法《天津条约》来看，英、法要求"最要"不仅仅是"进京"；而俄使普提雅廷如此言事，自有俄方自我的理解：除了教士团外，俄国使节一再被拒入京。他们已从自我的历史经验看出，英、法的各项要求中清朝最不可容忍的即是"进京"，"常驻使节"模式更无可能，因而将之改为"要事"入京，要求清朝于此让步。俄方的转述，并不能代表英、法全部要求，更何况普提雅廷"出头"是否能"了结别事"更是疑问。但谭廷襄为之心动，上奏报告情况时变了口气：

> 臣等复思自办理夷务以来，五口通商，遇有所求，往往推往广东，而广东又置之不答，迁延粉饰，不将实情上达，遂致激而至此。将来唇舌，正恐不一而足。从前西洋人南怀仁等，有终身在钦天监当差者，今伊等只请数年一次，或有要事方敢至京一次，如止随从数人，或约定行走陆路，不准取便天津海道，但能妥为驾驭，借弭边衅，未始非抚夷之一策。

谭廷襄对"公使驻京"模式完全不解，上奏时将之与传教士南怀仁类比，并非常相信普提雅廷的话，以为那种"数年一次"、"要事方敢至京一次"并"约定行走陆路"的"进京"方式，能够"借弭边衅"。咸丰帝却明白地看出"公使驻京"与当年的西洋人在京之间的差别，在谭氏的奏折上朱批：

> 英、佛之请，隔数年或有要事进京一次，迥非昔时可比，言似近情，心实叵测。盖昔时住京洋人，因学算法，操纵由我，无虑为患，今则来去由伊，贪得无厌。若只顾了局，终有隐忧。况既准进京，则粤省钦差为赘疣，非但不似叶名琛之激裂贻殃，求似耆英之目前迁就，尚不能也。

咸丰帝对"公使进京"后的行为与清朝如何待之，实无底数，"求似耆英之目前迁就"一语，可见其对此事的恐惧。当日下发的谕旨又称：

至外国人进京,皆系朝贡陪臣。若通商各国,原因获利起见,近年海口事宜,均在广东定议……该夷来京,无论人数多寡,中国有何畏惧,实因与体制不合。上年普酋(普提雅廷)请许来京,尚且因接待礼节向无章程,令其停止,何况英、佛两夷,称兵犯顺,尤非恭顺之国可比。此次准其接见大臣,已属格外,岂能再准进京?[1]

谭廷襄未等奉此次谕旨,急急忙忙又出奏,要求允"公使进京",奏折中还提出一项奇特理由:进京公使"倘或不恭不顺,执其人,数其罪,闭关封货,俾有所畏忌顾惜,其权操之自我"。谭氏所言,自是险论。咸丰帝对此未发评论,提醒谭:进京实为俄国一方的要求,不过是借英、法为要挟;"究之英、佛所重者在利,未必全重此事,亦当分别观之。"[2]

本无武力相随的美国公使列卫廉(W. B. Reed)跟随英法联军北上实属"搭车",自然不能像英、法专使那样傲慢,只与清朝"全权"大臣相见。5月8日,他向谭廷襄递交了修约要求11条,其中包括公使驻京或有事进京;5月18日再向谭廷襄递交了国书,由谭原封送交军机处。美国总统致清朝皇帝国书中文本第一句为"朕选拔贤能智士,姓列,名卫廉,遣往驻扎辇毂之下,任以亚美理驾合众国便宜行事全权大臣之任"。文中的"朕",当属美方翻译为与清朝皇帝平起平坐而选择的"措辞";"便宜行事"一语,也是鸦片战争后签订第一批不平等条约时清朝钦差大臣的名衔。咸丰帝于5月20日收到此国书,"阅所进国书内,该国王竟自称'朕',实属夜郎自大,不觉可笑",而对"驻扎辇毂"即"公使驻京",则明确表示"碍难允准"。他让谭告美方:"天朝体制,凡外国人许其进京者,皆系朝贡陪臣。若米利坚既是与国,款待之礼,例所不载,既无章程可仿,即恐礼貌未周,转伤和好之谊,此事恐难允准。"[3]

也就在5月20日这一天,英、法以清朝未派出"全权大臣"为由,

---

[1]《丛刊·第二次鸦片战争》,第3册,第306—307、311—312页。
[2] 同上书,第313—315页。
[3] 同上书,第317—319、325页。

攻占了大沽炮台。[1] 26 日,英法联军进抵天津。

　　清军的败绩,使咸丰帝只能根据英、法的要求,派出东阁大学士桂良、吏部尚书花沙纳为钦差大臣,授以"便宜行事",前往天津,与英、法等国进行谈判。桂、花临行前,由怡亲王载垣及军机大臣等拟定的"准驳四国条款"中,除原已答应的减税、增口两项外,另同意可以考虑酌赔军费。[2] 而对英、法等国的"公使驻京"等项,咸丰帝流露出极不可理解:"英、佛所求各款,如遣使进京,及传教夷人准在内地游行两事,在彼并无利益,无非扰乱中国,断难允准。此外利之所在,尚可斟酌办理。"[3] 他实在看不出这些历来"嗜利如命"的西"夷",为何在"驻京"或"进京"一事上如此顽梗。为使桂良等人的使命更为顺通,他还派出曾被其黜辱的前大学士耆英[4]以侍郎衔前往天津,参与谈判,以凭借其当年与英、法的老关系,在谈判桌上讨点便宜,为此密谕:

　　　　如桂良、花沙纳所许,该夷犹未满意,著耆英酌量,再行允准几条。或者该夷因耆英于夷务情形熟悉,可消弭进京之请,则更稳妥。接到此旨,不可先行漏泄。此时桂良等作为第一次准驳,留耆英在后,以为完全此事之人。[5]

然咸丰帝的这一招术完全失败。[6]

---

[1] 开战前一天,美方参赞兼翻译卫三畏告清方直隶布政使钱炘和:不允英、法使节进京,"恐难无事"。开战当日法使葛罗照会称:清朝允公使进京,原本"犹可前所求各件小(稍)为减些",因收到拒约入京,"则仍应按理补足"。(《丛刊·第二次鸦片战争》,第 3 册,第 322、328 页)

[2] 《筹办夷务始末》(咸丰朝),第 3 册,第 825、828—831 页。

[3] 同上书,第 857 页。

[4] 耆英曾以钦差大臣便宜行事的头衔,在第一次鸦片战争后与英、美、法等国签订第一批不平等条约,后任两广总督兼管理五门通商事务钦差大臣,对外主和,以避免与英国等国发生冲突,1847 年出具照会,同意两年后允英人入广州城。咸丰帝上台后,对其主和政策十分不满,将其由大学士降为五品员外郎,发六部候补,后因坐子罪被圈禁。

[5] 《筹办夷务始末》(咸丰朝),第 3 册,第 865—866、876—877、885—886 页。

[6] 耆英在两广总督兼钦差大臣任上时,其政策是外示阴柔内行钳制。英法联军占领广州后,搜获了两广总督衙门档案,知其政策底里。结果以其未有钦差全权头衔,仅派两名翻译官与之会见。这两名年轻的翻译官手持当年耆英奏折,对其大加羞辱。耆英不堪忍受,由津回京。后咸丰帝泄愤,以擅自回京为由,令其自尽。

由桂良主持的天津谈判，矛盾的焦点很快集中到"公使驻京"一事上。英方汉文副使李泰国（H. N. Lay）提出须先行同意进京驻扎，再谈条约具体事项，桂良有意让步，上奏请旨。咸丰帝要求先订条约，然后进京，而且"应行中国礼节"。桂良以军情紧急，英法联军有北上京城之意相告，再请示能否同意"驻京"。咸丰帝两手准备：一面指示桂良等，长江通商、内地游历，贻害无穷，万无准理，公使进京，总宜设法消弭；同时转告驻守通州一带的钦差大臣僧格林沁，加倍防守，准备决裂。桂良由此提出：一、长江通商、内地游历允镇压太平天国之后再办理；二、赔偿军费由广东办理；三、进京约定缓期办理。咸丰帝毫不松口，一概拒之。

英、法恃兵以强，咸丰帝决心不让，桂良却手无退敌之兵，只能求伪善的俄国公使普提雅廷从中斡旋。俄方乘机开出自己的条件。6月13日，桂良与普提雅廷首先签订了《中俄天津条约》。[1]而此时清黑龙江将军奕山擅自与俄东西伯利亚总督穆拉维约夫（N. N. Mura-vyev）签订《瑷珲条约》，割让黑龙江以北60万平方公里土地，并将乌苏里江以东40万平方公里土地划为中俄共管。咸丰帝不究利害，竟让桂良告诉普提雅廷：

> 本日据奕山奏，已会同夷酋木哩斐岳幅，将乌苏里河至海口等处分界、通商事宜，合约定议。桂良等即可借此一事，告知俄酋，谅伊必早有所闻。惟中国与尔国，二百年相好，故能如此优厚……今俄国已准五口通商，又在黑龙江定约。诸事皆定，理应为中国出力，向英、佛二国讲理，杜其不情之请，速了此事，方能对得住中国。[2]

由于《中俄天津条约》给予俄国片面最惠国待遇，俄方的态度恰恰相

---

[1]《中俄天津条约》没有公使驻京、长江通商、内地游历等当时中英、中法条约谈判陷于困境的条款，仅规定七口通商（五口以外另加台湾、琼州）、两国官员会同办理中俄案件、片面最惠国待遇、俄舰可驶入通商口岸等项。（见《中外旧约章汇编》，第1册，第86—89页）桂良等人也不知其中之不平等意义，故首先与之签订。

[2]《丛刊·第二次鸦片战争》，第3册，第407—408页。咸丰帝的这番话对后来清政府否定《瑷珲条约》，很是不利。

反,不停地为英、法出谋划策,帮助英、法向清朝施压,以能援例扩大其利益。6月18日,桂良又与列卫廉签订了《中美天津条约》。[1]并未发兵攻战的俄、美两国,不费一弹,却最先获利。然这两个条约原文,桂良并没有及时上报朝廷,甚至连大致内容都没有报告。[2]

6月19日,桂良向咸丰帝报告中英条约谈判情况:内地游历、长江通商,他已经初步同意;然"夷性本属犬羊,向来最苦中国藐视,故欲日驻京师,以示体面"。英方此项的具体要求为:"长远驻京,有事乃可随请随奏";先行派人看房,明年交换条约时"简派钦差前来";人数为二三十人;费用自理;除宫禁要地外,京城任行无阻;文移会晤可与大学士平行。桂良对此极为委婉表示其态度:

> 奴才等再四商酌,夷情反复无常,久则更恐别生枝节,倘能善为羁縻,即有数十夷人在京,尚易防范,且目前不住,暂将兵船退却,使我稍舒一步,再图设法布置,亦尚有措手之时。

桂良认为,即便对"公使驻京"不可容忍,至此军事危局,也不得不虚晃一枪,作为缓兵之计。他的这一番劝说并没有打动咸丰帝。咸丰帝针锋相对地提出,英国若坚持"公使驻京",那只能按照"俄国成例","但能派学生留驻,不能有钦差名目。须改中国衣冠,听中国约束。专令学习技艺,不得与闻公事"。——此为俄国北京教士团模式。就是允许公使进京,也需定议:"止能自上海起,由内地北来,由中国派官护送。一切供应,俱由中国办通,不必令其自备资斧。以后或三年一次,或五年一次来

---

[1]《中美天津条约》没有长江通商、内地游历的条款,规定公使有事可以入京,每年不超过一次,但清朝若与他国签约允公使驻京,美国公使"一律照办,同沾此典"。条约对通商规则、领事裁判权等不平等条款规定甚详。(见《中外旧约章汇编》,第1册,第89—95页)

[2] 6月12日,即《中俄天津条约》签订前一天,桂良奏称:"俄、米两夷条约,已在商办,均俟得有头绪,再将详细条目,开单具奏。"(见《丛刊·第二次鸦片战争》,第3册,第402页)6月19日,即《中美天津条约》签订的第二天,桂良奏称:"现在俄、米两国条约已定。"但未附条约原文。(同上书,第418页)至6月26日,咸丰帝询问:"至俄、米两国条约,既称已定,即可先行具奏,以备印证。"桂良直至咸丰帝此时追询,方于27日将中俄、中美条约原文进呈,咸丰帝于28日才收到。(同上书,第436、447页)

京,不必年年跋涉。"——此为朝贡形式。咸丰帝此时并不知道,桂良已经签订的《中美天津条约》,关于公使进京有着更合国际惯例的规定。[1]

决非是咸丰帝一人如此固执地维系"天朝"对外体系,毫不体恤前方谈判官员的难处。当桂良欲允"公使驻京"的消息于20日传到北京,很快泄露,京城官僚闻之大哗。6月23日,他们采取联合行动,分头上奏。桂良的女婿、咸丰帝的亲弟恭亲王奕訢,后以对外主和著称,倡导了"洋务运动",而此日出奏时,要求在谈判中决不能示弱;并称英方谈判代表李泰国"系广东民人","市井无赖之徒",系英方的"谋主",让咸丰帝敕令桂良在谈判中"待其无礼肆闹时,立即拿下,或当场正法,或解京治罪","既足褫逆夷之魄,且不啻去其腹心指臂,办理当易著手"。[2]御史尹耕云奏:"臣不知进京之后,我皇上以何礼见之?使竟不出京,又当以何法逐之?""伏乞皇上为宗社自重!"[3]吏部尚书周祖培、刑部尚书赵光、工部尚书许乃普等十余人联名上奏,提出"公使驻京"之"八害":一、知我举动,既速且详;二、建立高楼,窥我宫禁;三、指地营建使馆,拆迁民居衙署;四、观望"跸路",无人敢禁;五、设馆传教,去我衣冠礼乐;六、民夷杂处,设有斗讼,无从讯断;七、包揽商税,任意来往,门禁税收尽废;八、朝鲜、琉球等国,由此滋生轻慢之心。他们还特别指出:"该夷一入京师,则一切政令必多牵制,即欲为生聚教训之谋,不可得也。请皇上宸衷独断,决不准行,天下幸甚!"[4]宗人府丞钱宝青奏称:"自初十日(6月20日)以后,所闻市井闲谈,士大

---

[1] 《丛刊·第二次鸦片战争》,第3册,第416—421页。
[2] 《筹办夷务始末》(咸丰朝),第3册,第952页;并参见第873—874、950页。
[3] 同上书,第909页。
[4] 同上书,第953—954页。该书仅录领衔周祖培一人,查档案原件,上奏人附在文中已提及者外,还有兵部侍郎王茂荫,内阁学士宋晋,巡视中城御史英喜、陆秉枢,帮办中城给事中毛昶熙,巡视东城御史毓禄、贺寿慈,帮办东城给事中吴焯,巡视南城给事中英汇、吴惠元,帮办南城给事中李鹤年、陈睿,巡视西城御史奎斌、刘子城,帮办西城给事中方濬颐、刘成忠,巡视北城御史富稼、尹耕云,帮办北城御史何兆瀛、何景。引文中个别词句从原件中补。(周祖培等奏,咸丰八年五月十三日,《军机处录副·帝国主义侵略类·第二次鸦片战争项》,3/167/9230/42)

夫清议,无不以夷人驻京为宗社安危所系而惴惴不安者。""闻桂良等于夷人所请,皆先写照会允准,钤用钦差大臣关防,付于该夷,然后入奏","今(夷人)乃坚执驻京,是桂良等不能力持大局,即予罢斥,敕令回京,不准再与夷人辩议","应剿应抚悉归僧格林沁督办"。[1]钱氏之折,实为弹劾桂良。内阁侍读学士段晴川奏称:"辇毂重地,何容此附骨之疽,万一肘腋变生,萧墙祸伏,宗庙社稷之所,岂可与广东比论。"他要求拒绝入京,密敕统兵大臣,激励天津民团,"同时并举"。[2]翰林院侍讲许彭寿奏称:"京师重地,许以久居,则彼将坚筑垣墉,暗列火炮,洋楼则以渐而增,不得不听其侵占,丑类则接踵而至,不得不任其蔓延。"他要求坚拒,兴兵与战。[3]御史陈潘奏称:"从来外夷臣服中国,入修朝贡,皆事毕即返,不许久留,所以严中外之大防也。若其不修臣节,而听异言异服之人,盘踞京邸,出入自由,则纳侮藏奸,其弊何所不至。"他要求撤回桂良,另简忠勇大臣前往查办。[4]如此众多的官员就一事同日进言,在咸丰朝已属不小的政潮。而进言者对西方模式的"公使驻京"并无认识,只是用他们意念中的"公使驻京"模式来推测其危害。咸丰帝一下子收到如此之多的奏折,颁下朱谕,让巡防京城王、大臣、军机大臣、周祖培及同奏诸人、宋晋、万青藜"从长和衷商议"。朱谕中明确指出:"准夷酋之伪钦差驻京,动受挟制,战抚两难,贻害无穷,不如战";"恭亲王所奏(指捉拿李泰国),颇有可采择之处,著一并面议。"[5]

此次高层商议尚未得出结果,桂良已于6月23日出奏,英、法逼促签约,只能请旨:如英、法不肯改变其要求,是姑为允准以顾目前?或通知领兵在通州的僧格林沁决裂开战?咸丰帝于24日收到此折,其回

---

[1] 《筹办夷务始末》(咸丰朝),第3册,第954—956页。
[2] 同上书,第956—957页。
[3] 同上书,第957—959页。
[4] 同上书,第960—961页。
[5] 同上书,第961—962页。

答却极为含糊,既不同意"允准",也不同意"决裂",只是强调已给英、法诸多恩惠。若英国坚持"公使驻京",旨命桂良告诉对方:"我等若擅自允许,大皇帝必将我等从重治罪,(先前)所许各条,亦只好均归罢议。"除此表面苦肉计外,咸丰帝也准备决裂,另告僧格林沁、谭廷襄做好开战之备。[1]桂良于25日收到此谕,恰英方也于此日送来条约草案56条,不容更改,定于次日签字。两边的夹击使桂良无所措手,他只能请俄、美使节将"允准必治罪"的口信带给英、法,并托英、法使团中帮办笔墨的华人暗中设法;同时通知僧格林沁迅速筹备开战。而在26日上午给咸丰帝的奏折中,桂良详细报告情况,并写下一段自我辩解却后患极大的话:

> 此时英、佛两国和约,万不可作为真凭实据,不过假此数纸暂且退却海口兵船。将来倘欲背盟弃好,只须将奴才等治以办理不善之罪,即可作为废纸。

咸丰帝当日收到此折,知其势必用武,下旨称:"如其事机决裂,桂良等即当设法抽身,万不可轻蹈虎口,致伤国体。"[2]对于桂良上引完全违反国际条约规则的话,他没有发表评论。从后来的事态发展来看,他是完全听进去了。

英国专使额尔金等人见桂良有意退缩,即于26日下午3时派人施加压力,表示若不按时签约,立即开战,直入北京。桂良心知开战必败,只能屈服。6月26日晚6时,他与额尔金签订了《中英天津条约》。该约关于"公使驻京"共有四款:

> 第二款 大清皇帝、大英君主意存睦好不绝,约定照各大邦和好常规,亦可任意交派秉权大员,分诣大清、大英两国京师。

> 第三款 大英钦差各等大员及各眷属可在京师,或长期居住,或能随时往来,总候奉本国谕旨遵行;英国自主之邦与中国平等,

---

[1] 《丛刊·第二次鸦片战争》,第3册,第427—428、431—434页。
[2] 同上书,第434—436页。又,桂良此折署日期为咸丰八年五月十六日,即6月26日,而咸丰帝当日收到此折,并发出廷寄。桂良所在的天津距北京二百余里,以往的加急奏折和谕旨都是次日到达。由此推断,桂良此折最晚也在中午以前发出。

大英钦差大臣作为代国秉权大员,觐大清皇上时,遇有碍于国体之礼,是不可行。惟大英君主每有派员前往泰西各与国拜国主之礼,亦拜大清皇上,以昭划一肃敬。至在京师租赁地基或房屋,作为大臣等员公馆,大清官员亦宜协同襄办。雇觅夫役,亦随其意,毫无阻拦。待大英钦差公馆眷属、随员人等,或有越礼欺藐等情弊,该犯由地方官从严惩办。

第四款 大英钦差大臣并各随员等,皆可任便往来,收发文件,行装囊箱不得有人擅行启拆,由沿海无论何处皆可。送文专差同大清驿站差使一律保安照料;凡有大英钦差大臣各式费用,皆由英国支理,与中国无涉;总之,泰西各国于此等大臣向为合宜例准应有优待之处,皆一律行办。

第五款 大清皇上特简内阁大学士尚书中一员,与大英钦差大臣文移、会晤各等事务,商办仪式皆照平仪相待。[1]

概括起来为"公使驻京",以西礼觐见清朝皇帝,外交豁免,清朝指定大臣办理外交。这与当时的西方、今日的世界所通行的国际准则相符,与清朝此时残存的"天朝"体制格格不入。此处详细列明原文,是因这些条款后来引出了一系列麻烦,距其真正实现,仍十分遥远。

6月27日,桂良又与法国专使葛罗(J. B. L. Gros)签订《中法天津条约》,该约并没有规定"公使驻京",只是规定公使有事可进京,但至此时,此规定已无意义,因为该条款有一条但书:"将来假如凡与中国有立章程之国,或派本国钦差公使等进京长住者,大法国亦能照办。"[2]一天前的《中英天津条约》给了法国与英国同等的权利。

6月27日这一天,很可能是桂良一生最难受的一天。他不顾咸丰帝的一再明确旨意,擅与英、法签订了包括"公使驻京"内容的条约。为此,他写了一道长篇奏折,历数无力与英法联军开战的五条理由,"天时如此,人事如此,全局如此,只好姑为应允,催其速退兵船,以安人

---

[1]《中外旧约章汇编》,第1册,第96—97页。
[2] 同上书,第104页。

心。"该折未将《中英天津条约》原文附呈。咸丰帝于28日收到此折,尚不知条约的具体内容,仅仅根据桂良奏折所提及的条约内容,下旨需与英方另外再订三条:取消"公使驻京";镇江暂不开口;牛庄开口后英人不许上岸,交易只许在船上进行。尤其是"公使驻京",咸丰帝指示甚详:"来时只准带人若干,到京后只准暂住若干时,一切跪拜礼节悉遵中国制度,不得携带眷属。"[1]

6月29日下午,桂良收到另订三条的谕旨,一时慌乱,30日才上奏,称条约已定,业经画押,盖用关防,不能更改,并称"俟奴才等回京后,面聆圣训,再将委曲情节陈明"。咸丰帝于7月1日收到此折后,奇怪为何尚不将英、法条约原文进呈,连忙下旨:"英、佛两夷条款,业以议定,何以迟迟未奏?并著即日抄录进呈,毋许延缓。"[2]这道谕旨于次日到达桂良处。

也就在7月1日这一天,英、法方面也向桂良询问有无将条约上报,桂良谎称"大皇帝业已看过"。既然如此,英、法派员正式提问:"系何朱批?"桂良被逼至此,只能继续说谎,告以朱批为:"览奏均悉。钦此。"即皇帝未明确表态。桂良心知咸丰帝对"公使驻京"等条款的态度,且奉另订三条之旨,其谎言实不敢再逾格。然此假朱批引起了英使额尔金、法使葛罗极大不满。他们于2日分别照会桂良,称未奉到清朝皇帝对中英、中法条约明确同意的谕旨,英法联军并不停止战争。英方的照会还附上了道光帝当年对《南京条约》的朱批。桂良在此兵威下,只能当日出奏,附上中英、中法《天津条约》,附上额尔金、葛罗态度强横的照会,要求咸丰帝,"先行发下朱批,以便奴才等于奉到后,即可迅速传知该夷,早退兵船以安人心"。3日,咸丰帝收到中英、中法条约的抄本,似乎没有细看,也没有时间允他仔细琢磨;桂良的奏折明确指出,前方的英法军舰正在撤退中,但如无英、法满意的朱批,战端即将重开。他没有选择的余地。当日的谕旨中称:"本日所奏英、佛二国条

---

[1] 《筹办夷务始末》(咸丰朝),第3册,第981—986页。
[2] 《丛刊·第二次鸦片战争》,第3册,第450—452页。

约,朕均批'依议'二字","宣示各国,照此办理"。[1]

英、法方面得到咸丰帝朱笔批准《天津条约》的消息后,开始从天津撤军。根据条约的规定,中英、中法《天津条约》的批准文本,将在一年内在北京互换;英、法方面也宣称,前来换约的公使将常驻北京。

全免关税与修改条约

尽管咸丰帝已经在中英、中法《天津条约》朱批"依议",但他深受桂良"万不可作真凭实据"一言的影响,只是将之当作"缓兵之计"。[2]而当他认真看过两国条约后,尤其是中英条约,认为不可接受,决计要求修改。对自己刚刚批准的条约即刻提出修改,不太合乎当时的西方今天的世界所通行的惯例,可咸丰帝等清朝中的一大批人士并不以此为非。儒家的经典称"要盟无质",对于要挟以盟、强迫立约,背之改盟,不谓不守信义。[3]

《中英天津条约》共有56款,另有专条;《中法天津条约》共有42

---

[1] 《丛刊·第二次鸦片战争》,第3册,第454—458页。
[2] 当时的翰林院编修、入值南书房的郭嵩焘在咸丰八年十月初四日的日记中写道,当日与御史宋晋等人谈条约修改事,"余谓二公(指桂良、花沙纳)在天津时,即奏言始允以诓之,暂缓其师。朝廷始终持此一意,未有能辨其非者。"(《郭嵩焘日记》,第1卷,第173页)郭氏对此论极为不满,然郭氏诸人皆议此事,又可见"缓兵之计"非为宫禁密策,而是朝中议论的话题。
[3] 见《春秋左传》襄公九年:"楚子伐郑。子驷将及楚平,子孔、子蟜曰:'与大国盟,口血未干而背之,可乎?'子驷、子展曰:'吾盟固云:维强是从。今楚师至,晋不我救,则楚强矣。盟誓之言,岂敢背之?且要盟无质,神弗临也。所临唯信。信者,言之瑞也,善之主也,是故临之。明神不蠲要盟,背之,可也。'"咸丰帝后对此事坦露心迹。1860年9月6日,咸丰帝无法容忍英、法进京换约的要求,决计开战,颁下亲笔朱谕:"该领事(指额尔金)等乃乘不备,攻踞海口炮台,直驶津门。爰命大学士桂良等往与面议,息事罢兵,所请条约数十余件,多有肆意要求,桂良等为之恳乞恩准。自古要盟不信,本属权宜,旋令桂良等驰往上海各国贸易地方议立税则,再将条约讲求明允,以为信据。"(《丛刊·第二次鸦片战争》,第5册,第47—48页)

款，另有补遗6款；《中美天津条约》共有30款；《中俄天津条约》共有12款。由于各条约皆有最惠国条款，一国享有之权利，他国可以"均沾"，因而单独判明某国条约的内容无益也无用。综合四国条约，其主要内容为：一、公使驻京，觐见皇帝用西方礼节；二、增开牛庄（后改营口）、登州（后改烟台）、台湾府（今台南）、淡水、潮州（后改汕头）、琼州（今海口）、镇江、南京为通商口岸，并约定平定太平天国后，长江中下游另辟三埠为口岸；三、外国人凭"执照"可往中国内地游历、通商、传教，"执照"由各国领事颁发，由清朝地方官盖印；四、修改海关税则，减少商船船钞；五、赔偿英国银400万两、法国银200万两，赔款付清前英法联军占据广州；六、对于片面最惠国待遇、领事裁判权、协定关税、清政府保护传教等项，各国《天津条约》较之旧条约有更为明细详备的规定。若以今日国际准则为标准，这些不平等条约损害中国利益最为严重者，仍是第四、五、六项，即片面最惠国待遇、领事裁判权、降低关税与船钞、战争赔款等内容；损害中国利益较小者是第二、三项，即增开口岸、允外人内地游历；至于"公使驻京"，虽潜含着可直接向清廷施压的意味，但毕竟符合国际惯例。可在咸丰帝和一大批清朝人士的眼中，情况恰好相反，他们认为最不可容忍的，正是"公使驻京"，其次是内地游历，再次是长江通商，又再次是赔款付清后归还广州。咸丰帝要求将此"四事"从刚刚签订的条约中取消。而对于损害中国权益最大的条款，无论负责谈判的桂良，还是咸丰帝等人，都没有发现任何不妥，开了一个极大的口子，漏了过去。

《中英天津条约》第26款规定，原订税则过重，"允定此次立约加用印信之后，奏明钦派户部大员，即日前赴上海，会同英员，迅速商夺"。[1]即中英进行重订关税则例的谈判。根据最惠国条款，法、美也获得此项权利。在天津谈判期间，英方翻译李泰国提出，请派江苏按察使薛焕或江苏巡抚赵德辙为清方的关税谈判代表，桂良也同意此案，于

---

[1] 《中外旧约章汇编》，第1册，第99页。

7月8日上奏请旨。[1]咸丰帝对此没有表态,而是于10日、12日两次谕令桂良等回京复命。

桂良在京与咸丰帝的商谈内容,当时十分保密,但从后来的奏折、谕旨来看,确实是一项极大的举措:派桂良、花沙纳、何桂清为关税谈判大臣,乘上海谈判之机,向英国等国要求取消公使驻京、内地游历、长江通商、赔款付清前占据广州之"四事",作为此四事的补偿,清朝对英国等国全免关税!咸丰帝还一如既往一厢情愿地布置了具体的操作办法:桂良等接见英国等国谈判代表时,首先宣布大皇帝的恩典全免关税,嗜利的"夷"人闻此获利无穷的重典,必然震慑,必然感恩不尽,必然会思回报,桂良正可要求将"四事"取消。如此一手做下去,定能成功。[2]

此真为惊人的误国之举!当时清朝的海关年收入为银数百万两,这在财政困难的咸丰朝已是不小的收入。至清朝后期,海关年收入为银两三千万两,占清朝财政收入的四分之一强。若此策执行,清朝的财政至同治朝即已崩溃,其命脉也不可能维系至20世纪初,而中国的商业利益也将在西方列强进逼下丧失殆尽!咸丰帝虽称挽回"四事",但其中也有轻重厚薄,最重最要仍是"公使驻京",后来在上海的谈判大臣恐泄露机密,上奏时也以"第一要事"来隐喻此事。也就是说,咸丰帝打算以今日看来最大的国家利益关税,来交换今日看来极为正常的"公使驻京"!

这是为什么呢?

前已叙及,在中国长久的历史中,并无平等国家的概念,由此也规定了在长久的中国历史中,并无近代西方的"公使驻京"的外交模式。除了临时性的出使外,常驻一国都城的只有"监国"一类的太上皇,或是"质子"一类的抵押。英国等国以中文"钦差大臣"为名驻在北京的公使,又让咸丰帝及清朝官员归于何类?咸丰帝后来也坦露其心迹:"夷

---

[1]《丛刊·第二次鸦片战争》,第3册,第465页。
[2] 咸丰帝后在上谕中说明:"此时须将全免税课一层,明白宣示,使知中国待以宽大之恩,此后该夷获利无穷,无须再赴天津伸诉冤抑,所许各项,自可全行罢议,此为一劳永逸之计。"(同上书,第523页)

人驻京,则中国为外夷所监守,自古无此体制,万不可行!"[1]很明显,他将之归类于"监国"。挽回"公使驻京",在咸丰帝的心目中,也就是保全王朝的宗庙社稷,此中的名节远胜于关税之类利数。咸丰帝是不惜任何代价维护其认定的最大的"国家利益",只不过这种"国家利益"与当今世界通行的观念格格不入。

违旨签下《中英天津条约》的桂良,已是戴罪之身。咸丰帝以关税交换"四事"的举措,他即使心中不以为然,此时也不敢声言,只能点头称善。7月15日,咸丰帝明发上谕派桂良、花沙纳会同两江总督何桂清,"妥议通商税则事宜"。当日发何桂清的密寄中,咸丰帝专门指出:"此次商定税则,系夷务一大转关,何桂清务须倍加慎密,不但严缉暗递消息之汉奸为要,即京员或有信函,尤不可稍为摇惑,议论多而实际少,惟静候内定办法,方能于大局有益也。"[2]此中的"内定办法"即全免关税,"尤不可稍为摇惑"表明咸丰帝决心已定。与此同时,他还派清朝的名将僧格林沁为钦差大臣,前往天津、大沽,重建海防,准备再战。

两江总督何桂清是当时著名的主和人士,重利轻名。[3]当他从英、法方面收到《天津条约》时,其感受与咸丰帝及京城官员大为相异:"就字面观之,惟驻京、入江二条,最堪发指。而其处心积虑,则在垄断专利,多方误我。"其主要危害为:一、内地口岸货物转运,与民争利;二、茶税减少;三、北新关、赣州关、太平关三内关的丝税。他以为派其谈判关税,则为关税本身,表示将尽力为清朝挽回利益。[4]当

---

[1] 《筹办夷务始末》(咸丰朝),第5册,第1877页。
[2] 《丛刊·第二次鸦片战争》,第3册,第469页。
[3] 英法联军攻占广州的消息传到上海时,何桂清恐战火延及上海,主动派员与英、法等国驻上海领事联络,宣布:"粤事应归粤办。上海华夷并无嫌隙,应仍照常贸易。"他向咸丰帝报告,上海为漕粮海运重地,上海的关税和厘金高达数百万两,不宜在此地用兵。咸丰帝对此居然批准(《筹办夷务始末》[咸丰朝],第2册,第643—644、665页)。由此,上海成了第二次鸦片战争期间清朝不设防的中立地区,英法联军北上南下皆经此地,一如和平时期。
[4] 《丛刊·第二次鸦片战争》,第3册,第480—481页。

清廷派出谈判的首批人员武备院卿明善、刑部员外郎段承实于9月20日到达常州（太平军占领南京后的两江总督驻地），告知咸丰帝的"内定办法"，何桂清不免大惊失色。[1] 他本人已被咸丰帝封口，[2] 无法上奏，便怂恿明善等上奏，要求"小有变通"：先不吐露全免关税之恩，待开导后看其光景如何，"若仅能消弭一二要件或可不须免税，岂不计出万全？"对于这番说辞，咸丰帝当即否决，认为此举将减弱隆恩震慑的作用，反显得处处计较，"日后必来饶舌，终无了局"。[3] 桂良、花沙纳于9月25日抵达常州，与何桂清商议后，以桂、花、何三人联衔出奏，要求将全免关税的恩旨"暂缓宣布"。在此折中，桂良等人还卖一空心汤圆："其第一最要之事，臣桂良等秉承圣训，自当谨遵酌办。"咸丰帝收到此折后大怒，作大段朱批：

> 卿等陛辞时，朕谕卿等为一劳永逸之计，若逐款与较，何异授该夷以柄，唠渎不休。况抵偿兵费一节，全括于免税之中，此时初入手，即作此下策，徒令该夷气骄意得，反似有所畏忌，勉强而然。何其见不能定，心总易摇，朕殊为过虑，恐其一浪未息，一浪又兴，后此作何了局。惟望卿等断不可于初定办法之外，另筹省事之法，破除情面，勿恤人言，方不致自干咎戾，无裨大局。

当日发下的谕旨称："何桂清受朕厚恩，断不致别有他意，特恐属员虑及免税后，无可沾润，因而设词淆惑，亦事所必有。"[4] 咸丰帝认为，反对免税者是那些属员胥吏，恐其以后"无可沾润"，即无法再中饱私囊。

---

[1] 除了全免关税外，咸丰帝还命何桂清查明关税是否浮滥，准备宣布将各地浮收的关税予以归还。(《丛刊·第二次鸦片战争》，第3册，第478—479、483、513、523页) 此事后因何桂清、明善等人以操作困难而推卸，只能不了了之。

[2] 咸丰帝曾于9月12日谕令何桂清："所有夷务，自应遵照内定办法，未可擅出己见，倘于地方有窒碍之处，不妨与桂良等悉心筹议，稍加变通，大致不可更改。"(《筹办夷务始末》[咸丰朝]，第3册，第1116页)

[3] 《丛刊·第二次鸦片战争》，第3册，第513、523页。

[4] 同上书，第517—518、525—526页。除直接上奏外，桂良还给惠亲王等人写信疏通。《随手登记档》中有一记载："咸丰八年九月初七日桂良等致惠亲王等信四件，堂上带下缮旨，后由堂送交惠亲王。"该信内容可见当日谕旨（同上书，第540页）。

何桂清与桂良、花沙纳联衔出奏后，意犹未尽，于9月27日单衔出奏，因尚未收到咸丰帝对前两折的批回，折中对免税一节词锋甚利，并称他将"会同桂良等，将第一紧要事件，设法办理"。[1]而桂良到达上海后，于10月9日与何桂清等人分别上奏，再次要求不提免税，"课税全免，不过夷商感恩，欲其罢全约，势必不行"。咸丰帝在该两折上朱批大骂，要何桂清以脑袋担保。[2]10月12日，桂良、花沙纳、何桂清等人联衔第三次上奏，反对免税，并称英国等国有决裂之情。该折表示"将第一要事设法消弭"，"其余各事只可从缓想法"。咸丰帝于10月21日收到此折，终于松口，不再提免税之事，但提出相应的条件：若桂良等人能将公使驻京等"四事""全行消弭"，他才可以"曲从所请"（即不宣布免税之事），否则"桂良等自问当得何罪！"[3]由于当时的公文传递速度，桂良、花沙纳、何桂清等人等不及谕旨批回，于10月17日第四次联衔上奏，力陈免税有十可虑，绝不可行，并称"第一要事关系过大，无论如何为难，总须设法处置"。这一份奏折于10月27日到达北京，咸丰帝最终放弃了他的"内定小法"，仅在该折上朱批："览。钦此。"当日也无相关的谕旨下发。[4]也就在这一天，咸丰帝将桂良从东阁大学士超擢为文华殿大学士，企图以浩荡的皇恩，激起这位身负重任的臣子能有超凡的表现。[5]

经过桂良、何桂清再三再四地抗旨连奏，清朝的关税保住了，从而避免了近代中国一场大灾难。经过桂良、何桂清再三再四地顺从英、法、美三国的要求，清朝与三国之间的关税谈判进展极为顺利，10月14日开始，至11月8日，桂良已与英、美签订了《通商善后章程：海关税则》，11月24日，桂良又与法签订了《通商善后章程：海关税则》。在这

---

[1] 《丛刊·第二次鸦片战争》，第3册，第519—521页。
[2] 同上书，第528—529、532—534页。
[3] 同上书，第534—535、544页。
[4] 同上书，第541—544页，并参见该日《随手登记档》。
[5] 清代内阁大学士的等级为文华殿大学士、武英殿大学士、文渊阁大学士、东阁大学士、体仁阁大学士、协办大学士。一般的情况下为循级晋升，像桂良由东阁直迁文华殿，清朝并不多见。

些《海关税则》中，竟同意鸦片合法进口，每百斤"洋药"征税银30两。然而，咸丰帝要求挽回的"四事"，却让桂良大伤脑筋。

自1853年太平天国定都南京之后，咸丰帝的脾气变得十分乖戾。他只是固守定见，不再考虑下级的实际操作困难，也不帮助下级解决具体问题。他的这种苛刻的要求，有时也能使怠懈的官员振作精神，一些叫嚷多年的难题轻松化解。而这种不时出现的效果又使之更为苛刻，许多官员由此琢磨对策，以应付咸丰帝催命般的谕旨。桂良、何桂清都是官场老手，深谙政治操作之诀窍。他们已经看出，咸丰帝虽言"四事"，实际上"公使驻京"为"第一要事"；而"公使驻京"仅入载《中英天津条约》，法、美、俄三国条约皆规定"有事进京"；于是，他们专在"公使驻京"一事上下工夫，专在英国专使额尔金身上下工夫。至于咸丰帝不断提及的其他三事，对照英方文献，他们从来就没有正式提出过。

《中英天津条约》中文本规定："大英钦差各等大员及眷属可在京师，或长行居住，或能随时往来，总候奉本国谕旨遵行。"桂良派员解释，文中的"或"字表示选择，表示可能，因而希望英国去掉"长行居住"，改为"随时往来"。由于先后出任两广总督兼钦差大臣的徐广缙、叶名琛、黄宗汉对外持强硬态度，广州民众自鸦片战争以来与外国人交仇甚久；由于江苏官员历来对外主和，已经设置租界的上海不仅取代广州，成为中国最大的对外通商口岸，而且在众多方面成为对外交往的"模范区"；桂良为使各国公使不致再在广州处处磨难，准备改上海为对外交涉之地，也就是说，将原由两广总督例兼的管理通商事务钦差大臣一职，改由两江总督例兼，由两江总督在上海代表清朝与各国公使打交道。

桂良的交涉一开始并不顺利，英国专使额尔金明确照会，《天津条约》一字不易，北京方面却不断传来废约再战的声音。对此，桂良上奏称言：

> 接据钦差大臣僧格林沁咨文一件，内称：大沽海口炮基，亟宜赶紧修建，第工程浩大，物料购觅维艰，约计十月（阴历）间不知能否告竣。现在办理税则，曾否定局，该夷如何情形，望即飞速咨

> 照，以备防范等因。奴才等深知天津善后事宜，一时未能办齐。所有上海商定一切，自应格外慎重，万不敢合该夷复行决裂，以顾全局。[1]

桂良此处是婉转地提醒咸丰帝，清朝此时尚无与英、法对抗的武力。何桂清此时也在奏折中反话正说：

> 如尚有未便准行之处，则非剿不可，而此时仍宜不动声色，使之不疑，我则先将天津海口水陆预备齐全。臣必竭力筹画，稍助军饷。俟其来年赴北换约之时，聚而歼之。

何桂清的本意是让咸丰帝尽快批准他们在上海进行的谈判，并曲折地示意咸丰帝，欲改条约，须有武力。他同当时的许多官员一样，当遵旨办事遇到困难时，行延宕之计，力求先将事情拖至明年。咸丰帝并未看出此层意思，反在该折中朱批："与惠亲王等同看，此折颇有关系，著悉心商酌。昨日惠亲王面奏办法，事属可行，朕思迟则有变，莫若先发以制。"[2]僧格林沁报告大沽等处的炮台建设情况，又使咸丰帝的态度趋于强硬。

英国专使额尔金在清方的一再请求下，也认为英国公使驻在充满敌意的北京，并非上策。他于10月30日致函桂良，宣称若《天津条约》能得到严格的遵守，若英国公使次年至北京换约能得到适当的接待，他将提请英国政府考虑，英国公使不常驻北京，而是定期或有事随时前往北京。[3]额尔金的答复距咸丰帝的期望十分遥远，他只是提出了须得到本国政府认可的个人意见，而且也封绝了桂良的口，即不得再议修改条约。桂良在咸丰帝的严旨催令下，于11月15日上奏，含混其辞，"驻京一节，说至再三，方肯不长行居住"。[4]桂良并没有说明额尔金的先决条件，也没有将额尔金的信件上呈。咸丰帝对此仍是十分不满，谕旨

---

[1]《丛刊·第二次鸦片战争》，第3册，第531页。
[2] 同上书，第559—560页。
[3]《额尔金致桂良、花沙纳》，该件的中文本未见，英文本收入 Foreign Office, *Correspondence Relative to the Earl of Elgin's Special Missions to China and Japan, 1857-1859*. London: Harrison and Sons, 1859, pp. 411-412。
[4]《丛刊·第二次鸦片战争》，第3册，第565页。

中称:"若仍准其随时往来,岂能日久相安?"并让桂良明确告诉英、法使节:"若至天津,我兵即先开炮。"[1]

此后相当长的一段时间,咸丰帝一直在发怒,不停地要求桂良消弭"四事"。桂良并没有与英国等国商议更改条约,而是不停地在笔墨上与咸丰帝周旋。"公使驻京"消弭后,[2]咸丰帝的要求改为消除公使"随时进京",又随着英、法公使进京换约期限的临近,咸丰帝的要求又变为在上海换约。尽管桂良此期不停地挨骂,但他的政治经验告诉他,咸丰帝色厉内荏,已经退缩。1859年1月29日,咸丰帝授两江总督何桂清为钦差大臣,头衔也从"管理五口通商事务"改为"办理各国事务"。3月19日,桂良终于将额尔金的条件和盘托出:

> 去年该夷复臣等驻京照会文内有云:如果明年两国条约交付之际,英国特派大员进京,贵国果然无不尽礼优待,所有各节悉按所约兴办,即本国大员自合命择别地居住,或照定次,或因要务,随时进京之议为善。

咸丰帝见此底牌,只得再让步,同意英、法使节进京,但提出条件:"所带人数,不准过十名,不得携带军械。到京后,照外国进京之例,不得坐轿摆队。换约之后,即行回帆,不许在京久驻。"他还要求桂良尽可能在上海换约。[3]而4月22日桂良奏请将《天津条约》的批准文本发下,以便新任英、法公使到上海时可以在上海互换;咸丰帝却宣布:"如'四事'说明,另立专条,该夷肯在上海换约,即迅速驰奏,再将条约发去。"直到此时,他仍没有放弃修改《天津条约》。[4]

1859年6月6日,英国公使卜鲁斯(F. W. A. Bruce)到达上海,7

---

[1]《丛刊·第二次鸦片战争》,第3册,第571—572页。
[2] 1858年12月31日,英国外相曼兹柏立勋爵致函额尔金,同意公使可不长驻北京。1859年3月2日,额尔金照会桂良,再次重申其放弃长驻北京的条件为:英国公使换约时在北京受到良好的接待;《天津条约》得到严格的执行。(Foreign Office, *Correspondence Relative to the Earl of Elgin's Special Missions to China and Japan, 1857 - 1859*, pp. 414, 484 -485)
[3]《丛刊·第二次鸦片战争》,第4册,第29—30、37—38页。
[4] 同上书,第51、55页。

日，法国公使布尔布隆（A. de Bourboulon）到达上海。英、法使节坚持进京换约，拒绝与桂良会晤。15日，英、法公使乘船北上。25日，英、法使节强入大沽，战事重起。[1]

俄国使节、美国公使在北京

《中俄天津条约》签订后，俄国政府为抢在英、法之前，完成条约的换约手续，没有从彼得堡派出新使，而是派已在伊尔库斯克的俄外交部四等文官、新任驻北京东正教会监护官彼罗夫斯基（P. N. Perofski，当时的文献译为"丕业罗幅斯奇"），与清朝政府谈判，尽快换约。[2]

当时的中俄关系是特殊的。雅克萨之战前后，约百余名俄国战俘与降人被送到北京，编入镶黄旗满洲第四参领第十七佐领。他们住在北京东直门内胡家圈胡同，将一座庙宇改建成自己的东正教教堂，即俄罗斯北馆。1728年的《中俄恰克图条约》允许俄国派4名教士来华，另允俄派6名"学生"随教士来华。1732年在北京东江米巷（今东交民巷）俄罗斯馆中建立东正教教堂，即俄罗斯南馆。[3] 俄罗斯北京东正教教士

---

[1] 详见本书《大沽口之战考实》。
[2] 俄国的目的是不满足《中俄瑷珲条约》，企图援《中俄天津条约》第9款，未经定明的边界"两国派出信任大员秉公查勘"，将乌苏里江以东地区划归俄国。《中俄天津条约》桂良进呈本称："定立和书，限一年之内，两国互交于京。"（《筹办夷务始末》[咸丰朝]，第3册，第989—990页）由此，俄国可进京换约。而王铁崖先生所编《中外旧约章汇编》收入此约时，文字为："限一年之内两国换交。"（见该书第1册，第88页）由此，可拒俄国进京换约。文字相异的原因不详。
[3] 1693年俄使义迭思（E. Y. Ides）来华，进入北京，清朝招待其住在东江米巷的"夷"馆，其馆舍即明代的会同馆。次年，清朝以此地正式建立俄罗斯馆，接待临时来华的俄国使节与三年一次的俄国商队。俄罗斯馆是清朝理藩院下属的1个机构，设监督1名、领催1名、馆夫2名。1729年第二班俄罗斯教士团抵京，也住进了俄罗斯馆。此后，历届俄国教士团皆住俄罗斯馆。此名称多种著述混淆。"俄罗斯馆"是清朝接待俄罗斯使节、商队、教士团的专门机构。"俄罗斯南馆"，即俄国东正教驻北京教士团在其驻地建立的教堂。由于1755年以后，俄国停派商队，俄国使节不再来华，俄罗斯馆中仅住教士团。地点同一，住客同一，使命同一，很易弄混，但两个名称的意义是不同的。蔡鸿生先生《俄罗斯馆纪事》（广东人民出版社，1994年）第1章第2节对此叙说甚详。

团每班约10人，约10年一换。1794年第8届教士团来华时，俄国外交部派出1名监护官随同，负责教士团的换班等事务。自清朝康熙年间起，中俄之间就有连绵不断的外交活动，但俄方的公文由清朝的理藩院受理。在清朝眼中，此举似可将之视为"藩部"的放大，并不妨碍"天朝"的尊严。[1]

1858年是俄罗斯教士团换班之时，第14班首领修士大司祭固礼（Gurii Karpov）率教士、学生、医生、画师共9人，取道库伦（今乌兰巴托）、张家口进京。负责此次换班的监护官彼罗夫斯基，因未奉到俄国政府的全权证书，没有宣张其使节的身份。[2]负责与清朝库伦办事大臣联络的俄国代省长的咨文仅称："丕业罗幅斯奇系敝国京师重任大员"，"惟望贵大臣按照固毕尔那托尔（省长）职衔及本国可靠大臣，看待丕业罗幅斯奇"。[3]由于极为大量的行李及众多护运的俄国兵弁，教士团并非同日行走，彼罗夫斯基也未伴随固礼，先于8月6日离开俄境，8月25日离开库伦，10月10日到达北京。根据以往的惯例，彼罗夫斯基住进俄罗斯馆。清朝对此并未在意。

最先引起清朝注意的是库伦办事大臣报告：俄方有重要文件送交彼罗夫斯基，此举本不合旧例，应予以驳斥，但俄方宣称此系新立《中俄天津条约》规定的俄方权利，特请旨可否同意其派员进京送信。咸丰帝

---

[1]《中俄天津条约》对此体制进行了修改，规定俄方照会由俄国外交部"径行大清之军机大臣，或特派之大学士"，"俱按平等"。（《中外旧约章汇编》，第1册，第87页）
[2] 除了未奉到证书外，彼罗夫斯基不称其使节身份，似另有原因。1857年俄国全权代表普提雅廷进京被阻。《中俄天津条约》桂良进呈汉文本，虽规定"遇有要事"，俄使可以入京，但措辞不甚明晰。
[3] 中国第一历史档案馆编：《清代中俄关系档案史料选编》，第3编，中华书局，1979年，中册，第569页。该件清廷收到日期为1858年10月10日。在此之前，俄代省长还咨文清库伦办事大臣："敝国派出赴贵国京师换班之新班达喇嘛（即当时教士团首领的中文称谓）固哩等，已抵恰克图……约定日期于七月二十五日装束起身，照料护送之丕业罗幅斯奇随带书识一员，通事一员，兵五名，车二十辆，照料驮载武官三名，兵弁七名，马兵四十三名，亟办车马沿途用项之商人一名，共人七十二名，约计马五百匹，牛五十只，羊一百只，人坐及装载日用食物之四轮车十一辆，拉运重载二轮车一百七十辆。"（同上书，第562页）这份文件仅是通报入境人数与车马行李，丝毫未露彼罗夫斯基的身份与使命。

对此同意,并称送信俄使的待遇"著照护送学生来京之使臣办理"。[1]俄国东西伯利亚总督穆拉维约夫得知送信一事受阻,派一名少校前往库伦,进行交涉。该少校向清库伦办事大臣转述七项要求,其中关于"公使驻京"为:

> 俄罗斯国虽知各国有派委使臣赴京之说,本国恐贵国增累,是以停止另派大臣前往,加给解送喇嘛之丕业罗幅斯奇爵衔,降以明谕,付以权柄,所有两国交涉事件,令其会同酌办,并将天津条约数条,一并声明。

由于此番说辞牵涉到中俄划界等事,咸丰帝下令待俄国送信专使到后,"由理藩院与丕业罗幅斯奇会同商办"。[2]1858年12月15日,彼罗夫斯基收到俄方信使送来的俄国政府授其全权的证书及《中俄天津条约》的俄方批准文本,便以"俄罗斯国钦差大臣"的名义,通过理藩院咨文清军机处,要求特派"掌权大臣一员","会同商办要务"。[3]

根据《中俄天津条约》的规定,中俄之间的交往应不再经过理藩院,咸丰帝收到由军机处送来的彼罗夫斯基的咨文后,这才知道"护送学生来京之使臣"摇身一变,成了"俄罗斯国钦差大臣",而且已经进了北京。他对中俄交往不再经过理藩院之规定不习惯也不满意,仍从中做了一些手脚。12月17日,他派礼部尚书管理理藩院事务肃顺、理藩院尚书瑞常,与俄方"商办事务"。[4]由于双方的条约文本在字句上有不少异处,谈判进行了很长时间。彼罗夫斯基因肃顺在谈判中言辞激烈,

---

[1] 《清代中俄关系档案史料选编》,第3编,中册,第576—580页。俄方提出,据《中俄天津条约》,俄国随时可派员携带紧要公文赴京,库伦办事大臣不知条约的规定,一面驳回,一面请旨。按照新条约的规定,送信俄使一切费用自理。咸丰帝坚持清朝负责其费用,目的在于维护旧制,有所监管。
[2] 同上书,第588—591、593页。
[3] 同上书,第596—597页。彼罗夫斯基在咨文中称:"查和约第二条内载,俄罗斯使臣或全权大臣,与大清国军机大臣、大学士等面晤及行文事件,均各平等。"此系对条约的曲解。
[4] 《筹办夷务始末》(咸丰朝),第4册,第1218页。咸丰帝原派肃顺一人,后恐肃顺言辞激烈,无转圜之人,发下朱谕:"著添上瑞常,仍不离事历理藩院之意,岂不更妙。"礼部也是清朝处理宗藩关系的机构。

且有不复照会等情事,咨文清朝军机处,要求更换谈判大臣,清方对此拒绝。[1]桂良在上海时听到俄使在京谈判换约,连忙上奏,称英、法、美得知俄国进京换约,必不肯在上海换约,要求将具体换约地点改至他处。咸丰帝对此同意,称至时在库伦换约。[2]一连几个月的谈判,肃顺等人据理力争,谈判桌上火药味极浓。至1859年4月,双方大体完成了条约的互换手续。[3]至于彼罗夫斯基一再提出的乌苏里江分界之事,肃顺根本就不怎么理睬。

俄使在京换约的过程,使咸丰帝及朝廷上下感到,公使入京也不是想象中的那么可怕。彼罗夫斯基在京达9个月,住在传统的"夷"馆"俄罗斯馆",没有要求觐见,也没有敢肆横暴戾,一切从外表上看似乎与康熙、雍正年间的俄使并没有多大的区别。至于其另索土地的非分要求,清方据理驳斥,俄方也是无奈。如果"驾驭"得当,这些"夷"人也非为不可制。也正是这一经验,咸丰帝在英、法、美坚持进京换约压力下,做了人数(10人)、仪制(不准坐轿)的规定后,也勉强同意了。为了制造先例,咸丰帝让肃顺与彼罗夫斯基制订了从北塘入口转道天津再至北京的具体办法,以让英、法、美国公使依例

[1]《清代中俄关系档案史料选编》,第3编,中册,第616—622、635—639页。
[2] 同上书,第612、615页。
[3] 关于《中俄天津条约》的换约时间与地点,尚有迷雾。1859年4月22日(咸丰九年三月二十日),负责换约谈判的肃顺草拟清朝批准文书称:"咸丰八年五月十三日在天津地方,大清国与俄罗斯国互立钦定和约,彼此交换执照。本日,大清国大皇帝钦派户部尚书管理理藩院事务肃顺、刑部尚书瑞常,俄罗斯国钦派丕业罗幅斯奇,将从前大清国全权大臣桂良、花沙纳,俄罗斯国全权大臣普提雅廷会立和约原本及翻译清、汉文字,彼此呈送核对,原本画押与翻译文字吻合。大清国钦派大臣照俄罗斯国原本满洲翻译,俄罗斯钦派大臣照大清国原本抄录接收。将钦定和约,彼此互换。钦派户部尚书肃顺、钦派刑部尚书瑞常。"当日,咸丰帝朱批:"照此缮写。"(《清代中俄关系档案史料选编》,第3编,中册,第660页)此处时间大有差异。肃顺拟文中"咸丰八年五月十三日"即1858年6月23日,而《中俄天津条约》签订日期为咸丰八年五月初三日即1858年6月13日,相差10天。王铁崖先生所编《中外旧约章汇编》称"本条约于1858年6月23日在天津交换批准",很可能将肃顺此言当作交换批准时间。而以精明著称的肃顺为何将条约时间写错,殊不可解。

执行。[1] 由于清朝当时并没有那么多的"夷"馆,前来换约的英、法、美三国公使及其舰船将至大沽口外,咸丰帝于1859年6月9日下令军机处转顺天府,"于正阳门外东西一带查明有无空闲房屋三所",每处"约须五六十间以上至七八十间者"。军机处给顺天府的咨文中称:

> 现在英、米、佛三国议换和约,或在上海,或来京城,尚未议定。如其来京,自应照各夷朝贡之例,给予馆驿,以资栖止。[2]

而顺天府的咨复中称:

> 据两县(指顺天府管治京城的大兴、宛平)禀称,向来外夷朝贡,该县未经办过此项差使,顺天府衙门亦无成案可查。所有现在预备房屋是否合用,相应咨呈贵处转咨该管衙门查核办理可也。[3]

军机处的官员仍是将之视为"朝贡"。而顺天府的理由更显充分,既是"朝贡",那就应负责"朝贡"的"该管衙门"(即礼部或理藩院)办理,把责任推了出去。

6月25日,英、法使节未从北塘入口,以其舰队强行突入大沽,僧格林沁以武力拒之。结果,英、法大败,清军获以完胜。咸丰帝虽闻胜利,但恐事态扩大,仍令直隶总督恒福向英、法、美三国使节询问,是

---

[1] 1859年4月25日,彼罗夫斯基草拟俄使从天津海口入京规则:"先由库伦行文到京,如海口无事,可以来京,即行照复俄国。俄国船只到时,在拦江沙外停泊,赶紧先行知照中国文书,中国派船换坐,暨文武官员前往迎接保护,由北塘进京。"(《清代中俄关系档案史料选编》,第3编,中册,第664页)此一方法被清朝接受,文字稍有变动。(见《筹办夷务始末》〔咸丰朝〕,第4册,第1369页)清朝要求英、法、美三国公使以此方法进京换约。又,在之前,清朝企图禁止各国使节从天津进京,1859年4月3日,肃顺拟文:"前次天津原定和约第二条内载,俄罗斯国使臣或由恰克图及库伦,或由大沽海口及别处海口概准进京等语。现经尚书肃顺、瑞常会同俄罗斯使臣丕业罗幅斯奇,当面言明商定,所有进京之人,不准由天津大沽海口及别处海口行走,仍由恰克图往来。"(《清代中俄关系档案史料选编》,第3编,中册,第653页)从后来情况看,因俄使反对,未行。

[2] 《筹办夷务始末》(咸丰朝),第4册,第1426页。又,该书将此件列入咸丰九年五月十八日,误。据咸丰九年五月十五日《顺天府咨呈军机处》称:"咸丰九年五月初九日承准贵处咨开……"改。

[3] 《顺天府咨呈军机处》,咸丰九年五月十五日,《军机处录副·帝国主义侵略类·第二次鸦片战争项》,3/167/9243/1。

否仍愿从北塘入口,进京换约。因前次顺天府查觅馆舍不甚理想,咸丰帝命内务府整理国子监、老君堂、马家厂三处房屋,于6月27日交顺天府,赶紧置办屋内用具。顺天府为此向户部请款银1万两,以购备"木器、锡器、铜器、磁器、铺垫、灯彩各物"。[1]对于恒福请各国再从北塘进京换约的照会,英、法公使未予理睬,率舰队南下,而美国公使华若翰(J. E. Ward)却表示同意。

按照《中美天津条约》,美国并无进京换约的权利。美国公使华若翰因英、法公使进京换约,便援引最惠国条款,随同北上。英、法公使南下,美方对俄国使节在京换约的情况也不知底里,清朝若拒绝其入京,美国公使也只是无奈。然此时清朝亟须一个榜样,听到美使乐意进京,喜出望外。接待的馆舍定为老君堂,咸丰帝于7月12日命军机处转顺天府:"将房屋内器具备齐,并到京后供应,应需银两若干,先行知照军机处奏明办理。"尽管此时清朝因财政危机而无力支付官兵薪饷,咸丰帝仍坚持旧制,无偿"供应"来京"夷"使。顺天府因不知道美国公使将住多久,"所需供给难以悬定",便开价银4 000两,并表示"将来用有盈余,事竣如数交还,倘或不敷,随时再请"。[2]据称为美使布置的馆舍使俄国人感生羡意。[3]由于当时朝贡使节往往借进京觐见之机大做生意,俄国教士团也私下于此生利,咸丰帝恐美国公使乘此大肆倒买倒卖,6月29日命左都御史绵森传旨巡视五城御史:"密饬商民,不得收

---

[1] 《顺天府咨呈军机处》,咸丰九年五月二十七日,《军机处录副·帝国主义侵略类·第二次鸦片战争项》,3/167/9243/2。该咨呈称:"卑两县向无办过四夷朝贡,并无成案可稽","卑两县著名苦缺,无力垫办",因而是请款。从后来的情况来看,此笔款项即银1万两,当时并未发下。

[2] 《顺天府咨呈军机处》,咸丰九年六月十五日,《军机处录副·帝国主义侵略类·第二次鸦片战争项》,3/167/9243/3。《治厅、粮马通判、大兴县、宛平县详请顺天府》(原件无日期),《军机处录副·帝国主义侵略类·第二次鸦片战争项》,3/167/9243/2。

[3] 据顺天府报告,7月22日,一名自称"平"姓的俄罗斯人至老君堂,进内看视,"并称办得甚好",当其得知系美国使节馆舍时,宣称"俄国人数较多,移来居住,甚属相宜,即要搬来"。顺天府立即报告军机处、理藩院、步军统领。(《丛刊·第二次鸦片战争》,第4册,第189—190页)后理藩院与俄使交涉,俄方否认此事。(《清代中俄关系档案史料选编》,第3编,中册,第765页)

买夷人货物"；7月19日再命左都御史沈兆霖复传前旨，命巡视五城御史"帮同步军统领衙门、顺天府一体办理"。尽管御史们皆认为，"夷人惟利是图，到京后不能销售货物，势难久居。是于羁縻之中仍寓防闲之意，或亦为驭夷之一策"；但称若按咸丰帝的规定，在不能明白张贴告示绝对保密的情况下，执行此策困难太大。[1]

1859年7月8日，美国公使华若翰与直隶总督恒福在北塘首次会晤。美方见清方仅为其准备了车马，不肯乘骑，称有自携绿呢轿、蓝呢轿各一顶，向清方索要轿夫16名。由于咸丰帝禁止外国使节坐轿，恒福派同知博多宏武、候补知州曹大绶告诉美方，"此间海口偏僻，并无轿夫，现自总督起，文武各员均系乘马"。美使闻此，方乘马至北塘馆舍与恒福会见。[2]次日，美方翻译卫三畏与清方博多宏武、曹大绶会面。美方再次提出坐轿，清方答以"各国到京，向不乘轿"；美方宣称"各国均系属国"，美国当有不同；清方再答以"俄罗斯在京，皆系坐车，并不乘轿，该国（美国）与俄国事同一律，似亦未便两歧"。美方由此始允进京乘车而不坐轿。对于这一重大的外交"胜利"，总督恒福连忙向咸丰帝报告。[3]7月20日，美国公使华若翰率随员等29人（其中10人为华人，为美方的翻译、抄写、厨师、仆役），从北塘登岸乘车至北仓，然后乘船经北运河至通州，再次换车，27日到达北京行馆。

华若翰的使命有二：一是递交国书，二是互换和约。美方提出向皇帝亲交国书，清方要求觐见皇帝须行跪拜礼，而美方只同意用西方礼节入觐。最后清方告诉华若翰：国书可在嘉兴寺公馆由桂良接受；因条约中并无进京换约之规定，条约可在天津或上海互换。[4]华若翰为此照会桂良，对不能将国书亲递皇帝表示遗憾，"今但能将国书交付大皇帝简

---

[1] 巡视中城给事中常通等奏，咸丰九年六月二十三日，《军机处录副·帝国主义侵略类·第二次鸦片战争项》，3/167/9249/46。
[2] 《筹办夷务始末》（咸丰朝），第4册，第1494页。
[3] 同上书，第1510页。
[4] 载垣等奏，咸丰九年七月初七日，咸丰帝对此方法很满意，当日朱批："此办法亦甚好……换约一层，上海莫若天津。若使抵沪换约，难免别生枝节。"（《十九世纪美国侵华档案史料选编》，上册，第88页）

命大臣,亦足复命。"[1] 8月10日,桂良代表咸丰帝接受了美国国书。11日,华若翰离开北京。16日,华若翰与直隶总督恒福在北塘互换《中美天津条约》。

华若翰在北京共住了16天,顺天府给军机处的报告称:"均属安静。"[2] 美国使团对其馆舍、供应,没有提出意见,但对他们的行动限制,意见颇大。没有减振装置的马车,使他们感到不适。在北京的俄国人被劝阻不要与美国人相会,激起俄使为此向清朝抗议。[3] 而美国人与俄国人事实上也没有机会相会。

此次美国公使进京,咸丰帝与朝廷高官们均为满意。原先莫名的紧张与种种猜测,事后都轻松地化作一口气,缓缓地吐了出去。此种公使入京的模式,并不破坏"天朝"体制,是他们可以接受的。而战败的英、法公使不肯进京换约的表现,也一时使咸丰帝感到敌手的气馁,僧格林沁在大沽口的胜利,又使他感到志扬。8月1日,他旨命两江总督兼办理各国事务钦差大臣何桂清,尽毁中英、中法《天津条约》,英、法将来只能按《中美天津条约》的模式另订新约,而且只能在上海换约![4] 咸丰帝发现,在《中美天津条约》中,没有公使驻京,没有长江通商,也没有内地游历。

这里还有必要交代一下俄使伊格纳切夫(当时文献译为伊格那提业幅,N.P. Ignatieff)的入京。侍从少将伊格纳切夫本是俄国派来的援华军事代表团团长,兼行外交代表职权。先是《中俄天津条约》签订后,普提雅廷向清朝许诺无偿援助步枪1万支、火炮50门,并派教官来华帮助训练清军。清方接受了。伊格纳切夫的使命除了送枪送炮外,更重要的是,要求清朝将乌苏里江以东地区割让与俄国。由于当时的差误,俄使彼罗夫斯基认为肃顺在谈判中表示拒绝俄方的军援,向东西伯利亚总

---

[1]《十九世纪美国侵华档案史料选编》,上册,第89页。
[2]《丛刊·第二次鸦片战争》,第4册,第211页。
[3]《清代中俄关系档案史料选编》,第3编,中册,第765—766页。
[4]《丛刊·第二次鸦片战争》,第4册,第203—204页。

督穆拉维约夫报告，援华军事代表团只能取消。然此时清廷收到库伦办事大臣发来的俄国外交部致清朝军机处的咨文：

> 今因居驻贵国京城之掌权大臣丕业罗幅斯启有公私事件，拟令撤回，敝国君另派内大臣伊格那提业幅赴贵国京师往代。所有两国现办及将来一切事件，均望贵国掌权大臣向其商办。现在简派使臣，即系按照上年天津议定和约二条办理，惟望善为看待。若贵国使臣有来至敝国者，亦必妥为看待。[1]

若据《中俄天津条约》咸丰帝批准文本，俄使可以进京。[2] 1859年5月14日，咸丰帝旨命库伦办事大臣，批准伊格纳切夫进京。6月4日，伊格纳切夫入境，27日进入北京，住进俄罗斯馆。由于清朝已有与俄使彼罗夫斯基交涉的经验，对伊格纳切夫的进京，并没有特别的重视。7月9日，咸丰帝再次指派肃顺、瑞常与伊格纳切夫谈判。而俄国原派使节彼罗夫斯基完成与伊格纳切夫的交接后，于7月11日离开北京，由恰克图出境。

肃顺、瑞常与伊格纳切夫的谈判，是中国近代史上清朝最为气顺意盛的外交谈判。伊格纳切夫意要夺取中国东北西北大片土地，肃顺对俄方的要求一律拒绝。伊格纳切夫提到奕山与穆拉维约夫签订的《瑷珲条约》，肃顺以奕山越权，擅自行事，而予以否认。根据肃顺的建议，清朝将奕山革职，将黑龙江副都统吉拉明戴枷示众。伊格纳切夫几次行文军机处，要求更换谈判大臣，军机处复文予以拒绝。将近一年的谈判中，伊格纳切夫一无所获。1860年5月28日，伊格纳切夫离开北京，由北塘登上俄国军舰，前往上海。然而，清朝在谈判桌上的强硬，并不能阻止俄国的军事行动，在黑龙江以北、乌苏里江以东100万平方公里的中国

---

[1]《清代中俄关系档案史料选编》，第3编，中册，第671页。

[2] 桂良进呈的《中俄天津条约》汉文本规定："遇有要事，俄国使臣或由恰克图进京故道，或由近京海口，预日行文，以便进京商办。"（《筹办夷务始末》〔咸丰朝〕，第3册，第988页）由此，俄国只能有"要事"方可进京。咸丰帝批准的由满文译成汉文的《中俄天津条约》规定"俄国使臣或由恰克图、库伦，或由大沽海口，或由沿海口岸，概准进京……"（《清代中俄关系档案史料选编》，第3编，中册，第661页）由此，俄国使节可随时进京。

领土上,已是主客易势,俄国实际上已完成了军事占领。

顺带地说一句,彼罗夫斯基、伊格纳切夫并不是当时西方外交官等级上的"公使",从他们的授权文书来看,只是进行某项外交活动的专使。尽管1860年1月,俄国任命伊格纳切夫为驻华公使,但此项文书至5月才送至,伊格纳切夫也未向清朝宣示。按照当时西方的外交礼仪,他们无须向驻在国元首递交国书,清朝也避免了觐见的礼仪之争。只是清朝当时还不明白西方的外交制度,把他们也当做"公使"看待。[1]

西礼觐见的威慑力量

1860年,英国和法国为"报复"清军在大沽阻止英、法公使进京换约,重组英法联军侵华。当这支拥有舰艇144艘、陆军近3万人的强大武力开抵中国之际,恰为太平天国第二次摧毁江南大营、东征苏常、进逼上海之时,清朝的态度不能不有所变化。咸丰帝不再要求修改中英、中法《天津条约》,而是放出空气,愿让英、法公使进京换约,同时在大沽、天津一带部署重兵,由僧格林沁统率,准备决战。

1860年8月1日,英法联军在北塘登陆,而北塘恰是清朝指定的各国使节海路入京的口岸。直隶总督恒福为此照会随英法联军而来的美国公使华若翰,希望其从中调停,请英、法使节"按照贵国上年之例,进京换约"。[2]也就是说,清朝将以上年美国公使进京换约为范式,接待英、法使节。英国专使额尔金、法国专使葛罗对此不予理睬。此后恒福多次照会英国专使额尔金,要求面商,均被拒。英法联军完成长达12天的登陆行动后,从北塘进击,连陷新河、唐沽、大沽北炮台,清军大败。僧格林沁率大沽南岸守军退往通州一带。8月26日,英法

---

[1] 《清代中俄关系档案史料选编》,第3编,中册,第596、729—730页;中国社会科学院近代史所:《沙俄侵华史》,人民出版社,1978年,第2卷,第187页。

[2] 《丛刊·第二次鸦片战争》,第4册,第449页。

联军占领天津。在此期间,咸丰帝曾于8月16日下发了一道自欺欺人的上谕:"著派文俊、恒祺前往北塘海口,伴送英、佛二国使臣,进京换约。"[1]

文俊等人的使命,根本无法执行。前方的军事态势又迫使咸丰帝再次派出桂良为钦差大臣,前往天津,与英、法谈判。英方提出的条件为:完全执行《中英天津条约》即恢复公使驻京,增加赔款,开天津为通商口岸;法方提出的条件为:公使驻京,增加赔款。有了上一次天津谈判的经验,桂良不再自行做主,而是将英、法的条件全部上呈,请旨定夺。咸丰帝只是让桂良力争。当桂良报告英、法将带兵进京换约,并派巴夏礼(H. S. Parkes)等人先期进京看房时,咸丰帝大骂桂良"双目已盲",下旨:"务令该夷先将兵船马队,全行退出海口,并不准多带从人,方准来京","夷酋巴夏礼先行进京之处,著不准行。即将来准其进京换约,亦不得任令该夷酋随带护卫,带领兵将,总须商定随带从人数目,方为妥善。"他让桂良与英、法议定上述条件后,奏明请旨,如未议定,"不准即与该夷盖印画押"。[2]英、法方面一闻桂良须请旨行事,便以其未有全权为名,中止谈判。9月8日,英法联军向通州开进。

9月9日,咸丰帝第三次派出其亲信怡亲王载垣、军机大臣穆荫为钦差大臣,前往通州,与英、法谈判。当日发给的朱谕称:"除面奉旨允许酌办几条外,如再有要求,可许则许,亦不必请旨,如万难允许之条,一面发报,一面知照僧格林沁督兵开仗。"[3]此处的"万难允许之条",咸丰帝虽没有明说,但后来发生的事变将此谜底揭露。9月14日,咸丰帝得知英法联军已达河西务,巴夏礼已达通州,和战前景不明,连下数旨:一、英法联军若越过马头(通州东南约30公

---

[1] 《丛刊·第二次鸦片战争》,第4册,第478页。
[2] 同上书,第5册,第7页。
[3] 同上书,第61页。

里），令僧格林沁截击；二、巴夏礼求见，令载垣不必亲自接见，只派下级官员与之辩驳，"以崇天朝体制"；三、巴夏礼等"系该夷谋主",[1]一旦开战，"将各该夷及随从人等，羁留在通，毋令折回，以杜奸计，他日战后议抚，再行放还。"[2] 当日下午，巴夏礼要求面见载垣。载垣此时害怕决裂，不敢不见，对英方提出的八项要求，也一一同意。这一次的会谈从下午直至次日凌晨方告结束，载垣发出照会，明确表示对英方的各项要求"无不应允"，并称："本王、大臣之权，非别位议和大臣可比，所以可保之原委，是本国永不失信。"9月16日清晨，载垣将英方要求八条用"六百里加急"送到北京，并要求当日下午申时（3至5时）批回。咸丰帝除在英方的要求第一条即"公使驻京"上朱批："准。换约后，令其仍回津郡，俟奉有该国之命，再为斟酌"外，其余七项皆朱批一"准"字。在载垣的奏折上，咸丰帝又朱批："带兵进城一节，令其仍照与桂良商定，英、佛两国每国不得过四百人。"为了赶在载垣要求的申时将批件送回通州，当班的军机大臣都来不及写旨，立即将朱批文件加急发回。[3] 可以说，到了此

---

[1] 巴夏礼，英国一工人之子，家境贫寒。因其表姐夫为郭士立，1841年来华寻找出路，学会中文，参加鸦片战争。此后在英国驻华各领事馆充当翻译。1856年代理广州领事。英法联军占领广州后，成为广州的实际主宰。1858年代理上海领事。此时充额尔金的中文秘书。由于额尔金在外交场上不愿与清朝官员多打交道，往往派巴夏礼出面。清方文书中他是频频出现的人物，清方许多高层人士将他视为"谋主"。

[2] 《丛刊·第二次鸦片战争》，第5册，第65—68页。又，当日军机处有一折上咸丰帝："蒙发下朱谕一件，所有羁禁巴夏礼或令回河西务一层，已遵即叙入寄信谕旨之内。惟载垣等不与巴夏礼等相见，正以见天朝体制。亲王大臣非桂良等可比，且使该夷瞻望莫及，无从窥其底蕴。况该夷来见，必须以宾礼自居，转使载垣等自卑身份。将来载垣等接见额酋，又将何以待之。桂良等前次轻与接见，长其骄悍，使其轻视中国，未必不由于此。且恒福等欲见额酋，该酋尚不肯与见，岂肯接见随员！往而不见，自觉减色。臣等公同商酌，拟毋庸叙入寄信谕旨内，仍令该王、大臣等毋庸接见。是否有当，伏乞皇上训示遵行。"咸丰帝朱批："此系正办，即著毋庸令其接见。"（军机处《上谕档》，咸丰十年七月二十九日）按当时的宾礼，客人坐中，主人旁坐。兵事至如此境地，军机大臣们仍于此项礼仪上如此计较。

[3] 《丛刊·第二次鸦片战争》，第5册，第69—79页。

时,咸丰帝已不再提任何要求,清朝与英方的谈判,可完全按英方的条件结束。[1] 9月17日中午,巴夏礼与法使葛罗的秘书巴士达(J. D. L. Bastard)等40余人再至通州,递交了法方要求八条和额尔金的照会。法方的要求与英方相同,载垣很快便答应了。而额尔金的照会却引爆了一颗炸弹:英国的国书须亲呈皇帝御览。载垣认为"此事关系国体,万难允准",以英方的八条要求中没有此项为由,与巴夏礼进行辩论。据载垣的报告称,这一场辩论从中午进行到晚上,载垣讲得"舌敝唇焦",而巴夏礼"坚执如故"。当晚,载垣向僧格林沁通报了情况,准备作战。第二天即9月18日丑时(凌晨1至3时),载垣向咸丰帝发出了紧急报告。[2]咸丰帝当日下旨:

> 国体所存,万难允许。该王、大臣可与约定,如欲亲递国书,必须按照中国礼节,拜跪如仪,方可允行。设或不能,只宜按照米、俄两国之例,将国书赍至京师,交钦差大臣呈进,俟接收后,给与玺书,亦与亲递无异……设该夷固执前说,不知悔悟,惟有与之决战。[3]

咸丰帝的谕旨,直接违反《中英天津条约》第3款西礼觐见的规定,可这一道谕旨,载垣已来不及接到了。9月18日早晨,巴夏礼再至载垣行寓。当询问国书之事,巴夏礼坚持"亲递",并称:"不递国书,即是中国不愿和好"。此语一出,即行决裂。载垣据前奉谕旨,命令僧格林沁派兵将返回途中的巴夏礼等人截拿,送往北京。[4]从此一事变中可以看出,咸丰帝先前朱谕所称"万难允准之条",也就是觐见之礼!

9月18日中午,英法联军近4 000人与清军僧格林沁部约万人大战于通州以南约8公里的张家湾,结果清军大败。9月21日,英、法联军

---

[1] 关于带兵进城一事,后穆荫写信给军机大臣匡源、杜翰、文祥:"及带兵进城一层,系二十九日发给照会条款(指载垣给英方的照会)所无也。"(《军机处录副·帝国主义侵略类·第二次鸦片战争项》,3/167/9242/34)
[2] 《丛刊·第二次鸦片战争》,第5册,第79—80页。
[3] 同上书,第85—86页。
[4] 同上书,第80—81页。

约6 000人与清军僧格林沁部、瑞麟部、胜保部约3万人大战于通州城南的八里桥，清军再次大败。咸丰帝听到前方败绩，于9月22日从圆明园出逃热河（今承德）。临行前，他第四次派出其亲弟恭亲王奕訢为钦差大臣，"办理和局"。

恭亲王奕訢手无可战之兵，英法联军已至北京城下。9月24日，他照会额尔金，提出以战俘（巴夏礼等人）换和平的方案。额尔金答复，3天内放人，否则进攻北京城。9月27日，奕訢再次照会额尔金，亮出底牌：

> 所有在天津议定和约，自必一一皆准。本爵必不失信……至亲递国书一节，俟贵大臣到京日，选择严肃处所，设立香案，由本爵代接贵国国书，置之案上，以昭礼敬。[1]

也就是说，只要不提亲递国书，一切都可允诺。在热河的咸丰帝从奏折中得知此一方法，在谕旨中称："总期抚局速成，和约已换，国书已递，朕即可及早回銮。"[2] 他没有对和约条件提任何意见，但却明确指出"国书已递"方才回京。而额尔金对此的复照称：

> 至于我大君主亲笔国书一节，赍呈大皇帝御览之礼，除亲递外，别无他仪。不尽此礼，则国书不便呈上。惟查前文所论赍递国书，原为敦好交接之典，本大臣向未列入准此动兵之议。可见贵亲王似怀更有别节之疑，实系无端之揣测。[3]

这一段照会的汉译实在太成问题。额尔金强调了国书必须亲递的西方礼节，又强调了这种礼节只是"敦好"之典，而"未列入准此动兵之议"这句关键语的意思十分不清楚。从英方文件来看，其本意是"没有将亲递国书一事列为此次起兵的要求"，即没有将此事列入和平的条件。奕訢没有看出此层意思，在复照中强调皇帝已经"秋狩"，国书只能由他"恭

---

[1] 《丛刊·第二次鸦片战争》，第5册，第133—134页。
[2] 同上书，第144页。
[3] 同上书，第140页。

代接收"。他还向英、法提示，若不退兵议和，巴夏礼"恐终难于保全"。奕訢的照复几近于决裂。咸丰帝收到奕訢的报告，似乎看懂了额尔金照会中此语的意思，上谕中称："及向未列入准此动兵之议等语，似该夷不致为亲递国书，所议不合，再致决裂。"[1]而奕訢此时已等不及咸丰帝的批回，派武备院卿恒祺到狱中与巴夏礼谈判。巴夏礼指出："此节（亲递国书）原非条约可比，彼此无庸勉强。"语出疑解，问题的核心顿时消然，于是奕訢10月5日照会额尔金：

> 既然如此，则诸事无庸再相疑虑，自可盖印画押，坚定和议，永敦和好。

他没有释放巴夏礼，反建议就近与巴夏礼先进行谈判。[2]

英法联军并没有等待清朝释放巴夏礼，而于10月6日在北京安定门、德胜门外再次击败僧格林沁等部清军。当听闻咸丰帝住在圆明园，便引兵进发。当日晚上，法军一部进入圆明园，开始抢劫。次日，英军也参加了抢劫的行列。奕訢等人避走万寿山。8日，京城内的清朝官员释放巴夏礼。12日，又放出一批被截拿的英、法人员。13日，在英法联军最后通牒的威逼下，交出安定门，由英法联军"代为看守"，英法联军一部进入北京城。14日，释放全部被截拿英、法人员。僧格林沁截拿的英、法人员共39人，此时只释放了19人，其余20人在狱中死去。英国专使额尔金为报复清朝的"残暴"，决定给咸丰帝一个永久的"教训"，准备烧毁紫禁城的皇宫，后恐清朝颜面尽失而垮台，所签订的一切条约随之不保，最后选择了圆明园。1860年10月18日，英军第1师奉命放火纵烧圆明园！

此后的一切，奕訢完全听从英、法的摆布。只要不提"亲递国书"，一切条件皆可允诺。10月24日，奕訢与额尔金签订了《中英北京条约》，并互换了《中英天津条约》的批准书。25日，奕訢与葛罗签订了《中法北京条约》，并互换了《中法天津条约》的批准书。两项新约的

---

[1]《丛刊·第二次鸦片战争》，第5册，第151页。
[2] 同上书，第158页。

主要内容为：一、割让九龙与英国。二、对英赔款从银400万两增至800万两，对法赔款从银200万两增至800万两，赔款付清前英法联军占据天津、大沽炮台、登州、北海（指庙岛列岛）、广州。三、天津辟为通商口岸。四、准许华工出国。五、归还以前没收的天主教教产。就其内容可见，这两项条约对中国危害极大。

时在热河的咸丰帝，对奕訢上报的两项新约毫无意见，于10月28日明发上谕："所有和约内所定各款，均著逐款允准。"但他却细心地从同时上报的奕訢与英、法往来照会中发现了问题，同日发给奕訢的谕旨中极为严肃地指出：

> 其亲递国书一节，虽经巴酋（巴夏礼）与恒祺言及，作为罢论，照会中究未提及，亦须得有确据。[1]

咸丰帝此时的担心并非毫无必要。11月3日，额尔金拜见奕訢，双方的谈话进行了约两小时，其中的重点就是觐见皇帝亲递国书。奕訢引用额尔金照会中"未列入准此动兵之议"一语，婉言相拒。额尔金没有坚持。次日，奕訢向咸丰帝报告英法联军即将撤军，而对"亲递国书"一事却作了一个含混的回答，"或能即作罢论"。咸丰见此大为光火，在该奏折上写下一段言辞极重的朱批：

> 二夷虽已换约，难保其明春必不反复。若不能将亲递国书一层消弭，祸将未艾。即或暂时允许作为罢论，回銮后，复自津至京，要挟无已，朕惟尔等是问。此次夷务步步不得手，致令夷首面见朕弟，已属不成事体。若复任其肆行无忌，我大清尚有人耶！[2]

在咸丰帝的眼里，别说是西礼入觐，就是让外"夷"面见其弟，也是清朝的耻辱。

此时正值英法联军从北京退往天津之际，奕訢也不明"亲递国书"在英、法方面的轻重，深恐由此起衅。他虽奉严旨，仍不敢进行交涉。

---

[1]《丛刊·第二次鸦片战争》，第5册，第225—226页。
[2] 同上书，第236—239页。

而英、法在京城自选公使馆驻地,引起不小的风波。清方带领去看的仍是1858年为之准备的老君堂、国子监、马家厂,英、法皆不满意。英国先是选择朝阳门内怡亲王载垣的王府,并派兵进驻,经劝阻后,再指定长安街继公府,再劝阻后,最后指定为东交民巷宗室奕梁的府第,照会奕訢:年租银1 000两,其修缮费银2 000两须从租金中扣除。奕訢只能同意,上奏请饬内务府另拨房舍一处,给予奕梁居住。[1]法国先是指定肃亲王府,经劝阻后,再指定金鱼胡同贤良寺,最后定为东交民巷景崇府第,年租银1 000两,修缮费用从租金中扣除。奕訢也只能同意,并为此上奏,请饬内务府另拨房舍一处,给予景崇的后人居住。[2]英、法的强横行径自是仗其兵威,但此类公使馆舍毕竟是租房,中国历代官方的"四夷馆"之类的制度从此发生变化。

英军于11月7日起从北京撤往天津,法军也于11月11日起从北京撤往天津,然咸丰帝得不到消除"亲递国书"的确切消息,于11月8日再次谕令奕訢:

> 此次英、佛两国虽经换约退兵,日后不免要求,仍当预为防范……佛酋照复内,既有该夷国书,不幸于起程之前,未及呈上等语,不但佛夷如此,仍恐英夷亦复如是。必须令恒祺等面为开导,确实说妥,或作为罢论,或照恭亲王原议,恭设香案,代为接收,庶回銮后,不至再另生枝节。如能消弭,更为妥善,不可含混了事。[3]

奕訢奉到此旨,即命负责伴送英、法使节南退天津的恒祺相机办理此事。11月26日,奕訢为此正式照会英、法使节:

> 今驻京一节,实可永息兵戈,从此中外相安……至大皇帝愿见各国钦差与否,均可自主,断无勉强之理。

而额尔金、葛罗的复照却大讲亲递国书在西方外交中的重大意义,表示

---

[1]《丛刊·第二次鸦片战争》,第5册,第224—225、238、265—266页。
[2] 同上书,第224、328—330页。
[3] 同上书,第261页。

其不解和遗憾,但最终还是同意了奕訢的意见。额尔金的照会称:"诚如来文所云,断无勉强之理,贵亲王亦可释然。"葛罗的照会称:"但大清国大皇帝愿见本国全权大臣与否,自然可以自主,本大臣等钦奉我国大皇帝谕旨,断无以此勉强贵国之意。"奕訢收到复照,一一向咸丰帝报喜。而咸丰帝收到奕訢的奏折及附呈的英、法照会,心中仍有怀疑,仅朱批"知道了",没有下发谕旨。[1]

就在英法联军撤退的前后,京城内的官员以奕訢带头,纷纷上奏,请求咸丰帝回京,咸丰帝以"只知其一,不知其二"即暗指亲递国书有伤国体为由,予以拒绝。其中兵部尚书沈兆霖的奏折,言辞直截了当:

> 其亲递国书一节,臣虽未知停止与否,私心揣度,即必须亲递国书,亦尽可姑允所请。抚慰数言,总期不损国体,不拂夷情,断无意外之患。窃思夷人虽蠢尔海邦,果能示以诚信,尚易羁縻……危至于拥兵入城尚不足虑,此后岂有再重于此乎?[2]

沈兆霖的意见,当时属骇世之论。咸丰帝对此根本不理,没有朱批,没有谕令。而在众多且无休的要求回京的奏折攻势下,他最后仅是表了个态,等到明年春天再降旨回銮。

而在这一时期,咸丰帝另有一个大计划。先是10月28日,即咸丰帝得知中英、中法《北京条约》已签、《天津条约》已换的当日,下发一道密谕给奕訢和山西巡抚英桂等人,表示将移驾西安,让他们商办。奕訢等商议后,于11月23日上奏,言辞极为晦涩。他们虽没有反对,甚至也称有此必要,但在奏折的附单中提出了十项需办之事:一、修行宫;二、清御道;三、沿途驻跸处加防;四、御道守卫;五、经费银120万两;六、准备粮食;七、简派随行官员;八、随行官兵分批行走;

---

[1]《丛刊·第二次鸦片战争》,第5册,第322—328页。
[2] 沈兆霖奏,咸丰十年十一月初九日,《宫中档·帝国主义侵略类·第二次鸦片战争项》,4/199/4。

九、保护陵寝;十、北京留重兵驻守。[1]很显然,他们企图用技术手段来阻止此行。11月25日,咸丰帝收到此折,让在热河的亲信大臣"密议",并旨命陕甘总督乐斌、署陕西巡抚谭廷襄、山西巡抚英桂操办此事。就在此道谕旨中,透露出咸丰帝内心中的恐惧:"夷人现虽尽退,明岁尚来驻京,能否相安,实难预定,自宜预择一巡幸之地,以期有备无患。"[2]这里所称的"能否相安",在当时的语汇中即为"亲递国书"。英桂上奏:"安设行宫、预备尖宿处及筹饷设防诸务,在在均关紧要",表示将与乐斌、谭廷襄"函商一切事宜,其中有无窒碍及一切未能详尽之处,悉心会筹"。[3]乐斌上奏,称将与谭廷襄相商后,再报情况。[4]谭廷襄的奏折中却强调了种种困难。咸丰帝对此并没有退缩,于12月16日在该折尾朱批:"俟乐斌抵秦,会商一切,再为详细具奏。"[5]乐斌、谭廷襄会商后再次上奏,指出"工程之巨、经费之繁"等种种困难。咸丰帝1861年1月3日收到此折,又得知北京的局势大已稳定,天津、大沽一带的英法联军只剩下小部兵力,终于让步,朱批道:"西巡之说,不过姑存其说,建极驭外,究不如燕京,况抚局有成,不宜自召疑衅,预筹各项不必行。"[6]为了回避英国等国使节的"亲递国书",咸丰帝一度

———————

[1] 奕訢等奏折见《丛刊·第二次鸦片战争》,第5册,第286—287页。附单见《军机处录副·帝国主义侵略类·第二次鸦片战争项》,3/167/9253/33。然该折称:"窃臣奕訢等于本年九月初三日承准军机大臣密寄,咸丰十年九月十五日奉上谕……"此句不通,收到日期竟在下旨之前。又与档案相对,原文如此。此件是录副,可能是军机章京抄写有误。

[2] 《丛刊·第二次鸦片战争》,第5册,第293—294页。

[3] 英桂奏,咸丰十年十月二十日,《军机处录副·帝国主义侵略类·第二次鸦片战争项》,3/167/9253/34。英桂带兵勤王,此时似在北京回山西的路上。

[4] 乐斌奏,咸丰十年十月二十日,二十七日奉朱批:"知道了。"(《军机处录副·帝国主义侵略类·第二次鸦片战争项》,3/167/9253/35)陕甘总督驻在兰州,此时乐斌带兵勤王,正在山西霍州。

[5] 谭廷襄奏,咸丰十年十月二十七日,《军机处录副·帝国主义侵略类·第二次鸦片战争项》,3/167/9253/36。

[6] 乐斌、谭廷襄奏,咸丰十年十一月十六日,《军机处录副·帝国主义侵略类·第二次鸦片战争项》,3/167/9253/37。此后,英桂于咸丰十年十一月二十八日上奏,称查办道路行馆事宜,咸丰帝于咸丰十年十二月初三日(1861年1月13日)朱批:"现在西巡之事,不过姑存其说,尖宿处所,暂不必踏勘,以免扰累。"(出处同上)

竟打算躲到西安去。

长久地避居热河,对王朝稳定并非善策。臣子们一再请求回京,咸丰帝也不能不加考虑。1861年1月26日,咸丰帝发一亲笔密旨给奕訢本人:

> 密谕恭亲王奕訢知悉,现在夷务虽平,捻逆时图北犯,京师人心镇定为要。前已有旨,明春再行降旨回銮,原拟观夷人举动,秋间回跸。合熟思审计,夷人甫经就抚,尔等谅必有把握,若□□秋间倘捻逆北犯,胜保之兵恐应接不暇,反为不便。兹定于明年仲春回銮,季春启跸恭谒东陵,再行巡幸热河,俟秋间还宫。特此密谕,不必先行宣露,新正即降旨矣。

据此密谕可见,咸丰帝原打算先观察一段英、法等国公使驻京的实情,尔后于秋天再回北京,又恐守护热河至北京要道的清军胜保部,秋天需调往镇压捻军,改为仲春回京,小住时日,于季春谒东陵,再回热河。咸丰帝于此事算计很深。此时英、法公使尚未北上,根据当时的季风及渤海湾的封冻情况,每年5、6月北上当最为合适。咸丰帝在此之前回京小住,等到英、法公使进京时,他已跑回热河。即便如此,他仍不放心,以"尔等谅必有把握"一语,让奕訢为他出具一份保证。

奕訢此时通过与英、法、俄等国打交道,观念大变。不久前,由他领衔上奏请求建立的总理各国事务衙门(以下简称总理衙门),已获咸丰帝批准。1861年1月20日,他与桂良、文祥成为首批总理衙门大臣。总理衙门的建立,终使清朝有了能与国际惯例相通的专门外交机构,外交事务不再当作朝贡或抚藩,经由礼部或理藩院来办理。1月30日,奕訢奉到咸丰帝回京密谕,当极为重视,为保密起见,不经幕僚手书,亲撰奏折:"方今之患不在夷而在发、捻,夷虽桀骜,然必不肯舍已成之和约,致令前功尽弃。""臣前于接见夷人时,已将此事(指咸丰帝避于热河)于有意无意间作为闲谈,使其知木兰之地皆先朝巡幸旧制,与各国驻京无涉,谅夷人亦不致生猜疑。"他没有把"公使驻京"看得很重,在奏折中称,"夷人在京必不能相安"是"匪人布散谣言"。[1]

1861年2月11日,咸丰帝下旨,3月23日启程回京。第二天,再下旨,4月11日由京谒东陵,礼成后回热河。如此算来,扣去回京路上的日子,咸丰帝在京仅能约住10天。3月20日,临启程仅3天,咸丰帝又改日程,4月4日由热河启程,11日到达北京,21日由京谒东陵,然后回热河。依旧是小住10天。可到了4月1日,在热河的亲信大臣7人联衔上奏,以"圣躬欠和"为由,要求暂缓回京。咸丰帝当日下旨,回京之事"俟秋间再降谕旨"。[2]

咸丰帝回京日程的一变再变,实因英、法公使进京。从2月初开始,英、法已派官员进京,监督公使馆的修缮。随之而起的是谣言:英、法公使将各率兵3000名入驻北京。3月14日,奕訢奏报:法国公使一行约29人,约于3月30日后进京;英使秘书威妥玛(T. F. Wade)将于3月14日从天津运送行李进京,英国公使进京日期可能与法使相同。咸丰帝3月16日收到此折。[3]3月20日,奕訢再次奏报:英国公使将带随员3名、中国翻译和仆役数十名,法国公使将带家眷,于3月22日或23日由天津启程,大约4天后到京。这份奏折还特别声明"并不带兵"。咸丰帝3月23日收到此折。[4]3月27日,奕訢第三次奏报:英国公使卜鲁斯已于3月25日到京,法国公使布尔布隆已于3月26日到京,"统计两国役从男女,共六十余名,轿二乘,小车二十余辆,人推独轮行李小车三十余辆"。在奏折中,奕訢还特别强调,英、法公使的到来,使带兵进京的谣言"已息"。咸丰帝3月29日收到此折。[5]3月30

---

[1] 奕訢奏,咸丰十年十二月二十一日,《宫中档·帝国主义侵略类·第二次鸦片战争项》,4/199/7。又,咸丰帝密谕时间为阴历十二月十六日,谕中"明春"等词即指阴历次年。
[2] 《清实录》,第44册,第1091页。
[3] 《丛刊·第二次鸦片战争》,第5册,第406—407页。
[4] 同上书,第414—415页。
[5] 同上书,第424—425页。

日,奕訢第四次奏报:3月28日,法国公使布尔布隆前来拜访他,表示"今住中国,实为两国永远和好"。咸丰帝于4月1日收到此折。[1]4月2日,奕訢第五次奏报:英国公使卜鲁斯于本日中午前来拜访他,"语言极为恭逊,礼貌愈加驯谨"。咸丰帝4月4日收到此折。[2]4月5日,奕訢第六次奏报:他于4月4日回拜两国公使,"该两国公使已知奉有上谕,回銮改期,虽于晤谈时一再询及,未免多有疑意,而情词仍属恭顺,礼貌亦颇为驯谨。"咸丰帝于4月7日收到此折。[3]

从以上两份时间表中可以清晰地看出咸丰帝不肯回京的原委。尽管奕訢一再报告,英、法公使并未带兵(此时尚不知国际惯例的奕訢也不知公使是否可以带兵),可在天津、大沽仍驻有英法联军的部队;尽管奕訢一再报告他与英、法公使的礼尚往来(奕訢是按照中国的主宾礼节办理的),可咸丰帝最怕这种往来,一旦英、法礼尚往来地提出觐见,又该如何是好? 奕訢第六份奏折中称,英、法公使对其回京改期"多有疑意",却使咸丰帝对英、法公使的使命"多有疑意",在他的知识范围内,实在找不出理由来说明,一个没有专门使命的使节,驻在他国的京城,究竟是干什么的?

咸丰帝没有回北京,自我放逐于热河,一直到1861年8月22日,他死在热河。在他的一生中终于没有见过一个不愿跪拜的外国人,当然自做了皇帝后也没有见过一个不愿跪拜的中国人。[4]

普鲁士等国条约的范式

1858年签订的中英、中法、中美、中俄四国《天津条约》及其后在

---

[1]《丛刊·第二次鸦片战争》,第5册,第426—428页。
[2] 同上书,第430页。
[3] 奕訢奏,咸丰十一年二月二十六日,二十八日奉朱批:"知道了。"《军机处录副·帝国主义侵略类·第二次鸦片战争项》,3/167/9244/13。
[4] 咸丰帝不回北京,也与当时奕訢与权臣肃顺的政争有关。肃顺为不让咸丰帝发展与其六弟奕訢之间的亲密关系,多言公使驻京不能相安。

上海签订的中英、中法、中美三国《通商章程善后条约：海关税则》，重新架构了中外政经体制。可以说，四国《天津条约》，尤其是中英、中法《天津条约》，是一个界标。它取代了由《中英虎门条约》及其附件、《中美望厦条约》《中法黄埔条约》等鸦片战争后第一批不平等条约所建立的中外政经格局，标出西方列强侵华的新阶段。细观《天津条约》，其对于各国利益的保护更为"周全"，对中国方方面面的损害更大。因此，桂良在上海谈判关税税则期间，就有一些欧洲国家驻上海的领事，要求依照《天津条约》，签订同样的条约。可当时欧洲诸多民族尚未统一，欧洲大陆散有不少小邦和独立城市，一些小国驻上海的领事，往往由商人充当，缺乏外部知识的清朝莫辨真相。桂良对于此类签约要求，皆予拒绝。1861年1月，总理各国事务衙门成立之后，总理衙门大臣奕訢、桂良、文祥联衔上奏：春夏之际，各小国可能纷纷来天津要求签约，"转致有费唇舌"，请接替何桂清在上海任钦差大臣的江苏巡抚薛焕"设法阻止"；并转告英、法、美三国，"各小国如一体换约，则于三国并驾齐驱，转自侪于小弱之邦"，请三国驻华官员"力为劝阻"。这一奏折送至热河，立即被批准。[1]

1861年，普鲁士派遣艾林波伯爵（Count F. Eulenburg）为首的使团，率军舰三艘，前往东亚，与中国、日本签订与英、法、美同等权益的条约。3月9日，三口通商大臣崇厚报告，普鲁士使团成员班德（M. A. S. von Brandt）来到天津，要求签订条约。奕訢不知普鲁士国情，一面向英、法先行入京的官员打听，一面指示崇厚设法阻止。3月23日，班德由英国驻天津领事吉必勋（J. Gibson）陪同，与崇厚相见，投递艾林波致奕訢的照会，称其"不日"将至天津，要求清朝委派大臣与之立

---

[1] 《筹办夷务始末》（咸丰朝），第8册，第2698、2700页。又，总理衙门成立之后，原驻上海办理各国事务的钦差大臣负责长江及长江以南的各通商口岸，原派天津办理与英、法交涉的崇厚任"三口通商大臣"，办理天津、牛庄、烟台通商事务。后上海的钦差大臣演化为南洋大臣，由两江总督例兼；天津的三口通商大臣演化为北洋大臣，由直隶总督例兼。

约。此时正值英、法公使进京，清朝上下一片混乱。奕訢从英、法方面得知，普鲁士及当时占据澳门的葡萄牙，"与英、佛、米相等"，是一大国。英国秘书威妥玛宣称："不可不与换约"。法国参赞哥士耆（M. A. Kleczkowski）又称："不必允许"普鲁士"公使驻京"，并同意出面"帮同阻止"。既然是大国，自不能与小国相比。于是，奕訢向咸丰帝报告，简派大员赴津，与普鲁士商定条约。在这份奏折中，奕訢还表示："只准布鲁西亚国及大西洋国（即葡萄牙），其余断不能再行渎请"。咸丰帝据奏派仓场侍郎崇纶与三口通商大臣崇厚与普鲁士谈判条约，"以示一视同仁之意"，并让法国参赞哥士耆"随同崇纶前往，晓谕迂酋（指艾林波），阻其驻京"。该谕旨还称，葡萄牙今后若恳求订约，"亦可照此办理，其余各小国，若纷纷换约，亦属不成事体"，让奕訢设法阻止。[1] 为了使崇纶有正式的"名分"，根据奕訢的请求，咸丰帝委派崇纶为总理衙门帮办大臣。[2]

艾林波迫日本签订不平等条约后，于4月来到上海，与钦差大臣薛焕会见，表示将北上天津，与清朝签订条约。薛焕不知朝廷已同意与普鲁士订约，与艾林波"剀切辩论，不惜舌敝唇焦，冀以消其妄念"，并派员转告英、法、美、俄四国驻上海领事，"此等小国，不能与尔等大国平列，一体立约"，"嘱其帮同拦阻"。薛焕在上奏此事时还透露："若天津不与会商，尚须进京"。这可是清朝最为恐惧者。[3]

艾林波并没有理会薛焕的劝阻，于5月2日来到天津。崇纶也于5月7日随带总理衙门章京文硕、夏家镐，由京赴津。只是"帮同阻止该国进京"的法国参赞哥士耆稍有麻烦，不肯与崇纶同行，答应隔一两天

---

[1]《筹办夷务始末》（咸丰朝），第8册，第2777—2779页。又，普鲁士在清方文献上称"布鲁西亚"、"布路斯"等。

[2] 同上书，第2822页。先是奕訢恐崇纶没有正式"名分"，普鲁士不愿与之谈判，直接进入北京，找总理衙门与奕訢等人谈判，便奏请咸丰帝发下谕旨，给崇纶以"钦差"名分。咸丰帝没有同意。故请派崇纶为帮办大臣，以阻普使要求进京。

[3] 同上书，第2831—2832页。据档案，该折于咸丰十一年三月初九日发。

方行。奕訢见哥士耆虽"尚无推卸之意",但对"其将来果否能期得力",却打了个问号。[1]常驻天津的三口通商大臣崇厚,曾请天津知府向直隶布政使请款,用于行馆筵待,直隶布政使答以库款短绌无从支拨。崇厚怕"略待简慢,转恐坚欲进京换约,反形滋扰",便破例先从税课项下支用。[2]崇纶、崇厚与艾林波的第一次会谈,因授权文书而发生分歧。艾林波称崇纶等未受"全权"而不与进行正式谈判。奕訢恐艾林波由此要求进京,有所妥协,并详细布置一一进退步骤。[3]

真正的麻烦随之出现。艾林波照会崇纶,称普鲁士及由其代表的德意志关税同盟与清朝签订的条约,需包括三项内容:一、普鲁士"特简钦差大臣居住京师",办理普鲁士及关税同盟各邦、城的"交涉事宜",派总领事、领事驻通商口岸。二、"和约章程大概条目,其与英、法两国和约章程相仿"。三、开台湾基隆、浙江温州为通商口岸。毫无疑问,普鲁士的要求中,危害中国最厉者为其第二项,该国不费武力即可获得中英、中法《天津条约》及其附件《通商章程善后条约:海关税则》中的全部权益,其中包括领事裁判权、片面最惠国待遇、协定关税等一系列不平等条款。清朝官员的眼睛却紧紧盯在该照会的第一项,即"公使驻京"!崇纶等为此复照艾林波,明确宣布:"将本国与大英、大法两国所

---

[1] 奕訢等奏,咸丰十一年三月二十六日,《军机处录副·帝国主义侵略类·第二次鸦片战争项》,3/167/9244/63。
[2] 《筹办夷务始末》(咸丰朝),第8册,第2839—2840页。
[3] 奕訢的奏折及咸丰帝的谕旨见《筹办夷务始末》(咸丰朝),第8册,第2855—2857页,该折所附艾林波致奕訢照会(咸丰十一年三月三十日)、奕訢致艾林波照会(咸丰十一年四月初三日)及奕訢所拟谕旨,该书未收,见《军机处录副·帝国主义侵略类·第二次鸦片战争项》,3/167/9244/68、3/167/9244/70、3/167/9244/69。艾林波照会称:"倘二大臣并不特奉便宜行事全权","本大臣实不能会同办理,应请贵爵代为奏明大皇帝仰祈圣鉴,以便宜行事全权特授二位大臣,以便会同办实"。奕訢的照会说明了总理衙门帮办大臣之权,同时拟一道谕旨:"奕訢等奏,布路斯国公使赴津商定条约,特派大员赴津办理,著派崇纶、崇厚作为全权大臣便宜行事,办理该国通商事务。"奕訢并提出具体办法:先出示奕訢的照会,若仍不行,再出示所拟谕旨。本节所据照会多为清朝抄件,未署西方纪年,而署清朝纪年。即普方照会原件也有只署清朝纪年而不署西方纪年者。故本节中普方照会皆署清朝纪年。一些照会未署时间,其发照时间根据来往照会内容确定。

定通商条约章程内各项贸易便利之处,与贵国一律得沾利益。"至于"公使驻京",崇纶等提出:

> 京城非通商之区,并无可办之事宜,且本国与贵国向无往来,不比他国交涉事多,似不必特派钦差大臣驻京。只设总领事一员在通商一口居住,专管贵国以及德意志公会各国并三汉谢城等(指德意志关税同盟)通商事宜。所有通商事件,即可随时由贵国总领事官会同中国办理通商大臣商办。遇有要事,亦可备具申陈,由通商大臣将原文呈递总理各国事务衙门办理,不致迟误。

至于中英、中法《天津条约》中片面最惠国条款,崇纶指出:"与大清国通商各国如得有中国贸易好处,大布路斯国容可照办。其通商贸易之外一切事件,贵国不得援拟为例。"清朝的态度很清楚,只在通商事务上允普鲁士享有与英、法、美、俄同等的待遇,而在两国外交关系上关闭大门。而崇纶照会中的"通商大臣",指在上海的办理通商事务钦差大臣和在天津的三口通商大臣,普鲁士的驻华官员只能在上海或天津进行交涉。[1]

依据崇纶的照会,艾林波出使的主要目的此时已经达到,但对此并不满意。当时中国与普鲁士及德意志关税同盟各邦、城贸易量并不大,普鲁士的着眼点也非全为经贸关系。按照当时清朝的一般做法,对无约国家的经贸,按已与清朝订立条约的英、法等国同例办理,以示"一视同仁"。也有一些欧洲小邦寄名于英、法等有约国之下进行贸易。也就是说,艾林波即使不出使,普鲁士即使无条约,在贸易方面也可以自然而然地获得与英、法同等的待遇。艾林波要求获得的是全部权益。他给崇纶等的照会中称:"恭亲王与二大臣皆已承认,布路斯

---

[1] 奕䜣奏折及咸丰帝朱批见《筹办夷务始末》(咸丰朝),第8册,第2865—2867页。该折所附艾林波致奕䜣照会两通(咸丰十一年四月初八日)、奕䜣致艾林波照会(咸丰十一年四月初九日)、艾林波致崇纶等照会(咸丰十一年四月初五日)、崇纶等致艾林波照会(咸丰十一年四月初七日),该书未收,见《军机处录副·帝国主义侵略类·第二次鸦片战争项》,3/167/9244/72、3/167/9244/73、3/167/9244/77、3/167/9244/76、3/167/9244/75。崇纶的照会对另开新口进行了驳斥。而当时双方照会仍为授权文书争论不休。

国亦系泰西五大国之内,既为大国,实不肯不如各大国所得也。"他给奕訢的照会中称:

> 查欧罗巴共有五大国,本国即在其内。地广民众,帑库巨富,故列于大国之中。本国大皇帝与大英国大君主暨大俄国大皇帝均系亲属。且本国大皇帝即大俄国皇太后之兄也。本国太子亦系大英国大君主之驸也。由此可见,本国若不与各大国全获恩典,本国大皇帝圣意何安?况本国之势不亚于他国,何可仅在中国就与他国不同?则本国应与各大国同获裨益,理所当然。

此一番自报家门的照会,给奕訢很大的压力,但尚未使之改变主意。在给咸丰帝的奏折上,奕訢写道:

> 此次所订章程,在臣等立意,只准其照常通商,不令照各国办理。该国虽称系英、俄二国姻亲,但能将英、法二国善为牢笼,不致从中作祟,则将来所定章程,即使从严驳斥,谅或不至别生事端。

尽管双方已就条约内容展开了辩论,但普方因清方代表的"全权"证书不合其意,并没有真正进行谈判。5月24日,双方互验全权证书后,崇纶等照会艾林波,请其"在二三日内将贵国通商条约各条缮写清单送核,以便本大臣等逐细核复"。[1]

崇纶等与艾林波之间的正式谈判极不顺利。艾林波并没有一次开出其全部要求,而是隔几天开出几条。崇纶见其开出条件中有"公使驻京",予以驳斥,谈判立即陷于僵局。请来帮忙的法国参赞哥士耆开始还参与"调停",后不甚置辩,借故回到北京。临行前,他告崇纶:"驻京

---

[1] 《筹办夷务始末》(咸丰朝),第8册,第2868—2869页,该折所附艾林波致崇纶等照会(咸丰十一年四月十一日)、崇纶致艾林波照会两通(原件无日期,从内容看,一件为咸丰十一年四月十一日至十四日之间,一件似为咸丰十一年四月十五日)、艾林波致奕訢两通(咸丰十一年四月十四日)、奕訢致艾林波照会两通(咸丰十一年四月十六日)、布路斯国诏书(1861年1月16日,即艾林波全权证书),该书未收,见《军机处录副·帝国主义侵略类·第二次鸦片战争项》,3/167/9244/81、3/167/9244/85、3/167/9244/86、3/167/9244/80、3/167/9244/82、3/167/9244/83、3/167/9244/84、3/167/9244/87。直到此时,授权文书的争论才算结束。

则许以五年后再作计议。"到了此时,奕訢也打算让步,给咸丰帝的奏折中称:"照哥士耆五年之说,亦未可听从,或俟十年后,内地各省军务肃清(指镇压了太平天国、捻军等遍于全国的反叛),再行妥议。"他没有直接将此让步告诉普方,而是希望崇纶"竟将驻京一节直截阻却"。〔1〕艾林波的对策极为奇特,却直接刺中清方的"要害"。他径直派出官员进入北京,在英国使馆旁侧房屋住下,并宣称艾林波将进京与奕訢直接谈判。

  普方的这一行动使新败未久的清朝不知所措。据奕訢的奏折:6月22日傍晚,"有布国人三名,带同跟役二名,马二匹,衣箱二只,进广渠门(即北京外城东城门)",守门的兵弁"拦阻不服",当晚住在西河沿东庆丰店,"店主恐其滋事,不敢争辩"。次日,普鲁士人进正阳门(又称前门),"直入英馆间壁辅国将军奕权空宅强住"。而艾林波的照会对此情节全部否认。可又如何处置已经进京的普鲁士人,奕訢慌忙与在京各国人士交涉求助。法国参赞哥士耆前来暗示"系俄国主使"。俄罗斯北京教士团首领固礼交涉时承认系该教士团学生柏林(A. Popoff)带入该房,因主人不在,"暂住极为相宜"。英国公使卜鲁斯交涉时称:"现在来京之人既系布国官员,若递解回津,则该国似乎有失体面,不如照会艾林波,令其迅速调回,倘再不回,自当凭中国办理。"卜鲁斯还写了一信,交入京普鲁士人一名带回天津。俄、英的态度使奕訢不敢拿办私自入京的普鲁士人,奏折中称:"此次艾林波私自遣人来京,非独俄国与之朋比,即英国亦难保不与通同一气,况英国与布国私亲,尤必互相呼引。"先前艾林波照会中大谈与俄、英亲戚关系的言论,此时起到了威慑作用。奕訢一面照会艾林波,请召回入京人员;一面让崇纶等在津与艾林波交涉,施加压力。艾林波致崇纶的照会中称:清朝若为此而停止条约谈判,"此真藉便推诿和好之国所请,而只允交战之邦所索之明证也",言辞中稍露要挟之意。艾林波致奕訢的照会称:"倘有设法相难",

---

〔1〕《筹办夷务始末》(咸丰朝),第8册,第2891—2892页。

"本大臣惟有按人理相求办理",此中的"人理"很难解明其意。[1]

普鲁士人入京事件,持续了5天。6月27日,普鲁士人离京,赴回天津。奕訢由此决定在"公使驻京"上作出让步。他在奏折中称:"通商换约及驻京各层,固不可径许,以启轻视之心,亦不可拘执,激成事端。"[2]根据他的指示,崇纶等在天津谈判中提出,"公使驻京"待10年后视情再议。艾林波对此还价,5年后派公使驻京。崇纶等再作让步,同意5年后视情再议。双方的争论由此涉及到5年从何时起算。由于拟签的中普条约规定,条约签订后一年内互换,据此很快达成共识,从条约互换时起算,即"公使驻京"可推迟6年。奕訢觉得这一结果尚可接受,上奏请旨获准。[3]此后的争论,主要是技术性的。清方要求将5年内不得派公使驻京写入条约,普方提出条约内明文规定"公使驻京",另立一专条写明:条约交换后扣满5年,普鲁士再派公使驻京。

---

[1] 奕訢于咸丰十一年五月二十二日发出、二十五日奉朱批的折、片,收入《筹办夷务始末》(咸丰朝),第8册,第2903—2905页(发折日期据档案原件)。该折、片所附奕訢致艾林波照会、艾林波致崇纶照会、艾林波致奕訢照会(档案抄件皆无日期),该书未收,见《军机处录副·帝国主义侵略类·第二次鸦片战争项》,3/167/9244/90、3/167/9244/91、3/167/9244/96。其中艾林波致奕訢照会,误置于奕訢五月三十日奏折之后。艾林波致奕訢照会中,对入京情节解释道:"二随员(普方只称派两名随员)至京城时,并无人拦住,亦无何人向二员要执照,而反听二员进京往来无碍。首夜在道旁店内住宿。至所言被店主拦住,不许进店等语,不过劈空捏造之言也。二员过店门时,该店主请二员下店,相视甚厚。次日,二员去寻房屋可有出赁否时,有人指引一所空屋,虽不甚大,亦可以容数人。登时问屋主为谁,居住何处,肯否赁房?二员等候许久,不见回音,暂时入屋。未几,屋主过来,毫无难色,而反以礼相加,并帮预备房屋,应允相赁。"奕訢在奏折中对此情节也称言:"该管弁等所禀强殴店主强占住宅各情未必尽实。"
[2] 《筹办夷务始末》(咸丰朝),第8册,第2905页。
[3] 奕訢于咸丰十一年五月三十日发出、六月初二日奉朱批的奏折,收入《筹办夷务始末》(咸丰朝),第8册,第2945—2947页(发折日期据档案原件)。该折所附艾林波致奕訢补递照会、奕訢致艾林波照会、艾林波致崇纶照会(咸丰十一年五月二十五日)、艾林波致崇纶改正照会(以上照会抄件,除注明外,皆无日期),该书未收,见《军机处录副·帝国主义侵略类·第二次鸦片战争项》,3/167/9244/97、3/167/9244/98、3/167/9244/99、3/167/9244/100。其中艾林波致奕訢补递照会中将先前照会中的"以人理相求办理",改为"本大臣惟有言旋,恳祈本国大皇帝另简优才之臣……"奕訢未查其本意(即回报本国,另派使节),仅以"言旋"代"人理"入奏,称"是其字句已无桀骜情形"。

清方要求，5年后视情（即奕訢先前提及的"内地各省军务肃平"）"再议"也写入专条，普方提出，不列入专条，而由艾林波出具照会。[1]清方因英法联军入京时曾指定皇家国戚之"府第"为公使馆舍，要求条约内写明"不住府第"，普方提出，不载明条约，也由艾林波出具照会。[2]

1861年9月2日，崇纶、崇厚与艾林波在天津签订《中普条约》42款、《专条》1款、《通商善后章程：海关税则》10款。其完全以中英、中法《天津条约》为摹本，使普鲁士及德意志关税同盟各邦、城获得了大体相当于英、法所得的权益，其中包括领事裁判权、协定关税、片面最惠国待遇等一系列不平等条款。清朝的上下对此竟毫无觉察。他们感兴趣的条款是，"公使驻京"已推迟，公使在北京不住"府第"，条约在上海或天津互换，而且并没有像《中英天津条约》那样规定"觐见"的礼节！[3]

与普鲁士谈判条约时，清朝得知葡萄牙也是"泰西"强国之一。1862年，葡萄牙派其驻澳门总督基马拉士（I. F. Guimaraes）为全权代表前往北京谈判条约。此时咸丰帝已经去世，奕訢以议政王、首席军机大臣的名义，与慈禧太后联合执政。在当时中外人士心目中，奕訢是出名的新派人士。

基马拉士进京的要求，被清朝拒绝。法国参赞哥士耆出面相帮，以基马拉士为其客人为名，邀其入住北京法国公使馆。奕訢不敢与法国对抗，只能顺水推舟予以默认。6月13日，清廷命总理衙门大臣恒祺、三口通商大臣崇厚与基马拉士进行谈判。[4]此次条约的谈判极为顺利。中

---

[1]《筹办夷务始末》（同治朝），卷一，第1—5页。艾林波照会称："倘五年之后，中国各省如果不能一律肃清，仍未便许本国在京居住，即由贵国总理各国事务衙门豫先写照会，知照本国总理各国事务衙门大学士……届期欲得本国大君主允准，必须将所立各条款一一施行。本国大君主既知条约一切施行，又查明贵国各口地方官与本国领事官彼此和好，派钦差到中国京师居住，自必按照贵国照会之意，允准办理。"
[2] 同上书，卷二，第1—3页。艾林波照会称："本国秉权大臣到京时，贵国官员应竭力相帮找一壮丽宽敞房屋。如无合式之地，即请贵国给一空闲地基，以便本国自行修造。"
[3]《中外旧约章汇编》，第1册，第163—174页。
[4]《筹办夷务始末》（同治朝），卷六，第20—22页。

普条约谈判长达4个多月,而中葡谈判仅用了不到两个月的时间。其中法方从中"斡旋",使得双方的"磨合"速度更快。根据原先的约定,基马拉士作为法国的客人留在北京,进行谈判,但条约须在天津签订,以示清朝未正式允许葡萄牙人入京。然基马拉士以轮船赶不及为由,要求在北京首先签订时,奕䜣也让步了。8月9日,恒祺与基马拉士在总理衙门首先在条约上画押,然后将条约送往天津,13日,崇厚在天津当着基马拉士面,再次在条约上画押,并填上日期。8月17日,基马拉士乘船离开天津。[1]

中葡条约的谈判之所以如此爽快,是因为葡方答应了清方的核心条件,即公使不长驻北京。该约第三款规定:

> 大西洋国(当时葡萄牙的称谓)总督澳门大臣,均是大君主钦差使臣,如有紧要事件,可以随时进大清国京师,每年不过一次。
> 除现在大清国大皇帝允准各国钦差驻京外,若嗣后再有另准秉权大臣长住京师,大西洋国公使,若遇方便,亦可照行。[2]

除了"公使驻京"外,这份共有54款的条约,给予葡萄牙相当于中英、中法、中美、中普《天津条约》的全部权益。而奕䜣报告签约经过的奏折,将未载入"公使驻京"当作清朝的一大外交胜利。当时清朝上下,没有人发现,该条约危害了中国对澳门的主权。这份条约签订后清朝拒绝互换。[3]

---

[1]《筹办夷务始末》(同治朝),卷八,第8—9、36页。
[2] 同上书,第11页。又,《中外旧约章汇编》第1册收入此约,文字稍有差异,疑手民误植。
[3] 澳门本是中国政府租给葡萄牙之地,每年收年金,并派有官员。1849年关闸之战后,葡萄牙殖民者驱逐清朝官员,拒付年金。对此,清朝虽未采取行动,但未正式承认。该约第9款规定:"仍由大清国大皇帝任凭仍设官员,驻扎澳门,办理通商贸易事务,并稽查遵守章程。但此等官员,应系或旗或汉四五品人员,其职任事权得以自由之处,均与法、英、美诸国领事等官驻扎澳门、香港等处各员,办理自己公务,悬挂本国旗号无异。"根据这一条款,清朝派往澳门的官员,只是相当于外国领事。该约第2款规定:"从前大清国与大西洋国来往交涉,所有前广东之澳门,彼此执政商办各事,无论何时何处或刻或写或两面口订之规例,现在既已新定和约章程……将来止此为凭。彼此均应遵照新章办理。"根据这一条款,清朝以前与葡萄牙商定的一切规例全部作废。1864年5月,双方在互换条约时,清方要求修改第9款,葡方拒绝。该约未换。1887年,中葡签订条约,承认葡萄牙对澳门的"永驻管理"。

就在中葡条约谈判的同时，办理通商事务钦差大臣薛焕，也在上海与比利时特使包礼士（L. Bols）进行条约谈判。1862年8月8日，薛焕与包礼士签订了《中比条约》。该约极为简单，共4款：比利时在通商口岸派驻领事；比利时国民可往各通商口岸"照有约各国一体贸易"；比利时国民在通商口岸纳税、与商民间的违约及查办人犯欠债，"均照有和约各国章程办理"；条约盖用国玺。对比在此前后清朝与各国签订的条约，可以说，这份条约虽承认现状，但对中国利益损害最小。可当时清朝上下还未识得这份条约的意义，在薛焕的眼中，这一条约最为优长之处，在于没有规定"公使驻京"，并以此向清廷报功![1]后来比利时政府也未批准该约。

1863年，丹麦派特使拉斯勒福（W. R. von Raaslöff）来华签订条约。4月30日，拉斯勒福在天津照会三口通商大臣崇厚，要求订立条约。崇厚上奏请旨办理。拉斯勒福不待回复，于5月4日直接进京，以英国参赞威妥玛朋友的身份，入住北京英国公使馆。奕訢据葡萄牙之先例，奏请派总理衙门大臣恒祺、三口通商大臣崇厚与之谈判。5月28日，恒祺与拉斯勒福签订共有55款的《中丹天津条约》。丹麦由此获得与英、法、普等国相当的权益。至于"公使驻京"，条约规定："大丹国钦差大臣凡有要务商酌，约准前赴京都会议"，即公使不长驻北京，但可约时进京。[2]此后不久，荷兰特使攀大何文（J. A. van der Hoeven）来到天津，于8月22日照会三口通商大臣崇厚，要求立约。清朝于9月6日派崇厚与之谈判。10月6日，双方以中英、中法《天津条约》为蓝本，签订《中荷天津条约》16款，荷兰也获取了相当于英、法、普等国的权益。至于"公使驻京"，该约规定："大和（荷）钦差若有公务，可往京师办理。"[3]丹麦、荷兰的范式与葡萄牙类似。

---

[1] 详见本书《第一次中比条约的订立时间及其评价》。
[2] 《筹办夷务始末》（同治朝），卷十五，第11、15—19、34—35页；卷十六，第33—52页。
[3] 同上书，卷十八，第30—31、47—49页；卷二十，第7—11页。《中外旧约章汇编》，第1册，第208—213页。

1864年，西班牙派公使玛斯（S. de Mas）来华签订条约。5月26日，玛斯乘法国军舰到达天津，并于6月5日照会三口通商大臣崇厚。根据崇厚的报告，清朝于6月11日派总理衙门大臣薛焕、三口通商大臣崇厚与之谈判。这一次的谈判对清朝说来极为"艰苦"。先是西班牙公使谋求进京谈判，多次提出要求，又写信给英、法、俄、美等国驻京公使，请他们游说奕䜣等人，皆被拒。然后又在"公使驻京"一事上与清方代表反复争辩。薛焕、崇厚对此报告称：

> 惟住京一款，该使必欲载明"长住"字样，且欲于立约后即行住京。经臣等严拒婉商，均不肯稍存退让。臣等亦随时将详细情形，函达总理衙门，以备与各公使辩论。而各公使皆彼所用，纷纷前往总理衙门，代为说项，甚至英国威妥玛，极力偏袒。因不遂所请，竟欲寻衅生事。经总理衙门王大臣反覆开导，极力驳斥，始稍敛戢。臣等悉心筹商，势不能不稍示变通。缘该日斯巴尼亚国（当时西班牙的称谓），即世所传大吕宋国，其所属小吕宋地方（在今菲律宾一带），与福建省相距甚近，且其人尤犷悍性成。从前英、法与我构衅，皆借该处兵为助。此次该使前来议约，既豫求英、法等国为伊主谋，以故中有所恃，愈形倔强。倘再严为拒绝，势必立成决裂。恐一朝启衅，英、法国亦从而生心，关系尤巨，不得不审时度势，以期顾全大局。因权其轻重，属（嘱）伊照美国第六条，嗣后再有别国钦差住京，方准其一体照办。该使仍呶呶不休，不肯允从。继见臣等不予以罅隙，又无从藉口生衅，因求订明三年期限，以便与布国（普鲁士）公使，同时进京。惟约内坚欲注明"长久居住"字样。臣等因其所请，渐就范围……独至"长久居住"字样，令伊删去"长久"二字，该使坚不允许。始则派员来臣薛焕处索允，继又屡向臣崇厚处坚求，经臣等合词拒复，相持一月有余，该使无计可施，始肯将"长久"二字及约内窒碍字句删除。其余各款，皆与各国无甚出入。[1]

---

[1]《筹办夷务始末》（同治朝），卷二八，第33—34页。

薛焕等人的报告,意在表功,具体情节可能与事实稍有出入,但其为消除"公使驻京"的努力与心情,尽显纸上。经过长达4个多月的谈判,薛焕、崇厚与玛斯签订了《中西和好通商条约》,其条约第2款称:"大日斯巴尼亚国大君主欲派秉权大臣一员至中国京师,亦无不可。"其条约所附专条称:"一俟和约章程画押之日起,扣满三年后,日斯巴尼亚国方派秉权大臣并带家眷、随员人等来京居住。"至于这份多达52款的条约,给予西班牙相同于中英、中法《天津条约》的全部权益,清朝的上下皆没有注意,以一句"皆与各国无甚出入",便轻轻地带了过去。[1]西班牙的范式与普鲁士相同。

比利时政府拒绝批准薛焕与包礼士1862年在上海签订的中比条约之后,于1865年派金德(A. T'Kint de Roodenbeke)为特使来华签订条约。7月22日,金德抵达天津,照会三口通商大臣崇厚。崇厚以比利时先已订立条约为由,拒绝金德的要求,同时向总理衙门及清廷报告。在英国的帮助下,金德以英国公使威妥玛的"客人"名义进入北京,入住英国公使馆。奕訢不敢与英国对抗,于8月31日请旨派总理衙门大臣董恂与之谈判。11月2日,董恂与金德签订第二次《中比通商条约》,一切内容以中英、中法《天津条约》为摹本,只是规定了"大比利时国钦差大臣,凡有要务商酌,约准前赴京都会议定办"。[2]比利时的范式与丹麦、荷兰相同。

1866年,正在统一进程中的意大利,派出特使阿尔明雍(V. Arminjon)来华要求签订条约。9月25日,法国驻天津领事向三口通商大臣崇厚函告消息,并伴随意大利特使与崇厚相见,递交照会,要求签订条约。崇厚立即向清廷报告。9月30日,阿尔明雍进入北京,得到了法国的支持。法国使馆翻译李梅(V. G. Lemaire)至总理衙门代为递交照会。10月9日,清廷派总理衙门大臣谭廷襄、三口通商大臣崇厚与之谈

---

[1] 《筹办夷务始末》(同治朝),卷二五,第20—23页;卷二六,第22—23页;卷二八,第31—37页。《中外旧约章汇编》,第1册,第218—226页。
[2] 同上书,卷三四,第17—20、22—25页;卷三六,11—28页。

判。中意谈判极为神速，17天后，即10月26日，谭廷襄与阿尔明雍签订了《中意通商条约》55款及《通商章程：海关税则》9款。意大利由此获得与英、法等已经缔约的西方国家相等的权益。值得注意的是，这份条约允诺了意大利公使长驻北京："大义（当时称义国）钦差各等大员及各眷属，可在京师或长行居住，或随时往来，总候本国谕旨遵行。"清方的报告中也未称曾为"公使驻京"有过争论。[1]

1866年《中意通商条约》是个标志，此后清朝与各国签订条约，均允许他国公使常驻北京。

从1861年到1866年，整整五年间，清朝与普、葡、丹、荷、西、比、意七个国家签订了不平等条约，除去未互换的《中葡条约》外，六个欧洲国家毫无困难地获取了领事裁判权、协定关税、片面最惠国待遇等一系列不平等权利。他们遇到的唯一麻烦是"公使驻京"。从谈判过程的本身，也能看出清朝有一条内定标准：大国公使可以驻京，但须推迟时间，小国公使只能有事进京，且每年不超过一次。五年过去了，办理此事的总理衙门大臣们终于意识到"公使驻京"并非要害，对此也不再惧怕，但对他们拱手相让的权利仍尚无知觉，不知其害。1869年，奥地利遣使前来订约，清朝允诺其"公使驻京"，也允诺其领事裁判权、协定关税、片面最惠国待遇……

西礼觐见的实现[2]

1861年3月之后，西方各国公使陆续进入北京，但觐见皇帝之礼一直未能进行。清朝的理由，最初是咸丰帝依旧制"北狩"热河，不便举行，后因咸丰帝去世，称皇帝年岁太小，太后因中国礼仪不见外人。驻

---

[1] 《筹办夷务始末》（同治朝），卷四四，第23—25、35—51页。
[2] 本节的撰写参考了单士元：《五国公使觐见同治帝始末》，见《清代档案史料丛编》，第13辑，中华书局，1990年。

京的各国公使也未将国书亲递,一些公使仅将录副本交总理衙门,还有一些公使赴任后甚至不提此事。

1865年7月5日,法国代理公使伯洛内(H. de Bellonet)照会总理衙门,对当时频频发生的教案不满,言辞中多有威胁之意,其中一段称言:

> 至今外国钦派大臣,未觐中国皇帝。客登堂未睹主人之面,有两国不睦之象。若咸丰皇帝尚在君位,焉有不依准之理。今外国深知体谅中国,因皇上幼弱,太后垂帘,故久不催问此事。切望廷臣洞明时势,政务之暇,陈中外和好之良模,庶不致皇上到御极之年,方知外国之事难处。彼时外国有紧急之事,用兵勉强,皇上情理不明,提防无力,只得依从,加汝等隐饰之咎。

尽管英国参赞威妥玛曾作《新议略论》、总税务司赫德(R. Hart)亦作《局外旁观论》,呈递总理衙门,但都以个人身份婉言告劝。如伯洛内以正式照会提出,且锋芒直露,对清朝说来尚属首次。奕䜣对此极为不满,复照中对伯洛内的指责处处驳斥,然对觐见一事却细心地不置一词。[1]法方的照会也提醒了奕䜣,随着同治帝年岁增长,亲政时间的到来,外国公使若再提出觐见,又将何以处之?

1867年9月30日,距《中英天津条约》规定的10年修约的期限已近,为早做准备,奕䜣等总理衙门大臣请两宫皇太后下旨,命沿海疆吏及曾办过对外事务的大臣18人,共抒意见,以备在修约谈判中采择。同时发下奕䜣等人的信函,提出了近年中外交涉中的6项事务,作为此次大讨论的纲要,其中第一项就是觐见:

> 自古两国修好,使臣入觐,载入史册,具有典章,迨至宋时,仪节无不变易,未可为训。我朝圣祖仁皇帝(康熙帝)、高宗纯皇帝(乾隆帝)召见外国使臣,震慑天威,罔不詟栗。嘉庆年间,英使来朝,未克成礼而罢。咸丰十年(1860),与各国换约,英、法皆

---

[1]《筹办夷务始末》(同治朝),卷四三,第27—41页。伯洛内称咸丰帝将允准觐见,显系不知内情。

请呈递国书，照会数次竟以仪节未定，事不果行。今以皇上冲龄，两宫皇太后垂帘听政，因之停罢。彼即以阻其入觐，为不以客礼相待，时来饶舌，言多激愤。虽曾以如欲请觐，必须行跪拜礼为说，彼即坚称并非属国，不能改从中华仪节，而终不肯谓觐可不行。昔韩昌黎《原道》曰："孔子作《春秋》也，诸侯用夷礼则夷之，夷而进中国则中国之。"今夷并未自进于中国，而必以中国之礼绳之，其势有所不能。若权其适中者而用之，未卜彼之能否听从，而本衙门亦不敢主持独创此议。第不许入觐，我实无辞究应如何，惟希公同商酌。[1]

奕䜣等人这番话，说出了中国旧有传统与近代国际社会衔接中的无奈，倒出了一肚子的苦水。但究应行何礼，信函中没有明说，却隐隐露出可不行"中华仪节"。

由于湘、淮系的崛起，清朝权力下移。手掌重兵的各省大吏对朝廷政治有了一些发言权。然他们收到此谕后，大多数人沉默了很久。作为沿海疆吏，他们清楚敌手的强盛，作为"天朝"臣子，他们理应奉礼教为先。12月13日，总理衙门仅收到三份回折，不得不再次催促，当日下发的谕旨一一点名，让未表态的各大员迅速回奏。也恰在此时，奕䜣派卸任的美国公使蒲安臣（A. Burlingame）为清朝出访缔约各国的使节，并派总理衙门章京志刚、孙家穀为随员。他为此专门指示蒲安臣，到各国时，"无庸相见"各国君主，"或偶尔相遇"，"彼此概免行礼"，以免为今后的觐见仪节之争落下口实。[2]

清廷的两道谕旨下达，各大员也不得不上奏言事。船政大臣沈葆桢言辞激烈：

古者列侯有使卿大夫上聘天子之礼，果其瞻云就日，出自至诚，则以陪臣获仰天颜，宜如何荣幸，其尚敢惜拜跪之节，悍然与

---

[1]《筹办夷务始末》（同治朝），卷五十，第30—31页。又，其余五项是遣使至各国；电报电线与铁路；内地设行栈，内河行轮船；允外国贩盐挖煤；开拓传教。
[2] 同上书，卷五二，第3页。

我相争？此不过藉修好之名，巧为尝试，正欲以不遵中国仪制，夸耀邻封。夫柔远有经，接以温言，厚其赐予可也，废我典章不可也……今皇上冲龄，皇太后垂帘听政，似宜实告以晋接之礼，应待诸亲政之年。我皇上天亶聪明，日新不已；此数年中所成就，必有上绍列祖震古铄今者。至诚可格豚鱼，况在荒服。如彼洗心革面，就我范围，何妨宽其既往之愆，赐以颜色。倘倨强犹昔，终为自大之夜郎，则天心人心不容，安能逃涂山之显戮也哉！

沈葆桢当时尚属较为开明的人士，仍坚决反对改变觐见礼制，表示不废典章。他在奏折中大谈练精兵以固京城，其意是乘此数年内，速行修政强兵之道，待同治帝亲政时，国势之盛如康熙之时，西方公使觐见，自然必行中华仪节。[1]广东巡抚蒋益澧在奏折中对请觐一事，仅言"攸关体制，朝廷自有权衡，非臣下所敢擅拟"，可他在奏折中也大谈练兵之道，称"拣将练兵，以卫京师而固根本"。他的意见是在京师练精兵1.5万人，再选"卓有战功素有威望之大员"，各国必不敢随意要求。[2]江西巡抚刘坤一的意见与蒋益澧相同，奏折中一字未提觐见之事，却提出"多练禁旅，以立不拔之基"。[3]沈、蒋、刘皆由湘系出身，此时湘军以镇压太平天国而威名大震。对于西方的进逼，他们不以言辞辩驳为然，表示了武力相抗的意愿，这无疑更值得欣赏。可问题在于，仅是觐见之礼，需否兵血相见？

另有一些官员引经据典地反对改变仪节，其言论自不相同。直隶总督官文奏称：

> 查觐者，诸侯见天子之礼，所以考礼正刑一德，以尊于天子也。《曲礼》曰：天子当宁而立，诸侯北面而见天子，曰觐。诚以古者诸侯分茅胙土，各君其国，以时来见天子而述其职，所以明君臣之义也。今各国乃以阻其入觐，谓不以客礼相待，不知觐乃臣礼，

---

[1]《筹办夷务始末》(同治朝)，卷五三，第2—4页。为了证明其意，沈氏还在其奏折中附上船政员绅梁鸣谦等6人的条陈。
[2] 同上书，卷五三，第30—39页。
[3] 同上书，卷五四，第12—15页。

非客礼也。即以客自居，而反欲行中国之臣礼，将来传之国史，必大书特书某年月日某某各国来觐，使天下万世，咸知英、法各国，为我圣朝之属国，是欲尊反卑，求荣反辱。彼特未知觐之义耳。使其顾名思义，晓然觐乃人臣见君之礼，当亦废然返矣。

官文考订了"觐"之本义后，认为只要告诉西方公使"觐"之含义，他们就会放弃要求觐见。至于总理衙门信函中提出的"权其适中者"，官文表示，"其中机宜，非奴才所能及也"。[1] 两广总督瑞麟奏称：

> 入觐一条，原说剖晰详明，所指饬令洋人行跪拜礼，及改从中华仪节，均足有以难之。且洋人所请入觐及呈递国书，原欲行和好之礼，洋人图得体面耳。今若不候钦奉谕旨，又不学习朝仪，勉强举行，是欲修礼，反先失礼。在中国兼容并包，自无责备远人之理，而洋人于大庭广众之下愆仪失礼，转恐有伤体面，盖洋人素重颜面，请其再自审度，或可废然自止也。[2]

瑞麟的意思是称，只要明确宣布觐见必行中华仪节，各国公使为其颜面，极可能放弃觐见要求。盛京将军都兴阿奏称：

> 查外国使臣入觐，朝廷自有一定体制。今各国公使久住京师，要以客礼相待，欲请入觐。是其于仪节体制之间，不无奢望。现当皇上尚未亲政，此若一经议准，倘后有无厌不时之请，转恐无辞以却之。

都兴阿表示，对于入觐之仪"似难遽允其请"。[3] 官文、瑞麟、都兴阿皆为满人，异口同声地反对改变仪节，可这些意见直接违反《中英天津条约》第3款的规定，总理衙门又如何交涉？山东巡抚丁宝桢虽不主张对抗，也不同意入觐，认为此例一开，各国"将来锥刀之事，动烦睿觐，措置较难"。他对此提出"婉言却之，不容轻许以杜其渐"。[4] 而此策正是总理衙门一贯行之却难以继之者。署江苏巡抚郭柏荫奏称："至洋

---

[1]《筹办夷务始末》（同治朝），卷五六，第10—11页。
[2] 同上书，卷五二，第19页。
[3] 同上书，卷五二，第21—22页。
[4] 同上书，卷五二，第26页。

人见其君主是何礼节,中国亦不得而知,应俟采访明确,于下届修约时,另行妥议请旨。"[1]郭柏荫的话,等于要求修约时进行修改仪节,这又是总理衙门难以办到的。

由于一时想不出办法,也有官员主张先拖下一段时间再说。福州将军英桂奏称:"为今计出权宜,莫如告以我皇上冲龄践位,内外大小政事,悉秉承两宫皇太后主之。惟亲贵枢臣,得蒙召见,然尚垂帘听政……倘再坚辞固请,亦惟有允俟我皇上亲政后,再当请旨遵行。"[2]英桂的话等于不说,可同意此一意见的官员却另有人。闽浙总督吴棠上奏此事,言辞几乎一模一样。[3]浙江巡抚马新贻也持此议。[4]

署湖广总督李瀚章同意同治帝亲政后入觐,并对仪节提出了折中的办法:

> 至仪节尤须斟酌,强其行拜跪之礼,恐有所难。即谓中国、夷狄各行其礼,不特彼国觐礼我未深知,恐为所绐;且中国设若准遣使臣往聘,如行夷礼,未免蹈自即于夷之讥,若行华礼,又嫌以华臣而屈膝于夷之诮。总理衙门拟权其适中者用之,最为允当。即使不拜不跪,亦不过等立伏之马而已。在圣度宽宏,固无不可容纳者,且正可为中国遣使外洋地步。或就华、洋斟酌各半,定与外国使臣入觐之礼,中国设或遣使往聘,礼亦如之。[5]

李瀚章的"华、洋斟酌各半",究系何样式,没有明说,将拟礼之责推给总理衙门。而福建巡抚李福泰奏称:仪节"自应如贵衙门原议酌中拟,请旨遵行"。[6]

以洋务名臣显著当时留史后世的两江总督曾国藩,向来言事谨慎,含而不露,此次亦不例外:

---

[1]《筹办夷务始末》(同治朝),卷五五,第38—39页。
[2] 同上书,卷五四,第7页。
[3] 同上书,卷五五,第2页。
[4] 同上书,卷五五,第26—27页。
[5] 同上书,卷五二,第32页。
[6] 同上书,卷五五,第33—34页。

> 伏查康熙十五年（1676），圣祖仁皇帝召见俄人尼果麦（N. G. Spather）事，其时仪节无可深考。然当日与俄罗斯议界通市，实系以敌国之礼待之，与以属藩之礼待高丽者，迥不相同。道光、咸丰以来，待英、法、美三国皆仿康熙待俄国之例，视同敌体。盖圣朝修德柔远，本不欲骨七万里之外洋，而悉臣服之也。拟请俟皇上亲政之后，准其入觐，其仪节临时酌定。既为敌国使臣，不必强以所难，庶可昭坦白而示优容。[1]

曾国藩一字未言该行何礼，却又明白表示可不用"属藩之礼"，且又引史为据。这正是他的一贯作风。为臣子而改礼仪，本就冲犯理教。时世转变并不能同时带动观念转变，这位理学大师的心中似有不可言说之难。同是洋务出身的三口通商大臣崇厚之奏折，从春秋言至五代，意在述及仪节多变；再称"泰西"各国"非朝贡臣服"，"自据形胜，兵力足雄，夜郎自大"，"毒焰鸱张"；最后才出示其底牌：

> 奴才以为，苟非隐忧实害，与其待彼力争而后许，莫若我顺机而俯从。虽属创行之典，仍垂格外之恩。惟许之之中，必裁以限制。其使臣入觐之仪，必应妥议。入觐之期，必待皇上亲政之时。彼亦无所再用其饶舌。但既非朝聘，又无贡品，似未便与我朝越南、琉球、缅甸修贡诸邦，议数年一贡同例，且可以杜其后此之烦渎也。[2]

崇厚虽称"入觐之仪，必应妥议"，但也明言"顺机俯从"，"创行之典"，不与越南等国同礼。最有意思的是，他竟称此项"大政"为"苟非隐忧实害"。另一位洋务名臣新任湖广总督李鸿章，奏议最为奇特：

> 按英国条约第三款，内载代国秉权大臣觐大清皇上时，遇有碍

---

[1]《筹办夷务始末》（同治朝），卷五四，第2—3页。又，文内"敌国"、"敌体"，按当时语辞，为"对等之国"、"对等之体"之意。又，尼果麦的国书是置于午门一张铺上黄绫的御案上，由清朝大臣代呈。至于觐见之礼，《康熙朝起居注》称："进贡俄罗斯部落察汉汗来使米库赖噶窝里雷齐斯帕法里等行礼，赐茶"；"上御保和殿，赐进贡鄂罗思部落米库赖等食毕，上命侍卫酌酒，余俱召至御前，赐酒"。（见张维华、孙西：《清前期中俄关系》，山东教育出版社，1997年，第53页）就文字来看，尼果麦似行中华仪节。

[2] 同上书，卷五四，第16—17页。

> 于国体之礼,是不可行等语。是其不肯拜跪,早有成议。闻外国君主燕见,几与常人平等无异。即朝贺令节,亦不过君坐臣立,似近简亵。不得已权其适中,将来或遇有皇上升殿御门各大典,准在纠仪御史侍班文武之列,亦可不拜不跪,随众俯仰,庶几内不失己,外不失人。但恐彼必欲以召对为荣施耳。至于遣使外洋,该国本毋庸拜跪,尽可从宜从众。若中国使臣往见外国君主,照行外国之礼;则外国使臣入觐我大皇帝,亦当照行中国之礼。久之可据以辩难。请觐之议当自息矣。[1]

按照他的办法,各国公使可在清朝御史行列中排班入觐,等到中国使节至西方各国行西礼时,即有了依据,命来华各国公使同例行华礼!

在所有的奏议中,最具见识且直言相陈的仍是一位洋务名臣陕甘总督左宗棠。他奉到命各大员筹议的谕旨后,第一个上奏:

> 自古帝王不能胥外国而臣之,于是有均敌之国。既许其均敌矣,自不必以中国礼法苛之,强其从我。泰西各国,与中国远隔重洋,本非属国。……兹当修约届期,必首以此事相渎。其必不遵行拜跪仪节,自在意中。愚以为,泰西诸国,君臣之礼本极简略,尝于无意中,询知岛人见其国主,实无拜跪之事。今既不能阻其入觐,而必令使臣行拜跪礼,使臣未必遵依。即能如来谕酌中定制,似亦于义无取。窃思彼以见其国主之礼入觐,在彼所争者,中外均敌,不甘以属国自居,非有他也。似不妨允其所请。记曰:"礼从宜,使从俗。"古人已言之矣。

左宗棠仅是一名举人,与中过进士入学翰林院的曾、李相比,少了一些礼教的束缚。他公然宣称可以西礼入觐,在当时是惊世的言论。他还提出了两条限制:一、各国公使入觐递交国书时,先面递御前大臣,再由御前大臣呈进,即可不用直接递于皇帝本人;二、除了递交国书外,不许各国入觐;若要求入觐,行中国拜跪礼。[2]

---

[1]《筹办夷务始末》(同治朝),卷五五,第11—12页。
[2] 同上书,卷五一,第19—21页。

在清朝的历史中，如此大规模地商议朝政，实属罕见，也正说明觐见之礼系于"国体"不可轻意变革。以上不厌其详摘录各位奉旨上奏的大吏之语，恰是说明当时人们的观念。在18名官员的言论中，除左宗棠外，多多少少都有一些"天朝"观念的痕迹，而这18名官员，无一任官内地，其职守或正在或曾在沿海沿江，都与西方各国打过不同程度的交道，由此更能体现传统礼教观念之根深蒂固。毫无疑问，清朝的此次讨论，众说纷纭，得不出任何结论。1869年，总理衙门与英国商议修约时，对觐见之礼并无新议。而同治帝尚未亲政，觐见一事也随之拖了下来。

1872年10月，同治帝举行大婚，距其亲政之时已经很近了。1873年1月，直隶总督北洋大臣李鸿章收到日本外务卿副岛种臣的照会，称其将前来互换中日条约，其中有一段文字引起李氏的注意，即日本天皇命副岛换约诏书中称："今闻清帝大婚已谐，亲政在迩，朕当送书申贺，尔其致之。"李氏立即意识到觐见之争迫近，于当月20日上奏称：

> 惟据称觐奉国书一节，窃虑临时必附从西洋各国，合词请觐，冀得仰沐恩宠。可否请饬下总理各国事务王、大臣，密为筹议，届期传知臣等，传商该使遵照。[1]

也就在此时，因德国新任公使李福斯（M. von Rehfues）到京，向总理衙门递交其国书中译本，总理衙门也依例回复同治帝致德皇书。2月17日，总理衙门大臣董恂、崇纶、夏家镐将清帝复书赍交与德国公使李福斯时，却被拒收。李福斯称其国书正本尚未呈递，同治帝即将亲政，至时觐递。[2] 亲政在即，觐见难辞，总理衙门已经感受到了压力。

1873年2月23日，同治帝正式亲政。第二天，24日，俄、德、美、

---

[1]《筹办夷务始末》（同治朝），卷八八，第49—51页。对于此事，总理衙门也无良策，复奏时仅称："惟觐奉国书一节，诚如李鸿章所奏，须得密为筹议，应于换约时体察情形，妥慎酌办。"（同上书，卷八九，第6页）

[2] 同上书，卷八八，第31页；卷八九，第56页。

英、法五国公使联合向总理衙门递交照会，要求觐见，以表庆贺。总理衙门各大臣联名致函各国公使，将同赴各使馆"面谈一切"。由于总理衙门的第二位大臣文祥患病，此次谈判中止了几天。3月5日，俄、德、美、英、法五国公使第二次联合照会总理衙门，催问何时何处"定期集晤"？至此，奕䜣与抱病的文祥及总理衙门各大臣，只能于3月11日亲至俄国公使馆，与五国公使谈判。英国公使威妥玛出示《各国节略》，称言：

> 外国使臣觐见一节，其理较条约增隆。盖品级崇重使臣贵有国书，进入他国，系两邦和睦之证。他国不见，系和睦不极之据。咸丰八年所定条约（指《中英天津条约》）第四款，内载泰西各国于此等大臣向为合宜例准应有优待之处，皆一律行办等因。兹在泰西各国，向为例准应有优待之处。觐见之礼最为崇巨。准否施行，有译汉之《万国公法》一书可稽。中国各大臣向已披阅。

此次的会谈，各方未协。3月14日，总理衙门大臣与五国公使第二次会谈，依旧未协。关于这两次会谈，奕䜣的奏折曾详细报告：

> 彼谓条约中有碍于国体之礼，为不可行；则告以碍于中国国体，亦不可行。彼谓条约允以优待；则告以中国相待能优于礼之中，不能优于礼之外。彼谓惟拜跪之礼，有碍国体者不能行，此外均可商酌；则告以惟拜跪之礼最关中国国体，首先议定，此外始可从容拟议。

奕䜣自称，两次谈判"譬晓百端，反复辩诘，几于舌敝唇焦"。谈判的核心，仍是不放过一线希望，让五国公使在觐见中行拜跪礼。至于《各国节略》，奕䜣等又作《复各国节略》，以俄国为其例："俄国与中国久为友邦，当时觐见，载在典册"；"中国康熙年间使臣至俄，俄国亦未尝见，迄今二百年和好如初。"奕䜣宣称："中国一俟各大臣并无必讨有碍中国体制之心，即可从容易办。"[1]对于这样的谈判，各国公使表示了极大的不满。3月21日，五国公使再次致总理衙门《各国节略》，称言："各

---

[1]《筹办夷务始末》（同治朝），卷八九，第28—33页。

国素以觐见为紧要,今更视为紧要矣。"对于觐见礼仪,《节略》也让步,"至下跪一节,中华果能通融改易,则外国于本国之礼,亦可酌议变更"。《节略》的最后宣称:"中华若仍以使臣必须下跪,则再为晤谈,似未免徒费日时矣。"最后的这句话在外交辞令中,语气极为严重。奕䜣等人至此仍不肯也不敢让步,又作《复各国节略》,称:"总之国体攸关之处,两边均应兼顾。"[1]

就在总理衙门与五国公使辩难之际,翰林院编修吴大澂于4月15日上奏:"夫朝廷之礼,乃列祖列宗所遗之制,非皇上一人所得而私也。若殿陛之下,俨然有不跪之臣,不独国家无此政体,即在廷议礼诸臣,问心何以自安,不独廷臣以为骇异,即普天臣民之心,必愤懑而不平。"[2]4月24日,山东道御史吴鸿恩奏称:"中国怀柔远人,委曲求全,亦当稍存体制。"他还建议:若各国必亲递国书,可仿"赐宴外藩之例,皇上御太和殿,特派亲王、大学士带领该国使臣入殿中,行拜跪礼……"[3]5月25日,大理寺少卿王家璧奏称:"国家之见外蕃,自有体制,典礼所在,不可意为轻重。"他建议:"各国使臣于恭逢庆典,御太和殿受贺时,同班廷见。或就朝鲜、琉球、缅甸、安南诸国使臣班次行礼,或先由总理衙门王、大臣派员带领在仪仗外观礼,俟文武诸臣及朝鲜等国使臣行礼后,带领西洋使臣另为一班瞻觐,听其或行中国跪拜之礼,或行该国见君免冠致敬之礼。"[4]5月28日,江南道御史王昕奏称:"惟伏愿我皇上乾纲独断,明降谕旨,昭示礼仪(指拜跪之礼),届期亲御午门,盛陈兵卫,俾知天朝体制尊严,万难迁就。"[5]同日,浙江道御史边宝泉奏称:"瞻觐不行拜跪,中国从无此礼","该夷虽非属国,然其使臣与我中国之臣等耳,以待中国臣子之礼待

---

[1] 《筹办夷务始末》(同治朝),卷八九,第34—38页。
[2] 同上书,卷八九,第41—43页。编修无直接上奏权,该折由翰林院代递。
[3] 同上书,卷八九,第47—49页。同治帝将此折与吴大澂折同下给李鸿章,上谕中称"倘该使坚执前说,应如何豫筹办理,期于朝廷体制,及中外大局,两无窒碍之处。著李鸿章妥议具奏。"
[4] 同上书,卷九十,第10—14页。该折发下总理衙门。
[5] 同上书,卷九十,第14—17页。该折发下总理衙门。

之,已不为不优"。[1]尽管各国公使觐见仪节,总理衙门仍是密折上奏,但京城内已上下纷纷扬扬,上奏的言官均称其消息是"风闻"。

直隶总督北洋大臣李鸿章此时奉旨筹议觐见礼仪,他已从1867年的中国使臣至外国行外国礼仪、外国使臣至中国行中国礼仪的逻辑推断中走了出来,上奏时称:

> 彼求之十数年,迄今仍不准一见,或准见而强之跪拜,彼以为不得体面,积疑生衅,积愧生忿。将来稍有龃龉,必先引为口实,在我似觉理诎,亦非圣主包容六合驾驭群雄之志量也。倘拒之于目前,仍不能拒之于日后,甚至议战议和,力争而后许之,则所失更多。

> 我朝向有待属国一定之礼,而无待与国一定之礼。现在十余国通商立约,分住京师与各省口岸,实为数千年一大变局。不但列祖列宗无此定制,即载籍以来,昔圣昔贤,亦未豫订此礼经。一切交接仪文,无可援据……倘蒙皇上俯念各国习俗素殊,宽其小节,示以大度,而朝廷体制自在,天下后世当亦无敢议其非者。

前一段议论颇有威逼之意,尤其是其中"议战议和"一语。后一段又可让同治帝宽心,尤其是"天下后世"四字。李鸿章还称,他已与大学士、军机大臣、总理衙门大臣文祥商议:"各国使臣来京,只准一见,不准再见;只准各使同见一次,不准一国单班求见。"[2]

自亲政后,同治帝对西礼觐见并未多发议论,但奕訢等军机大臣、总理衙门大臣心里都十分清楚,其意存不甘,更何况谏台对此攻击甚猛,同治帝每次都将此类折片发给总理衙门。帝意明朗,言路镝射,更加上内心中礼教的焦灼,奕訢等不遗余力地与各国使节进行交涉。自鸦片战争以后的中外交涉中,从没有一次谈判像此次这般:如此的勇敢,如此的执著,如此的斤斤计较,如此的细密周到。一向儒雅的文祥,在谈判时激动得竟把杯子摔在地上。照奕訢自言,"彼此往复辩论数十次,

---

[1]《筹办夷务始末》(同治朝),卷九十,第17—19页。该折发下总理衙门。
[2] 同上书,卷九十,第1—5页。

历时逾三月,其间面折口争,不下数千百言","凡有可以设难设解刚柔互用之处,为意计所到者,靡不详尽言之"。他们将各国使节对觐见仪式的言论集为《简明节略》4条〔1〕,又将清方要求6条与各国公使的答词集为《问答节略》一本〔2〕,于5月15日让各国公使到总理衙门验明画押。根据总理衙门的请求,各国公使于5月20日发出照会,声明"本大臣等细查前次画押《节略》,实与中外各大臣先后面晤叙词,其意无异,专为可靠"。一直忙到6月14日,奕䜣等认为实在想不出任何疑问之处,才向同治帝上奏1折4片,并附上《简明节略》、《画押问答节略》、《各国照会》、《给各国照会》等文件,哀言苦诉种种不得已之情节,直言说明实在无法说服各国公使在觐见时行拜跪礼,并相告:各国公使也有所变更仪制,他们觐见本国君主之礼为三鞠躬,此次觐见中国皇帝改为五鞠躬。〔3〕

按当时"礼教治国"的观念,改变礼制是朝廷大政。奕䜣等人也自知,若一旦实现西礼觐见,即刻谤论大作,且将史留"恶名"。他们要求同治帝将其上呈的全部文件及李鸿章的奏折,"饬下在廷王、大臣,统筹全局,详细妥议,确实奏复,候旨遵行"。然同治帝及两宫皇太后皆知,若再进行讨论,非能有一稳妥结论,反将波涛四起。就在

---

〔1〕 其4条为:一、"君上坐立自便,或赐茶酒,或别用荣异均为君恩";二、公使"入朝见上之际,有请安奏贺数言,不敢首先论及事务";三、"以入华资深之员为领班,代各国僚奏";四、"中国果能通融改易,则外国于其本国之礼,亦可酌议变更"。
〔2〕 其6条为:一、"中外礼节不同,如有碍于国体之处,不得勉强"。各国使节表示不能行跪见,同意将其觐见本国君主之礼三鞠躬,增至五鞠躬。二、"各国实任头等钦差,奉有本国国书者,觐见中国大皇帝,其余不在此列"。三国公使称其非为头等,与觐见之礼无碍。至于先前已交国书之公使,请总理衙门发回其国书再呈。三、"觐见大典不宜轻举,应照此次节略所言五国钦差同见之例为率,仍敬候大皇帝特旨遵行"。各国公使提出因各使到达时间不一,若五国同见,时间太长,但同意听候清朝皇帝旨意办理。四、"觐见礼节,应先期演习"。各国公使提出请画一图。五、"觐见处所及何月何日何时,敬候大皇帝谕旨遵行"。各国公使表示同意。六、"中国现无驻扎各国大臣,不得以有施无报责我中国。中国将来即有大臣出使,奉有国书,见与不见,仍听各国之便"。各国公使称,非奉有国书,不能请见(最后一项是奕䜣为防止将来各国以随时接见中国使节为由,要求清朝皇帝随时接见)。
〔3〕 《筹办夷务始末》(同治朝),卷九十,第19—29页。

收到奕訢奏折的当日，同治帝以内阁明发上谕："总理各国事务衙门奏，住京各国使臣吁请觐见呈递国书一折。现在赍有国书之住京各国使臣，准其觐见。"[1]

就在总理衙门与五国公使交涉之际，德国公使李福斯因身体不适于5月5日离开中国，代理公使和立本（T. von Holleben）照会总理衙门，要求参加觐见，被奕訢婉拒。[2]荷兰首任公使费果荪（J. H. Ferguson）也于5月5日到达北京，要求觐见。奕訢提出须按与各国商定《简明节略》《画押问答节略》办理，并出具照会。费果荪在照会中声明："所有觐见一节，贵王、大臣与俄、英、法、美国大臣有何商议之处，本大臣亦皆同心照办，断无异词也。"结果批准一同觐见。[3]前来换约的日本大使副岛种臣于5月8日来到北京，照会总理衙门，要求觐见，赍交国书。奕訢也提出须按各国商定仪节办理。副岛种臣出具照会："至所送节略，必有出于至公至平，可与情义相符，自无异议。"[4]结果也同意入觐。原来的俄、德、美、英、法五国公使，此时成了日本大使和俄、美、英、法、荷五国公使，德国代理公使被拒绝入觐，但德国使馆的资深翻译璧斯玛（K. Bismarck）被选为联合使团的翻译。根据清朝的要求，参加入觐的外交官按照详细的程式进行了演练。

1873年6月29日，星期日。清同治十二年六月初五日，壬子。此为外国使节第一次以西礼觐见中国皇帝的日子。

这一天早晨5时半，日本大使及五国公使在位于西安门外天主教"北堂"会合。6时，总理衙门大臣崇厚引导进入皇城福华门。总理衙门大臣文祥在此等候，负责迎接，并招待茶点。8时半，各国使节被引至一座行幄，总理衙门大臣奕訢在此等候，负责接待。9时，同治帝

---

[1]《筹办夷务始末》（同治朝），卷九十，第23页。
[2] 同上书，卷九一，第3—5页。
[3] 同上书，卷九十，第22—23、30—32页。
[4] 同上书，卷九十，第32—35页。

在西苑（今中南海）紫光阁升殿。日本大使副岛种臣因品级最高，首先单独入觐，行三揖礼。[1]各国公使以其到任先后排列，俄国公使倭良嘎哩（A. Vlangaly）、美国公使镂斐迪（F. F. Low）、英国公使威妥玛、法国公使热福理（F. L. H. de Geofroy）、荷兰公使费果荪共同入觐，行五鞠躬礼。到任最早的俄国公使倭良嘎哩代表各国公使致贺词，随后各国公使将其国书呈递皇帝面前的条案上，同治帝通过奕訢之口致答词，表示与各国的亲善之意。整个觐见过程约半小时。这一天，清朝的日讲起居注官松桂、冯誉骥在其皇家史册上写道："上诣瀛台自在观拈香。御紫光阁升坐，各国使臣暨翻译等九人入觐见，上温语慰问。"[2]没有"跪拜如仪"，也没有直立不跪，粉饰弥缝过去了。

只是后来传出，同治帝面对站立的夷人感到很不愉快。而各国使节也听说觐见地点并非在皇宫，只是皇家花园，紫光阁以往是皇帝接见藩属朝贡的地方。

一年多后，同治帝因天花去世，年幼的光绪帝继位，两宫皇太后继续垂帘。各国公使觐见之事，又一次被推迟下去。

简短的结语

作者作此长文，本意在以历史学者的态度，客观详尽地叙述公使驻京与西礼觐见的具体过程。但作者自知，种种愤怨在文中处处泄露。自1793年马戛尔尼使华至1873年各国使节西礼觐见的80年中，正是西方资本主义快速成长并向东方直接进逼的时期。他们通过战争手段和外交手段，迫使清朝签订一系列不平等条约。而这一时期又是清朝从盛世降至衰败，传统社会恶弊尽露的时代。泰西的坚船利炮将"天朝"轰出传统的治乱兴废的轨道，世界进入了中国，中国被迫不再仅仅卧身于几千

---

[1] 副岛种臣此次来华，实为日本侵台之前奏。总理衙门似过于注意觐见礼仪，并作出让步，但对台湾一事未引起应有的注意。
[2] 《清代起居注册》（同治朝），第40册，国学文献馆，1983年，第22331页。

年来相对独立发展的东亚地区，由此进入世界。然清朝在与世界交往的过程中，对其蒙受的最大压迫和羞辱并无肤痛，英国与法国通过第二次鸦片战争获得种种权益，却在战争期间被清朝轻意地奉送给并未开战的美国、俄国，又在战后"一视同仁"地送给普鲁士（后为德国）、丹麦、荷兰、西班牙、比利时、意大利……而在当时的西方今天的世界视为外交惯例的公使驻京与西礼觐见上，清朝进行了殊死的抵抗。"天朝"的观念使之与近代国家利益相格相反，传统的礼教又阻其与国际社会的接轨。就在1873年西礼觐见在北京啸成风波时，河南道御史吴可读针对此事上奏辩言：

> 观其条约，无虑数十，问有一语述及亲亲尊贤、国之九经否？曰无有也。问有一字道及礼义廉耻、国之四维否？曰无有也。不过曰此事有利，此事于中国亦有利，以利自处，而人以利诱中国。彼本不知仁义礼智信为何物，而我必欲其率五常之性。彼本不知君臣父子夫妇昆弟朋友为何事，而我必强之行五伦之礼。是犹聚犬马羊豕于一堂，而令其舞蹈扬尘也。[1]

中华的文物制度绵延几千年，不可怀疑地有其优长，且应继承光大，但若操"九经"、"四维"、"五常"、"五伦"上阵与西方列强对抗，非败仗，即上当。实现西礼觐见的1873年，恰是达尔文《物种起源》发表后的第14年，大西洋海底电报电缆敷设成功的第7年，卷筒轮转印刷机发明的第5年，而3年后，贝尔发明了电话。实现西礼觐见的这一年，又是清朝遭遇鸦片战争之后的第33年，《中英天津条约》规定"西礼觐见"的第15年，而日本的"明治维新"已进入其第6年，其维新领袖们此时正在欧美谋求修改包括领事裁判权等项的不平等条约。

还须提到的是，尽管1858年中英、中法《天津条约》之后的各国条约，大多规定清朝今后若派使节赴其国家，将以当时西方的外交惯例来接待，但清朝任命第一位公使却在1875年。当这位湘系出身曾任广东巡抚时任总理衙门大臣的首任驻英公使郭嵩焘于次年渡海赴职时，京城地

---

[1] 《筹办夷务始末》（同治朝），卷九十，第35页。

面就有讥言：

> 出乎其类，拔乎其萃，不容于尧舜之世；
> 未能事人，焉能事鬼，何必去父母之邦。

记录此联的其同乡名士王闿运在日记中称："筠仙晚出负此谤名，湖南人至耻与为伍。余云：众好众恶，圣人不能违。"[1]而郭氏的进士同年康有为的老师名儒朱次琦闻之手书一帖：

> 派员往英之事，何辱国至此！举朝可谓无人。李相（李鸿章）身系安危，先自屈辱。损中国之威，长夷虏之气，天下何望矣！回忆咸丰之事，喋血郊园，盟于城下，乘舆出逊，晏驾不还。（此指1860年第二次鸦片战争之败）《公羊》所谓百世之仇，无时焉而可与通也。今重有此大辱之事，此忠义之士，所以言念国耻，当食而叹，中夜愤悱，誓心长往，终已不顾者也。[2]

这位公使在任的日子就不太好过，副手以学外语、衣洋服、起立以迎巴西国王、看戏阅洋人音乐单等有违"天朝威仪"诸礼而劾之，国内又以其《使西日记》为夷人张目而谤之。未及任满，便被召回。此后郁郁不乐而逝。

---

[1] 王闿运：《湘绮楼日记》，第6册，商务印书馆，1927年，光绪二年三月初三日。

[2] 《清碑传合集》，上海书店，1988年影印，第4356页。朱次琦为郭嵩焘任专使为马嘉理案赴英而发。郭后未行，又一年，郭改为公使。相关的评论又可参见朱维铮：《使臣的实录与非实录》，《求索真文明》，上海古籍出版社，1996年。

第一次中比条约的订立时间及其评价

第一次中国—比利时《通商条约》，是由清朝头品顶带通商大臣薛焕与比利时特使包礼士（L. Bols）在上海订立的。关于这一条约的订立时间，王铁崖先生在编《中外旧约章汇编》时，定为同治二年七月十三日，即1863年8月23日。[1]王先生的依据是1915年在北京出版的由许同莘等人所编的《同治条约》。然而，我以为，这一时间是靠不住的。

我对这一订约时间的怀疑，起因于清方订约大臣的任职经历与此不相符。薛焕原是江苏布政使，在上海为镇压太平天国筹措军费。1860年6月，两江总督兼办理各国通商事务钦差大臣何桂清兵败被革，清廷命江苏巡抚徐有壬暂署两江总督，命薛焕暂署办理通商事务钦差大臣。未久，徐有壬被太平军所杀，薛焕迁江苏巡抚，署理两江总督及办理通商事务钦差大臣。是年8月，曾国藩任两江总督，但通商大臣仍由薛焕兼任。1862年4月，李鸿章带淮军至上海，署理江苏巡抚，未久改实任，薛焕仅剩下通商大臣一职，为了抚慰薛焕，清廷加其头品顶带。然而，曾国藩、李鸿章等人与何桂清的矛盾极深，而薛焕正是何桂清手下两员大将之一（另一位是浙江巡抚王有龄）。李鸿章到沪后，更是必欲去薛，薛因此不安于位，于1862年6月奏请撤销通商大臣一缺，改由督抚兼任。1863年5月，薛调至北京，任总理衙门大臣、礼部左侍郎等职。而薛焕遗下的通商大臣一职，由李鸿章兼任，改为南洋大臣。后李迁两江总督，仍兼南洋大臣。从此两江总督兼南洋大臣成为制度。由此可见，至同治二年七月，薛焕已去职，离开上海，且清朝也无"头品顶带通商

---

[1]《中外旧约章汇编》，第1册，第207页。

大臣"这一官缺。这样,第一次中比通商条约的订立时间,只可能提前至同治元年三月至次年四月(1862年4月至次年5月)薛焕专任头品顶带通商大臣一职期间。

根据这一线索,查阅《筹办夷务始末》(同治朝),可以看到下列情况:1862年4月,比利时特使包礼士来到上海,住在英国领事馆,照会薛焕,约期会晤。4月14日,薛焕和苏松太道吴煦,在其行馆与包礼士等人会晤。5月8日,根据恭亲王奕訢的提议,清廷以薛焕"作为全权大臣,便宜行事,办理比利时国通商事务"。[1]5月29日,薛焕与包礼士再次晤谈。6月30日,薛焕与包礼士第三次晤谈,将条约的内容大体谈定。根据薛焕的奏折,1862年8月8日,即同治元年七月十三日,薛焕"率同苏松太道吴煦、常州府知府薛书堂,齐会公所,比利时使臣亦率同随员及英国翻译官阿查礼(C. Alabaster)前来会晤,臣偕包礼士将条约彼此核对,即于是日互相画押"。[2]《筹办夷务始末》的这些记载,还可以得到《清实录》的印证。《筹办夷务始末》和《清实录》皆是敕令官修之书,其可靠性较其他著述自然高出一筹。由此可见,第一次中比条约的订立时间,当是同治元年七月十三日,比王铁崖等书确定的时间整整早了一年。而这一错误,很可能是因为在传抄过程中笔误而造成的。

第一次中比条约之所以值得重视,值得考订其订立的时间,因为它是中国近代史上第一个不明确含有不平等条款的条约。

比利时与清王朝的通商由来已久。鸦片战争之后,比利时派驻印度支那总领事兰瓦(Monsieur Lannoy)为特使,来华要求订约。两广总督兼办理五口通商事务钦差大臣耆英等人拒绝订约,但奏准颁给中英、中法、中美《五口通商章程》,准许按这些条约的办法进行通商。[3]耆英等人如此办理,自然是对国家利益、民族利益之所在不甚了了,只是按

---

[1] 《筹办夷务始末》(同治朝),卷五,第42页。
[2] 同上书,卷八,第46页。
[3] 《筹办夷务始末》(道光朝),第6册,第2920页。

照"一视同仁"的原则"以示怀柔"。中英、中法、中美条约对中国利益甚为不利，比利时照此办理，对中国也不无损害。但是，比较1847年耆英与挪威、瑞典订立的《五口通商章程》，明文载入片面最惠国待遇、协定关税、领事裁判权、军舰可驶入通商口岸的不平等条款来说，自然又要好了许多。

第二次鸦片战争期间，清朝于1858年与英、法、美订立了《天津条约》，嗣后派桂良、花沙纳至上海，与英、法、美三国进行关税谈判。比利时使节闻讯前往上海，照会桂良等人，要求订立条约，享有与英、法、美同等的权利，桂良复照称，他们只专理英、法、美三国事件，其他国家应与两广总督兼五口通商钦差大臣黄宗汉交涉，并将该照会托英国领事转寄比利时驻广州领事。1859年春，办理通商事务钦差大臣一职改由两江总督何桂清兼任，比利时使节再来上海交涉，何桂清以"广东文卷未到"为由推托。是年秋，比利时使节照会何桂清称"新开各口"，该国"应订新约，一体准行"。他提出条约内容三款：一、"该国大小官员、商民眷属、船只货物，约与别国同视"；二、条约十年作一次修订；三、条约加盖国玺，在上海互换。何桂清复照称，中美《天津条约》刚刚互换，英、法两国"尚未定议"，"俟三国章程定妥"，再代为陈奏，请比利时仍照道光二十五年（1845）成例，在五口进行通商。[1]

1862年，包礼士出使中国，其目的就是与清政府订约，使比利时享有与英、法、美三国《天津条约》同等的权益。包礼士给薛焕的照会中提出了中比条约的草本，共三款，其内容与咸丰九年的要求大同小异，但其第一款更为明确："凡比利时国所派之钦差大臣，领事府以及各等商民、船货物件，在于中国，均应与别国受益最优者同受其益。"[2] 包礼

---

[1]《筹办夷务始末》(同治朝)，卷五，第37—38页。
[2] 比利时所拟条约草本第一款，除上引内容外，后面还有一条："如大清国有钦差大臣、领事府以及商民船货，前往比利时国者，比利时国应待别国同等优待。"这表面上最惠国待遇是互惠的，实际不然。因为清政府已丧失领事裁判权、协定关税等权益，在国际交往中处于低下地位，而比利时的主权是完整的，中国不可能获得有害于比利时的权益。当然，薛焕等人当时还未考虑到中国官员和商民在比利时的权益问题。

士企图用无限制最惠国条款,均沾他国已经得到或将来可能得到的全部权益。

主持谈判的薛焕,久官上海,与外国使节多有交涉,对外部世界也有更多的认识。他最初不同意订约,但劝告无效,恐包礼士北上天津,便同意谈判订约。他见包礼士所拟条约草本第一款包罗各国条约在内,不能接受,又恐明显拒绝,对方索之愈坚,便另拟三款:一、比利时须在各通商口岸设领事,并禁止商人充当;未设领事之通商口岸,比利时商民禁止通商。二、比利时可在清政府此时已开放的15个通商口岸进行贸易,但不许到内地游历。三、比利时公使将来不得驻扎北京。薛焕心中也明白,比方不会同意他提出的条约草本,他只不过是"寓此权术,冀于会商时藉可互议增减"。[1]

6月30日,薛焕等人与包礼士第三次晤谈。双方根据各自的条约草本,"逐层商议","再三辩论",最后双方妥协,确定了中比条约四款:

  第一款 通商各口必须由比利时本国派委领事官住扎,或托有约各国领事住扎该口之领事官代管,会同中国地方官办事;如该口无比利时国领事官及代管之领事官,则比利时国商民,未便前往贸易。其领事官不得以商人充当。

  第二款 比利时国商民应准在中国通商各口照有约各国一体贸易。

  第三款 比利时国商民,前来中国通商各口贸易,其应完税钞,与商民违约示罚,及查办人犯、欠债各情,均照有和约各国章程办理。

  第四款 本约立定后,俟两国御笔批准,盖用国宝,订于十八个月期内,大清国大臣、比国大臣,在上海互换,永远遵守。[2]

从条约内容来看,实际上是对当时中比通商情况的承认。它虽然同意比利时可到新开放的口岸贸易,同意比利时按新定海关税则纳税,其

---

[1]《筹办夷务始末》(同治朝),卷七,第15—20页。
[2] 同上书,卷七,第42—44页,文字与《中外旧约章汇编》所录稍有差异,内容完全一致。

中"查办人犯"一语,也隐隐同意比利时有领事裁判权,但是,毕竟没有明文写上领事裁判权的条款,而片面最惠国待遇、协定关税这些至关重要的不平等条款,该条约并未涉及。对于中国利益而言,中比条约比起道光二十五年颁给以参照执行的《五口通商章程》,还是更为有利一些。并且,这一份条约还第一次规定,领事不得以商人充当。"商人领事"是当时中外关系中十分荒诞不经之事,商人以钱财购买欧洲各小邦一领事文执,然后来中国招摇。清政府不了解外部世界,也无从证实其身份,更使得这些"商人领事"有机可乘。从这一份条约开始,清政府与西方各国的条约大多亦有此款,长期危害中国的"商人领事"亦逐步绝迹。

但值得注意的是,以上只是今人的分析,而在当时,无论是签订条约的薛焕,还是审批条约的慈禧、奕訢,都没有认识到这份条约的真正意义。他们对领事裁判权、协定关税等对中华民族的危害,几乎毫无所知;而他们对这份条约之所以兴高采烈,竟是条约中没有"公使驻京"的规定。薛焕一开始就反对包礼士条约草本第一款,其中一个主要原因,就是怕比利时根据最惠国待遇,也要实行"公使驻京"!

6月30日,双方达成的只是条约中文本。薛焕害怕包礼士"日久悔生,另寻枝节",指使苏松太道吴煦"旁敲侧击,令彼自行赶紧翻译,以便早日画押,杜绝葛藤"。[1] 8月8日,条约一签订,薛焕立即向清廷报喜。清廷中枢大臣大为赞扬,称之"办理甚为妥协"。[2]

然而,清朝的愿望并没实现。比利时政府拒绝批准这份条约,条约也未互换。四年之后,即同治五年,两国签订了共有47款的通商条约,即第二次中比条约。比利时从该条约中获得了片面最惠国待遇、领事裁判权等权益。次年,第二次中比条约在上海互换、生效。

中国近代史上第一个不明确含有不平等条款的条约——第一次中比条约,就这样烟消云散了,几乎没有留下什么痕迹。

---

〔1〕《筹办夷务始末》(同治朝),卷七,第42页。
〔2〕同上书,卷八,第46页。

近代尺度丈量下的实距

虎门之战研究

1841年虎门之战,是鸦片战争中最为重要的一次作战。它不仅对那次战争的军事、政治形势的变化起着重要的作用,而且是中国近代战争史上极有价值的战例。150年来,对它的叙说、评论、研究从未间断。笔者企图从军事学术的角度来研究这一战例,得出新的结论。

虎门的地理形势与战略地位

虎门位于珠江入海口,外濒伶仃洋,内连狮子洋,全长约8公里。口端两侧,东有沙角山,西有大角山,隔江对峙,相距约4公里。从口端溯江北上约3.5公里,有江心小岛,名下横档岛,再北去600多米,是上横档岛。两岛之间东侧有一小礁,名饭箩排。横档岛东向为武山,俗称亚娘鞋。这一段江面宽约800米,涨潮时中泓水深约40米,船只多行此水道。横档岛西向为芦湾,江面宽约为1.5公里,水势稍浅而滩多,欧洲船只很少航行此水道。由上横档岛溯江3公里余,是江心大岛即大虎山岛。虎门因此得名。虎门扼珠江,由此入狮子洋,上溯50公里,是广东省城广州。另外,在沙角与武山之间,有一水道名三门口,入此水道绕武山东北向约2公里余,有小镇为太平墟(今太平镇),再向东北数百米,为虎门寨。

在当时的国际国内形势下,就军队使用的武器装备条件,虎门的战略地位十分重要。这是由三点决定的:

一、虎门是广州的门户,而广州是当时唯一的由清政府指定的对外贸易口岸。虎门一失,入侵舰船内驶,直逼广州,在该城的东、南、西三侧均可登岸，守军难以组织防御。

二、在当时的军队装备中，火炮威力最大，起着决定性的作用。而火炮在陆地需要畜力牵引移动，又要求有一定的道路条件。广东为水网丘陵地带，港汊山岭皆为火炮移动的障碍，敌军长途远来又不能多带牛、马，舰船是当时唯一拥有强大火力而又进退自如的装备。如果能在虎门堵住来犯舰船，侵略者由陆路绕行攻击广州将障碍重重，会给进攻带来极大的困难。

三、珠江入海水道颇多，但除了主水道虎门外，皆水浅滩多，巨舰难以航行，小船又不能保持一定的武力，且守军也易于将这些次要水道阻塞断航。

因此，对于远涉重洋拥有大量舰船的西方侵略军说来，欲攻占广州，突入虎门内驶，是最有利的方案。

虎门设防情况

虎门设防置守始于1589年（明万历十七年）。其时在武山山前建城布防，名山前寨城。1637年（明崇祯十年），虎门首次受到西方的入侵，英国海军上校威得尔（J. Weddell）率船4艘，炮击虎门。1680年（清康熙十九年），山前寨城为海盗所毁。1686年起，清朝统治者先后在武山东北建虎门寨，在上横档岛东侧建横档炮台（1717年建），在武山西侧建南山炮台（炮12位，1717年建），在沙角西侧建沙角炮台（台面西向，台周长120米，炮11位，1809年建），在南山炮台北约400米处建镇远炮台（台面西向，台周长360米，炮40位，1815年建），因原横档炮台地势过高，在该岛东侧山脚另建横档炮台（炮40位，1815年建，原台废置），在大虎山岛东南侧建大虎炮台（台周长360米，炮32位，1817年建），在大角东侧建大角炮台（台周长280米，炮16位，1830年建）。[1]

---

[1] 以上炮台资料据《东莞县志》（1921年刊本），《虎门炮台图说》（清刊本，无日期），关天培：《筹海初集》（道光十六年刻本）。

以上 6 台共安火炮 151 位。1810 年，清政府设广东水师提督，驻节虎门，以示昭重。

1834 年，英国派律劳卑（W. J. B. Napier）来华，中英争端起。9 月 5 日，律劳卑下令英舰伊莫金号（Imogene）和安德罗马奇号（Andromache）内犯。7 日中午，两舰乘潮起锚，大角炮台开火。一小时后，英舰驶入横档东侧水道，横档、南山、镇远三炮台开火，英舰回击。40 分钟后，英舰驶过横档，大虎山炮台开火。当日英舰抛锚于横档与大虎山之间。9 日下午，英舰起锚再航，横档、镇远、大虎山三台开火，英舰还击，炮战约半小时后停止。当日英舰过虎门，11 日，抵黄埔。此次战斗，英舰仅受轻伤，被击毙 2 人，伤 7 人；清军没有伤亡，各炮台受到一定程度损坏。战斗的结果证明了虎门防卫能力的不足。道光帝阅奏朱批："看来炮台俱系虚设，两只夷船，不能击退，可笑可恨，武备废弛，一至如是，无怪外夷轻视也。"[1] 他立即调关天培为广东水师提督，加强虎门防务。

一、卢坤、关天培的措施及关天培的作战预案

1834 年 12 月，关天培到职视事。在查勘广东中路海防后，他向两广总督卢坤递交了《查勘虎门扼要筹议增改章程》、《重勘虎门炮台筹议节略》。[2] 在这两次咨文中，他提出了虎门三重门户防御建策：

以沙角、大角为虎门第一重门户。因为两台相距达 4 公里，炮力不及中流，改为信炮台。敌舰一旦驶入，施放信炮，让第二、三重各炮台做好战斗准备。以横档一线为虎门第二重门户，也是防御的重点。在东水道，扩建南山炮台，加固横档、镇远炮台，并在江面架设排链，迟滞敌舰航速，以利发挥炮台火力；在西水道，新建上横档岛西侧和芦湾山脚两处炮台，并在水浅处抛石成堆，水深处安钉梅花木桩，阻碍敌舰行驶。以大虎山岛为虎门第三重门户，加固大虎炮台，并在距炮台 300 米

---

[1] 《丛刊·鸦片战争》，第 1 册，第 125 页。
[2] 关天培：《筹海初集》，卷一，第 17—34 页。

处的浅滩抛石下桩，以防敌舰乘潮绕行暗沙，躲避炮台火力。此外，还要求添铸8 000斤火炮20位，6 000斤火炮20位，匀配各台。

1835年1月，卢坤咨会关天培，除不同意江面架设排链外，其余意见与关相同。3月，卢、关联衔会奏虎门工程，6月，道光帝批准。

是年底，虎门各炮台工程陆续完工。南山炮台扩建后，更名为威远炮台，直长38米，左右弯长210米，敌台长120米，安炮40位。上横档岛西侧新建炮台，定名永安炮台，直长30米，左右弯长200米，敌台长120米，安炮40位。芦湾新建炮台，定名巩固炮台，直长20米，左右弯长150米，敌台长62米，安炮20位。三台皆用33厘米高厚、166厘米长的青麻条石砌成，台基高4米，垛墙高2米，厚1.5米。横档、镇远、大虎三炮台亦用青麻条石加固。大虎山岛外暗滩亦钉桩堆石。虎门8炮台共设火炮234位，平时额设兵丁380名，防御力量大大加强。

与此同时，关天培新定《春、秋操章程》。春、秋操即演习。1836年8月，虎门初次按新章程进行秋操。从秋操的实施情况，可以看出关天培的作战预案。虎门平时额兵380名，大约每3人看护2炮，秋操时增加协济兵丁518名，分布第二、三重门户的横档、永安、威远、镇远、巩固、大虎6炮台，每4名兵丁操1炮。江面另调大号米艇10艘，每艘炮12位，舵工水手炮手64名；另有泅水阵式兵68名，中水对械兵12名，爬桅兵16名，能凫深水兵34名。参加演习的清军共计1 668名，此数即虎门战时编制。按章程，演习时，由沙角炮台施放信炮，靶船由虎门口端乘潮拖入，行至饭箩排时，威远、横档、镇远三台相继开火。演炮兵丁开炮之后，若靶船已过炮口，无庸再装药，如未过炮口，兵丁则执溜筒、火箭、五虎箭对靶船篷帆施放。设伏在横档与大虎山之间水域的米艇、泅水兵丁亦赶至参战。如靶船过第二重门户，以大虎炮台迎战。扼横档西水道的永安、巩固炮台演习亦如东水道三炮台。赶来阅操的两广总督邓廷桢观后奏称："声威已足慑服群夷，克称天险。"[1]

---

[1]《筹海初集》，卷四，第109页。

二、邓廷桢、关天培的加防措施

1838年,英国海军少将马他仑(F. Maitland)率舰来华,关天培闻讯即按战时编制调集兵丁备战。7月28日,虎门炮台截住一英船,查询马他仑是否在船上。8月8日,马他仑调舰三艘至虎门,要求解释。广东清军将领书面答复该事件属误会后,英舰退出。

马他仑离华后,此时的两广总督邓廷桢及关天培决定进一步加强虎门防御,措施有两项:

一、在横档东侧水道架设排链。排链分两道。第一道由饭箩排架至武山,长927米;第二道由上横档岛架至武山,长1 106米。排链中间设有闸口,平时常开,战时关闭。派守兵120名管理。[1]

二、在威远、镇远两炮台之间另建靖远炮台。台基仍用青麻条石砌成,为防敌炮击中炮台而飞石伤害守军,墙垛炮洞则用三合土。炮台高4.85米,正面宽189米,安炮60位,其中一些是新购买的西洋铜炮。[2]该台平时额定守兵90名。

此次工程使虎门地区炮台增至9座,火炮增至306位,[3]平时额设守兵590名,第二重门户进一步加强。1839年5月,正在虎门收、焚鸦片的钦差大臣林则徐,奉旨查看工程,甚为满意。是年秋,虎门例行秋操,式样如前,只是新建炮台增加协济兵丁150名,参加演习清军共2 028名。从演习的情况来看,关天培的作战预案没有变化。林

---

[1] 排链的作用并非阻挡入侵的军舰,而是迟滞其航速。由于当时清军火炮发射准备时间长,若敌舰乘风乘潮闯入,时间短促,炮台火炮不能充分发挥威力。林则徐称:"设有不应进口之夷船妄图闯入,虽遇顺风潮涌驾驶如飞,一到排链之前,势难绕越。即谓夷船坚厚,竟能将铁链冲开,而越过一层尚有一层阻挡。就令都能闯断,亦已羁绊多时,各台炮火连轰,岂有不成灰烬之理。"(《林则徐集·奏稿》,中册,第643—644页)

[2] 1839年5月31日,林则徐视察靖远炮台,"观西洋铜炮"(见《林则徐集·日记》,中华书局,1962年,第340页)。可见邓、关先于林购买洋炮。靖远炮台是行商捐款兴建的,购买洋炮可能是由行商操办的。

[3] 至1838年8月,虎门各炮台火炮已增至246位(《筹办夷务始末》[道光朝],第1册,第102页)。

则徐观后具奏:"今炮台回环并峙,排链堵截綦严,用壮声威,足消窥伺。"[1]

三、林则徐等人的加防措施

由于虎门销烟后的局势,1839年秋操后,协济兵丁和江面水师未撤回原伍。虎门清军由平时转入战时编制。从此时起,两广总督林则徐和关天培等人对虎门防卫做了三件事:

一、在装备上,更新炮台及战船上的火炮,"密购西洋大铜炮,及他夷精制之生铁大炮,自五千斤至八九千斤不等,务使利于远攻"。但数量难以确定。[2]

二、在兵力上,雇募水勇及船只,装配火船,以补清军水师力量之不足。

三、在战术上,除关天培的三重门户逐段堵截外,林则徐还强调以清军师船和所雇水勇船只围攻英舰。他制定了《剿夷兵勇约法七章》,规定:以12至16艘战船攻敌舰1艘,避其安炮较多的两舷,专攻设炮较少的首尾。当清战船到达"炮所能及之处,即先开炮,至鸟枪可及,便兼开枪,迨喷筒、火罐所能及,则随便用之,多多益善"。待清方战船靠近英舰时,兵勇跳帮过船,"遇夷人便用刀砍"。为此,林则徐购买了一艘1 200吨的商船"甘米力治号"(Combridge),改装成为安炮34位的军舰,命清军以此为模型,"演习攻首尾跃中舱之法"。[3]

1840年6月,英国侵华舰队陆续到达虎门口外,除留军舰4艘封锁珠

---

[1] 《林则徐集·奏稿》,中册,第691页。
[2] 同上书,第838页。又,《道光洋艘征抚记》、《夷氛闻记》称,所购洋炮200位,分布珠江两岸。林则徐致奕山《防御粤省六条》中称:虎门内外各炮台"所失铜铁炮位,合各师船计之,不下五百余尊,其中近年购买夷炮约居三分之一"。(《海国图志》,卷八十,第6页)英方提到的数字为:沙角、大角战斗时,缴获清军师船上葡萄牙铜炮8至10门;三门水道战斗时,缴获铜炮数门;横档一线战斗时,发现镇远炮台和靖远炮台4门1627年制造的葡萄牙大铜炮,另有3门英国铁炮。(Bernard, *Narrative of the Voyages and Services of the Nemesis from 1840 to 1843*, Vol. 1, pp. 273, 328, 342-343)
[3] 《海国图志》,卷八十,第1—4页。

江外，其余按计划北上。此时，虎门防卫力量为"各炮台计有大炮三百余位，其在船在岸兵勇，随时分拨，共有三千余名。"[1]与虎门战时编制比较，兵力增加1 000余人，增加的部分主要为雇勇。[2] 8月，林则徐又集结"各营大号米艇二十只，并雇募红单船二十只，拖风船二十六只，于选配兵丁之外，复募挑壮勇千余名"，在狮子洋一带操演，准备应战；"又前后购备火船二十余只，均交水师提臣关天培，分派各将备随带应用"。[3]此数可反映配合虎门各炮台作战的江面师船雇船的力量。9月，林则徐奏称，"计沿海陆路先后调防兵勇，已及八千名。"[4]此数虽为广东全省范围而言，但虎门为防御重点，部署兵力最多是毫无疑问的。至10月，林则徐已被革职，护理两广总督怡良奏称："查虎门内外各隘口，兵勇共有万人，督臣林则徐前次奉到谕旨，当即会同臣将次要口隘各兵，陆续撤减二千余名，臣复移咨水陆各提镇，将各路中可以撤减者，再为酌核情势，分别撤减以节糜费。"[5]此处数字，虽不止虎门一处，但主要部分当在虎门。

除了上述兵勇、战船数量的增加外，林则徐、关天培等人很可能对虎门地区的炮台、工事、军营等有一些小的改善。笔者因资料判断的困难，并为叙述的方便，将之放到第三部分。

琦善撤防质疑

1840年11月29日，钦差大臣署理两广总督琦善到达广州，12月4日接印视事，开始与义律（C. Elliot）谈判。琦善对广东防务极为蔑视，

---

[1]《林则徐集·奏稿》，中册，第838页。
[2] 林则徐称：广东"中路一带，所雇练勇用以协防炮台隘口，并配入拖风、红单等船者，已有一千五百余名"。（《林则徐集·奏稿》，中册，第882页）
[3] 同上书，第862页。
[4] 同上书，第876页。
[5]《筹办夷务始末》（道光朝），第2册，第557页。怡良所奏撤军数字，并非已撤数字，怡良曾将奏底寄给林则徐，而奏折中撤军数字暂空。10月24日，林则徐致函怡良，称"片内所空撤兵之数，拟填二千何如？仍祈酌之"。（杨国桢编：《林则徐书简》增订本，福建人民出版社，1985年，第145页）

对英军的船坚炮利有恐惧感。他企图用惩办林则徐、恢复贸易的条件，使中英关系恢复到禁烟运动之前的状况。他并没有准备用武力来抵抗英国侵略。外交的后盾在于武力，武力不足的琦善外交必然失败。

对于琦善的作为，当时和事后的记载留下了许多撤防的议论。就笔者所见，主要有以下几条：一、"十一月钦差琦侯善到粤，……将（沙角、大角）炮台后驻兵与钉桶尽行撤去，故逆兵得取道，从炮台后夹击，以致失守。闻琦善语逆夷义律云：'打得快，和得快。'"[1]二、琦善"一到则尽撤海防"。[2]三、"琦但以和夷通商为务，尽撤诸路防御，不许擅行轰击，并将玉（粤）海关盛开，任夷船出入"。[3]四、"懿亲重臣，临戎丧胆，撤防媚敌"。[4]五、琦善"散遣其（林则徐）旧雇丁勇数千，横档前后备拒夷船之水底暗桩，悉如夷意裁之。将欲促其早就范围，衅卒消弭也"。[5]六、琦善"撤散壮丁数千，于是水勇失业，变为汉奸，英夷抚而用之，翻为戎首矣。撤横档水中暗桩，屡会义律于虎门左右，夷船得以探水志，察路径，而情况虚实尽悉矣。……义律与琦善信云：'若多增兵勇米故，则不准和。'于是已撤之兵，不敢再调"。[6]七、义律"请撤沿海防卫，（琦善）许之。……凡官设有师船、火船，下至渔舟疍户、快蟹、扒龙悉排列（虎门）口门内外。至是，裁减官艘，酌留其三分之一，而招募之舵工、水勇，散遣殆尽矣"。[7]八、裕谦于1841年3月两次奏称："琦善到粤后，散遣壮勇，不啻为渊驱鱼，以致转为该夷勾去，遂有沙角、大角炮台之陷。其奏中所云山后汉奸，即系散遣无业之壮勇，不问可知。""虎门之失守，由于琦善不肯添兵，又撤退水勇，戍守单弱。"[8]近人关于此事，多引上述记载，琦善撤防已成定论。

---

[1]《英夷入粤纪略》，《丛刊·鸦片战争》，第3册，第1页。
[2]《广东军务记》，同上书，第29页。
[3] 刘长华：《鸦片战争史料》，同上书，第145页。
[4] 陈康祺：《燕下卿脞录》，《丛刊·鸦片战争》，第2册，第629页。
[5] 梁廷枏：《夷氛闻记》，中华书局，1959年，第50页。
[6]《夷艘入寇记》，《丛刊·鸦片战争》，第6册，第113页。
[7] 夏燮：《中西纪事》，岳麓书社，1988年，第83页。
[8]《筹办夷务始末》（道光朝），第2册，第870、888页。

笔者以为，此论尚有可疑之处。

先看琦善奏折。琦善于12月4日视事后，7日出奏，"仍以夷情叵测，虎门系近省要隘，未便漫无堤防，随饬委署广州府知府余保纯、副将庆宇、游击多隆武等，前往该处，妥为密防"。[1]26日，义律发出最后通牒。琦善次日奏："词气甚属傲慢，以打仗肆其恫喝。奴才遂酌调肇庆协兵五百名，令其驰赴虎门，并派委潮州镇总兵李廷钰，带弁前往帮办。"[2]1841年1月2日，他又奏称："该夷目前在浙江时，向伊里布询得奉旨戢兵实情，并知自其回粤后，裁减防兵，该夷既得我底蕴，减兵则声势单弱，是以屡次以打仗肆行恫喝。"[3]他已经看到上次怡良等奉旨撤兵带来的害处。7日，英军攻占沙角、大角，他次日上奏："查沙角炮台，孤悬海外，前恐兵力较单，业经添拨抚标兵二百名，驻扎东莞之陆路提标兵二百名，预备防守。"[4]13日，琦善已怯于英军压力，奏称："伏查外海水师，现已各处分防，内河水师，亦逐一拨守，已无可增调之兵，且炮台人已充满，即使有兵，亦复无可安插。"[5]2月14日，他接奉道光帝主战谕旨后，奏称："今又于虎门添拨督标陆路及内河水师兵丁一千二百五十名，并饬据南海、番禺、东莞等县，共雇得壮勇五千八百名，分拨虎门各炮台山后，协同防守。"[6]22日，琦善命率先到达的贵州援兵1000名，"拨赴镇远等炮台后山扼要之太平墟一带，协力严防。"[7]上引奏折可以看出，自1840年12月4日至26日，琦善迷醉于通过"开导"使英国撤军，并未着意筹防；自12月27日至次年2月22日，他先后向虎门增兵四次，共计3 150名，另雇勇5 800名。

---

[1] 《筹办夷务始末》（道光朝），第2册，第605页。
[2] 同上书，第654页。该折还称："酌调督标兵五百名、顺德协兵三百名、增城营兵二百名、水师提标后营兵二百名、水师提标前营兵一百五十名、永靖营兵一百名，拨赴距省六十里之总路口、大濠头、沙尾、猎德一带，分别密防。"
[3] 同上书，第688页。
[4] 同上书，第695页。
[5] 同上书，第716页。
[6] 同上书，第814页。
[7] 同上书，第836页。

琦善奏折一字未提撤防。案此类军务大事似应上奏。12月27日之后，撤防似不可能，因为一面派援，一面撤防与情理有悖；而12月4日至26日的22天内，《筹办夷务始末》收录其四折另三片，可谓齐全，当不至有撤防的奏折而未予收入。设或琦善瞒匿不报，也似不合情理。因为9月29日道光帝下令撤防，10月14日，怡良收到。24日，怡良奏称撤2 000名并准备再撤，折后有"听候钦差大臣琦善到粤筹办"一语。〔1〕琦善到职后，撤兵仍属奉旨行事，自可明言入奏，似不必隐瞒。

再看对琦善撤防的具体指责。除去泛泛的一般性的记载外，归纳前引各项记载，谓琦善所撤者为：一、沙角、大角炮台后路防兵及钉桶；二、江面所雇水勇及清军师船；三、上横档岛前后暗桩及江面排链。以下逐项析之。

沙角炮台后路防兵，前引琦善奏折称其派援400名。英军亦称炮台后有清军兵营，并把它作为登陆部队的主要进攻目标。关天培在沙角战后致琦善的报告中亦提到后路清军的作战情况。钉桶即地雷。琦善在沙角战后根据关天培的战报上奏："陆路官兵发动豫埋地雷。"〔2〕英军的记载未提地雷之事。关于琦善撤防的第一项指责似不能成立。

江面师船和水勇缺乏琦善到职时的绝对数字，可凭者只有前引1840年8月林则徐部署在狮子洋的米艇、红单、拖风共66艘另派拨关天培的火船20只的数字。11月15日，护理两广总督怡良曾命"前调各营师船，即须逐件撤归各原营，以节糜费"。〔3〕但未提具体数字。沙角、大角之战时，据关天培函报，有师船10艘，拖风船12艘参战，另琦善奏报，战时曾施放火船。就第一重门户而言，战船、火船数目不能算少。因为根据关天培的作战预案，战船、火船应集中在第二重门户策应炮台作战。此后在横档一线第二重门户作战时，不见使用战船的记载。虽有可能因战绩不佳而后撤，但此处尚有一些疑问。

---

〔1〕《筹办夷务始末》(道光朝)，第2册，第558页。
〔2〕 同上书，第816页。
〔3〕 同上书，第571页。

根据关天培1835年初的建议，横档西侧水道应设暗桩，以便在敌舰闯过永安、巩固两炮台火炮射程时迟滞其速度。但是否设置，未见记载。所言上横档岛前后，似不会设置暗桩，因为此处水深，难以下桩。即使设下，那既不能阻截航道，又不能防敌登陆。至于江面排链，实未撤去。第一道排链于1841年1月18日毁坏，[1]第二道排链在横档一线战斗后被英军炸毁。[2]关于琦善撤防的第三项指责似不能成立。

由于裕谦上奏等因，朝廷内亦有琦善撤防的传说。琦善逮问送京后，道光帝于1841年5月14日，派亲王、大学士、军机大臣、六部尚书会同刑部审讯。21日初次开庭，其第三个问题，就是针对撤防、不派援而发，兹录于下：

"又琦善到粤，因何将从前招集之水勇守具全行撤去？迨大角、沙角炮台失事，提镇专弁赴省求援，仅发兵数百名，遣之夜渡，惟恐逆夷知觉，以致提督关天培失守阵亡，伤死兵丁无数一节。"

"伏查沙角炮台失事系上年十二月十五日之事，提督关天培阵亡系本年二月初六日之事，相距一月有余。当沙角炮台失事时，水勇方且与夷船接战，致被抢去拖船二只，即前备火船亦被焚烧，曾经据实奏明。水勇、火船或首府所雇，或水师所办，交提督调拨，琦善实未撤去。彼时横档炮台因被困，提督关天培驻扎三远炮台，因后山空虚，恐夷人暗袭，遣弁救护后山。其时督标远在肇庆，抚标存城无几，故就在省兵丁星夜发去，夷船旋退去，未经接仗。至二月初六日，关天培在三远炮台阵亡，彼时六台炮位已增至三百余门，兵丁壮勇亦增至八千五百名，不意失守，赴援莫及，实属愧恨无地。"[3]

---

[1] 清方称是英军"水底暗算"（《筹办夷务始末》[道光朝]，第2册，第716页），英军称是木筏冲坏（《丛刊·鸦片战争》，第5册，第173页）。

[2] Bernard, *Narrative of the Voyages and Services of the Nemesis from 1840 to 1843*, Vol. 1, p. 347.

[3] 《琦善亲供》，见《剿捕档》，中国第一历史档案馆藏。此亲供又可见《琦善办理夷务档》（《丛刊·鸦片战争》，第4册，第209—214页），又见于《犀烛留观记事》。但传抄之间，讹误甚多。此据档案原件。引文日期为阴历。所提三远炮台，为威远、靖远、镇远三炮台。

琦善在审讯时对撤防之事完全否认。设或琦善说谎，笔者以为可能性不大。因为此次审讯，关系其性命，一字有误被查出，必性命不保。撤防之举，非同贿赂等情事，官吏弁兵知情人甚多，一旦谕令广东查询，必露实。[1]琦善平日为人甚傲慢，开罪官吏不少。此次会审在京重臣全部参加，其中自然有琦善之奥援为其回护，但难保有人借此发难。此次会审后，王大臣等针对其亲供可疑之处又开庭审问4次，没有人认为这段亲供可疑而再次询问。8月9日，会审王大臣等奉旨拟罪，只是认定"于一切防守事宜，并不预为设备，以致该夷叠将炮台攻陷，要隘失守，实属有误机宜"，[2]未认定撤防之事。

三论琦善撤防动机。凡举一事，必有其动机。时人或后人称琦善撤防，或谓投降卖国，或谓迫于英军压力而同意义律的要求。

琦善作为清王朝的亲贵重臣，与当时大多数官吏一样，昧于世界大势。他虽然已经认识到英军"船坚炮利"，但头脑中"天朝上国"的观念并无丝毫变化。他以堂堂天朝大吏自居，来往照会中态度亦傲慢，又何肯投降于地处何方都弄不清楚的区区"岛夷"？各种史料已经证明，琦善并没有和英国侵略者暗中勾结。称琦善为卖国投降而撤防的说法，似不能成立。

至于说琦善迫于英军压力而同意义律撤防要求的说法，亦缺乏史料根据。义律1840年11月29日，12月7日、12日、16日、17日、24日共6次照会琦善，并未提出撤防要求。26日，义律威胁"兵法办行"，而琦善开始增兵虎门。从中英来往文件看，英方提出对虎门设防的限制，始于1841年1月8日，即大角、沙角之战的次日，义律和英军司令伯麦（J. J. G. Bremer）照会关天培："应将现在起建之炮台各工停止，不得稍有另作武备"，"惟三日之内，如稍有另作武备，本统帅刻即当再动兵攻敌。"[3]

---

[1] 道光帝曾怀疑其亲供，命两广总督祁（墳）、广东巡抚怡良查明琦善与义律会见时，有否屏去左右私相交谈事。
[2] 《筹办夷务始末》（道光朝），第2册，第1117—1118页。
[3] 佐佐木正哉编：《鸦片战争の研究（资料篇）》，第56页。该照会还提出了占据沙角、广州开港、在沙角征税等条件。值得注意的是，琦善复照时，对各条件均有答复，惟对停止武备一条，避而不答，未承担责任。（同上书，第61—62页）

而前引琦善奏折及亲供可见，清军的增援并未停止。英方的文件也证实了这一点。三日后，伯麦再次照会关天培："今见贵提督仍不从约，未将各工作停止，则本统帅自可无庸独从，即当同然备为交战。"[1]13日，伯麦又照会关天培："现据有人报知，昨日星夜，各炮台已有增添官兵。且内河处处作有武备各工。……若贵提督等转行备兵，其意难解。"[2]由此可见，清方并未完全屈服于英国的军事压力。

综上所述，笔者认为，琦善撤防的论断是存有诸多疑问的，琦善似未有撤防之举；退一步说，若有撤防，时间仅为12月4日至26日，所撤者仅可能为虎门第二重门户一带的师船和雇船。从时间和交战情况来看，这些力量对作战的效用也不重要。

与此相反的是，琦善主粤时期，虎门地区的兵力、兵器、防卫设施没有被削弱，而且有所增强。

根据英方的记载并结合清方奏折，在沙角、大角之战前，清军在沙角的部署为，除原设沙角炮台外，在炮台后的山上又建小炮台一座，在山上炮台之侧，清军建有附设工事的军营一座，在山谷处又建有军营一座。新增加的炮台和军营是为了掩护主炮台的侧后，以防英军从陆路抄袭。沙角两炮台及两军营共有大小火炮66位。大角炮台火炮数量增至25位。[3]两处清军总兵力估计为1 000余名。[4]此外，在沙角内侧晏臣湾一带，清军有师船、雇船、火船，配合作

---

[1] 佐々木正哉编：《鸦片战争の研究（资料篇）》，第65页。关天培当日复照，谓"不再补安"排链，"各山所搭帐房""全行撤去"。
[2] 同上书，第66页。关天培当日复照，"本提督两次收到来文，均已照办。排链已不添安，山后官兵已撤去一半，并均呈明琦爵相。其余未撤官兵，因差人赴省，雇用民船，前来装运，是以尚未全去。此项民船，系由县官雇用，是以未能速到。"从实际情况来看，并未撤兵。
[3] 炮台、军营的方位，据英军各种记载综合比较而成。火炮数据 Bernard, *Narrative of the Voyages and Services of the Nemesis from 1840 to 1843*, Vol.1, p.267. 琦善战后奏称，大角炮台被打坏火炮6位，推入海中14位（《筹办夷务始末》〔道光朝〕，第2册，第709页）。宾汉的《英军在华作战记》称沙角清军火炮共97位。（《丛刊·鸦片战争》，第5册，第318页）战前两处清方确切的炮数为1835年的数字，沙角炮台炮12位，大角炮台炮17位。
[4] 根据琦善派兵400名，战后琦善奏折伤亡700余名，结合战斗情况估计为此数。

战。〔1〕战后,据英军观察,沙角、大角"许多火炮尚未安设,防御准备尚未完成"。〔2〕

根据英方的记载并结合清方的奏折,在三门水道战斗和横档一线战斗时,清军在第二重门户的防御亦有一些变化。东水道武山一带:对威远、靖远、镇远三炮台增炮7位,达147位,并增加兵勇;在威远炮台东南,建有沙袋炮台两座,安设较小火炮30位;在炮台后山,建有军营,驻有兵丁雇勇,防护炮台侧后;在武山侧后的三门水道,正在钉桩架排,阻塞河道,并建有一座隐蔽型炮台。上横档岛:除原设横档、永安两炮台外,修复了横档原设山上炮台;在岛南北两端,修建沙袋炮台;在岛中部,建有军营,驻扎兵勇,以备与敌登陆部队作战,全岛共安设大小火炮160位,其中重炮约占三分之一。西水道芦湾一带:除原设巩固炮台外,还在其后山建一军营,驻扎兵勇,炮台和军营共设火炮40位。横档一线当面清军兵勇8 500人,火炮377位。如果连同三门水道内、太平墟、虎门寨一带的数字,清军兵勇约1万人,火炮在450位以上。〔3〕该地区清军由关天培直接指挥。

如果精心地将上述布防情况与先前的情况进行比较,可以看出,虎

---

〔1〕 前引琦善奏折及亲供,数字为师船、雇船共22艘,另有火船。英军称共计15艘(Bernard, *Narrative of the Voyages and Services of the Nemesis from 1840 to 1843*, Vol.1, p.269)。

〔2〕 Bernard, *Narrative of the Voyages and Services of the Nemesis from 1840 to 1843*, Vol.1, p.267.

〔3〕 炮台、军营、沙袋炮台的方位,根据英军各种记载综合而成。各处火炮数目,据Bernard, *Narrative of the Voyages and Services of the Nemesis from 1840 to 1843*, Vol.1, pp.342-343。又,宾汉:《英军在华作战记》称镇远炮台火炮数为42位,上横档岛火炮数163位,巩固炮台火炮为22位,横档一线总计为379位(《丛刊·鸦片战争》,第5册,第157—158、318页)。《中国丛报》第10卷第3期一文称,武山一带炮台及沙袋炮台火炮数为205位,巩固炮台火炮为30位。(*Chinese Repository*, Vol.10, 1841, pp.176-183)由于炮台规模的限制,兵勇不能大量增加。据战后清方奏报,横档一线战斗时,威远炮台兵弁327人,另雇勇91人,此数为关天培《春、秋操章程》所规定人数160人的两倍半。由此可推算核心炮台守兵人数和沙袋炮台、军营等策应设施守备兵数。

门地区的防御有所增强。毫无疑问，将这些加强措施完全归之于琦善主粤时期是不合适的。林则徐等人在前已尽其努力。由于清方资料记叙不全，仅仅是英方战前的观察资料，使笔者很难将上述加强措施划分为林则徐、琦善两个时期。

如果将上述加强措施具体化，似乎可以看出一些大概。至战前，虎门防务的基本格局未变，仍以沙角、大角、威远、靖远、镇远、横档、永安、巩固等炮台为核心，新增措施为兵力、军营、火炮、炮台及沙袋炮台。就兵力而言，前后两期数字比较明确。前引怡良奏称虎门内外各隘口（包括澳门方向、尖沙咀等处）兵勇共为 8 000 名（其中相当部分在虎门），此时兵勇数目较前有明显的较大的增加。军营为驻兵之所，其设置自然从属于兵勇的调动，其时间似可以推定。就火炮而言，琦善于 1841 年 1 月 25 日视察横档一线防务，称该处炮台火炮"共计止有二百余位"。[1] 以此数为基础数来看，该处火炮的增加主要在琦善主粤时期。炮台及沙袋炮台建造的时间虽不能确定（可明确者仅为三门水道炮台），但火炮增加时间一定，其时间亦可大体明确。值得指出的是，琦善主粤时期虎门火炮数虽有增加，但他来不及铸炮。火炮数目虽有变化，那也不过是调拨，而铸炮购炮者仍为林则徐及其前任。据此判断，虎门战前的上述增防措施主要似在琦善主粤时期施行。这一判断还可以得到英军目击者记载的印证。

琦善主粤时期的虎门防务的增强，并不说明琦善本人着意筹划此事。虎门防务的设计者和主持者为关天培，虎门的兵力部署、火炮配置等事自然为关氏所为。握有调兵拨炮大权的琦善，对广东清军极为鄙视，对虎门防卫设施评价甚低，表露出极度的失败主义情绪，因而也不可能于此竭尽心思。他之所以调兵拨炮，如其在第一次增兵虎门时称："借以虚张声势，俾该夷知我有备，一面又备文向其详加开导。"[2] 增兵本非为战，仅是"虚张声势"，目的还是"开导"。而沙角、大角之战后

---

[1]《筹办夷务始末》（道光朝），第 2 册，第 776 页。
[2] 同上书，第 654 页。

的增兵措施，情况自然不同，而从其奏折中仍能看出敷衍公事不得不为的味道。

作 战 经 过

虎门之战，共有三次战斗，分别是沙角、大角战斗，三门水道战斗和横档一线战斗。分而述之。

一、沙角、大角战斗

琦善与义律的谈判持续了一个多月，未有结果。1841年1月5日，英方决定用有限规模的战斗来显示武力，迫使清方屈服。义律和伯麦分别照会琦善、关天培。在虎门口外的英军舰船也升起红旗，准备开战。此时，英军在虎门口外的陆海军力量为：海军有战舰14艘，共载炮446门，武装轮船4艘，每船载炮4门，雇用运输船若干；陆军为马德拉斯土著步兵第37团（共7个连），皇家步兵第18、第26、第49团各一部，炮兵、工兵一部，总计约2 000人。[1]

1月7日上午8时，英军复仇神号（Nemesis）等4轮船及一些小船，运送部队1 419人在清军未设防的穿鼻湾登陆，此处距沙角炮台约4公里。与此同时，加略普号（Calliope，炮28门）、海阿新号（Hyacinth，炮18门）、拉恩号（Larne，炮18门）进至沙角炮台正面，炮击炮台，吸引守军。10时左右，登陆英军占据了第一道横向山脊，此处可俯视清军主要阵地，英军炮兵设置了共有3门火炮的野战炮兵阵地，向沙角山上清军军营炮击。登陆部队随即在其野战炮兵的炮火支援下进攻该清军军营。守军虽以炮火还击，但无法抵御居高临下的英野战炮兵的轰击，"营盘被敌飞炮落火，延烧各兵草棚"，守军不支，"发动豫埋地雷"，未奏效，该军营被敌攻占。复仇神号、皇后号（Queen）轮船在送完登陆部队后，立即开动，占据能攻击沙角山上炮台而又可躲避

[1] *Chinese Repository*, Vol. 10, 1841, p. 57.

该台炮火的有利位置，向沙角山上炮台实施炮击，压制其火力。已攻占清军山上军营的英军登陆部队，乘势攻占沙角山上炮台，并续向山谷清军军营进攻。马答加斯加号（Madagascar）、进取号（Enterprise）轮船在送完登陆部队后，立即开动，参加加略普号等舰对沙角炮台的炮击。复仇神号、皇后号在英军攻占沙角山上炮台后，亦移至沙角炮台正面，参加炮击。沙角炮台本为信炮台，火力不济，工事不坚，此时已无法再经受敌舰船的密集炮火，"兵丁死伤过半"。登陆英军在攻取山谷清军兵营后，再次运动，从侧后进攻沙角炮台。守军背腹受敌，副将陈连升阵亡。炮台失守。

在沙角作战的同时，英军萨马兰号（Samarang，炮 26 门）、都鲁壹号（Druid，炮 44 门）、哥伦拜恩号（Columbine，炮 18 门）、摩底士底号（Modeste，炮 18 门）进迫大角炮台正面，以猛烈的炮火攻击大角炮台，"炮墙被打断多处，山后围墙亦被打塌数处"。守军开炮对抗，然效力有限，而其士兵在敌炮火下难以驻足。英军在用炮火将炮台打得基本丧失作战能力时，各舰水兵搭乘各该舰所属小船，在炮台南北两侧登陆，从围墙缺口处攻入炮台。守军无力抵抗，向后山溃退，炮台失守。

在沙角炮台作战即将结束时，英军复仇神号轮船及加略普号、拉恩号、海阿新号、硫磺号（Sulphur）、司塔林号（Starling）5 舰所属的小船，进攻停泊在晏臣湾的清军师船、雇船，一直攻至三门水道口。由于清军战船难以抵御敌火箭弹，在宽阔的水面上施放火船无效，乃大败。英军共击毁清军战船 11 艘，从船上缴获大小火炮 82 位，其中 8 至 10 位是葡萄牙铜炮。[1]

---

[1] 此次战斗作战经过，据《筹办夷务始末》（道光朝），第 2 册，第 694—696、708—710、816 页；梁廷枏：《夷氛闻记》卷二，《道光洋艘征抚记》卷上；Bernard, *Narrative of the Voyages and Services of the Nemesis from 1840 to 1843*, Vol. 1, pp. 256 – 273；Lieutenant John Ouchterlony, *The Chinese War: An Account of All the Operations of the British Forces from the Commencement to the Treaty of Nanking*, London: Saunders and Otley, 1844, pp. 95 – 99；*Chinese Repository*, Vol. 9, 1840, p. 648；Vol. 10, 1841, pp. 37 – 44；《英军在华作战记》，《丛刊·鸦片战争》，第 5 册，第 162—167 页。

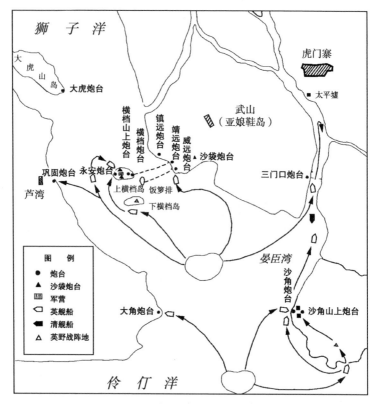

图一 虎门防御作战示意图

此战,清军战死287人,另伤重而死5人,受伤456人,失踪9人,共计757人。[1]英军的伤亡统计是登陆部队受伤30人,舰船人员受伤8人,无死亡。[2]

次日,英军司令伯麦命令舰队进至横档一线,围困上横档岛,保持军事压力,准备再次进攻。同时,他又释放战俘,让战俘带交给关天培

---

[1]《筹办夷务始末》(道光朝),第2册,第817—821页,并参阅该书第3册,第1292页。

[2] Bernard, *Narrative of the Voyages and Services of the Nemesis from 1840 to 1843*, Vol. 1, p. 267; Lieutenant John Ouchterlony, *The Chinese War: An Account of All the Operations of the British Forces from the Commencement to the Treaty of Nanking*, p. 97. 宾汉的《英军在华作战记》分类统计为41人,总计时则称38人(《丛刊·鸦片战争》,第5册,第171—172页)。

一封信，称"但俟贵国有顺理讲和之议，本国大臣所求顺理相安，亦将喜为讲和也"。[1]关天培作复，"此次琦爵相为贵国之事，颇费心力，贵统帅亦当知其为难，缓商办理，未有不成之事。如以本提督之言为是，即请统率各船，暂回外洋安泊"。[2]英军由此暂缓进攻，提出新的条件。1月15日，琦善照会义律，对其提出索要尖沙咀、香港两处地方，答复"止择一处地方寄寓泊船"。[3]英军随后交出沙角、大角，舰队南下，侵占香港。横档一线围解。

二、三门水道战斗

沙角、大角战斗后，道光帝大怒，令琦善"一力剿除"。1月30日，道光帝授奕山为靖逆将军，决意主战。琦善接此谕旨，知朝廷决策中变，甚惶恐，对谈判改用拖延战术。2月18日，琦善对义律迫其签订条约（即《穿鼻草约》）的照会答复称"日来抱恙甚重，心神恍惚，一俟痊可，即行办理"。义律已获悉道光帝主战的情报，知谈判无结果，决定扩大战争。此时，占据舟山的英军已经南撤，但大部尚未到达。虎门口外英军力量与上次战斗时大体相同。

2月18日，伯麦命令轻型舰队从香港开往虎门，"尽可能地阻碍敌方的防御准备，但在主力舰队到达之前，不要做不必要的冒险"。[4]19日，轻型舰队到达下横档岛以南水域。20日，主力舰队陆续开往虎门。[5]

此时，虎门清军根据上次战斗的经验教训，正在加紧修建各种临时防御设施，重点在三门水道内阻塞断航，修筑隐蔽式炮台，已安炮20

---

[1]《鸦片战争の研究（资料篇）》，第54页。
[2] 同上书，第55页。
[3] 同上书，第70页。
[4] Bernard, *Narrative of the Voyages and Services of the Nemesis from 1840 to 1843*, Vol.1, pp. 316-317. 该舰队包括加略普号、萨马兰号、先锋号（Herald，炮26门）、硫磺号（炮8门）、轮船复仇神号。
[5] 该舰队包括威厘士厘号（Wellesley，炮74门）、伯兰汉号（Blenheim，炮74门）、麦尔威厘号（Melville，炮74门）、都鲁壹号、摩底士底号、轮船皇后号和马答加斯加号，另有运输船4艘。

位,尚有 60 位火炮正待安设,以防英军如上次抄袭沙角侧后穿鼻湾一样,由三门水道抄袭武山的威远、靖远、镇远炮台的后路。22 日,英轻型舰队拦截清军一交通船,搜获一公函,该件要求迅速完成三门水道防御工程。"由于亚娘鞋岛(武山)是虎门防御体系中的最强大的要塞",英军决定"检查通往亚娘鞋岛侧后的水道"。[1]

23 日,英轮船复仇神号及加略普号、萨马兰号、先锋号、鳄鱼号(Alligator)4 舰所附属的小船,由晏臣湾驶入三门水道,发现清军船只正在打桩下排,阻塞河道。当英船迫近时,清军船只退走,以隐蔽炮台突然开炮轰击。英船发炮还击,并以水兵登岸,攻占该炮台。复仇神号及小船,未久再次由晏臣湾驶入三门水道,破坏了阻塞河道的桩石木排等设施。武山山上军营清军开炮射击,英船只亦还击。英军在开辟航道后,继续上驶,临近太平墟时,折向返回。此时,贵州开来的援军1 000 名刚刚到达太平墟,未及投入战斗。[2]

三、横档一线战斗

2 月 24 日,英军司令伯麦向关天培发出最后通牒,要求"将横档以上、大虎以下中流左右各处炮台,俱行让给本统帅暂为据守"。[3]关天培置之不理。25 日中午,复仇神号等运送炮兵和 130 名步兵在下横档岛南侧登陆。清军武山和上横档岛炮台开炮,未奏效。晚上,英军在该岛制高点建成拥有 3 门重炮的野战炮兵阵地。

26 日清晨,下横档岛英军野战炮兵向上横档岛射击,清军炮台、工事、军营多次被击中。由于英军炮兵阵地占据高处,上横档岛清军难以还击,被动挨打,逐渐陷入混乱。一些清军将领驾小船北逃,愤怒的士

---

[1] Bernard, *Narrative of the Voyages and Services of the Nemesis from 1840 to 1843*, Vol.1, pp. 327-328.
[2] 此次战斗,参阅《筹办夷务始末》(道光朝),第 2 册,第 843 页;Bernard, *Narrative of the Voyages and Services of the Nemesis from 1840 to 1843*, Vol.1, pp. 327-329;《英军在华作战记》,《丛刊·鸦片战争》,第 5 册,第 178—179 页。
[3] 《鸦片戦争の研究(資料篇)》,第 85 页。

兵调转炮口，向逃跑的将领开炮。

上午 10 时，英军舰队出动。伯兰汉号、麦尔威厘号、轮船皇后号及两舰所附属的 3 只小船，为躲避横档炮台及威远等炮台的炮火，沿晏臣湾岸航行。设于威远炮台以东的清军沙袋炮台开火，威远炮台亦用侧面火炮射击。由于沙袋炮台火炮较小，威远炮台侧面火炮有限，无法对英舰造成威胁。伯兰汉号航行至距威远炮台约 540 米处下锚，麦尔威厘号航行至距威远炮台约 360 米处下锚，以舰炮猛击清威远、靖远两炮台及沙袋炮台。皇后号和 3 艘小船一面还击沙袋炮台，一面跟进。由于英舰抛锚位置未超过清军的第一道排链，清军靖远炮台射击侧角过大，只有部分火炮能够发挥作用，镇远炮台基本无法参加射击，对岸横档炮台又被下横档岛英军炮火压制，难以支援。因此，守军虽英勇抵抗，多次击中敌舰，但始终处于劣势。英军长时间的炮击，基本摧毁了威远、靖远及沙袋炮台的作战能力。300 名水兵乘势搭乘小船登岸，进攻各炮台。[1] 至下午 2 时，武山一带各炮台失陷，关天培战死。[2] 炮台后山清军军营的兵勇，未主动出击，反被英军驱散。

在伯兰汉号等舰开动的同时，威厘士厘号、都鲁壹号及轻型舰队亦起锚上驶。为了躲避清军武山一带炮台和横档炮台的炮火，它们驶入下横档岛西侧水道。当英舰队进入永安、巩固两炮台射程之内时，守军立即开炮，并多次击中敌舰。英轻型舰队加略普号、萨马兰号、先锋号、鳄鱼号（炮 26 门）、摩底士底号、硫磺号一面还击，一面穿过上横档岛西侧水道，转向攻击该岛设防薄弱的西北面和北面。威厘士厘号、都鲁

---

[1] 《丛刊·鸦片战争》第 5 册第 182 页载宾汉著《英军在华作战记》称："辛好士爵士和由大船上的水兵和海员组成的三千人登陆。"笔者曾对"3 000 人"之数怀疑，并据《中国丛报》等资料，订正为 300 人。（见本书《鸦片战争时期的中英兵力》）现查到英文原书，数字为 300 人。"三千人"当为翻译或印刷所误，见原书 Bingham, *Narrative of the Expedition of China from the Commencement of the War to Its Termination in 1842*, Vol. 2, p. 60。

[2] 关天培之死，英方记载又有一说，称其在亚娘鞋炮台门口遇到英军，被一把刺刀刺中胸部而倒下。(Bernard, *Narrative of the Voyages and Services of the Nemesis from 1840 to 1843*, Vol. 1, p. 342)

壹号在上横档岛西侧水道正中抛锚，以两侧舷炮猛轰永安、巩固两炮台。横档西侧水道的清军炮台火力远逊于东侧水道，上横档岛清军已遭受下横档岛英军炮兵的几小时的炮击，此时，在英军200余门舰炮的轰击下，已难以坚持。至下午1时半，永安、巩固两炮台均被打垮，停止射击，早已机动至下横档岛南侧避炮的复仇神号等船，乘机运送陆军在上横档岛西端登陆。登陆英军在占据永安炮台后，向东发起进攻。至2时，英军先后攻占清军军营、横档山上炮台、横档炮台及各处工事，全岛失陷。

下午4时，复仇神号及威厘士厘号所属的小船，运送威厘士厘号等舰的水兵在巩固炮台处登陆。该炮台已被清军放弃。英军占据炮台后，向后山军营进攻，驱散了该处守军。[1]

至5时，战斗结束。清军在此战中的伤亡，笔者未查到清官方数字，英方估计约有500人伤亡，1 300人被俘。而伯麦宣称，英军只有5人受轻伤，无死亡。[2]

横档一线战斗失败后，大虎炮台的清军主动撤退。

虎门之战的失败原因

1834年以来，关天培、卢坤、邓廷桢、林则徐以及琦善等人经过6年的经营，在虎门这一狭小区域内修建了如此之多的炮台，配置了如此之多的火炮，部署了如此之多的兵勇，这在清王朝是史无前例的。虎门是中国当时最强大的海防要塞。然而，这一要塞却被英军轻易攻破了。过去的论者，探究其原因，多归之于琦善撤防。笔者认为，此一论点不

---

[1] 此次战斗作战经过，据《筹办夷务始末》(道光朝)，第2册，第842—843、854、1101页；《夷氛闻记》卷二；《道光洋艘征抚记》卷上；Bernard, *Narrative of the Voyages and Services of the Nemesis from 1840 to 1843*, Vol.1, pp.333-334; Ouchterlony, *The Chinese War: An Account of All the Operations of the British Forces from the Commencement to the Treaty of Nanking*, pp.112-120；《英军在华作战记》，见《丛刊·鸦片战争》，第5册，第179—185页；*Chinese Repository*, Vol.10, pp.176-183.

[2] Bernard, *Narrative of the Voyages and Services of the Nemesis from 1840 to 1843*, Vol.1, p.341.

能成立,琦善对虎门战败的责任只是:一、他未有竭尽全力改善虎门的防御态势;二、他的失败主义论调会给前方将士造成不利的心理因素。琦善的责任是极为有限的。

从军事学术的角度进行探讨,笔者认为,虎门战败的原因主要为设防体系、炮台、火炮、战术诸因素。

首先,分析设防体系。

虎门防御体系的设计者是关天培,他确定并完成了布防格局,制定了作战预案。而他设计时对未来敌军的作战规模和样式是如何判断的呢?从他三重门户的布防格局和《春、秋操章程》的预定战法可以看出:来犯敌舰的规模仅为数艘;敌舰采用的作战样式是乘风乘潮闯入虎门。因此,他以分段逐次防堵的战术来阻挡敌舰的内驶。他为进行一次规模如同1834、1838年的作战做好了充分的准备,而没有准备抵抗敌大规模的进攻。关天培的敌情判断完全错误。

关天培等人之所以作出错误的判断,是由于当时的社会不能向他们提供英国及其武装力量的资料。关天培等人能够得到的直观的资料为,1834年以前,西方军舰只是偶尔地来到虎门口外,每次1至2艘;自英国派出对华商务监督后,虎门口外一般只有1艘军舰供监督使用,有时1艘也没有,最多时为3艘。值得注意的是,主持过广东海防的林则徐也犯同一错误。他始终认为,英国不可能发动大规模的侵略战争,只会使用少数军舰进行威胁、骚扰、挑衅,以破坏禁烟运动。1839年10月,英国内阁作出武力侵华的决定。1840年2月,发出派遣海陆军的命令,6月,侵略军抵华。在此期间,林则徐并未觉察。1839年9月,林奏称:"臣等细察夷情,略窥底蕴,知彼万不敢以侵凌他国之术窥伺中华。……即使私约夷埠一二兵船,如前此律劳卑、马他仑之类,并未奉该国主调遣,擅至粤洋游奕,虚张声势。"[1]1840年2月,林在听

---

[1]《林则徐集·奏稿》,中册,第677—678页。

闻葡萄牙商人传说,英国将从本土和孟买各调12艘军舰来华时,认定"此等谎言,原不过义律等张大其辞,无足深论"。[1]3月15日,英舰都鲁壹号开到虎门口外,林在致怡良信中称:"查此船即九月(阴历)新闻纸所说,要来中国调停各事者……至所云尚带二十三船之语,则皆虚张而已。"[2]5、6月间,林在一信中称:"顽夷未必甘心,海口时须严防,虽料其不敢滋事,而劳累正无穷期。"[3]6月中旬,林则徐奏称:"英夷近日来船,所配兵械较多,实仍载运鸦片……别无动静,诚如圣谕'实无能为'。"[4]8月1日,山东巡抚还收到林、怡咨文,称"传闻(英)有兵船多只,陆续前来内地,虽可料其不敢滋事,而护送鸦片,随处诱买,均在意中"。[5]此时英军已经越过山东洋面,北上天津海口。

根据错误的敌情判断而修建的虎门设防体系,存在着分段把守、分散兵力炮力的弱点。虎门防卫的三重门户实际上是三个互相不能配合的独立据点。沙角、大角为信炮台,其责任是向第二重门户通报敌情,而自身火力弱,防卫力低,两台之间亦不能支援。如遇敌直接进攻,则成了孤立无援的死地。如敌不继续内犯,亦全失信炮台的意义。第二重门户为防堵的重点,但在敌大规模的进攻下,火力仍显不足;江面设置的排链、木桩、堆石,意在迟滞敌舰通过炮台火炮射程的速度,如敌不急于通过而直接进攻炮台,则毫无用处;靖远、威远、镇远三台炮洞对着江面,遇敌登陆进攻而无法互相支持;在战术位置十分重要的下横档岛,却未设防。大虎炮台的防卫能力虽强于沙角、大角,而其缺陷相同,即孤立无援。三重门户层层堵截的设防体系,是针对1834年英军的战法而制定的,如敌以少数军舰继续采用相同的战法,则三点一气贯通,关天培的作战预案似能发挥较强的威力;而1841年虎门之战,英军采用了集结大量军舰和陆战部队逐点攻击的战法,关天培等人则犯了分

---

[1]《林则徐集·公牍》,中华书局,1963年,第188页。
[2]《林则徐书简》增订本,第81页。
[3] 同上书,第91页。
[4]《林则徐集·奏稿》,中册,第825页。
[5]《丛刊·鸦片战争》,第3册,第364页。

兵把守的错误。

其次，考察清军炮台。

关天培等人十分注重虎门各炮台的建筑材料及其墙、围等等厚度，其坚固程度在当时中国是第一流的，但从近代军事工程学的角度来看，仍可以看出炮台建筑样式十分落后，自身防护能力差。由于关天培等人对敌情的判断仅是敌舰数艘，若数艘军舰直接进攻部署重兵的炮台，相对损失较大，即使一时攻下亦无法长期占领。又由于当时清方朝野认为英军长于舟炮，不利陆战，曾认为"夷兵除枪炮之外，击刺步伐，俱非所娴，而其腿足裹缠，结束紧密，屈伸皆所不便，若至岸上更无能为"。[1] 因此，关天培等人在战前判断，英军不会舍舟登岸直接进攻炮台。

随着火炮在军事上的运用，西方的筑城技术也有了很大的发展。从16世纪起，意、法、荷、德等国军事工程师，提出了新的筑城理论，旧式的圆形炮台逐渐被废弃，棱堡式炮台盛行一时。18世纪，又出现了堡垒式炮台，至19世纪，逐渐取代了棱堡式炮台。与此同时，炮台亦逐渐从裸露式变为掩蔽式。

虎门各炮台仍为圆形、半圆形平面裸露式炮台。由于修建时未十分考虑遭敌直接攻击，故防护力差。炮台的兵丁、火炮仅以墙垛掩护正面，顶上无防护，敌曲射火炮可以由上射入炮台内；炮台内无纵深，全部设施均在敌射程之内；火炮配置上追求重炮，又集中配置在炮台正面，对敌登陆小船和步兵缺乏攻击手段；炮台的大门多开在正面或侧面，没有濠沟、吊桥、关闸等设施，难以有效防御敌登陆部队的攻击；炮台侧后缺乏良好的道路，守军兵员、弹药、粮草均由小船从江面补给，战时难以增援；炮台侧后没有斜堤、堑壕等阵地，不能组织部队对登陆敌军进行反击。1835年虎门工程完工后，一位外国人观后写道："河岸上的炮台都是裸露的，没有一个能够抵挡得住一只大炮舰的火力，

---

[1]《林则徐集·奏稿》，中册，第676页。

或可以抵御在岸上与舰炮配合的突击队的袭击。突击队总是从它们的炮火所不及的侧面或后方找到最佳的据点来袭击它们。"[1]

由于虎门各炮台的上述弱点，关天培等人临战前在炮台侧后兴建了一些沙袋炮台、军营，驻以兵勇，以防敌登陆部队的抄袭。然而这些临时设施非为近代防御阵地，攻击和防护能力更差，不能起到保护核心炮台的作用，在实战中并没有发挥战斗效用。

又次，比较中英火炮。

虎门之战实际上是炮战，火炮起着决定性的作用。中国清代的火炮技术是在明末引进西方火炮技术的基础上发展起来的，清初的西方传教士在铸炮技术上亦有助力。当时中英火炮机制原理相同，式样大同小异，主要差别在于铁质和铸造工艺。1783 年，英国柯特炼铁法使生铁精化，铸造工艺也因科学的发展而进步。而中国当时冶炼技术落后，炉温低，铁水杂质高，承办人员偷工减料，使铸出的火炮沙眼多，膛内不光洁，演放时经常炸裂。1835 年，虎门试放新铸火炮 59 位，结果炸裂 10 位，残损 3 位。[2]为防止火炮炸裂，则增加炮管厚度，结果数千斤之重炮，威力不如西方之轻炮。而重量增加后，笨重不便，对炮架等附件提出更高的要求。同时，炮膛不光洁规则，使炮弹射出后弹道紊乱，命中率低。对于铸造差的火炮，清军的方法是减少火药填量，这又降低了火炮的威力。

在弹药方面，中西火药当时虽同处于黑色炸药时期，但西方化学发展，已研究出当时配制黑色炸药的最佳比例，即以 74.84% 硝酸钾、11.84% 硫磺、13.32% 木炭能配制出最佳火药。[3]清军火药配置全凭经验。虎门清军的火药配方为 80% 硝、10% 磺、10% 炭。[4]此外，清

---

[1] 广东省文史研究馆译:《鸦片战争史料选译》，中华书局，1983 年，第 70 页。
[2] 《筹海初集》，卷三，第 71—75 页。
[3] 参阅王兆春:《清军在第一次鸦片战争中使用的武器装备浅析》，油印本。
[4] 《筹海初集》，卷三，第 58 页。

朝手工业作坊相较西方已经形成的机器生产的化学工业,生产出的各种火药成分纯度低,也降低了火药的性能。清军当时使用的炮弹仍为实心弹,英军除实心弹外,还有霰弹、火箭弹等,而后两种炮弹在实战中对清军伤害尤大。

还须提出的是,英军对弹道学的研究,使之射击精度大大提高,瞄准器具也初步具备。清军火炮射击,全凭士兵经验。这又使双方的命中率差距甚大。

这种由科学技术、工业等方面的差别而造成的火炮、弹药及射击技术的差别,是关天培、林则徐等人一时无法寻找出解决办法的。而此一问题不获解决,当虎门炮台与英军炮战时,势必处在难以挽回的劣势。[1]

最后,考察双方战术。

由于英军采用逐点进攻的战法,关天培制定的《春、秋操章程》中的层层堵截的战术无以施行。由于双方舰船装备的迥异,林则徐制定的《剿夷兵勇约法七章》中的"攻首尾跃中舱"的战术碍难施行。虎门之战中,清军已无既定战术可以运用,实际上处于被动挨打的地步。

英军由于"船坚炮利",控制了虎门一带的大量水域,从而掌握了进攻时间、地点、方向的决定权,也就是掌握了战争的主动权。在战术上的运用,英军颇有精善之处。在大角作战时,英军使用优势兵力兵器,强攻突破,英军4舰载有火炮106门,是大角清军的4倍以上。在沙角作战时,英军采用正面攻击,侧后抄袭的战法,登陆部队又抢占制高点,构筑野战炮兵阵地,致使守卫炮台侧后的掩护部队首先被击溃,主要炮台受前后夹击而陷。在横档一线战斗中,英军使用了避实就虚的战

---

[1] 林则徐后来对火炮之事,有较深的认识,称:"彼之大炮,远及十里内外,若我炮不能及彼,彼炮先已及我……彼之放炮,如内地之放排枪,连声不断,我放一炮后,须辗转移时,再放一炮。"(《林则徐书简》增订本,第193页)但林氏对制炮一事,看得过于简单。

术,主力并没有放在上横档岛东侧水道,而是放在防御相对薄弱的西侧水道实施突破。在西侧水道作战的大多数军舰,又攻击防御更为薄弱的上横档岛西北面和北面。就是进攻东侧武山一带炮台的英军战舰,也将攻击点放在威远炮台的东南面,避开了威远炮台的正面火力,更躲避了靖远、镇远两炮台的强大火力。抢占未设施的下横档岛,又对防卫极强的上横档岛造成了制人而不制于人的有利态势。英军的这些战术,并非是鸦片战争中首创的,而是当时西方军队中登陆作战时普遍采用的。

鸦片战争是清朝落后的军队与近代化的西方军队之间的第一次较量。虎门之战中清军显露出来的设防体系、炮台、火炮、战术等方面的弱点,正是清军与近代战争要求的差距。这在一个古老而又封闭的国家中是不足为怪的。笔者指出上述弱点,目的不在于苛求关天培等先贤先烈,而是指出,中国在军事技术、军事思想、军事学术、军事工程等方面都已经落后于西方。毫无疑问,关天培等人已经竭尽了他们的全部智力、能力和权力,但是狭隘的视界限制了他们的作为,更何况受到科学水平、社会经济诸条件的制约。不管怎么说,关大培等人用加强自身武力的方法来抵御外国侵略,这一取向是不容也不能否定的。

虎门之战的失败,还说明了另一点:鸦片战争中由林则徐等人率先提出的清政府普遍采用的"以守代战"的作战指导方针,即据守沿海坚强防御据点阻挡英军进攻的战法,是不能克敌制胜的。根据这一方针,清军在厦门、定海、镇海、吴淞等地修建了大量的炮台,派驻重兵,结果皆如虎门,先后被攻破。如果考虑到清政府在战争中并未调整作战方针,其失败的命运是不可挽回的。

浙东之战的战术

鸦片战争中，清方组织的反攻一共有两次。其一是广州之战，1841年5月21日夜清军在珠江上小有攻势，第二天就被早有准备的英军反扑下去。也就是说，清军即使不出击，英军也已准备发动进攻广州的战役。此次反攻在军事上并无价值可言。其二是浙东之战，即反攻浙东宁波、镇海、定海三城之战。若从军事学术上的意义来检讨，可以认为，浙东之战是鸦片战争中清军唯一稍具组织规模的反攻入侵之敌的作战。然而就是这次重要的战役，组织指挥却相当拙劣。分析此次战役，可以透视出清朝内部的许多问题。

战前的调兵拨饷

1841年10月1日，英军攻占定海，葛云飞、王锡朋、郑国鸿三总兵死难。10日，英军攻占镇海，钦差大臣裕谦死难。13日，英军占领宁波。浙东三城的失陷，极大地震动了清廷，道光帝决心不计代价，发动反攻，收复三城。从当时清朝的举措来看，他们将此视为战略决战。

先看其命将调兵。道光帝于10月18日得知镇海失陷，当日即授其亲信协办大学士、吏部尚书、步军统领奕经为扬威将军，并于21日命户部左侍郎文蔚、22日命前宁夏将军特依顺为参赞大臣，前往浙江，组织指挥。而在此前此后，调往浙江的各省援军达八个省份，具

体情况如下表:[1]

命调时间	调出省区	兵数（人）	到达时间
1841年9月25日	江宁驻防	800	1841年10月
1841年9月25日	安徽	1 000	1841年11月
1841年10月2日	江苏	300	1841年10月
1841年10月2日	江西	2 000	1841年11月
1841年10月12日	湖北	1 000	1841年11月
1841年10月12日	江西	1 000	1841年11月
1841年10月19日	河南	1 000	1842年1月
1841年10月21日	湖北	1 000	1841年12月
1841年10月26日	四川	2 000	1842年2月
1841年11月13日	山西	600	1842年1月
1841年11月13日	陕西	400	1842年1月
1841年11月16日	陕西	1 000	1842年2月
1841年11月16日	甘肃	1 000	1842年2月

由上表可见，援兵总数达1.3万人，调兵时间长达5个月。值得注意的是，由于当时清朝官员认为沿海地区的清军懦弱怯战，道光帝根据奕经等人的请求，从三千多里外的四川建昌镇、松潘镇和陕甘两省调来"精锐"之师；其中四川援军中不少是善战的藏族土兵。除了士兵外，领兵的军官也指名专调。10月20日和21日，道光帝批准奕经从京随带文官6名、军官18名南下浙江；22日，又批准文蔚随带军官9名南下；24日，道光帝将当时的"名将"此时正在广东前线的贵州安义镇总兵段永福，调给奕经办理军务；26日，道光帝根据奕经的奏折，从四川调游击

---

[1] 据《鸦片战争档案史料》，第4册、第5册有关文件整理。其中1841年9月25日所调江宁驻防、安徽兵1 800名，由钦差大臣、两江总督裕谦在战前命调，道光帝于10月认可；1841年10月2日所调江苏兵300名，亦由裕谦命调，道光帝于10月11日认可；1841年10月2日所调江西兵2 000名，原调江福建，由裕谦截留，道光帝于10月11日认可。另因当时的交通条件，各地援兵需分批行走，亦陆续到达，表中到达日期以该部全部开抵浙省为准。其中河南兵1 000名、湖北第二次援兵1 000名被奕经暂留江苏，故到达日期较晚。

张富等军官15名,从陕甘调参将唐璥等军官27名,从河南调都司刘天保等军官2人;11月13日,道光帝又调山东参将托金泰至浙江,帮助制造炮车。此后又据奕经的请求,批准从各地调派人员或留用人员。可以说,凡是浙东前线需要的文官武将,只要前敌主帅提出要求,无一不满足。[1]

除了命将调兵外,道光帝为保障供给,下拨巨额军费。先是浙江巡抚刘韵珂在战前于1841年9月27日上奏,称言"情形日形紧迫",前拨军费银156万余两支发已尽,要求另拨银100万两。道光帝收到此折时,已是10月7日,他虽不知定海失守,但浙江的紧张局势使之立即批准。[2]10月18日,即授奕经为扬威将军的当天,道光帝下旨:"现在浙江军营筹办防剿,所有应用军需银两,著户部速议具奏。"根据此一谕令,户部拨银200万两。[3]至1842年1月14日,户部奏:"查浙省办理军费,先后动拨银两肆佰伍拾陆万余两。计可无虞支出,惟该省现尚进剿吃紧之际,用项较繁,自应先事预筹,宽为储备",再次拨银100万两。[4]1842年3月10日,即浙东之战开战前夕,浙江巡抚刘韵珂再次要求拨济军需银200万两。根据道光帝的旨意,户部仍罗掘凑数下拨。[5]也就是说,为了这一次的反攻,先后动拨银600万两。这在财政极为紧张的道光一朝实为罕见,这对生性苛俭的道光帝也是难得的大

---

[1]《鸦片战争档案史料》,第4册,第228、234、242、249、259—260、336、423、537—538页;第5册,第61—62页。所调四川、陕甘、河南军官,皆为该省援军领兵军官以外,访得"能战"武将,指系另行专调。而这批军官中,有7人或因在口外屯防、或因已派往广东、或因病故等未能赴浙。(见同上书,第4册,第389页)

[2] 同上书,第4册,第116—117、157—158页。此项军费实为截留,即浙省应解云南铜本银、兵饷银50万两,浙省应报银、捐监银、北新关税课银50万两。

[3]《鸦片战争档案史料》,第4册,第215、274页;第5册,第65页。此项拨银,又可参见刘韵珂片:"仰恳皇上准于前请一百万两之外,再行拨发三百万两。"原件无日期,道光二十一年九月初六日(1841年10月20日)奉朱批:"亦于初四日饬部速行筹发矣。"(《军机处录副·军务类·军需项》,3/53/3028/23)

[4] 户部奏,道光二十一年十二月初四日,该件注明"奉旨:依议。钦此"。(《军机处录副·军务类·军需项》,3/53/3029/33)

[5]《鸦片战争档案史料》,第5册,第65—66、87、94—95页。

手笔。当然,由于当时的财政体系和运银方式,大约有银250余万两一时未运到浙江。

为了鼓励官兵的士气,道光帝于1842年1月14日(即户部额外筹拨军费银100万两的当日)"特发去内库花翎五十枝,蓝翎五十枝,搬指八十个,翎管四十个,小刀九十把,火镰七十五把,六品顶六十个,七品顶八十个",交给扬威将军奕经,称言若其手下官兵"有拔帜先登、不避烽焰斩获夷目者","即将颁去各件优加赏赍,仍叙述事迹,据实保奏,朕必破格施恩。"[1]道光帝又恐这些"内库"精制的翎、管、刀、镰、顶戴等物不过是荣誉,保举也只是升官,对那些讲求实利的底层兵勇需另有激劝,又于1月28日"发去新制武功赏牌七百五十张,注明银两数目,计银七万两"(实际上就是官方的银票),"其有争先出力奋勉立功者,著即核其功之大小,随时酌量,分别赏给"。而获得这些"武功赏牌"的"军民人等",战后可以在户部或各省藩库兑换实银。[2]也就是说,只要清军官兵肯打仗出力,要荣誉给荣誉,要升官可升官,要银子发银子,而且决不是空头支票,绝对兑现。

如此调兵命将,如此罗掘巨饷,如此开列赏格,从当时的眼光来看,清廷实已尽其全力而不遗余力。道光帝对此次作战也充满了信心,谕旨中一而再、再而三地提到,他将"伫候捷音之至"。

奕经的排兵布阵

可是,这么多兵将,这么多军饷,这么多翎管顶带和"武功赏牌",其实际作用又是怎么样呢?

扬威将军奕经自1841年10月30日出京南下,于11月22日到达江苏扬州,随即声称等待援军,止步不前,后在苏州欢娱两个月。一直到了1842年2月10日,各地援军齐集,奕经一行方赶至杭州,稍事布置

---

[1]《鸦片战争档案史料》,第4册,第525页。
[2] 同上书,第570—571页。

后,于 27 日才前往前线曹娥江一带。3 月 6 日,奕经上了一道长篇奏折,详述其反攻三城的计划,决定在 3 月 10 日凌晨 3 至 5 时,即占签吉兆所谓的四寅佳期(壬寅年壬寅月戊寅日甲寅时),发动进攻。

奕经的这篇奏折,已经收录于《鸦片战争档案史料》第 5 册,其主要部分更是很早刊于《筹办夷务始末》(道光朝)卷四四,研究者多已注意,几年前我在写《天朝的崩溃》也主要依据此折。可是,该折尚另有清单与绘图,逐项说明兵力使用情况,前两书皆未收入。近日我在中国第一历史档案馆看到该折的清单,觉得颇能说明此战的作战指导原则和基本战术,摘抄如下:

"谨将调派文武员弁及本地绅民带领兵勇分剿三城逆夷,并各路屯扎、进兵、调拨火攻船只处所,缮具清单,恭呈御览。

"扬威将军奕经督率寿春镇总兵尤渤统带河南兵丁一千名,本队余丁一百五十名,山西抬炮兵丁二百名,暂驻曹江东关,居中调拨,接应前后两路防剿各兵。参赞大臣特依顺督率处州镇总兵翼长梁胜灏统带湖北兵丁一千名、陕西抬炮兵丁二百名,接应后路,并督防乍浦、海宁两处海口。参赞大臣文蔚督率安义镇总兵段永福,统带江宁旗兵八百名,四川兵四百名,山西兵四百名,安徽寿春镇兵四百名,进驻余姚县之长溪岭,督促两路前敌。

"海宁、乍浦两路屯扎兵丁。总兵博勒恭武等带领湖北兵一千名屯扎海宁一带海口。总兵德坤带领陕甘兵一千名屯扎乍浦九里桥地方。杭嘉湖道宋国经督同文武官员,管带山东水手、崇明等处壮勇一千五百余名屯扎乍浦。

"收复宁波府城官兵勇壮。守备王国英等统带勇壮四百六十人作为第一队。御前侍卫珠勒亨等督同梁有才带兵七百名,本队余丁二百名,作为第二队。乾清门侍卫希凌阿等会同总兵段永福等带兵二百名,勇壮一百名,督催前二队。游击张富带兵六百一十名,本队勇二百名,随后接应。以上四队兵勇俱由大隐山进趋宁郡迎敌。宁波城内分段埋伏共十二处,计勇一千四百余名。宁波城外分段埋伏共六处,计勇八百六十余名。以上十八处伏勇系候补通判王寿笺及文武员弁绅士分段承办管带。

"收复镇海县城官兵勇壮。都司刘天保等带勇壮四百七十五名作为第一队。三等侍卫容照等督同游击凌长星带兵二百六十五名,本队余丁七十名作为第二队。御前侍卫明庆等会同副将朱贵等带兵四百九十五名,本队余丁三十名,督带前二队。游击黄泰等带兵五百一十名,本队余丁八十余名,随后接应。以上四队兵勇俱由长溪岭进趋镇邑迎敌。镇海城内分段埋伏五处,计勇六百二十名。镇海城外及金鸡、招宝两山、小夹港共六处,分段埋伏,计勇二千一百九十名。以上十一处伏勇系候选直隶州知州鄂云、典史王希璧及文武员弁绅士等承办管带。

"梅墟地方接应宁、镇官兵,要截夷船,水陆两路勇壮一千三百五十四名。又,梅墟地方预备挂缆沉船本地勇壮二千五百名。以上系游击谢天贵等及文武员弁绅士承办管带。

"收复定海县城勇壮。参将池建功会同候补盐大使郑鼎臣等带勇壮一千五百名作为第一队。副将福禧督同巡捕营千总李万年等带勇壮一千二百余名作为第二队。副将郑宗凯会同候补同知黄维浩督同巡捕营把总程秀等带勇壮一千一百余名,随后接应。以上三路勇壮俱由乍浦、海宁乘船过海,进趋定邑迎敌。定海城内分段埋伏共六处,计勇七百七十名。定海城外舟山、六横并沿海各岙分段埋伏共八处,计勇一千五百余名。以上十四处伏勇,系候补盐大使郑鼎臣及文武员弁过海承办管带。

"三城火攻船只。宁波火攻船只三百六只,预备焚烧三江口、大道头、和义门、周宿渡、梅墟等处停泊往来大小夷船。镇海火攻船三百九只,预备焚烧拦江埠、港口、沥港、招宝山口门内外、梅墟等处停泊往来大小夷船。定海火攻船六百一十六只,预备焚烧竹山门、沈家门、五奎山、金塘各岛停泊往来大小夷船。以上各船均有舵、水、勇壮,系黄维浩、舒恭受、郑鼎臣及文武员弁绅士承办管带。

"守护行营粮台兵丁。九江镇总兵李琦带领江西兵一千名,驻扎曹江，守护行营粮台，并护送炮位，其余九百名，分守沥海所等处。安徽寿春镇兵六百名，由巡抚刘韵珂调派协护浙江省城。

"又，由海盐县黄道关等募到熟悉沙线水手二百名，屯驻杭州城外。又，由本省绅士募到台州乡勇一千名，屯扎余姚县。

"通共调到、招募兵勇、船只，除浙江本省兵勇不计外，共兵丁一万一千余名，勇壮二万余名，船一千二百三十一只，分路留防攻剿。"[1]

这份清单很具体，粗粗一看也不太容易发现问题。就连审阅这份清单的道光帝也在上面朱批："览奏十分周妥。"可是，若要仔细研究，就会看出破绽：为发动浙东反攻所调八省援军，究竟有多少用于实战？从清单上并对照奕经原折可见，用于进攻宁波的清军只有1 512名，其中担负主攻的仅700名，另外总兵段永福所带川兵200名，任务是"督催"，游击张富所带川兵610名，任务是"接应"；用于进攻镇海的清军只有1 270名，其中担负主攻的仅265名，副将朱贵所带陕甘兵495名，任务是"督催"，游击黄泰所带兵510名，任务是"接应"。以上用于进攻的清军，仅2 782名。辛辛苦苦从全国各地调来的反攻部队中有2 600余名，担负的任务是防守钱塘江对岸的乍浦、海宁和杭州，距离前线尚远。如此布兵虽属奇怪，但多多少少还能讲出点道理。毕竟英军占据海上优势，随时可入杭州湾，直犯以上三地。但此一理由若能成立，岂不浙江沿海各要地均驻以重兵？而兵力部署中最为奇怪者，各省援军中的主力4 400名，分属于扬威将军奕经、参赞大臣特依顺和文蔚，他们担负的任务是含混不清的，既不是进攻，也不是防守，而是"居中调拨"、"接应后路"、"督催前敌"。

---

[1] 奕经奏折之附清单，道光二十二年正月二十五日，《军机处录副·帝国主义侵略类·第一次鸦片战争项》，3/167/9201/11。引文中所称"余丁"，是清军中正额兵丁之外担负多种勤杂事务的人员，领取少量粮饷，有时也参加作战。清军中有空额时，也常以余丁补充。又，外省援军共计1.3万人，奕经部署仅近1.2万人，主要原因是其中江西先期到达之援军1 000余人，在浙东反攻前已经溃败，奕经未将其统计进去。又，奕经奏折之附图，尚未见。

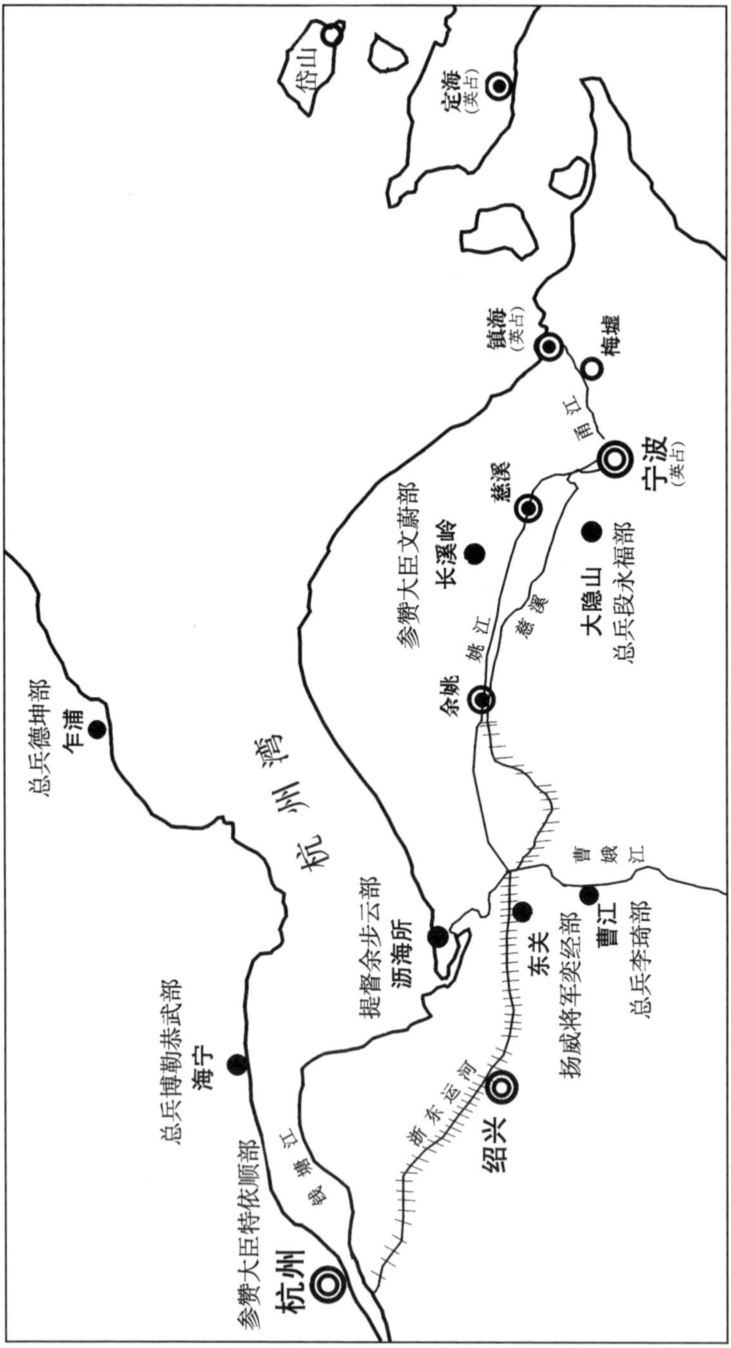

图二　浙东反攻前清军兵力部署图

296　近代的尺度：两次鸦片战争军事与外交

如果根据地图，再观察一下三位主帅的指挥位置，不难发现如此排兵布阵的蹊跷。扬威将军奕经的指挥所设在曹娥江的东关镇，距最近的进攻地点宁波约 80 公里，他自将的清军 1 200 名、余丁 150 名，实际上成了其防卫自身的"亲军"。紧靠其右翼的曹江，为行营粮台，他派兵 1 000 名"守护"。而在其左翼的沥海所，又派兵 900 名"分守"。参赞大臣特依顺的指挥位置在万松岭（杭州西湖东南），他率领的 1 200 人，声称"接应后路"，实际上是接应奕经的后路。参赞大臣文蔚的指挥位置在宁波西北约 30 公里的余姚县长溪岭，他率领的 2 000 人，任务虽说是"督催"进攻宁波、镇海两路的"前敌"，实际上成了奕经的"前敌"屏障。也就是说，奕经在其前后左右中都部署了重兵，如此一来，又何来兵力直接去进攻英军占据的宁波和镇海？此次浙东反攻，除了这三位主帅外，还有一位提督、六位总兵。浙江提督余步云的位置在奕经左翼的沥海所，安徽寿春镇总兵尤渤的位置就在奕经的本部东关镇，江西九江镇总兵李琦的位置在奕经的右翼曹江，浙江处州镇总兵梁胜灏的位置在特依顺的本部万松岭，陕西汉中镇总兵德坤的位置在乍浦，湖北宜昌镇总兵博勒恭武的位置在海宁。如此一来，高级军官中只有贵州安义镇总兵段永福亲临前敌指挥作战，其余在作战前线的皆是一些中下级军官！

由于用于进攻的清军兵力严重不足，奕经在浙东反攻作战中大量使用勇壮。他在清单上声称，用于进攻宁波的勇壮达 3 000 余人，用于进攻镇海的勇壮 3 200 余人，用于在宁波与镇海之间甬江畔的梅墟进行骚扰性作战的勇壮 3 900 名，而用于进攻定海的勇壮竟达 5 000 余名。然而，这些数字全是靠不住的，后将详述。

此时英军的兵力又为多少呢？侵华英军陆军总司令为陆军少将郭富（H. Gough），下辖皇家炮兵官兵 42 人，马德拉斯炮兵官兵 475 人，马德拉斯工兵官兵 238 人，爱尔兰皇家步兵第 18 团官兵 840 人，皇家步兵第 26 团官兵 640 人，皇家第 49 团官兵 840 人，皇家步兵第 55 团官兵 1 150 人，马德拉斯第 36 团之一个连官兵 114 人，马德拉斯土著步兵第 37 团官兵 420 人，孟加拉志愿兵团分遣队官兵 134 人。以上共计约 4 900

人,分驻香港、厦门、定海、镇海、宁波,其中驻在浙东三城的约2 000余人。侵华英军海军总司令为巴加(W. Parker),下辖舰船26艘,其中泊于舟山的为旗舰皋华丽号(Cornwallis)、炮72门,克里欧号(Clio)、炮16门,运兵船丘比特号(Jupiter);泊于镇海和宁波的为布郎底号(Blonde)、炮44门,摩底士底号(Modeste)、炮18门,海阿新号(Hyacinth)、炮18门,培里康号(Pelican)、18门,哥伦拜恩号(Columbine)、炮18门,阿尔及林号(Algerine)、炮10门,测量船班廷克夫人号(Lady Bentinck)、武装轮船复仇神号(Nemesis)、皇后号(Queen)、西索斯梯斯号(Sesostris)、弗莱吉森号(Phlegethon)。此时侵华海军的司令部设在定海,侵华陆军司令部就设在宁波。[1]根据在此之前中英交战的战例来判断,清方投入浙东反攻的兵力严重不足。

1842年3月10日凌晨发动的浙东反攻战,其具体过程已有多种中外论著予以详细评说,这里只是简要说明一下。当日凌晨约3时,清方在宁波施放了4只火船,在镇海施放了10只火船,均未奏效(并不是奕经清单上的两地各300余只)。与此同时,清军兵勇向宁波、镇海两城发动进攻。其中进攻宁波的四川兵(其中一部分为藏兵)相当勇敢,在内应的配合下,一度攻入城内,但在英军的火炮轰击下,力不能支,至天亮,清军见大势已去,主动撤出战斗。而驻守镇海的英军打开城门,主动出城迎战,清军相战不敌而败退。大约到了早上7时,作战就全部结束了。据英方的记录,英军在宁波战死1人,受伤数人,而在镇海没有伤亡。相比之下,清军的伤亡是很大的。[2]

从1841年10月18日命将出征,到1842年3月10日反攻开始,前后143天,调兵万余,选将上百,耗帑数百万,结果换来的就是这一不

---

[1] *Chinese Repository*, Vol. 11, 1842, pp. 115–119. 其中关于英国陆军具体驻扎地,该文没有说明。浙东三城英国陆军约2 000余人,是根据此前此后英军的军事行动规模推算的。

[2] 战后奕经报告清军伤亡情况是,清军阵亡340余名、勇壮阵亡200余名;清军兵勇受伤200余人;清军被俘41人。不过此数包括此后慈溪大宝山之战的伤亡人数(《鸦片战争档案史料》,第5册,第162—163、254—256页)。从作战情况和各方面资料来看,慈溪大宝山之战中,清军的伤亡更要大些。

到4小时的骚扰性质的作战。清廷尤其是道光帝原本准备在浙东平原导演一场威武英烈的壮剧，永载史册；而今人看到的只是一出饱透酸楚的滑稽戏。

真正的作战是清军反攻以后英军的再反攻。清军失败后的当日，英军武装轮船扫荡宁波附近的河流，共击毁了清方37只火船。3月15日，英军判断慈溪是清军发动进攻的前进基地，便以武装轮船3艘、海陆军1 200余人向慈溪进军，当日在城外大宝山，与原本进攻镇海因天黑迷途而撤回的清军朱贵部相战。相距不足10公里的长溪岭，正是参赞大臣文蔚的大营，可以听到传来的炮声。文蔚并不率部增援，反是领军溃逃。这一行动引发了连锁反应。3月16日，当文蔚逃至东关镇奕经大营时，奕经让文蔚部再退守绍兴，自己引兵连夜西逃，渡过钱塘江，一直跑进杭州！

最后还要说一下反攻定海的战斗。准备进攻定海的清方水勇，于3月初进至岱山，3月8日，被英军武装轮船发现并驱散，无法发动3月10日反攻。一直到了4月14日，候补盐大使郑鼎臣率水勇在定海小有一搏，从英方文献看来毫无战果可言。但此时已是待罪屏息静候圣怒大作的扬威将军奕经，却将此粉饰为大胜利。

雇勇中的秘密

无论是清朝官员战后的奏折，还是英军事后的战报，对参加反攻宁波、镇海的"勇壮"，都很少笔墨。仅仅凭着这一点，就可以断言，人数高达万余的本应在反攻中充当主角的雇勇，在实战中作用不大。

早在奕经受命南下途中，便开始派人招募"河北民勇"2 000余人，到江苏后，又募崇明水勇近2 000人。[1]其最初的目的，是浙东水网地带，不利于大兵进击，而原本为运河水手的河北民勇，原本从事海上沙船业的崇明水勇，不仅可以弥补清军的兵力不足，而且在水网地带作战

---

[1]《鸦片战争档案史料》，第4册，第534、563、584页。

时也大有裨益。

雇勇需得官府出资，每日口粮银两较官兵为多，若雇勇时同时雇募其船，还得另付船资。这么一笔银钱买卖很自然地引起了奕经幕中官场老手们的兴趣。曾入奕经幕府的贝青乔，战后作《咄咄吟》，其中一首为："果否乡兵练满营？帐中书记最分明，劳他寸厚军家牒，避免雷同撰姓名。"诗后他自注云：

> 或献策于张应云曰："北勇由他省咨来，实额实饷，无从影射，不如兼募浙人为南勇，可浮报一二，预为他日报销地。"应云深然之，令绅士李维镛、林诰、范上组、彭瑜等，领募造册，呈报将军，共九千余人。人数即多，不及训练，并不及点验。及三月间，将军稔知其弊，急饬应云全数裁撤。而所费帑银，核算已及十余万两。[1]

引文中所提到的张应云，原为安徽泗州直隶州知州，由奕经奏调入浙江军营。[2]奕经与他有师生之谊，对其十分信任。当奕经进抵杭州时，派其前出曹娥江，为前营总理，调遣各路兵勇。奕经进抵曹江东关后，又命张应云前出宁波与镇海之间的骆驼桥，为梅墟袭扰作战的后路应援。贝青乔还透露，张应云负责前敌时，每日密函禀报奕经，其消息来源又是官场滑头宁波漕书陆心兰，其所报"伏入宁波者十七队，伏入镇海者十一队"属"子虚"，"而将军据之入奏"（可见前节所引清单）。浙东反攻作战失败后，"人人归咎张应云，谓其宁、镇两城，并未设伏乡勇，而妄报布置周密，且所办火攻船，贻误尤多"。贝青乔并以亲身为例，称其开战时"实在宁波骆驼桥"，而张应云却称其与镇海人包祖才，"同带南勇五百人，设伏招宝山（位于镇海县城东门），抢夺炮台"。后来贝青乔在奕经幕中看到了这份密函，"亦茫然矣"。[3]

---

[1] 《丛刊·鸦片战争》，第3册，第186—187页。
[2] 《鸦片战争档案史料》，第4册，第423页。
[3] 《丛刊·鸦片战争》，第3册，第187、202—203页。从贝氏诗注中可见，从募勇中贪赃在当时的官场不仅不是秘密，而且形成了陋规。山阴县典史王希璧支银1.5万两以雇勇，奕经的随员吏部员外郎阿彦达"怒其不以贿至"，后来办理奕经奏折时竟加害于他。

以上贝青乔揭露出的事实,与奕经奏折所附清单对照,可以确认:一、奕经清单上宁波伏勇18处共计2 260余名,镇海伏勇11处共计2 810名,是完全不可靠的数字,而镇海伏勇中招宝山一路500名,完全是编造;二、奕经清单上用于反攻宁波、镇海的火攻船共615只,也是完全不可靠的数字。这些只存在于纸面簿册上的勇壮火船,是贪赃官员的生财渠道。

贝青乔的《咄咄吟》是其私下的著述,迟至战后72年即1914年才刊出。而当时的官场派斗,又使一名利用雇勇大发国难财的官员曝光,使人可以看到一个具体的实例。居住于浙江的候选直隶州知州鄂云(原名联璧),其堂兄是扬威将军奕经的随员步军统领衙门笔帖式联芳。他凭借这一关系,前去投效,声称能勾引汉奸,作为内应,奕经派其办事。据鄂云自称,他奉奕经命令,在慈溪县后山泊雇勇500名,从1842年1月9日至4月19日,共支付各种费用钱16 965千文。据各粮台查账,他以雇后山泊勇500名为由,先后支银9 126两、钱2 860千文。据事后的调查,假定雇勇全部足额、假定能如期足额发给口粮钱、假定该勇在浙东反攻失败后无一逃亡(这些当时都会成为不可思议的奇迹),鄂云的实际支出总计为7 450千文。鄂云通过多报日期、谎报留勇等手法,中饱军费银5 631两。[1]鄂云当时还不算是无名小卒,其名字见于前引奕经奏折所附清单,任务是负责承办管带镇海城内外伏勇2 810名;后山泊勇当时也称著名,奕经临战前奏报作战计划中也曾提到其名。[2](他出征后的奏折只有"河北"勇、"山东"勇、"崇明"勇、"本地"勇或"本省"勇之名,专提某地勇仅有此一次)而这批雇勇具体情况又是如何呢?据事后的调查,1842年2月8日,鄂云率该批雇勇从后山泊出发,每名

---

[1]《鸦片战争档案史料》,第6册,第262—263、583—587页。其中钱、银比例按当时的平价1 600文兑银1两换算。有关鄂云的案子,还可以参阅贝青乔的《咄咄吟》,《丛刊·鸦片战争》,第3册,第225—226页,具体情节与官方调查稍有不同。此外,鄂云还利用雇募梁勇、雇佣福建同安船和水手来做手脚,但当时未能调查清楚。

[2]《鸦片战争档案史料》,第5册,第57页。

发给钱500文，2月11日到达曹娥江，次日起每名每日给钱300文。3月7日，鄂云拨勇50名，埋伏在镇海城外；拨勇150名，交四川府经历濮诒孙管带，驻宁波西乡的邵家渡；拨勇50名，为泗州知州张应云的护卫，驻慈溪骆驼桥；自留勇50名，为其护卫，驻慈溪东门外清道观；剩下的200名，命其头目黄得胜管带，于3月10日参加攻打宁波南门的作战，反攻失败后，纷纷溃逃。

这批毫无训练的雇勇，大部分充当了各类办事当差官员的护卫，扬威将军的部下，做起事来一如扬威将军的派头，只不过是缩小了尺码；而其余者到军营后第27天，便被派上战场，这样的雇勇又何来本领可与近代化的英军对敌交战？又怎能不在战斗中纷纷溃逃？这500名后山泊雇勇的实例，也反映出号称两万的参加浙东反攻防守的雇勇的实际，反映出号称九万的浙江全省各保地方要津的雇勇的实际。

又据贝青乔透露，由于扬威将军奕经军费管理账目混乱，特别是雇勇一项许多案卷被办事人员抽去，"恐有揭其弊"；由于负责军费报销的浙江巡抚刘韵珂与奕经有隙，不肯依官场旧规通融办理，奕经经手支出的军费核销，一时陷于麻烦。1843年6月，刘韵珂迁闽浙总督，报销事务由护理浙江巡抚卞士云负责，卞氏"曾管理粮台，深悉其中有不可上闻者，遂将原卷全行弃置，另按军需则例，令各员缮造报销清册"。未久，卞士云死，新任浙江巡抚管遹群仍宗卞氏之方法。又过了不久，管氏亦死去，接任的浙江巡抚梁宝常情况不明，便委任曾办理过浙江粮台事务的前广西布政使郑祖琛董其事。郑祖琛"乃通盘筹划，将各员所领饷银，所发兵粮，所募乡勇，移多就少，合为一案"，这样一来，原先虚报虚领较少者便吃亏，"各员中苦乐不均，互相观望"。郑氏又想一法，"浮报十余万两，为各员捐输"，怂恿巡抚梁宝常奏请议叙，"并以其半行贿于部中，以免斥驳"。经过这一位官场高手的操作，摆平了贪赃不均的省内各员和乘机发财的京内各员，一直到了1845年的春天，鸦片战争浙省军费报销案终于告竣。[1]饱受兵灾的浙江，成了贪赃官员的银盆。

如果冷静且客观地比较双方的军事力量，可以得出结论，以当时奕经掌握的兵力、财力，仍无法在浙东之战中取胜，因为在军器、战术等方面，英军占有制胜的优势；与此同时，又可以得出另一结论，若奕经以其兵力、财力作殊死一拼，必使英军付出极大代价，其惨烈英勇，必载于战争史，然而，我们面对着的这一段历史，又使我们无法冷静且客观地从军事学术层面上进行检讨。对此政治不上轨道的清朝社会，技术上的分析只是苍白无力的。

---

[1]《丛刊·鸦片战争》，第3册，第221—223页。按照当时的规定，凡捐输银钱，可以免造册报销，这样虚报少者可以获得"议叙"。而各省核销的账目，又需根据开支的内容报户、兵、工部核查。户部管钱粮支放等项，兵部管军器制造等项，工部管工程建设等项。每次办理军需、河工等项报销，都是收入不丰的京官的发财机会。具体的报销数额，可见梁宝常奏，道光二十四年六月十九日，《鸦片战争档案史料》，第7册，第475—478页。而梁氏所奏捐输数额又可见其奏："各官绅捐办各勇口粮暨雇船出洋助战，并各口沉船钉桩，及定海火攻船只、制办兵勇帽枪刀，收缴器械价值，并奏准赏兵棉衣，封禁卤船口粮等款，共用三十七万三千四百七十六两零。内除零星捐户由外分别给匾示奖，及分应报效不敢邀奖之现任定海镇总兵官郑宗凯、前宁绍台道尚开模、已革石浦同知舒恭受等，共捐银七万六百八十七两零，均毋庸议；又经总局详明，拟加虚衔、级、纪之绅民朱际清等一百三十七员名，共捐银八万三千四百两零，另行造册咨部题请议叙外；尚有官绅王寿笺、吴煦等二百二十三员名，共捐银二十一万九千三百八十八两零，该官绅等现以东河大工需用，复捐输河工经费钱一十二万五千四百六十一千，照市价易银缴存藩库。由总局司道查明，该官绅原捐军需并续捐河工各款，循照例案，酌拟应得官阶，详请具奏前来。臣查浙省前次军兴三载，需用浩繁，该官绅王寿笺等先经捐办军需，发节饷项，兹复以河工待用孔殷，续捐报效……拟以应得官阶……相应清具简明清单，恭呈御览，合无仰恳天恩俯准。""再，此项原捐军需物件，请免造册报销。（此处朱批：依议。该部知道。）"道光二十四年十二月初二日奏，道光二十四年十二月二十一日奉朱批："该部议奏，单并发。钦此。"（《军机处录副·财政类·捐输项》，3/56/3261/34）如果没有贝青乔的提示，仅从此件档案中很难看出破绽的。

吴淞之战新探

1842年的吴淞之战,是第一次鸦片战争后期的一次重要战斗。以往的研究大体得出下列结论:一、由裕谦、陈化成等主持修筑的防御体系是适当的,战斗是有可能取胜的;二、战斗失败的主要原因是带兵增援的两江总督牛鉴和驻守小沙背的徐州镇总兵王志元临阵脱逃,致使在吴淞西炮台激战的陈化成部后援不继,背腹受敌。笔者的研究,得出了与此不同的看法,论述于下,就教于各位师友。

吴淞的地理形势与平时设防

吴淞地区位于黄浦江入长江处,在长江南岸,属宝山县。吴淞口正面对崇明岛,黄浦江由南向北灌入长江。由此向东约70里,是长江口;由此溯黄浦江逶迤而南约40里,是当时的上海县城。吴淞地区地势平缓,为防海潮,江岸建有江堤(时称海塘)。

吴淞口呈喇叭状。口端西岸向西再去2里,是宝山县城,临近长江。由县城沿江堤东南而下约六七里,为杨家嘴,建有炮台1座,称西炮台。从西炮台再沿江堤南下约3里,是一条小河的出口,名为蕴藻浜。吴淞镇就在蕴藻浜的北岸。宝山县城距吴淞镇的直线距离为6里。吴淞口端东岸,亦建有炮台1座,称东炮台。根据1921年该台废墟的观察记载,台高约1.5丈,圆形,台周长为16丈,建筑材料为砖瓦木料。吴淞东西两炮台夹黄浦江对峙,扼守黄浦江。东炮台北侧的部分火炮,可以向长江方向射击。[1]

吴淞设防约起于明代。清初,在吴淞设有副总兵。康熙之后,逐次裁撤,改设吴淞营,上隶苏松镇。该营兵将约1 000名,负责防守宝山县和邻县汛地共32处。该营另有沙船3艘,艍犁船4艘,巡防江海。此外,东炮台地区归川沙营防守,宝山县城又有提标后营、川沙营协防,两处共有外营兵约二三百名。1806年至1809年,福建海上反清势力蔡牵部活跃于东南沿海,吴淞曾加兵添防。此后重视炮台防守,订下制度,吴淞营增设千总1员,率兵200名,专守西炮台;川沙营以千总1员,率兵200名,专守东炮台。根据1828年(道光八年)苏淞镇总兵关天培的咨札,吴淞营的兵器种类主要有:熟铁劈山炮、熟铁百子炮、熟铁子母炮、生铁决胜炮、鸟枪等中小型火器,另有钺斧、腰刀、大刀、弓箭等冷兵器。[2]根据该咨文提供的情况,吴淞营的兵器在清军绿营中尚属上乘。

由于吴淞地区长期未有战事,防务松弛。1832年,东印度公司派商船阿美士德号从澳门北上侦察中国沿海情况。6月30日,该船在未遇任何阻挠的情况下闯入吴淞,并对炮台防务进行了侦察。据该船的翻译郭士立的日记:

> 这座炮台是一个极大的结构。他们尽了最大努力作了布置,可是最蹩脚的军队也能攻破它,因为他们不懂得炮台工事的技术,全部依赖壁垒和围墙的厚度。……火药的质量低劣,炮的保养和使用都极差,点火门太宽,制造不合比例。我确信有些炮要比炮手们所瞄准的敌人更加危及性命。……如果我们是以敌人的身份来到这里,整个军队的抵抗不会超过半小时。[3]

这个结论,是郭士立比较了中西军事实力而得出的,从当时的各种情况

---

[1] 吴淞地区的地理形势与炮台设置,据《宝山县志》(光绪八年刊本)、《宝山续志》(1921年刊本)并参阅今日之地理资料综合而成。
[2]《宝山县志》,卷六,第16—17页。
[3] Charles Gutzlaff, *Journal of Three Voyages Along the Coast of China in 1831, 1832 and 1833*, London: Thomas Ward and CO., 1840, pp.214-215.

作考虑，他的这一结论是不夸张的。

战前的筹防措施及其评价

1840年7月5日，英国远征军攻占定海。5天后，正在苏州查阅营伍的协办大学士、两江总督伊里布闻讯赶赴吴淞，调兵备战。[1]由此至1842年6月吴淞之战，清方以两年的时间，加强该处防务。其具体措施分项述之：

统将 吴淞地区平时清军最高长官为吴淞营参将。从此时起，主持吴淞防务的最高长官，或为两江总督，或为江苏巡抚，其先后为伊里布（1840年7—8月，1841年2—5月）、裕谦（1840年8月—1841年2月，1841年5—8月）、梁章钜（1841年8—10月）、牛鉴（1841年10月—1842年6月）。他们都认定吴淞是江苏最重要的防御地区，在吴淞、宝山、上海一带驻扎了相当长的时间，花费了极大的精力和财力，以确保吴淞无虞。

但是，对吴淞地区防备起实际作用的是新任江南水陆提督陈化成。他在抵任后的第7天，即获悉定海失守，立即率部赶赴吴淞，在西炮台扎营驻守，从此未离开吴淞。总督、巡抚凡涉于吴淞防务之事，多询其意见。他是吴淞防务的实际主持人和作战指挥官。

调兵 前节已述，吴淞地区平时驻兵1 000余人，而海口两炮台仅400人。1840年7月，伊里布等向吴淞地区调兵5 000余名（后一部分调往浙江）。[2]英军由大沽南下广东谈判后，吴淞调防各营兵将陆续撤回原防。至10月，吴淞地区有外营调防兵1 150名，另有本营防兵550名。[3]1841年虎门之战后，吴淞防兵再度增加。8月，英军攻占定海、镇海、宁波后，吴淞又几次增兵，至1841年底达到7 000名。[4]由此时

---

[1]《筹办夷务始末补遗》，第3册，北京大学出版社，1988年，第188页。
[2]《筹办夷务始末》（道光朝），第1册，第370、445、447页。
[3] 同上书，第546页。
[4]《筹办夷务始末》（道光朝），第3册，第1440页。

到战前,未有大的变动。

兵器 吴淞地区原设火炮数量不多,又多为小炮,最大者4 500斤,仅两位。战争之初,裕谦等从江宁(今南京)、苏州等地调出火炮共202位,送往各海口要地安设,其中主要部分被安在吴淞。[1]与此同时,裕谦等还积极准备铸造重炮。1841年4月,伊里布发下宝苏局洋铜12.3万斤,另购湖北铁12万斤,在上海铸炮。至10月底,共铸成1 000斤至4 000斤铜炮50位,4 000斤至6 000斤铁炮22位。[2]此后,梁章钜又发下宝苏局洋铜10.2万斤,另派人采购铁料,继续铸炮。到战前,吴淞地区火炮数量增至250余位(不包括小型火炮),其中43位是铜炮,[3]最重的8 000斤铜炮就有8位。[4]值得注意的是,其中一些火炮已装置了一种简易的瞄准器具——照星。[5]许多火炮亦配置了炮车。

除重炮外,针对敌登岸士兵的小型火器也得到了改善。裕谦以江宁满营使用的"盘螺蛳"抬炮为样式,大量制造,配置吴淞等海口。[6]牛鉴又推广安庆营守备孙贵以戚继光遗法制成的虎蹲炮。该炮用熟铁打成,长约2尺,重约40斤,可装铅子100粒。最大射程约300步(约480米)。[7]在宝山县城及小沙背一带,配置虎蹲炮就达100余尊。

炮台工事 吴淞地区地势平缓,原设东、西两炮台不足防御,清方便沿着江堤修筑土塘。此项工程始于伊里布。裕谦主持江苏防务时,工

---

[1] 其中4 000斤1位,3 000斤5位,1 000—2 500斤20位,600—900斤176位。见《筹办夷务始末》(道光朝),第2册,第674、721页。
[2] 同上书,第928页;第3册,第1361页。
[3] 中国科学院上海历史研究所筹备会编:《鸦片战争末期英军在长江下游的侵略罪行》,上海人民出版社,1958年,第55、228页。
[4] 《筹办夷务始末》(道光朝),第4册,第2022页。
[5] "照星"一词,见牛鉴奏(《筹办夷务始末》[道光朝],第3册,第1623页)。英军军官曾描述此种瞄准器具:"在炮的后膛套上一块铁皮,铁皮的上面是一块正方形的瞄准器,中间有一个可以看过去的孔,另外在炮口也用同样的方法装一个瞄准器,上面有一个尖的钉子。"(《鸦片战争末期英军在长江下游的侵略罪行》,第228—229页)
[6] 《筹办夷务始末》(道光朝),第2册,第675页。
[7] 《筹办夷务始末》(道光朝),第3册,第1624页。

程得到了迅速的进展。土塘是将原江堤后的顺塘河河泥挑出,积筑在江堤之上,高约两丈,顶宽约一丈七八尺,在外视之,"俨如长城一道"。土塘之上,又修筑火炮掩体工事——土牛,"形如雉堞,缺口处安设大小炮位,既能御寇,亦可藏身"。[1]土塘工程浩大。在吴淞西岸,土塘从宝山县城东门起,穿连西炮台,至蕴藻浜口,长约10里,使宝山县城至吴淞镇沿江成为一巨型土筑炮台。在吴淞东岸,土塘亦成规模,已修筑数里之长。此外,在蕴藻浜北岸的江堤上,又修筑了半圆形石筑炮台——新月堰炮台。

舰船 清方先后调集吴淞营、川沙营、提督各营大小师船16艘,另雇募沙舡、提载船、摆江船、海燕子船70只。此外,还仿造了英军的水轮船4艘。[2]由于当时清方尚不明英军明轮船的内部构造和蒸汽动力,这些水轮船以人力为动力,用齿轮带动明轮。新造的水轮船,一英军军官估计时速为3海里。船上设有铜炮。

采取上述措施后,吴淞清军的部署为:西岸土塘(包括西炮台)设有火炮134位,新月堰炮台设有铜炮10位,共驻兵将1 000余名,由陈化成督率;土塘之后,设有营帐,驻有陆路接应之兵。东岸土塘及东炮台,设有火炮20余位,驻有防兵1 000余名,由署川沙营参将崔吉瑞等督带。宝山县城安设大小火炮50余位,驻有防兵2 000名,由两江总督牛鉴等督率。在宝山县城西北3里许的长江岸边的小沙背,驻有防兵700名,由徐州镇总兵王志远督率。吴淞口内江面师船、雇船,由守备田浩然管带,水轮船由游击刘长管带。

根据牛鉴的奏折,清军的上述部署所准备的作战预案是:

若英军舰船闯入吴淞口内,吴淞东西两岸土塘之"守塘之兵,贴伏于塘后土坡之上,守炮之兵,贴伏于土牛之后,接应之兵,遥伏于数里之外。彼若用炮乱轰,我只是寂然不动。彼之炮子断不能及我所伏之兵,俟其炮火将竭,大船渐近,度我炮力可及,审定照星准头,众炮环

---

[1]《筹办夷务始末》(道光朝),第2册,第681页;第3册,第1467页。
[2]《筹办夷务始末》(道光朝),第4册,第1862—1863页。

发,贼必不支"。

若英军舰船掩护其步兵登岸,"此时守塘之兵,与夫接应之兵,尽可放心齐出。盖匪徒既已上岸,彼必不肯乱用炮轰。然后或邀其前,或尾其后,光用虎蹲炮迎击,破其洋枪火箭,次用抬炮、鸟枪连环夹攻,自无不胜之理。且逆夷用杉板船渡其黑鬼登岸,不过数十百人而止,我军以数千精锐接仗,亦何难聚而歼之"。

若英军由长江绕攻小沙背一带,抄袭西岸土塘后路,"我兵已层层设炮,节节埋伏"。因为该处滩浅,大船难以靠近,"彼不能携带大炮犯我内地,虽有火枪、火箭,亦断不能敌我之大炮、抬炮与夫百余尊虎蹲炮位,此理亦不辨自明"。

若英军舰船闯过吴淞,"直入内河",吴淞口内黄浦江上部署的师船、雇船、水轮船出击迎战,"各该船只均堪与之接仗,不致稍有疏虞"。[1]

对于这番部署和作战预案,清方将帅信心十足。牛鉴每次上奏都张大其志。陈化成在临战前一天称"刻下布置精密,可打胜仗"。[2]道光帝在多次得奏后,也甚放心,上谕中称道:"该督等审势料敌,水陆交严,深得以静制动之法。如此预备严密,必能迅奏殊勋,朕拭目以待捷音之至也。"[3]

如果以吴淞的战前设防与平时设防相比较,可以得出结论,吴淞防御得到了极大增强和改善;但是,从近代战争的规模和样式来要求,吴淞筹防措施并不是没有漏洞,恰恰相反,是十分薄弱的。

首先,吴淞防务的主持者认为,上塘高于英军舰船,守兵在近处贴伏,炮弹从空飞落,"转不能伤"守军。至于英军炮火能否击毁土塘,他们认为根本不可能而未考虑其他措施。凭据土塘土牛,他们以为已经形成了我能击彼,彼不能击我之状况。但实际情况恰恰相反。据英军军官称:"堡垒(即土塘)的高度不超过我军战舰甲板上大炮的

---

[1]《筹办夷务始末》(道光朝),第3册,第1623页;第4册,第1863、1912页。
[2]《筹办夷务始末》(道光朝),第4册,第1916页。
[3] 同上书,第1913页。

高度。"[1]而河泥积筑而成的建筑样式又十分落后的土塘土牛,根本抵挡不住英舰的炮火。同样有害的是,吴淞防务主持者们为了克服清军的惧战心理,多次"传知"将士,说明土塘土牛坚不可摧,英军炮火如何不可能伤及我军,以振作"强勇之气"。接受这种错误的知识,实战中却遇相反的现实,恰恰加大士兵的恐惧心理。

其次,吴淞土塘土牛不仅防护能力落后,而且攻击力亦很差。以主阵地西岸土塘为例,100余位火炮大体均衡地安设在10里长塘的各土牛之中,差不多每30米才有一位。这样,当英舰横列江面时,只能受到当面的几位、十几位火炮的攻击,其他火炮因射程、炮车、射击夹角等因素的制约而无法发挥其作用。加上清军火炮、火药质量和炮弹种类上的落后,使清军无法对英军军舰进行有威胁力的攻击。

再次,由于清军将领未能考虑土塘可能被攻破,因而在土塘之后,并无纵深配置,未设立二线阵地,使土塘之后的援护清军有所依托以迎战登陆英军。他们还错误地认为,英军"火箭洋枪,(清军)用藤牌、皮挡遮护,亦难穿透",企图用落后的虎蹲炮、抬炮、鸟枪等兵器与英军野战。这种十分不利的作战方法后因清军溃散,未成现实。

在近代的要塞对舰船的战例中,要塞一方之所以有利,是因为它筑于陆地而不必考虑火炮的重量、后坐力等因素,安设威力远胜于舰炮的要塞炮(一般说来,要塞炮射程大于舰炮);同时,建于陆地的要塞不必考虑面积和样式,修筑得比舰船更安全牢固。吴淞的情况恰恰相反。据牛鉴估计,英军舰炮最大射程为五六里,清军岸炮最大射程为二三里。而土筑的城墙式防御工事,是极为薄弱、最易被攻破的要塞样式。

对于尚未经历近代战争的伊里布、裕谦、牛鉴、陈化成等清军将帅来说,在设防和作战方案中出现此类错误是不奇怪的。但是,正是这种对近代战争的无知而产生的错误,致使清军在吴淞之战中,陷于极其不利的地位。

---

[1]《鸦片战争末期英军在长江下游的侵略罪行》,第135页。对此,未临阵地的牛鉴后来奏称,英军用船桅上的火炮轰击(《筹办夷务始末》〔道光朝〕,第4册,第1916页)。

战 斗 经 过

1842年6月8日,英国侵华舰队抵达长江口外的鸡骨礁。这支舰队共有军舰8艘,武装汽轮船6艘(军舰、轮船数目后稍有变化),载炮共约200余门;另有运输船14艘,运送英陆军约2 000人。13日,该舰队驶入长江,泊于吴淞口外约三四公里的江面上。

就清军部署在吴淞地区和崇明岛长江两侧的火炮射程而言,英军完全可以不顾吴淞而直溯长江内犯。但英军的目的在于不断地打击清军,早已决定进攻吴淞,进占上海。6月14日、15日两天,英军轮船测量了土塘前水道的深度,并安放浮标,为进攻舰队指明航道。守军因不明英

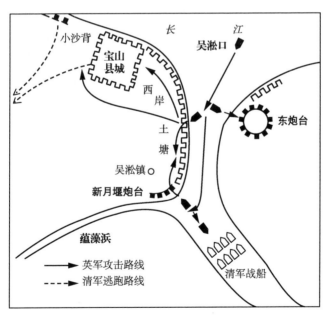

图三　吴淞防御作战示意图

船所作所为的目的,一直严密监视,没有开炮制止。[1]

英军的进攻方案有两项,均未出清军将领的预料:一是直接进攻吴淞东西岸土塘、炮台和黄浦江内清军船只,从炮台正面登陆;二是主力在宝山西北小沙背一带登陆,绕击西岸后路。由于小沙背一带滩浅淤多,大舰不能近岸,登岸部队不能得到舰炮的有效支援,英军采用了第一方案。

6月16日凌晨5时半,英舰队起锚。6时,各轮船拖带战舰驶向吴淞口。根据英军的作战命令,舰队分成主力舰队和轻型舰队。主力舰队由布郎底号(Blonde,炮42门)、皋华丽号(Cornwallis,旗舰,炮72门)编成,由轮船谭那萨林号(Tennassarim)和西索斯梯斯号(Sesostris)拖带,进攻西岸土塘;轻型舰队由摩底士底号(Modeste,炮16门)、哥伦拜恩号(Columbine,炮16门)、克里欧号(Clio,炮16门)编成,由轮船复仇神号(Nemesis)、弗莱吉森号(Phlegethon)、伯鲁多号(Pluto)拖带(各轮船设炮4至6门),进攻蕴藻浜口的新月堰炮台和江面清军船只。此外,军舰阿尔及林号(Algerine,炮10门)以自己的风帆动力前进,参加西岸作战,轮船麦都萨号(Medusa)为预备船。6时半,主力舰队到达其攻击点(约在宝山与吴淞间,西炮台北约1里),轻型舰队继续内犯。此时,清军西岸土塘的各火炮开始开炮。第一轮火炮射击较准,但因射速慢,布郎底号和皋华丽号在轮船的帮助下,很快调整船向,进入有利射击位置,向西岸土塘炮击。英舰北极星号(North Star,炮26门)恰从舟山赶到,进入吴淞口,轮船谭那萨林号赶去拖带该舰,参加主力舰队,进攻西岸土塘。

在此可将双方火力作一比较,英主力舰队军舰3艘共载炮140门,吴淞西岸土塘及炮台共安炮134位。但在英舰的攻击地点,清军能够参与作战的火炮至多三四十位,而英舰能够用于作战的一侧舷炮达六七十

---

[1] 关于清军没有开炮的原因,说法不一。有称陈化成认为英军诱阵者(见《同治上海县志》,《丛刊·鸦片战争》,第4册,第452页);有称英军试炮台炮力远近者(见《壬寅闻见纪略》,同上书,第3册,第95页);牛鉴奏称,英船见土塘上兵多而折回(见《筹办夷务始末》[道光朝],第4册,第1912页)。可见清方皆不明英军之意图。

门。加上射速、火药、炮弹的差别，英军火力远远地超过了清军。尽管清军竭尽全力，击中布郎底号 14 次，击中皋华丽号多次，其中击中其后樯 3 次，但没有给英舰以致命的损伤；而英舰的炮火完全毁坏了西岸土塘工事，陈化成英勇战死。8 点多钟，清军的炮火开始平息，受到攻击的土塘被"夷为废墟"了。

当主力舰队与西岸土塘进行激烈炮战时，轻型舰队摩底士底号、哥伦拜恩号、克里欧号先后到达蕴藻浜口，向新月堰炮台进攻。尽管双方火力相差悬殊，但新月堰炮台安设的是 10 门新铸的铜炮，火炮质量稍优；炮台本身是石砌的，坚固程度稍强，因而给予率先到达的英舰以很大的打击。在舰炮的支援下，摩底士底号等 3 舰的水兵和海员在蕴藻浜口强行登陆，企图占领吴淞镇，由南向北绕击西岸土塘清军的侧背。但驻扎吴淞镇后路的清军，用抬炮和鸟枪进行反击，予敌以杀伤，迫使其后撤。此时进攻西岸土塘正面的布郎底号、皋华丽号等舰的水兵和海员，也从正面登陆。由于该处土塘土牛已被击毁，登陆行动未受到很大的阻挠。蕴藻浜一路登陆英军见势乘机再次发动进攻。清军与之短兵相接，直至肉搏，后被迫撤退。英舰阿尔及林号的水兵，也在其正面登陆，受到清军轻微的反击。在蕴藻浜的西岸土塘正面两支登岸英军会合后，摆开阵势，将西岸土塘上的清军全部驱逐。

在西岸土塘进行激战的同时，另有两处战事。一、轮船西索斯梯斯号完成拖带旗舰皋华丽号到达攻击位置后，转向进攻东岸土塘和东炮台。尽管清军火炮数量要比该船多 3 倍，但在炮战中却处下风。轮船西索斯梯斯号被命中 11 次，但因清军炮弹威力弱小，没有大的损伤。在清军炮火被压制后，西索斯梯斯号和完成拖带北极星号任务转攻东炮台的谭那萨林号上的一些武装人员，登岸占领了东炮台。二、轮船复仇神号完成拖带摩底士底号的任务后，继续内犯，进攻黄浦江上的清军师船和水轮船，弗莱吉森号轮船后也参加了这次战斗。清军除两艘师船逃脱，其余被击毁或俘获。

中午 12 点过后，英国陆军部队在吴淞登陆，兵分两路：第 26 团奉命从左翼抄袭宝山县城的后方，切断清军的后路；第18团及海军登岸部队沿江堤土塘进攻宝山东门。由于宝山清军已经撤退（下节叙论），英军第26团不费一弹占领宝山。

此战，英军被击毙2人，受伤25人；清军阵亡陈化成以下共88人。[1]就作战经过来看，吴淞第一线清军的抵抗，与当时清军多次临战哄散比较，还算是英勇的。

牛鉴、王志元对战败的责任

上节作战经过的描述，笔者有意回避了牛鉴、王志元在战斗中的所作所为，以作本节专门分析评价。

以往的研究之所以将吴淞战败的责任归罪于牛鉴、王志元，主要受了后来影响极大的《道光洋艘征抚记》、《中西纪事》、《夷氛闻记》等书的影响。《道光洋艘征抚记》卷下称：

> 初八日（16日）黎明开炮，提督陈化成炮沉其二艘，又击折其二艘之桅，洋兵溺死二百余。遂以小舟绕攻小沙背，总兵王志元率徐州兵，果望风西走，提督陈化成亦中炮死，贼遂由小沙背登岸，仅八九人，而塘上数千兵，皆望风溃矣。牛鉴走嘉定，其东炮台之兵，皆同时溃，贼遂陷宝山……

《中西纪事》卷八称：

> 初八日，英舟排阵而入，军门（陈化成）麾令开炮，首击沉其火药巨舰一，又中其象鼻头桅之兵船三，共毙夷兵三百余人。英兵势却，绕出小沙背，适牛督统兵来校场，提营将士皆欢呼踊跃，战

---

[1] 此战经过综合牛鉴、程矞采奏折，见《筹办夷务始末》（道光朝），第4册，第1916—1917、1925—1926、1938页；宾汉《英军在华作战记》，汉译见《丛刊·鸦片战争》，第5册；伯纳德《"复仇神号"轮舰航行作战记》，利洛《英军在华作战末期纪事》，奥特隆尼《对华作战记》，穆瑞《在华战役记》，汉译见《鸦片战争末期英军在长江下游的侵略罪行》，第31—246页。其中宾汉书中将英舰抵达攻击位置的时间，误译为晚上6时，伯纳德书中将陆军登陆时间误译为晚上12时，笔者根据原文，在叙述中予以纠正。

益奋。须臾,英舟自樯头瞭见制府乘舆在校场后,乃以飞炮注攻,逐其左右队而击之。徐州兵先溃,河南参将陈平川遂以藤牌兵八百拥制府(牛鉴)回城。……英夷遂由东炮台登岸,绕而西。……军门见军无后援,抚膺顿足叹曰:"垂成之功,败于一旦,制使(牛鉴)杀我矣!"遂中铅子伤,喷血死。夷兵乘胜入宝山。

《夷氛闻记》卷四称:

> 初八日,提督陈化成……在南门外海塘(即土塘)与夷战。……我兵运巨炮轰沉其大船二,二桅船樯亦被击折,溺死夷兵二百余。……鉴(牛鉴)初闻捷,自出督战,与化成分守海口。夷再入,飞炮及山。鉴失色,知势不利,匆遽旋城,方移动,而所督诸军皆尾而溃走,夷乘势大进,更以小舟绕至小沙背,徐州兵望风先逃。化成亲军不及百,手燃巨炮击贼,临危犹破一舟,志远亦遁,化成中炮死。

其他与此类言论相同的私家记述,还有一些,不再罗列。以上的记载,皆称陈化成初战获胜,击沉敌舰,毙伤敌二三百人。从战斗经过来看,这种说法完全无据。《道光洋艘征抚记》、《夷氛闻记》称,英军在正面不能获胜,由小沙背绕击,也不符合事实。如前节所述,英军正面进攻西岸土塘,侧翼攻击蕴藻浜,未有攻击小沙背的行动。《中西纪事》称,英军由东炮台登岸,向西进攻,则是混淆了地理位置。东炮台在黄浦江东岸,与西岸的土塘和西炮台没有陆路连接。因此,上述记载将吴淞战败的责任完全归罪于牛鉴、王志元是不适当的。

但是,牛鉴和王志元在吴淞之战中并非无罪。

先看牛鉴。牛鉴驻守于宝山县城。战斗打响之后,据其自称:"即至南门城外亲往督战……乃甫至校场地面,炮弹在臣前后左右落者无数。遥见该船巍如山立,系将巨炮安于桅上,觑定臣所随之队重叠施放,随兵被击毙者十余人……而将士见势危急,扶臣折回……行五六里之遥,渐至城门。"[1]宝山守兵援救西岸土塘后路,是符合清军作战预案的构

---

[1]《筹办夷务始末》(道光朝),第4册,第1916—1917页。

想的。牛鉴进抵的位置是校场,从上述引文中可以看出校场似在西炮台之西侧,距陈化成的指挥位置已经很近了。从作战经过来分析,牛鉴率部进至此突然转身脱逃,虽不会改变土塘前线作战的局势(因为牛鉴部无法携带火炮参战,而塘上战局已如其奏中所言"土塘业已轰裂,所堆土牛多被打塌");却放弃了组织兵力对敌登岸部队实施反击的机会。因此,笔者认为,牛鉴逃跑确有其罪,但对战败责任有限。若牛鉴督部坚持战斗,战斗时间可能会延长,英军的伤亡会有增加,但战斗的结果似不会改变。这是因为,土塘之后方未设二线防御工事,守军无以依托;英军尚未使用陆军,若在陆上遇到有力抵抗,会投入陆军参战。

再看王志元。王志元驻守宝山县城西北的小沙背,由于英军未向该处发动进攻,王志元对该战的失败应无责任。江苏巡抚程矞采战后奉旨调查宝山等地清朝官员逃跑情况,时王志元已病故,江宁布政使黄恩彤就近传唤其部下诘问,"据称五月初八日,闻吴淞炮声不绝,该镇带领亲随兵三十名,前往应援,于午刻折回,向该弁兵等告称:西炮台业已失守,提督阵亡,宝山被陷,小沙背地僻兵单,守亦无益。即指挥众兵,分队而退"。[1] 王志元率兵30名前往救援,人数似为太少;其言论也有破绽,宝山县城失守约下午1时半,王于"午刻"即告"宝山被陷",他的说法显然是为其逃跑寻找理由。

牛鉴、王志元在此战中的最大之罪,不是救援不力,而是放弃他们据守的阵地。宝山县城有完整的城郭,城上又安设火炮。牛鉴、王志元若合兵宝山,共同拒敌,虽不太可能挫败英军之攻势,但一定能予之相当的打击。若他们觉得宝山地处死角而不能久守,亦可乘英军刚占吴淞,立足未稳之时,绕向南撤,退守上海。他们在前所未见的"船坚炮利"面前,由战前的极度自信转为极度恐惧,一不守宝山,二不保上海,向西退却,避开长江和黄浦江,逃到英军不太可能深入的嘉定。英军由此得以兵不血刃地占领宝山和上海。

鸦片战争之后的著作家们,之所以把吴淞战败的责任归诸于牛鉴、

---

[1]《筹办夷务始末》(道光朝),第5册,第2367页。

王志元，是因为不了解吴淞的地理形势与清军的布防，不了解英军的进攻方向和兵器性能；更重要的，是因为他们对陈化成英勇抗敌的推崇和对牛鉴、王志元临阵脱逃的鄙视。这种爱忠憎奸截然分明的价值观念，使他们在未能弄清全部事实前（在当时的条件下做到弄清全部事实是难以办到的），就不正确地夸张了某些具有一定真实成分的传说。他们的这种爱憎强烈的忠奸矛盾的叙说，更符合当时人们的心理状态和思维，更富有戏剧性，因而得到了广泛的传播和普遍的接受。

结　论

综上所述，笔者对吴淞之战得出下列结论：

一、吴淞之战失败的主要原因是清军最后的火炮、弹药和要塞筑城技术不能抵御英军的攻势。陈化成等人的英勇抗战不能收到相应的效果。由于火炮与要塞技术的落后，清军不可能依托沿海要塞取得胜利。而这一战法又是鸦片战争中清军普遍采用的战法，因而一败再败。

二、牛鉴、王志元临阵脱逃对战斗有一定的影响，但作用极其有限。他们不可能改变战斗的结果。

三、对英勇抗敌将士的褒扬和对临阵脱逃懦夫的贬斥是必要的，但以这种道德评判取代军事学术的分析，则是不利的。它会妨碍军事技术和军事学术的进步。

大沽口之战考实

由于当时奇特的政治原因，第二次鸦片战争并没有在全国范围内展开，其主战场仅为广州地区和京津大沽地区。而广州地区的战事，又是在清廷中枢不知真情的状态下进行的，在当时一些清朝人士的眼中，似乎可以看作是广东方面与英、法之间的战争。就实际情况而言，广东方面也确无他省和中央的军力及财力支援。真正反映战争水平的战事仅在京津大沽地区，而最具重要意义的作战区域又是大沽。1858年、1859年、1860年清军在大沽与英、法军进行了具有战略决定性的三次大战，规定了第二次鸦片战争的进程。本文拟从军事学术的角度来探讨那三次作战，并对其中的史实考订厘清。

大沽口的地理形势与战前设防状况

大沽位于海河的出海口，河道宽约500米，水深约5米。溯河上驶约60公里，是当时的华北重镇天津。吃水约3.6米的船只，乘潮可由海口直驶天津府城。吃水2.6米的船只，落潮时除两处通过稍有麻烦外，亦可抵达天津。[1]由此可见，大沽是天津门户，而天津又是北京的门户。从军事意义上看，大沽的战略地位是无须多言即可判明的。

清朝北方缺粮，每年约三四百万石漕粮经大运河至天津再至北京。由于1852年黄河在丰县决堤及1853年太平军占领南京、镇江等因，运河漕运被截断。清朝除在部分地区将漕粮改折外，令江浙两省将江南数府的漕粮海运。每年初夏，南方的漕粮从上海出口，经大沽再入天津。

---

[1] 当时的海河尚未疏浚，天津新港尚未建设，河道情况与今不同。此处河道资料据沈家本等修：《天津府志》，光绪二十五年，卷二十。

据《天津府志》卷三十，1852年之后，漕粮海运数额见表一：

表一 咸丰年间漕粮海运表

年份	江苏漕白米（石）	浙江漕白米（石）
1852	1 062 160	
1853	818 270	586 050
1854	54 920	687 760
1855	588 100	674 340
1856	776 000	694 700
1857	117 950	224 730
1858	886 260	465 710
1859	892 160	620 600
1860	892 160	364 590
1861	33 390	

此外，大沽一带是中国北方最重要的产盐区，天津恰是北方最重要的海盐行销中心。盐税属清朝大宗收入。从经济意义上看，大沽的战略地位也是无须多言即可判明的。

然在长久的历史中，中国一直未受到来自海上的强大军事威胁，大沽地区虽自明代起便有设防，但一直不是海防重地。至1840年鸦片战争，英军的舰队开抵大沽口外，这一地区的战略地位突然彰显。也就从这时开始，大沽进行了大规模的海防建设。

其一是炮台建设。大沽南北两岸原设砖砌炮台两座，年久失修，且河床淤宽，炮台距河面约有1里余，火炮难以发挥威力。1840年10月，直隶总督讷尔经额奏准重建大沽炮台，其中建于南岸两座，建于北岸一座，皆是下用条石，上用砖砌，高5.3米，宽40米，进深26米，呈长方形，台前加筑土坝，以御风潮冲击。[1]此项工程于1841年7月完

---

[1] 讷尔经额奏，道光二十年十月初七日奉朱批；讷尔经额奏，道光二十年十二月初十日，见《鸦片战争档案史料》，第2册，第511—514、675—678页。其中讷氏十二月初十日奏折附有绘图，南北新设炮台均在旧炮台以东，三座新建炮台在图中注明"距河半里余"，拟建兵房均在炮台以北（该图藏于中国第一历史档案馆，见《大沽炮台图说》，《军机处录副·帝国主义侵略类·第一次鸦片战争项》，3/167/9217/5）；另该折又附有一清单，称大沽新建炮台三座"共约估工料银十一万三千三百零一两九钱"，炮台前土坝三道"约估工料银九千一百八十两"，兵房一百四十间"约估工料银一万六千八百两"（清单见《军机处录副·军务类·军需项》，3/53/3025/37）。

工。[1]在新建炮台的同时,又将南岸旧炮台修复加固。

其二是新铸和调拨火炮。在新炮台动工的同时,直隶总督讷尔经额奏准铸造5 000 斤、7 000 斤铜炮各10 门;次年中又铸10 000 斤、8 000 斤铜炮共8 门。[2]除新铸外还从直隶、京师各处调大小铜铁炮,安放于炮台、土坝等处。至1841 年底,据前来视察的御前大臣僧格林沁称:大沽南北各炮台设炮"六门至九门、十余门、二十门不等","其炮位一千斤至万斤者";台前土坝上又设炮"三百斤至八百斤者","共计炮一百四十四门";此外还有准备近战的小铁炮200 门。[3]

其三是调兵派将。天津曾于1726 年(雍正四年)设有水师营,兵数2 000 人,后于1767 年(乾隆三十二年)全行裁撤。[4]其陆路在顺治年间即设置大沽营,军官5 名,士兵432 名,防守区域从海口至双港(位于大沽与天津之中),共分4 汛,即葛沽汛、双港汛、海口汛、祁口汛,其中海口汛额兵37 名。[5]后略有裁撤。至鸦片战争时,大沽营的兵力仅200 余人。[6]鸦片战争期间,天津、大沽、北塘(位于大沽以北约30 里,是另一海防重地,后将介绍)一带的防守兵力达到2 万人,除直隶本省的援军外,另有察哈尔、黑龙江、吉林、山西、陕西援军近万人,其中驻守大沽为3 200 余名,另有数千名驻于大沽后路各村庄,准备随时应援。[7]此时兵力虽多,但只是战时的临时性增援。为能长久地解决大沽常驻兵力不足的问题,直隶总督讷尔经额在大沽炮台即将完工时,

---

[1] 道光二十一年六月十五日上谕:"天津大沽等海口添筑炮台、土坝等工,已如式修竣。"(见《剿捕档》)
[2] 《鸦片战争档案史料》,第2 册,第676、704 页;第3 册,第591—592、601 页。又据讷氏称,铸造5 000 斤、7 000 斤铜炮20 尊,需银8 万两;而8 000 斤、10 000 斤铜炮,原拟各铸4 尊,后道光帝指示,已铸成者外,其余皆改铸8 000 斤。
[3] 《鸦片战争档案史料》,第4 册,第384 页。又,小铁炮指300 斤以下至百余斤的行军作战的小炮,其具体情况,可见同上书第351 页。
[4] 《天津府志》,卷三六。
[5] 朱奎扬等修:《天津县志》,乾隆四年,卷十。
[6] 《鸦片战争档案史料》,第2 册,第237、512 页。
[7] 《鸦片战争档案史料》,第5 册,第821—823 页。

上奏改变大沽军制,得到批准。[1]战后大沽营升为大沽协,分左、右两营,兵力为1 600人。

由上可见,鸦片战争中大沽地区虽未发生战事,但防御工事和兵力都得到空前的加强,成为清朝在北方最强大的海防要地。

1850年,英国公使文翰(S. G. Bonham)因广州入城事件派员北上天津投递文书。事后咸丰帝命加强大沽海防,直隶总督讷尔经额称,大沽南北炮台4座"俱甚坚固",台前拦潮坝、护台土垒、濠沟等"俱逐一修整",2 000斤至万斤铜铁火炮51门、400斤至1 600斤火炮91门均"致远有准",现有防兵1 600名,"轮班驻守巡防,足资抵御"。他的结论是,"即使该夷北驶,可期有备无患"。[2]1854年,英、美、法三国代表北上天津,要求"修约"。咸丰帝命长芦盐政文谦、天津镇总兵双锐"严密防备"。[3]可此时北方清军主力正在山东东光、高唐与太平天国北伐军交战,文谦等除派本处兵勇"严密防范"外,另将情况通报正在山东领兵作战的参赞大臣僧格林沁,僧格林沁闻讯派兵3 000余人赴天津"协同防守"。[4]1857年,俄国派出普提雅廷(E. V. Poutiatine)为

----

[1]《鸦片战争档案史料》,第4册,第195—196、285—287页。讷尔经额要求在大沽添兵2 000人,在北塘添兵1 000人,在天津添兵1 000人,直隶其余海口添兵2 000人。由于当时清朝的兵额是固定的,一处增兵,必裁他处兵额以补之。讷尔经额从直隶各处裁减兵额3 200人,其余2 800名,请求从全国裁额移往。后清廷决定从山西、河南、广东、广西、江西、湖南、湖北、陕西、甘肃、云南、贵州、四川裁额补足。
[2]《筹办夷务始末》(咸丰朝),第1册,第32—35页,并可参见该书第67—72页。
[3]同上书,第308—309页。
[4]《丛刊·第二次鸦片战争》,第3册,第36页。此次援军原为天津驻军,僧格林沁于咸丰四年八月二十九日奏称:"现在连镇官兵已经合围,其吴桥宁、津两处防兵三千余名,可以抽撤。奴才业已札令提督张殿元统带前赴天津协防。"(《宫中档·帝国主义侵略类·第二次鸦片战争项》,4/167/7)长芦盐政文谦对此奏称:"再,提督张殿元于初八日驰抵大沽海口⋯⋯所带之兵三千余名于郡城附近并葛沽两处分驻,设有缓急,不难立时策应。"(《宫中档·帝国主义侵略类·第二次鸦片战争项》,4/168/4,原件无日期,当属咸丰四年九月初九日奏折之附片)又,咸丰帝此时已看出英、美、法的目的"不过欲变通条约,并非用武之事",让僧格林沁"持以镇定,不可张皇"(《筹办夷务始末》[咸丰朝],第1册,第324页)。

全权代表前往北京。他在恰克图、黑龙江等处入境被阻后,由海路试图从大沽、天津一线进京。咸丰帝下令阻止。长芦盐政乌勒洪额赴大沽办理此事。他向咸丰帝报告称:"海口设有炮台四座,两岸大小炮位一百四十二尊,试放坚利。两营兵丁一千四百余名,分派炮位及扼要处所,以防夷船驶入,布置均已周密。"[1] 直隶总督谭廷襄亦从防捻前线景州调黑龙江马队500人往天津,作为后援。[2] 可以说,直到此时,大沽防御体系仍是鸦片战争时建立起来的,没有变化。而这样的防御体系应付北上南下的各国使节自然有余,但根本无法承受一场大规模的战争。

1858年大沽口之战

由于两广总督叶名琛谎报军情,迟至1858年1月27日,咸丰帝才得知战争已经开始,广州已经失陷。是年3月21日,咸丰帝根据上海的报告,得知英、法、美三国使节将率舰队前往天津,下令大沽一带"不动声色,严密防范"。[3] 4月8日,咸丰帝得知英国等国兵船"四五十号、夷兵四五千人"将北上天津,再次下令"不动声色,严密防范"。[4] 4月13日至20日,英、法、美、俄四国使节先后到达大沽口外。

直隶总督谭廷襄此时加紧调兵遣将:大沽口地区的清军兵勇达八九千人,除了天津镇原驻防兵外,另调河间兵、提标兵、督标兵各500

---

[1]《清代中俄关系档案史料选编》,第3编,上册,第325页。
[2] 同上书,第355—356页。
[3]《丛刊·第二次鸦片战争》,第3册,第187页。不过此时咸丰帝还不太相信此事,谕旨中仍称"该夷照会所称欲赴天津,自系虚声恫吓",其加强防务的谕旨也只让直隶总督谭廷襄传谕长芦盐政、天津道、镇官员,而不像以往命总督亲办。
[4] 同上书,第221页。咸丰帝此时不愿开战,谕旨中亦称:"惟现在中原不靖(指太平天国等遍布全国的造反),又行海运(此时正是江浙漕粮出海北运之际,至1859年大沽开战时漕粮仅由大沽入口60余万石,只是当年北运漕粮的一半),一经骚动,诸多掣肘,不得不思柔远之方,为羁縻之计。"

名,雇勇1 000名;咸丰帝另派京营援军2 000名。[1]其中驻守大沽南岸三炮台的清军约1 000余名,另有清军1 500人在其后路,由天津镇总兵达年、大沽协副将德魁负责指挥;驻守大沽北炮台及后路的清军约1 000名,由直隶提督张殿元负责指挥;驻守北塘的清军约1 000名;副都统富勒敦泰率京营火器营驻守距北岸炮台6里的于家堡;护军统领珠勒亨率京营马队驻守距北岸炮台约20里的新河;侍郎国瑞率京营马队驻距南岸炮台约20里的新城以南;本地乡绅带勇1 000名驻守南岸西草头沽。[2]兵勇数量虽大大增加,但防御体系未变,仍以17年前鸦片战争开始时建成的4座炮台为其防御核心。[3]

凭借这些武力,谭廷襄对作战充满信心,开战前称:"现在海口两岸枪炮罗列,兵勇八九千人,分别布置,声威较壮。"[4]然此时咸丰帝决计"羁縻",无意开战。谭氏在俄国公使抵达后于4月20日上奏请示:俄方"倘不允从,或竟恃强抢入内河,可否即行开炮攻击"?咸丰帝对"抢入内河"并未正面回答,而是指示"彼若遽开枪炮,彼先无礼,然后可以回击,不可先行用武,使有所借口也"。[5]5月6日,谭氏换了一种方式请示:英国等国"火轮船八只、艇船三只,在炮台对面五六里内寄泊,日夜窥伺,倏忽即可闯入,无可阻挡,防范不易"。咸丰帝对此仍不松口,"至谭廷襄等虑其乘潮闯入内河,如仍止游驶,于我无伤,设或先开枪炮,则我之回击为有词,务使衅端勿自我开"。[6]对于此时谭

---

[1]《丛刊·第二次鸦片战争》,第3册,第188—189、223—224、275—276页。又,此时正在天津验收漕米的工部尚书文彩据天津道英毓禀,上奏称:"海口兵勇共有六七千名。"(《筹办夷务始末》[咸丰朝],第3册,第742页)此数可能未将京营援军计算入内。

[2]《筹办夷务始末》(咸丰朝),第2册,第688—689、711页;第3册,第1101—1103页。《丛刊·第二次鸦片战争》,第3册,第470—471页。

[3] 工部尚书文彩奉旨派员前往大沽察看,奏称:"海口内有炮台四座,上安铜铁大炮,或八九尊,或五六尊,炮台下土墙内安设大小炮位,多寡不等,沿河要隘处所,均有营盘驻扎。"(《筹办夷务始末》[咸丰朝],第3册,第742页)

[4]《丛刊·第二次鸦片战争》,第3册,第276页。

[5] 同上书,第236—237页。

[6] 同上书,第276、295页。

氏流露出来的不惜一战的倾向,咸丰帝于 5 月 7 日提出了警告:"该督(指谭氏)等切不可因兵勇足恃,先启兵端,天津固不难制胜,设其窜扰他处,恐非天津可比。"[1]5 月 17 日,咸丰帝见谭氏奏折中有"以兵力拒之"一语,再次警告他:"该督等慎勿轻听带兵将士之言,意在邀功,而不思后患也。"[2]咸丰帝这种既不允英、法等国提出的条件也不准开战的旨意,确使谭廷襄左右为难。5 月 17 日,谭氏据"示以兵威"之旨,"传令南北两岸各营兵勇,普律出队,并饬后路健锐、火器等营,一并出队,直至炮台,旗帜器械,鲜明整肃",谭氏"至炮台亲自指挥,海岸十里左右,星罗棋布,军容甚盛"。[3]他们企图以此军容兵威,将英法联军吓回去。

无论是谭廷襄,还是咸丰帝,此时都过高地估计了清方的实力,犯了轻敌的错误。而细细地追寻其中的思想脉络,很大程度上也与大沽口的地理形势有关。大沽口外有一道拦江沙,"平水不过二尺,潮来水深丈余,涨不过时即落",西方列强的大型舰船根本无法通过。[4]而能够进入大沽口的西方列强小型舰船,又何以能敌经过多年建设的以 4 炮台为核心的大沽防御体系?在当时清朝官员的心目中,这一防御体系已经是尽善尽美无可挑剔的。谭廷襄和咸丰帝没有想到的是,大沽口外英法联军共有各类舰船 26 艘,其中绝大部分都是适合在大沽口内作战的蒸汽炮舰和蒸汽炮艇,[5]军事技术的进步使英、法海军的装备与 15 年前讷尔经额设计大沽防御体系时有了很大的变化。[6]

---

[1] 《丛刊·第二次鸦片战争》,第 3 册,第 283 页。
[2] 同上书,第 314—315 页。谭氏奉此严旨后立即表示:"钦遵叠奉谕旨,悉心体会,镇定办理,断不肯先行用武。"(《筹办夷务始末》[咸丰朝],第 2 册,第 788—789 页)
[3] 《丛刊·第二次鸦片战争》,第 3 册,第 316—317 页。
[4] 《筹办夷务始末》(咸丰朝),第 1 册,第 44 页。又,修建天津新港时此道拦江沙已被疏浚。
[5] Laurence Oliphant, *Narrative of the Earl of Elgin's Mission to China and Japan in the Years 1857, 1858, 1859*, Vol. 1, Edinburgh and London: W. Blackwood, 1860, pp. 287 - 288. 也可参见 *North China Herald*, May 1858。
[6] 此时英、法海军正处于从风帆动力向蒸汽动力过渡阶段,大型舰船仍是风帆动力,小型舰船已大多为蒸汽动力。

表二 1858年大沽口之战前英法联军舰船表

国别	舰　　名	等　级	动力(匹)	火炮(门)	舰员(人)
英	加尔各答号（Calcutta）	旗舰 二等战舰	风帆动力	84	720
英	煽动号（Pique）	快速帆舰	风帆动力	40	270
英	愤怒号（Furious）	明轮蒸汽护卫舰	400	6	220
英	纳姆罗号（Nimrod）	蒸汽炮舰	180	6	120
英	鸬鹚号（Cormorant）	蒸汽炮舰	200	8	98
英	瑟普莱斯号（Surprise）	蒸汽炮舰	200	8	98
英	富利号（Fury）	蒸汽炮舰	515	8	160
英	斯莱尼号（Slaney）	蒸汽浅水炮艇	80	5	48
英	莱文号（Leven）	蒸汽浅水炮艇	80	5	48
英	鸨号（Bustard）	蒸汽浅水炮艇	60	3	48
英	负鼠号（Opossum）	蒸汽浅水炮艇	60	3	48
英	坚固号（Staunch）	蒸汽浅水炮艇	60	3	48
英	弗姆号（Firm）	蒸汽浅水炮艇	60	3	48
英	克罗曼德尔号（Coromandel）	蒸汽炮舰	150	5	60
英	海斯坡号（Hesper）	蒸汽供应舰	120	5	54
法	复仇者号（Nemesis）	快速帆舰		50	
法	果敢号（Audàcieuse）	快速帆舰		50	
法	普利姆盖号（Primoguet）	蒸汽炮舰		8	
法	弗勒格顿号（Phlegethon）	蒸汽炮舰		8	
法	监禁号（Durance）	蒸汽炮舰		12	
法	梅耳瑟号（Meuvthe）	蒸汽炮舰		12	
法	雪崩号（Avalanche）	蒸汽浅水炮艇		6	
法	霰弹号（Mitraille）	蒸汽浅水炮艇		6	
法	火箭号（Fusée）	蒸汽浅水炮艇		6	
法	龙骑兵号（Dragonne）	蒸汽浅水炮艇		6	
法	雷尼号（Renny）	租用的轮船			

英法联军的大型舰只虽无法通过拦江沙而直接参加作战,但其舰员可由小型蒸汽舰艇运送参加登陆行动,而数量近 20 艘小型蒸汽舰艇,完全是英、法为实施包括大沽在内的内河作战专门准备的。

1858 年 5 月 20 日上午 8 时前,英法联军派出两名军官前往大沽炮台,递交给谭廷襄的最后通牒,要求清军在两小时内即上午 10 时前交出大沽炮台。谭廷襄对此不予理睬,"会督提镇抵御",并称"兵勇之气甚壮,内河火攻等具,亦已筹备",决心与英法进行决战。[1]10 时刚过,英法联军立即发动进攻。英蒸汽炮艇纳姆罗号和法蒸汽炮艇雪崩号、龙骑兵号驶往南岸,发炮轰击南岸两炮台;英蒸汽炮艇鸬鹚号和法蒸汽炮艇霰弹号、火箭号驶往北岸,发炮轰击北岸炮台。清军南北炮台也发炮予以回击。可以说,清军在作战之初表现得十分勇敢,炮台上的炮手被击中后,立即有新的炮手接替,其中 1 门火炮先后有 29 名炮手死在阵地上。但双方的火炮技术差距在实战中高下立显。战后谭廷襄对此极有体会,奏折中称:"万斤及数千斤之炮,轰及其船板,仅止一二孔,尚未沉溺,而北炮台三合土顶被轰揭去,南炮台大石镶砌塌卸小半,炮墙无不碎裂,我之大炮不及其劲捷,船炮两面齐放,不能躲避。"[2]在双方炮战的同时,英蒸汽炮艇弗姆号、坚固号、鸨号、负鼠号、斯莱尼号载运登陆部队,驶入大沽口内,并以其炮火支援作战。攻击南岸的英法联军登陆部队为 721 人,其中英军 371 人,法军 350 人;攻击北岸的登陆部队为 457 人,其中英军 289 人,法军 168 人。到了中午 11 时 15 分,北炮台已被英法联军的炮火所摧毁,驻守该炮台的指挥官游击沙春元阵亡,清军停止了炮击,开始放弃阵地,登陆英法联军随即占领该炮台。南岸两炮台坚持的时间要长一些,但到了中午 12 时,南岸两炮台也失守了。谭廷襄率高级官员逃往天津。此战,英军的伤亡为战死 5 人,受伤 17 人;法军的伤亡为 4 名军官和数名水手被击毙,8 至 10 人

---

[1]《丛刊·第二次鸦片战争》,第 3 册,第 323 页。该通牒中文本见同上书第 329 页。
[2] 同上书,第 337 页。僧格林沁后也奏称:"臣抵大沽海口先行查看炮台等处情形……两岸炮台尚属得地,惟砖石已被轰塌。"(原件无日期,《宫中档·帝国主义侵略类·第二次鸦片战争项》,4/183/4)

失踪,40 人受伤。[1]而清军阵亡 291 名,受伤 170 名,其中伤重不治后身亡 13 名。[2]

此战英法联军主要依靠军事技术的优势,充分准备,直接强攻。而大沽清军从未经历如此迅猛的炮火,大量伤亡后不得不败退。亲历此战的谭廷襄,战后心有余悸地奏称:"伏念兵勇溃散,实因夷炮迅捷,受伤太多,不能立足所致";"兵既不能立足,勇即相率退散,臣等在后督战,立斩二人,仍不能遏。"[3]

---

[1] 此次作战的经过参考以下资料:一、谭廷襄奏、僧格林沁奏、文彩奏、绵愉奏、杜乔奏、刑部奏、瑞麟奏,见《丛刊·第二次鸦片战争》,第 3 册,第 323—324、329—332、337、470—471、484—485 页;《筹办夷务始末》(咸丰朝),第 3 册,第 806、836—837、890、901—902、1078、1098—1099、1101—1104 页。二、"Rear-Admiral Sir M. Seymour to Secretary of the Admiralty May 21, 1858", Bonner-Smith and Lumby eds., *The Second China War 1856—1860*, pp. 336—340; Oliphant, *Narrative of the Earl of Elgin's Mission to China and Japan in the Years 1857, 1858, 1859*, Vol. 1, pp. 294—305。三、有关此战的其他西文资料选译,见《丛刊·第二次鸦片战争》,第 6 册,第 140—155 页。法军伤亡人数较大的主要原因是,法军占领北岸炮台后该炮台火药库爆炸引起的伤亡。还须注意的是,尽管战后的调查承认驻守于家堡的京营火器营官兵在富勒敦泰率领下,增援大沽北炮台,但从当时的中西战报看来,该部在战斗中未起任何作用;尽管战后的调查也承认驻守新城的京营马队在国端督率下,也曾增援过南岸炮台,但称该部抵达时,炮台已经失守,随即退回,实际也未发生作用。谭廷襄事后奏称,"惟四炮台驻兵将及三千",由此可以大体判定,清军此次参战者主要是驻守炮台的清军和部分练勇(清军在此战中的伤亡人数也支持这一点,见下注),此数与英法联军用于进攻的兵力约 2 000 人相差不是太大。

[2] 谭廷襄奏,咸丰八年六月十四日,《宫中档·帝国主义侵略类·第二次鸦片战争项》,4/183/3。该折称:"确切查明,此次接仗,除满汉各营受伤官八员,受伤兵勇二百六十二名,应照例分别等汇册咨部;其阵亡、伤亡兵勇内,健锐、火器等营阵亡兵十名,督标、提标、天津镇标阵亡兵二百二十三名,天津练勇阵亡四十九名;又,内火器营阵亡兵四名,提标等营伤亡兵九名。"此数尚不包括阵亡之军官。而谭氏在此之前奏称:"阵亡之天津右营游击沙春元、署郑家口营游击都司陈毅、候补千总常荣魁、经制外委赵国璧、外委石振冈";"又续经查出打仗阵亡之正黄旗满洲护军校班金布、正蓝旗护军校增锦、正白旗汉军骁骑校蔡昌年、署砖河营千总恩荣,均系阵前捐躯"(见《筹办夷务始末》[咸丰朝],第 3 册,第 806、888 页)。

[3]《丛刊·第二次鸦片战争》,第 3 册,第 332—333 页。

1859 年大沽口之战

1858年5月21日,咸丰帝得知大沽战败,立即派其最为信任的科尔沁亲王僧格林沁率京兵出往通州,以防英法联军北犯。6月2日,授僧格林沁为钦差大臣,"督办军务",负责京津一带的防御。僧格林沁是清朝的名将,以扑灭太平天国北伐军而名噪一时,以其挂帅出征,正是咸丰帝以朝廷危亡相托。

一、大沽防御体系的重建

随着《天津条约》的签订和英法联军的南撤,咸丰帝的态度也发生了变化,有迹象表明,他对《天津条约》中有关"公使驻京"等规定极为不满,有废约再战之心。[1]在此情况下,大沽口重新设防显得至关重要。1858年7月10日,咸丰帝谕令僧格林沁:"其由天津至海口一带,即应豫为防范,严密布置";并让他"即行来京,面授机宜"。[2]是年8月,僧格林沁请训后抵达大沽。在他的指挥下,大沽海防建设再度进入高潮。

一、重建海口炮台。第一次大沽之战后,大沽各炮台全被英法联军拆毁。僧格林沁在各炮台原址重建炮台5座,[3]又在北岸炮台以北约1里许的地方,兴建石缝炮台1座。新建的炮台均比原炮台更为高大:大沽南岸前炮台高达15米,中炮台高12米,后炮台高9米;大沽北岸前炮台高达15米,中炮台高9米,石缝炮台亦高9米。并在炮台的前后,兴建连线式营墙和兵营,开挖濠沟,以防敌登陆包抄。[4]为了

---

[1] 详见本书《公使驻京本末》第3节。
[2] 《丛刊·第二次鸦片战争》,第3册,第467页。
[3] 其中大沽南岸3座,以战前旧址重建,北岸1座以战前旧址重建,另1座是按1840年即被讷尔经额废弃的原北炮台旧址兴建。
[4] 僧格林沁奏,《筹办夷务始末》(咸丰朝),第3册,第1109—1110、1122页;第4册,第1177—1178、1199—1200页。《郭嵩焘日记》,第1卷,第217—218页。又,大沽六炮台工程共用银89 084余两。

防备英、法等国从大沽以北 30 里的海口北塘驾船闯入,北塘炮台也进行了重建。[1]

二、铸造、调拨火炮。由于大沽等处火炮尽失,僧格林沁在通州等处铸造 1.2 万斤、1 万斤、8 000 斤等大、中型铜铁炮,从京师等处调集大小铜铁炮,加上商人捐输和购买的西洋铁炮,大沽炮台的火力已大强于战前。[2]其中南岸前炮台和中炮台各安设铜炮 3 门(1.2 万斤、1 万斤、5 000 斤各 1 门),后炮台安设 5 000 斤铜炮 1 门,北岸前炮台和中炮台各安重炮 3 门,石缝炮台亦安重炮 3 门。炮台侧旁的营墙等处,安设小炮。[3]

三、改革大沽军制,调集京师、蒙古等处援军。大沽协原设两营,额兵 1 600 名,此改为六营,额兵 3 000 名,以 1 营专守 1 炮台。[4] 1858 年底因英国等国将于次年北上进京换约,僧格林沁奏请哲里木盟、昭乌达盟官兵各 1 000 名、察哈尔官兵 1 000 名、京旗官兵 2 000 名先行

---

[1]《郭嵩焘日记》,第 1 卷,第 220—221、227—228 页。

[2]《筹办夷务始末》(咸丰朝),第 3 册,第 1087、1096、1107 页;第 4 册,第 1178、1200、1167 页。限于资料不全,大沽炮台究竟安炮多少门,难以考证。僧格林沁于 1858 年 11 月 20 日奏称:"现在京、通两局铜炮计十六位。双港营盘安设一万二千斤重炮二位,一万斤重炮四位,分运海口一万二千斤重炮二位,一万斤重炮六位,五千斤重炮二位,收到捐输洋铁炮二十五位,安设双港六位,运至海口十九位。……在海口购买洋铁炮四位。"僧于 1859 年 2 月 6 日奏称:八旗汉军"每旗运解六百斤铜炮一位,由京局拨运小铜炮十六位"。(出处见上)此中只谈了当时视为利器的铜炮和洋铁炮,而在此之前之后调运铜炮和洋铁炮的数量,特别是大沽炮台土制铁炮的数量根本没有涉及。又,闽商黄得禄捐输洋炮最为出力,其洋炮是福建等处海船在外洋购买"护船"的(见僧格林沁片,原件无日期,咸丰九年九月十八日奉朱批,《军机处录副·帝国主义侵略类·第二次鸦片战争项》,3/167/9235/41)。

[3]《郭嵩焘日记》,第 1 卷,第 217、230—231 页。按照僧格林沁的作战预案,炮台上的重型火炮是用于攻击入侵的英国等国舰船的,安设营墙等处的小型火炮是用于攻击登陆部队的。

[4]《筹办夷务始末》(咸丰朝),第 3 册,第 1112—1113 页;第 4 册,第 1207—1208、1214—1215 页。礼部尚书瑞麟原奏请在天津恢复水师营,并请福建、广东两省各调大号战船两艘来大沽。由于广州此时为英法联军所占,广东无法派船北上;福建此时战船完好状态极差,须修缮后待到 1859 年 5 月乘季风司令时北上,后因英、法军舰北上而福建战船未行;水师营的计划未成。大沽协六营的驻守地为前右营驻南岸前炮台、中右营驻南岸中炮台,后右营驻南岸后炮台,前左营驻北岸前炮台,中左营驻北岸中炮台,后左营驻北岸石缝炮台(见《天津府志》卷三六)。

集结,适时开拔,于1859年3月间进抵大沽。[1]由此至开战前,大沽防兵总数为7 000名,其中大沽协兵3 000名驻守南北六炮台,又以大沽协兵"操防难期得力",京营内、外火器营、健锐营各抽兵200名,分守南岸三炮台,巡捕营抽兵200名分守北岸炮台,其余京兵1 200名、蒙古兵2 000名驻守大沽南岸炮台以南约3里许的草头沽、大沽南岸炮台以西约20里的新城和大沽北岸炮台以西约20里的新河。北塘海口防兵总数为2 100名,其中北塘营兵300名,通永协兵300名,直隶提标兵500名,察哈尔兵1 000名,由察哈尔都统西凌阿负责指挥。[2]

四、设置拦河设施。由于英、法轮船受风潮影响较小,可快速通过大沽防御地区,使南北炮台难以发挥其全部威力,僧格林沁等在海河河道设置铁戗、铁链、木筏。铁戗"计正身长二丈五尺,入土三尺,上长二丈二尺,为鼎脚式,两旁铁柱二枝,长一丈六尺二寸","计重二千一

---

[1]《筹办夷务始末》(咸丰朝),第4册,第1216—1217页。僧格林沁另调黑龙江、吉林官兵各1 000名,驻守山海关一带。又,1858年11月17日,大沽六炮台建成,此时大沽一带水域也已封冻,英、法等国无法北上作战,咸丰帝命僧格林沁回京休息。是年12月,僧格林沁回京觐见咸丰帝,面谕次年海防仍由其负责。僧格林沁于1859年2月28日率京兵出京,3月3日抵达大沽,再次以钦差大臣主持大沽防御。为了有备无患,咸丰帝在僧格林沁出京前的2月25日和26日,命黑龙江、吉林各备兵1 000名,归化城、绥远城各备兵500名,热河备兵500名,察哈尔备兵1 000名,密云备兵500名,一听敕调,迅赴天津;直隶北部备兵2 000名,听候僧格林沁调拨(同上书,第1284—1286页)。3月4日,咸丰帝又命京营健锐营备兵500名,内外火器营备兵1 000名,京旗两翼备兵500名,巡捕营备兵500名,一听敕调,迅速赴津防堵(同上书,第1294—1295页)。除了已调派的援军5 000人外,另"备兵"1万余名,准备再次救援。也就是说,准备僧格林沁打败仗。

[2] 同上书,第1305—1306、1379、1440页。《郭嵩焘日记》,第1卷,第218—219、227、243页。直隶总督恒福奏,咸丰九年六月初四日(《军机处录副·帝国主义侵略类·第二次鸦片战争项》,3/167/9235/27),该折收入《筹办夷务始末》时删去以下一段:"再,两盟马队官兵二千人本系分驻大沽及双港两处扎营,奴才自大沽移营新河时,经僧格林沁将双港之马队拨归奴才带赴新河驻扎。二十五日,奴才在新河一闻炮声,立即督带此起马队驰赴大沽,与大沽驻扎之马队会同兜击,均极奋勇,此单内将两路带兵官一并择优开列……"由于是保举官员,此折关于两盟马队作战情况不尽属实,但其驻扎位置是可靠的。折中所称的大沽是泛称,包括大沽南炮台后路的草头沽等处在内。

百零三斤"。[1]大沽河面宽约八十丈,制"铁链百丈者三根,用松杉八十根,凿三孔,铁链纳入之,每丈一根,取松质轻浮,以托铁链,始浮也"。[2]木筏"挑选二丈五尺以上杨木备制造",以桩缆系之。[3]从后来的作战情况来看,这些拦河设置对战斗胜利起了相当大的作用。

五、加强临战训练。由于大沽协新近扩充,入伍者"大半无一技之长,不能谋生",只是为其粮饷而来,"与一切操防,难期得力"。僧格林沁除将之与京营兵混编以提高其战斗力外,[4]另有措施:其一是制定标准。"以抬枪、鸟枪作为考验应习之技,再能放炮有准,另给工费银五钱;善识水性能藏身水内者,加给工费银五钱;又能于鸟枪上头演习纯熟,交锋时可抵长矛者,加(给)工费银五钱;又如长矛腰刀各项杂技习演出众者,每一技加给工费银一钱。似此层层加赏,庶足以鼓励戎行。"[5]其二是裁汰。水勇"百余人不敢凫渡,撤其水勇口粮";石缝炮台营兵技能不佳,被"裁存无多"。[6]对于驻守大沽的清军,僧格林沁最为重视者为演炮,设旗杆为目标,就炮力之远近,以"某炮台某炮相准击之"。仅在1859年3月23日、27日,大沽炮台就三次进行实弹演习,第一次中准两炮,第二次中准四炮,第三次中准六炮。其中准火炮的瞄准手与发火手,皆赏银一两,该炮其余炮手赏钱一串。[7]经过僧格林沁的勤加训练,本不为强的大沽清军,成为"精锐之师",在后来的战斗中极为勇猛。

由此至1859年4月,大沽防御体系在僧格林沁等人的指挥部署下大体完成。署理直隶总督直隶布政使文煜奉旨前往查看,奏称:

---

[1] 《郭嵩焘日记》,第1卷,第236页。据其称此型为"中等"。铁戗又称铁柱、铁锚、铁龙,关于其制造部署情况,可参看此书第232、237、242、246页。
[2] 同上书,第234—235页。关于铁链还可参看该书第236—237页。
[3] 同上书,第235页。木筏又称木排,该书第221—222、224、231—233页对此有记载。后因采用铁戗拦江计划,僧格林沁"以木筏无益,命停工"(同上书,第236页)。
[4] 《筹办夷务始末》(咸丰朝),第4册,第1305页。
[5] 同上书,第1208页。
[6] 《郭嵩焘日记》,第1卷,第243—244页。
[7] 同上书,第225—229页。

窥见大沽南北岸新建炮台六座，工程一律严实，地势颇踞扼要，大小铜铁炮位俱已安设妥协。拦河木筏现亦一律排列，仍于河边暂留口门一处，以便船只出入。一有该夷北驶之信，临时拦挡严密，可期应手无误。僧格林沁朝夕亲驻炮台，激励将士，讲求调度，可仰纾宵旰。[1]

而主帅僧格林沁也出奏，称"大沽海口布置均已周密"。[2]

　　1859年6月17日，英驻华海军司令何伯（James Hope）海军少将率舰队到达大沽口外。20日，英、法公使到达大沽口外。此时大沽口外英、法舰船数量可见表三：[3]

表三　1859年大沽口之战前英、法军舰船表

国别	舰　名	等　级	动力(匹)	火炮(门)	舰员(人)
英	切撒皮克号（Chesapeake）	蒸汽巡洋舰	400	51	520
英	高飞号（Highflier）	蒸汽护卫舰	250	21	240
英	巡洋号（Cruiser）	蒸汽炮舰	60	17	165
英	魔术师号（Magicienne）	蒸汽炮舰	400	16	220
英	富利号（Fury）	蒸汽炮舰	515	6	160
英	纳姆罗号（Nimrod）	蒸汽炮舰	180	6	120
英	鸬鹚号（Cormorant）	蒸汽炮舰	200	6	91
英	克罗曼德尔号（Coromandel）	蒸汽炮舰	150	5	50
英	阿尔及林号（Algerine）	蒸汽炮艇	80	3	50
英	庇护号（Lee）	蒸汽炮艇	80	3	60
英	巴特勒号（Banterer）	蒸汽炮艇	60	3	37
英	佛里斯特号（Forester）	蒸汽炮艇	60	3	43
英	负鼠号（Opposum）	蒸汽炮艇	60	3	37
英	鸻鸟号（Plover）	蒸汽炮艇	60	3	37
英	欧掠鸟号（Starling）	蒸汽炮艇	60	3	42

---

[1] 文煜奏，咸丰九年三月初五日，《军机处录副·帝国主义侵略类·第二次鸦片战争项》，3/167/9235/8。

[2] 《筹办夷务始末》(咸丰朝)，第4册，第1355页。

[3] *North China Herald*, June 25, 1859. 表中各项并参阅其他资料。此表与前表在"火炮"、"舰员"栏内有变化，原文如此。

续表

国别	舰　　名	等　级	动力(匹)	火炮(门)	舰员(人)
英	杰纽斯号（Janus）	蒸汽炮艇	40	3	37
英	茶隼号（Kestrel）	蒸汽炮艇	40	3	37
英	高贵号（Haughty）	蒸汽炮艇	60	3	33
英	协助号（Assistance）	蒸汽运兵船	400	6	113
英	海斯坡号（Hesper）	蒸汽供应舰	120	4	54
法	迪歇拉号（DuChayla）	蒸汽巡洋舰		50	
法	诺尔札加拉号（Nozagavy）	蒸汽炮艇			

率领如此强大舰队而来的英、法使节的使命是"进京换约",即到北京互换双方批准的《天津条约》。这本来应该是一项和平使命。

二、"北塘登陆"照会的发出时间

咸丰帝原本不同意在京互换条约,要求在上海换约,但因英、法的坚决态度及英、法使节北上的行动,使之态度软化,同意英、法使节进京,并根据僧格林沁的请求,要求英、法使节不走大沽,改道大沽以北的北塘。为此,僧格林沁将北塘防兵撤往北塘以北的营城。[1]此时俄国公使正在北京换约,为使英国等国不致有所借口,清朝特与俄国商定"由北塘进京"的具体办法。[2]

然英国公使卜鲁斯（F. W. A. Bruce）战后却称,他于6月25日上午9时才收到直隶总督恒福23日给他的照会,要求他从北塘进京换约,而此时英军已经开始行动,他本人又在大沽口外,无法通知停止行动,致使战争无法避免。为核清这一问题,有必要详细且具体地查考战前双方的外交活动,特别是清方的行动和动机。

咸丰帝虽最终同意了英、法使节进京,但仍不放弃在上海换约的一线希望,命钦差大臣桂良在上海等候;而发给大沽前线主帅僧格林沁的命令,又称换约一事必须由桂良本人亲自办理,让英、法使节等候桂良

---

[1]《筹办夷务始末》（咸丰朝）,第4册,第1355—1356、1380—1381、1432页。
[2] 同上书,第1369页。

到来。[1]正是根据咸丰帝的谕令,6月17日中午,英军司令何伯派员前往大沽时,僧格林沁派令武弁"改装易服,扮作本地乡团",询问来意。当英方表示"赴京换约"时,这些易装的武弁根据僧格林沁指令,答以"此间并无官兵,候知会天津各官,再行复信"。双方约定三天为期回信。英方要求撤去口内拦河设施。[2]僧格林沁当日将情况上奏,19日该折到京,咸丰帝对此谕令:告之英方"现在已准进京,惟须等候大学士桂良等到后,即令由北塘行走,由天津进京,两不相妨,尔等可先至北塘停泊";"如其肯往北塘",令直隶总督"派员弹压,不使登岸"。[3]也就是说,让英、法舰船与使节在北塘海口以外下锚泊船,等候桂良,而不准登岸。这一谕旨于20日到达大沽。

6月20日,正是双方约定回信的日子。中午,直隶总督恒福派同知博多宏武、知县杜恩录前往,宣称总督和布政使"不日即至海口","暂候数日,会议一切"。尽管此时总督恒福正在大沽,但仍谎称不在,目的

---

[1] 1859年3月29日咸丰帝的谕旨是,"如夷船竟驶至天津海口","派委明干之员,迎到拦江沙外,与之理论,告以此间总候上海消息",若桂良有文移知照,方可入口;"万一不听理论,该委员即告以回明地方官代为请旨,令该夷在彼听候"。4月14日的谕旨是,"夷船如到海口","先行派员晓谕。如有旨准其进京换约,即令其在拦江沙外停泊,用内地船只渡入内河,由北塘登陆到津,仍由水路之通"。5月20日的谕旨是,"如果英国普酋(即卜鲁斯)到津","直隶总督告以额尔金在上海曾有照会,留桂良等在南等候,俟伊回来议事,此时改换普酋前来,自当静候桂良等回至天津,再与商办一切"。6月7日的谕旨是,若英使至天津,"派员晓谕令其停泊拦江沙外,告以桂良等已由上海启程,不日到津,即可会商一切";"如该夷请另派员前往,可告以各国和约,皆系桂良等经手办理,他人不能知悉"。6月18日的谕旨是,"各夷船如到天津海口","速派明干委员前往,迎至拦江沙外",以等待桂良;"即将来进京时,亦须由北塘行走,至天津由水路进京,并告以去岁天津所定和约,均系桂良等一手经理,此处无人深悉底里,即使克期进京,亦须等候桂良等到京,方能互换为期亦不甚迟。倘该酋不肯在拦江沙外静候,即用内地船只迎护,由北塘登陆至津,即著该酋在天津等候"。这一谕令虽最终同意英国等国使节从北塘登岸,但基本倾向还是能拖就拖。(《筹办夷务始末》〔咸丰朝〕第4册,第1334、1356、1390、1409、1422页)

[2] 《丛刊·第二次鸦片战争》,第4册,第79—80页。僧格林沁还提出处置方法:三天后派员让英方回上海办理,若不肯赴沪即在拦江沙外等候桂良。他还没有收到6月18日的谕旨。

[3] 同上书,第87—88页。

在于拖延时间。当日晚上戌刻（7至9时），英方派员送来照会，并邀见午间会晤的官员。改装易服的武弁"告以官员因尔等出言不逊，已回天津"。僧格林沁当日上奏情况，并称准备21日派员，告以总督、布政使将于24日或25日到达海口，"并闻尚有恩旨准尔等进京，以安其心"。[1] 咸丰帝在收到这一奏报后，于22日谕令："僧格林沁等当告以桂良等回京消息，令移泊北塘口外，静待经手人到，互换和约"；如英国等国不从，可让"换约之官员，由北塘到津静候"。直到此时，咸丰帝才明确表示同意英国等国使节可先从北塘登岸，到天津等候。而这份极为重要的以五百里加急速度发送的谕旨，迟至23日尚未到达大沽。[2]

6月21日，英方派员来取复照，而僧格林沁又玩了小小技巧，派员"告以天津回信尚未到来"。随后，他再派员持天津道的复照前往英船，因当日风大，未能成行。22日上午，清军官弁持天津道的复照前往英船，"告以总督、藩司二十四五日可到"。英方亦派员投递英军司令何伯致天津道的照会，要求撤去拦河设施，否则英军将自行"拔除"。何伯的这一照会，措辞极为强硬，表现出不惜动武的意向，其开头即称：

> 照得本月十七日本军门派员上岸，预先知会大英君主、大法皇帝与贵国大皇帝所立和约已蒙批准，在于京师交付。兹据该员回禀，北河海口已应允将所拦水路之物除去，但现在并未除去……

根据这一说法，清方早在17日即已同意拆去口内拦河设施。对照历史文献，何伯的说法自然站不住脚。且不论清方文献全无此项承诺的记录，就是何伯自己的报告也承认所派之员遇到的仅是乡勇，而这些乡勇又宣称本地没有任何官员，他们仅能代为传递信件。即便这些"乡勇"口头承诺撤去防具，何伯也清楚将是毫无效用。

据僧格林沁与恒福23日联衔奏折，23日巳刻（上午9至11时）英方翻译孟甘（J. Mongon）乘船至炮台下，声称英方各船当日退往外洋，

---

[1]《丛刊·第二次鸦片战争》，第4册，第90—92页。
[2] 同上书，第94—95页。僧格林沁6月23日奏折尚称"惟该大臣等曾否在沪起程"，可见此谕令未达大沽。

一二日后再进口内,"嘱天津道如有照会回文,径送外洋"。询以系何缘故,该翻译声称不知。英方的这一外交行动不见于何伯、卜鲁斯的报告。孟甘所言"天津道如有照会回文",当指对22日何伯照会的复照,清方此时并没有准备作复;而英军此时退出大沽口的行动,反引起僧格林沁的极大疑忌,在当日奏折中称:

> 复查该夷文内有"北河"字样,奴才恒福拟先发给照会,即以北塘为北河海口,预备该夷行走道路,仍属专候桂良到京,准其赴京换约。

此即是卜鲁斯报告所言的恒福23日致卜鲁斯照会。"北河"是英方对海河的称谓,以北塘作为"北河海口",看来僧格林沁等决计装一次糊涂。而从上引文的措辞来看,此一照会在僧、恒拟奏时尚未发出。这并不奇怪,因为前已提及,此时他们还未收到咸丰帝22日允英、法换约使节在北塘登岸的谕旨,不敢擅自行动,报告恒福尚未发出的照会,也可视为请旨之举。这一天的奏折还透露两项情节:一、恒福从大沽移往新河(位于海河北岸,距北塘更近);二、由天津道准备食物,"派员即由北塘出口送至夷船"。[1]

据英军司令何伯战后的报告:"由于该信(指22日照会)没有收到任何答复,我随后于24日率部进入口内,并进一步地给予通告,如果没有收到令人满意的答复,晚上10时以后,我将自由采取行动。"[2]何伯的通告无疑是最后通牒,但他没有说明该通告派何人送至清方,清方文献中也无收到此项通告的记载。而英方与清方记录完全一致的是,当日晚上,英军已经部分采取行动,拆除拦河设施。

那么,恒福23日致卜鲁斯照会何时送达英方?清方文献对此却含混其词。6月26日寅刻(清晨3至5时)即大沽之战刚结束时,僧格林

---

[1]《丛刊·第二次鸦片战争》,第4册,第95—98页。
[2] "Rear-Admiral Hope to Secretary of the Admiralty, July 5, 1859", Bonner-Smith and Lumby eds., *The Second China War 1856–1860*, p.394. 何伯的最后通牒在清方档案中未发现中文本,而卜鲁斯在给外交大臣的报告中也未提到过此事,该报告的附件中仅收入何伯20日照会。

沁与恒福发出的联衔奏折中称：

> 奴才恒福驰赴北塘时，曾经照会该国公使，前往会商。该夷置之不理，再三来言，总以拦河诸具限时撤去为词。二十四日夜，该夷以小杉板船驶入……

由于后来证实恒福并未去北塘，只是去新河，"驰赴北塘时"反成了一个不确定的时间概念；而从上下文来看，又似在"二十四日夜"之前。僧格林沁的奏折风格是对每件事情都有准确的时间交代，此处的含混似有隐情。[1]而直隶总督恒福28日发出的单衔奏折中，对发出照会之事也无明确的时间交代：

> 该夷提督照会天津道，催撤防具，语意亦大略相同。迨由该道派员送给蔬菜食物，彼则一概不收。嗣由奴才给英酋普鲁斯照会一件，派易州知州李同文、北塘汛千总任连升，送至夷船，文内仅言奉旨准其由北塘赴京，尚未提及不得携带器械，及官员人等至多不过二十个人之数等语。乃该酋竟不收受，并将文内贵国钦使字样圈出，挑剔应双抬书写，且止与该夷汉文正使咸妥玛名片一纸，内有即入天津城之语。该夷人向委员李同文等告知，定行接仗，不走北塘。[2]

除了何伯照会天津道可确定为22日外，其余时间均不确定，但似明言送照会在送蔬菜食物之后。如据前引僧、恒联衔23日奏折，送蔬菜食物最早也只能24日进行，那么，恒福23日致卜鲁斯照会，也只能在24日或之后送出。恒福奏折中送照会的具体细节，英方的记载与之完全吻合。卜鲁斯于7月5日致外交大臣曼兹柏立勋爵的报告中称：

> "大约25日上午9时，一艘师船靠至女王陛下战舰魔术师号旁，该舰距炮台约有9英里。一位清朝下级官员登上甲板，带来直隶总督致我的一封信（其译本收入本件）。该信称：总督已受命前往北塘，即距此锚泊地西北约10英里的一条小河的河口，此后他将

---

[1]《丛刊·第二次鸦片战争》，第4册，第101页。
[2] 同上书，第108页。

为女王陛下的公使服务。授权换约的桂良、花沙纳已被召回北京，迎候公使至首都。而我被要求等待他们的到来，并允以时间以撤退北塘的防兵，总督此后将以船迎我到登陆地，我将由陆路前往北京。

"这封信签署的日期为 23 日，却 25 日送到，若打算及时送给我，此中的延误是不可解释的。

"由于信文中女王陛下的名字未与中国皇帝名字齐格，违反了《天津条约》建立的平等原则，威妥玛先生将其退回要求更正，并附以一项通告：我即前往天津。

"由于清理河障的工作定于上午 10 时，而在此后的一小时内，我与 9 英里之外的海军将军进行联络会是困难的，更何况他已经行动；而且我也不会被上述不拘礼节的行动所阻止，更何况信的内容也不令人满意。"[1]

以上如此不厌其详地排列史料，为了确证下面三点：一、6 月 23 日恒福确拟给卜鲁斯照会，这可见证于僧格林沁和恒福 23 日联衔的奏折，因为事后的行为，无法补进已发出的文件之中；二、清方文献没有说明照会发出的时间，反是措辞模糊；三、英方明确声明收到照会的时间为 25 日上午 9 时。

那么，是否有可能恒福于 23 日起草照会后，因 25 日清晨见英方开始大规模的行动，才匆匆派员送出？这里还可以补充一细节。24 日，美国公使华若翰（J. E. Ward）乘坐一艘租用的轮船托依旺号前往大沽，结果搁浅。华若翰派翻译卫三畏（S. W. Williams）等上岸，如先前英国人一样，受到了一群乡勇的阻拦。领头的乡勇向卫三畏等人保证说："他知道皇帝曾下过命令要保护外国公使到北京去，他也曾听到总督恒福当天已从保定（当时的省城）抵达，并径往海岸入口北边几英里的北塘去了。他要求我们把华若翰先生的名帖送到那里去，但拒绝代为递送，认

---

[1] "Mr. Bruce to the Earl of Malmesbury, July 5, 1859", Foreign Office, *Correspondence with Mr. Bruce, Her Majesty's Envoy Extraordinary and Minister Plenipotentiary in China*, London: Harrison and Sons, 1860, p. 18. 恒福 23 日照会未发现中文本，英文本见上引书第 20 页。

为这是越礼的。""如果不企图移动木筏的话,'托依旺号'决不会受到伤害。尽管所获得的情报很贫乏,我们还是照样通知了舰队司令,他早就决定要在河内开辟一条通道。"[1]毫无疑问,这位领头的"乡勇"就是易装的武弁,他所说的一切当为僧格林沁布置的口径。而在当时的文化背景之下,也难想象这位武弁能细致地区分美国人与英国人之间的差别,他只是向一切企图入口的外国人曲折地说出僧格林沁的声音。卫三畏24日所得到的情报,与恒福致卜鲁斯照会内容大体一致,没有理由认为24日即以口头形式对外宣布的北塘进行联络的消息,需对英国公使卜鲁斯保密,而至英军行动开始之后才匆匆送出照会。事实有可能恰恰相反,僧格林沁等人听到这位易装的武弁汇报后,由于不辨英、美,反以为已向英方送出了口头的信息。

前已说明,恒福23日拟草照会后没有送出,是对此项决定尚无把握,奏折上写上此事也有请旨的意味,咸丰帝22日允各国换约使节在北塘的谕旨此时尚未收到;那么,到了24日,僧、恒肯定收到22日谕旨了,为何没有立即送出照会?当然,如此设问,潜含着肯定卜鲁斯25日上午9时收到恒福照会的意味。

如果再一次细心地琢磨本节所引僧格林沁全部奏折,就可以窥视其内心世界。由于咸丰帝规定换约须由桂良来完成,而桂良远在上海,若由陆路返回,以当时的交通条件需时半个月以上,由此,僧格林沁的基本手法是拖时间。17日派出易装的武弁;20日派出下级官员宣布总督"不日"到达;22日派官员送去天津道的照会,并口头宣布总督将于24日或25日到达;24日向美方宣布总督已往北塘。按照这一时间表,恒福的照会当在其到达北塘之后才可以发出,而且只能从北塘发出;否则,将自我拆穿其精心策划的总督不在大沽的谎言。如果考虑到卜鲁斯以其蒸汽舰船尚言一小时之内与9英里之距的正在大沽的何伯联络都有困难,那么,从北塘出发的清军帆船在涨潮时分内又需多少时间才可抵

---

[1] 卫三畏:《美国使团北京之行记实》,《丛刊·第二次鸦片战争》,第6册,第223—224页。

达卜鲁斯的锚泊地?[1]这里似可大胆根据僧格林沁编制的时间,继续推测其合乎逻辑的发展:既然总督当在24日或25日到达大沽,那么,24日下午或晚上到达北塘可认为是合适的;既然总督于24日下午或晚上到达北塘,那么,由于天气、潮汐、航海技术,晚上派船寻找卜鲁斯的锚泊地是很困难的;既然晚上派船是不合适的,那么,25日清晨派船送照会几乎成了唯一选择。就目前的资料来看,这种对僧格林沁内心思路的推测,自然是无法证明的,但似可为恒福23日照会为何到25日才送至的疑问,提供一种解答的思路。

假如这一推测能够成立,那么,僧格林沁这种玩弄小技巧的外交手段并不值得欣赏。此时正在大沽军营帮办文案的郭嵩焘,对这种手段十分反感,晚年在其回忆录中写道:在大沽时"上说帖一十有七次,大致以为今时意在狙击,苟欲击之,必先自循理,循理而胜,保无后患,循理而败,亦不至于后悔。为书数策,终不能用"。[2]就实际效果来看,僧格林沁的外交手段也未达其愿,且与咸丰帝避免战争的旨意相违。至于英方文献所称何伯24日最后通牒,僧格林沁似乎并没有太在意,奏折中完全没有提到;因为17日、20日、22日英方都提出了拆除拦河设施的要求,而且每次都以武力相挟,其中20日英方官员宣称"未刻(下午1至3时)必来闯进",僧格林沁为此作好了战争准备;[3]更何况他对大沽的防御充满信心,英方威胁吓不倒他!

不管恒福23日照会送出过程中的具体细节如何,但它毕竟送到了,以书面的形式正式向英方提出:不入大沽,转行北塘。卜鲁斯以到达太晚、联络不便、英军已经行动来推御战争责任的理由,也是站不住脚的。因为英军的行动虽已开始,但战斗真正打响却在下午2时之后,

---

[1] 根据天津近海潮汐规律,6月24日为阴历二十四日,其最高潮为上午9时30分和晚上22时,高潮高3.4米;其最低潮为下午4时20分和凌晨4时,低潮高1.4米。25日为阴历二十五日,其最高潮为上午10时20分和晚上22时50分,高潮高3.4米;其最低潮为下午17时10分和凌晨4时40分,低潮高1.5米。(见《天津水利志》,天津科学技术出版社,1995年,第6卷,《塘沽区水利志》,第18页)
[2] 郭嵩焘:《玉池老人自叙》,《丛刊·第二次鸦片战争》,第2册,第277页。
[3] 《丛刊·第二次鸦片战争》,第4册,第90页。

从上午9时起算,共有5个多小时,9英里的距离也不妨碍他听到有无炮声;更何况大规模地拆除河障此虽第一次,但在此之前小规模地拆除河障已多次进行,称拆除河障的工作一旦开始便不能停止,无法成立。其实,卜鲁斯的真实想法,在其6月21日以他和法国公使布尔布隆(A. de Bourboulon)的名义给何伯指令中,有着明确的表述:

> 有充分的理由相信,主战派的希望寄于这位蒙古亲王主持下的防御工事上,如果他在拒我们于河外的努力中被击败,主和的意见将会劝服皇帝……我们由此决定将事务移交于你,要求你采取你认为相宜的手段清除河障,以使我们迅抵天津。[1]

三、战况及何方首先开炮

1859年6月24日,英军司令何伯率舰队中可在海河中行驶的浅水蒸汽炮艇越过拦江沙;至大沽口,当晚以小舢板驶入,用炸药炸断拦江铁链后退出。清军随即将铁链接上。

25日早晨,[2]英军炮艇开始进入大沽口内,占据其攻击位置:欧掠鸟号、杰纽斯号、鸻鸟号(何伯的指挥艇)、鸬鹚号、庇护号、茶隼号、巴特勒号平行排列于大沽南岸炮台前,以对大沽南炮台施压;纳姆罗号在侧后,以对大沽北岸炮台施压;负鼠号、佛里斯特号、高贵号三炮艇在此掩护下,开始清除河内的铁戗。未能驶入拦江沙内的英军大型舰船的官兵组成登陆部队,搭乘小艇和抢来的沙船在后,准备交战。清军在僧格林沁的指挥下,密切注视着英军的行动,炮台上没有一人出外,炮门前均用帘遮挡,没有开火,也没有像往常那样派出易装的兵弁进行阻拦。在此期间,落潮开始,河道变窄,淤滩变宽,英军炮艇为保持其攻击位置,纷纷下锚。大约在下午2时,英军已清除第一道河障,拉倒铁戗十余架。约2时30分,何伯指挥负鼠号开始冲撞锁河的铁链,

---

[1] "Mr. Bruce to Rear-Admiral Hope, June 21, 1859", Foreign Office, *Correspondence with Mr. Bruce, Her Majesty's Envoy Extraordinary and Minister Plenipotentiary in China*, p. 20.
[2] 何伯的报告称"早晨",僧格林沁的奏折称"辰刻"(7至9时)。

鸻鸟号、庇护号、高贵号尾随其后,作为支援。僧格林沁见此,派即补知县曹大绥、候补外委徐安福持天津道照会,前往交涉,未能成功。[1]也就在此时,双方进行了激烈的炮战。清军的火炮射击得极为准确,第一轮齐射便击中何伯的指挥艇鸻鸟号,何伯受伤。驻守在大沽南岸草头沽的蒙古马队由郡王衔札赉特贝勒拉木棍布札罗率领,赶往大沽南炮台增援;驻守在新河的蒙古马队和京营兵由恒福率领,亦赶往炮台增援。驻守各炮台的清军在僧格林沁的督率下,极为奋勇。直隶提督史荣椿在南岸中炮台指挥作战,中炮身亡,署大沽协右中营都司尽先守备阜城汛千总戎发"立即接督官兵,仍前镇静截击,亲燃大炮,对准施放"。[2]大沽协副将龙汝元在北岸前炮台指挥作战,督兵轰击,也中炮身亡,营兵约300名见敌势凶猛,越墙凫水逃避。此时闯入第一道河障之内的鸻鸟号、负鼠号、庇护号、高贵号,完全处于清军凶猛的炮火之下,纷纷后撤,以能与其余英军炮艇会合作战。然鸻鸟号被重创,指挥旗移至鹳鹚号上。下午5时40分,英炮艇茶隼号被击沉,庇护号被打得丧失能力,未久也沉没。正在托依旺号上观战的美国东印度舰队司令达底

---

[1] 关于此一情节,僧格林沁在6月26日的奏折中称:"正在相持之际,复派员持天津道照会前往晓谕,该夷不准投递。"(《丛刊·第二次鸦片战争》,第4册,第101页)在后来的奏折中称:"时已午后,奴才熟思筹计,须派员前往,再申前言,令其由北塘进京,互换和约,或可藉此转机,就我范围。或该夷桀骜骄满,欺我微弱,亦必趁此,逞其狂悖,即可大张挞伐。第当凶焰正炽之际,派委之员虽冒险甚虞,万不得已,饬委即补知县曹大绥、京营候补外委徐安福执持照会,乘船前往。该夷见有人欲向拦阻,以为营内空虚,畏其兵势,遂不准该委员等近前,其势即要开仗。该委员等未及登岸,该夷业已开炮。"(原件无日期,咸丰九年八月二十五日奉朱批,《军机处录副·帝国主义侵略类·第二次鸦片战争项》,3/167/9235/36)按此说法,是英军阻了此次交涉。何伯的报告对此没有记载,然英军一名军官在回忆录中称:"当负鼠号正忙于撤除铁戗时,从岸边发出一只船,载着一个官员,他看来是委托负责投递拿在手中的一封信或是纸头的,但划得距我们一半路程时,他们折身回去了。"(费舍:《在中国服役三年的个人记述》,见《丛刊·第二次鸦片战争》,第6册,第198页)此说显有不合理之处,若无特别的理由,派出的官员为何只行驶了一半便返回?若因胆小而退回,在炮台观察的僧格林沁就不会在保举折上写道:"蓝翎运同衔补缺后以直隶州用即补知州曹大绥,拟请补州后,以本省无论何项知府缺出,请旨简放。"

[2] 僧格林沁片,咸丰九年五月二十九日,《军机处录副·帝国主义侵略类·第二次鸦片战争项》,3/167/9235/21。

拿（J. C. Tattnall）却发出了"血浓于水"的声音。由于英军炮艇此时或在交战，或已受伤，或因潮水不利，无法拖曳大沽口外载运登陆部队的小船和沙船，当一名英国军官来访作无言的请求后，达底拿立即用托依旺号拖带载运登陆部队的英船，驶往口内。大约 6 时 30 分，大沽北炮台停止炮击，至 7 时，大沽南炮台也停止炮击；而英军的炮艇几乎没有不受伤的，鸰鸟号、鸱鹞号受伤最重，只能抢滩搁浅以防沉没。7 时 20 分，大约 600 名英军水兵和工兵与 60 名法军水兵在大沽南岸登陆，企图攻取南岸中炮台。清军即以火炮、抬枪、鸟枪回击，战前挖掘的濠沟也阻碍其攻势，英法登陆部队伤亡惨重。登陆作战完全失败。至 26 日凌晨 1 时 30 分，英法登陆部队完全撤出。此战，清军参战部队共计 4 454 人，阵亡 32 人，其中包括军官 7 人，炮墙略有损坏，火炮间有震裂及被击毁者。英军参战炮艇 11 艘，被击沉 4 艘；[1] 参战人数约 1 000 余人，而炮艇分队即被击毙 25 人，受伤 93 人，登陆部队伤亡更重，被击毙 64 人，受伤 252 人；法军参战人数仅 60 人，也被击毙 4 人，受伤 10 人。总计伤亡 448 人。[2]

---

[1] 英军被击沉的炮艇为茶隼号、庇护号、鸰鸟号、鸱鹞号。其中鸰鸟号和鸱鹞号为坐滩，潮水高时即没。26 日，英军派船企图抢救，但鸰鸟号、鸱鹞号的位置均在大沽台的射程之内，清军开炮轰击，致使抢救工作无法进行。英方称后将两艇炸毁，清方称后将两艇轰烂。茶隼号的情况较为奇特，28 日清晨，该艇突然浮起，顺潮漂出大沽口外，经英方修理后竟仍可使用。
[2] 此战经过综合以下资料：一、僧格林沁奏，恒福奏，何桂清奏，《丛刊·第二次鸦片战争》，第 4 册，第 101—103、108—112、132、142、145、154—156、167—169、236 页；《筹办夷务始末》（咸丰朝），第 4 册，第 1466、1476、1408 页；第 5 册，第 1601、1819 页。此外不见于上两书的还有折、片五件：僧格林沁片，原件无日期，咸丰九年五月二十七日奉朱批；僧格林沁片，咸丰九年五月二十九日；僧格林沁折一、片二，咸丰九年八月二十三日，以上折、片皆为保举参战有功官弁。（见《军机处录副·帝国主义侵略类·第二次鸦片战争项》，3/167/9235/15、3/167/9235/21、3/167/9235/39、3/167/9235/40、3/167/9235/41）二、"Rear-Admiral Hope to Secretary of the Admiralty, July 5, 1859", Bonner-Smith and Lumby eds., *The Second China War 1856-1860*, pp. 393-400；"Mr. Bruce to the Earl of Malmesbury, July 5, 1859", Foreign Office, *Correspondence with Mr. Bruce, Her Majesty's Envoy Extraordinary and Minister Plenipotentiary in China*, pp. 16-19。费舍：《在中国服役三年的个人记述》，香港《中国邮报》，1859 年 7 月 21 日，以上汉译本见《丛刊·第二次鸦片战争》，

这是中国近代对外战争史上无可争辩的重大胜利。

英方文献对于此次失败,采用了遭受"伏击"的说法,并称清军首先开炮。

首先,遭受伏击的说法并不能成立。尽管 6 月 17 日英军舰队到达之后,僧格林沁采用了障眼的手法:"饬令官兵在暗处瞭望,炮台营墙不露一人,各炮门俱有炮帘遮挡,白昼不见旗帜,夜间不闻更鼓,每遇潮涨,各营撤去桥板,各项官兵不准出入",英方"屡在船用千里镜打看,止见营垒数座,不见炮位官兵";[1] 尽管英方的报告也称:"当舰队停在这里的时候,炮台上没有升起旗帜,也看不见一名士兵";但是英方完全知道"在过去的 8 个月里,他们大大加强了这一海岸地区的防御,主战派的首领蒙古亲王僧格林沁,曾在 1853 年成功地防住了进至天津的叛逆者而声名显赫,已被任命为这一地区的总司令"。[2] 从英军行动的本身,也证明英方是完全有准备的,11 艘炮艇仅 3 艘用于清除河障,其余 8 艘用于监视大沽炮台,尤其是威力强大的南岸中炮台。由此可见,英方并没有遭受伏击,而是他们根本看不起清军的武备,以往一系列的胜绩使他们轻敌冒进。何伯在战前就明确表示过将"稳操胜券"。[3]

(接上注)第 6 册,第 196—206 页。三、达底拿致海军部长,1859 年 7 月 4 日,《丛刊·第二次鸦片战争》,第 6 册,第 210—213 页。关于清军的参战人数,僧格林沁的措辞是"打仗守营数目",即包括驻守后路营盘的兵弁。关于清军的伤亡人数,僧格林沁后奏称:"查内火器营阵亡兵四名……外火器营阵亡兵六名……伤重未痊兵二名……健锐营兵阵亡二名……伤重未痊兵二名"(僧格林沁片,原件无日期,咸丰九年六月二十四日奉朱批,《军机处录副·帝国主义侵略类·第二次鸦片战争项》,3/167/9235/30)内外火器营和健锐营为京营,其兵与大沽协兵混编,阵亡数即占三分之一,可见其为作战的主力。

[1] 《丛刊·第二次鸦片战争》,第 4 册,第 96 页。
[2] "Mr. Bruce to the Earl of Malmesbury, July 5, 1859", Foreign Office, *Correspondence with Mr. Bruce, Her Majesty's Envoy Extraordinary and Minister Plenipotentiary in China*, p.17.
[3] 布尔布隆致外交大臣,1859 年 6 月 30 日,见《丛刊·第二次鸦片战争》,第 6 册,第 191 页。

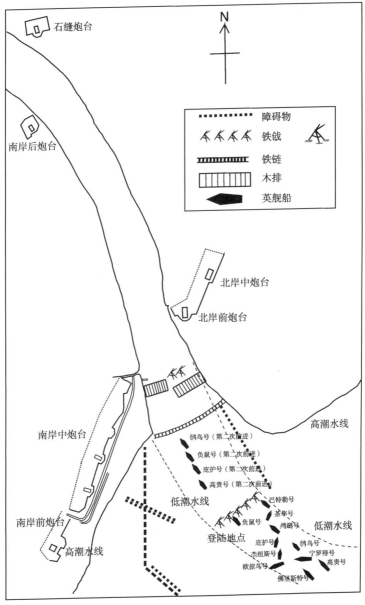

图四　1859年大沽口防御作战示意图

至于谁先开炮,这个问题就比较复杂。英、法、美三国使节皆云清方先开炮。僧格林沁在战后第一个报告(26日寅刻即3至5时发出)中称:

> (英方)竟将各船蜂拥直上,冲至第二座炮台,直撞铁链两次,皆被拦截,不能径越。该夷即开炮向我炮台轰击,我军郁怒多时,势难禁遏,各营大小炮位,环轰叠击……[1]

这段文字虽没有明确使用"先"、"后"的措辞,但从行文中不难看出英方首先开炮。咸丰帝在收到该折后,于27日的谕旨中称:"夷船不遵理喻,闯入内河向我炮台先行开炮,官军愤怒,列炮环轰。"[2]从此之后,清方文献皆明确指出英方首先开炮,而不像僧格林沁第一个报告那样意思明确却用语含混了。

从军事学术的角度来分析,若称英方首先开炮,似有一些不可解之处。英军从早晨开始行动,并没有直接进攻大沽炮台,却在下午2时30分以后才开炮轰击,这从战术上讲是极为不利的。当天潮汐的高潮时约为上午10时20分,低潮时约为下午5时10分,水位相差近2米。为什么英军不在涨潮时发动进攻,却在落潮时开炮?涨潮时水面开阔,正利于英浅水蒸汽炮艇机动作战,落潮时水面狭窄,炮艇机动范围小,更何况在落潮时为保持原先占据的位置,炮艇须下锚,而下锚后因水流作用,炮艇自然形成艇首迎向水流的位置,也不利于作战。难道海军少将何伯自以为胜券在握,就连基本的军事原则都不讲了?英军工程师费舍在其回忆录中对此次战斗绘有精细的地图,[3]详细标明清军铁戗、铁链、南北各炮台的位置,详细标明了英军各炮艇第一次占据的位置和4艘突进的炮艇鸻鸟号、负鼠号、庇护号、高贵号第二次前进的位置,详细标明了高潮时和低潮时的水线,详细标明了英军登陆的位置。从这份地图来看,英军若要攻取大沽南岸的前炮台、中炮台,根本就不必理会河道中的铁戗、铁链,而应乘高潮时直接进攻。因为此时英军炮艇可抵

---

[1] 《丛刊·第二次鸦片战争》,第4册,第101页。
[2] 同上书,第104页。
[3] Fisher, *Personal Narrative of Three Years' Service in China*, London: Richard Bentley, 1863, pp.190-191.

近射击，登陆部队可缩短攻击路线而不必越过难行的淤滩。对于6月25日下午2时30分[1]以前的英军行动，中英双方的记载是基本相同的，其目的就是清理河障。为什么突然到了2时30分之后，何伯却开炮直攻炮台？这是难以解释清楚的。当然，以上基于军事学术的情理分析，并不能作为史实认定。

以翰林院编修入值南书房的郭嵩焘，此时奉旨在僧格林沁军营，帮办文案诸务。据僧格林沁称："编修郭嵩焘自到防以来，随同奴才布置一切，昼夜辛勤，于剿抚各事宜均为熟悉"，并派其回京，"以便面陈梗概"。[2]郭嵩焘是个知情人，他留有详细的日记，惜1859年6月1日至10月18日的日记今已不存。但其后来的日记对此事有着不同于僧格林沁的说法：

> （咸丰十年八月初五日〔1860年9月19日〕）僧邸之幸胜夷人，忿兵也，骄兵也，曷足贵哉！举天下贸贸焉无一人能知其是非得失之所在者。
>
> （咸丰十年十月初十日〔1860年11月22日〕）夷祸成于僧邸之诱击。去岁之役，先后奉诏旨十余，饬令迎出拦江沙外晓谕。洎夷船入内河九日，僧邸不遣一使往谕。去衣冠自称乡勇，诱致夷人，薄而击之。
>
> （咸丰十一年七月二十日〔1861年8月25日〕）前年在天津……此等皆关机要，而决非反覆诱击，以诈相胜，可以安然无事者也。僧邸始终不悟……
>
> （咸丰十一年九月初九日〔1861年10月12日〕）僧邸于夷人之就换和约，则设诈以诱而击之。[3]

---

[1] 何伯报告称开战时间为下午2时30分之后。参见"Rear-Admiral Hope to Secretary of the Admiralty, July 5, 1859", Bonner-Smith and Lumby eds., *The Second China War 1856-1860*, p.395。僧格林沁奏折称"午后"，见僧格林沁片，原件无日期，咸丰九年八月二十五日奉朱批，《军机处录副·帝国主义侵略类·第二次鸦片战争项》，3/167/9235/36。

[2] 《丛刊·第二次鸦片战争》，第4册，第179页。

[3] 《郭嵩焘日记》，第1卷，第392、406、469、505页。

而郭嵩焘晚年在其回忆录中称："其事却深有难言者,虽嵩焘自言之,亦不能尽其说也。"[1]郭嵩焘当时是主和人士,对僧格林沁不肯尽早与英方坦诚相待,极为不满。他并没有明确说是清方先开炮,而是使用"诱击"一词。就此词的含义而言,表明郭氏认为是僧格林沁将事态引向战争。郭氏使用的另一概念"薄而击之",却表明存在着清方首先开炮的可能性。

如果从当时的西方今天的世界所通行的国际准则来判定,既然清方已事先声明"等待数日"后通知"北塘登岸",既然英方不从清方的要求从大沽强行闯入并拆除防御设施,那么,清方就可以武力相拒。至于是否先开第一炮已是不重要的了。僧格林沁战前的种种做法虽不合于亲善和睦之道,但严格追究起来,却不违反国际准则。可是当时的清朝对国际事务仍十分隔膜,僧格林沁更不知游戏规则。他们错将首先开炮视为"起衅",十分害怕承担其中的责任。[2]僧格林沁作为清朝的臣子,虽可不必多考虑其根本不清楚的国际准则,但一切行动却必须遵守咸丰帝的旨意。

如果再追述咸丰帝的前后谕旨,似可深入僧格林沁的内心。

前已说明,咸丰帝派僧格林沁驻守大沽,本有再战以废《天津条约》之意。僧格林沁的一切准备,都是为了战争。然1859年3月25日咸丰帝收到当时的直隶总督庆祺的奏折,称"天津为京师门户,全局攸关,轻于议战,倘小挫固伤国体,即获胜亦非长策,是以慎重图维,惟期万全无弊",态度有所转变。根据此折,他谕令僧格林沁:"如夷船驶到,宜先示羁縻,派员迎至拦江沙外,与之理说,仍令往上海互换和约。倘肯回帆,即可毋庸起衅,如竟闯入内河,再当观衅而动。"[3]可是,此一谕旨中"观衅而动"语意不清,执行起来十分困难。僧格林沁

---

[1] 郭嵩焘:《玉池老人自叙》,《丛刊·第二次鸦片战争》,第2册,第278页。
[2] 僧格林沁后来的奏折对此有明白的表述:英兵闯入海口"击则衅自我开,不击则一经闯入内河,营垒炮台,悉非我有"(见《筹办夷务始末》[咸丰朝],第5册,第1698页)。
[3] 《筹办夷务始末》(咸丰朝),第4册,第1328—1329页。

收到此谕后,便于 29 日上奏提出具体办法:

> 倘夷船一二只驶入海口,谨遵训示,由地方官派员迎至拦江沙外,与之理论,奴才断不敢轻举肇衅。设三五只以上蜂拥而至,是决裂情形已露,自未便专恃羁縻,且重防设备海口,若任其闯入内河,已入咽喉重地,再行"观衅而动",则毫无把握,必致如去岁所堕诡计。似宜以拦江沙内鸡心滩为限。虽仍应遵旨派员往谕,然即须加倍提防。设竟闯入鸡心滩,势不能不慑以兵威,只可鼓励将士奋力截击,开炮轰打。

僧格林沁的意思很明显,英舰船一过鸡心滩,立即开炮。咸丰帝虽同意了僧格林沁的意见,上谕中称"若竟恃其船多,一拥而前,直入鸡心滩,则是有意寻衅,亦不能不慑以兵威",但在其后,又加了一句"惟在僧格林沁相机酌办"。〔1〕按照当时语言风格,后一句的准确含义是"能不打尽量不打"。咸丰帝发出此谕之后,颇有些不放心,派其亲信怡亲王载垣前往大沽,传达其密谕:"如夷人入口不依规矩,可悄悄击之,只说是乡勇,不是官军。"这种掩耳盗铃的办法,当是更难执行。僧格林沁便提出了由北塘入口的方案。〔2〕到了 6 月 18 日,咸丰帝收到桂良从上海发来的奏折,知英国等国公使已率舰北上,给僧格林沁的谕旨中又加了一句:"倘该夷虚放枪炮,入口试探,(勿)使夷船受我误伤,勿令官兵轻举妄动。"〔3〕6 月 19 日,咸丰帝收到僧格林沁英舰到达后的第一次报告,谕旨中称:"该夷船既退回鸡心滩外,且尚无多只,亦不值与之用武。"〔4〕6 月 22 日,咸丰帝收到僧格林沁第二次报告,谕旨中强调:"惟当加意严防,不值与之用武,致令借口挑衅。"〔5〕6 月 25 日,咸丰帝收到僧格林沁第三次报告,谕旨中称:

> 设竟欲闯入内河,该大臣仍当示以镇静,派员谕以上年所定和

---

〔1〕《丛刊·第二次鸦片战争》,第 4 册,第 40—41 页。
〔2〕《郭嵩焘日记》,第 1 卷,第 233 页。
〔3〕《丛刊·第二次鸦片战争》,第 4 册,第 85 页。
〔4〕 同上书,第 87—88 页。
〔5〕 同上书,第 94 页。

约，中国既许以互换，决不肯食言，致有更变。惟大沽海口不能行走，设竟无理闯入，以致误有损伤，中国不任其咎。[1]

到了此时，咸丰帝强调的不是开炮，而是"镇静"，而是"派员"。上引所有谕旨若统合起来看，大体可以归结为两条：一是大沽海口不容许闯入（一至鸡心滩便开炮的谕旨从未取消过）；二是尽可能不引起衅端，即使英方开空炮挑衅也不必还击，致使英方有所借口。可这两条恰恰是一个悖论。

到了6月25日下午2时30分之后，英军已经清除了十余架铁戗，开始冲撞铁链，也就是已经到了鸡心滩的位置了。[2]再不采取行动，一旦撞开铁链，河道中仅是一些阻挡能力较差的木筏了，英方清除河障的工作即已胜利在望；更重要的是，英军炮艇可越过大沽南北各炮台中最具威力的南岸中炮台的最佳射程，一过此滩，僧格林沁欲再阻止英军炮艇的开进，也只能是力不从心。在此时刻，僧格林沁也已作最后的努力，按谕旨派员交涉，可交涉不成，又该如何办？开不开炮呢？不开炮阻止英军的行动，即已违反了圣旨。但是，一旦开炮之后，事态扩大，战争升级，咸丰帝若怪罪下来怎么办呢？咸丰帝的性格是多怒多变，僧格林沁在镇压太平天国北伐军时早有领教；各地领兵大员为免其冲，奏折上多行粉饰功夫。这在咸丰朝早已汇成风气。由此可见，假如确是清军首先开炮，僧格林沁上奏报告时也有可能行使笔墨技法的。

以上的考证，并不能确切无误地证明是清军首先开炮，而仅仅说明了确切地存在清军首先开炮的可能性。回过头来看，既然英军清除河障可视为军事行动，既然英军开始军事行动后清军即可武力相拒，那么，在没有新的更确切的材料之前，含混的说法也不失为一种稳妥的方法。或许是这一原因，马士在其著作中写道："在这期间，炮台和炮艇遂相互猛烈地轰击起来。"[3]正是这一原因，本节开头描写战况时称："也就在

---

[1] 《丛刊·第二次鸦片战争》，第4册，第100页。
[2] 由于海河的疏浚和新港的建设，鸡心滩现已不存，但据《郭嵩焘日记》及费舍书中所绘地图，大体可以判定，其位置在大沽南岸中炮台的当面。
[3] 《中华帝国对外关系史》，第1卷，第653页。

此时,双方进行了激烈的炮战。"

1860 年大沽口之战

1859 年 6 月 25 日大沽之战后,英军司令何伯向公使卜鲁斯报告,英军没有取胜的武力。英、法公使遂率舰队南下,并不断地放风,必将报复。为了对抗英、法再度入侵,咸丰帝没有让得胜之师凯旋休息,而是让僧格林沁继续率军驻守大沽,并部署津沽一带区域的防御,即使在冬天海河封冻期间内也未让守军撤防。[1]

由此至 1860 年第三次大沽口之战前,在僧格林沁的具体谋划下,清军编组了四大集团:一、在大沽,由大沽协兵 1 900 名、京营兵 3 200 名、吉林、黑龙江兵共 200 名、蒙古两盟兵 2 000 名、察哈尔兵 1 000 名、直隶宣化镇兵 1 000 名、密云兵 500 名、热河兵 500 名组成,总计 10 300 名,由僧格林沁直接指挥。除驻守大沽南北六炮台外,分驻大沽北岸的新河、唐儿沽、于家堡和大沽南岸的新城、草头沽等处。大沽各炮台战后也进行了整修加固,炮台前后挖掘了堑壕。清军驻守的各村庄也环村挖掘了濠沟。二、在北塘西北的营城,由北塘营及通永协兵约 600 名、察哈尔兵 2 000 名、吉林、黑龙江兵共 500 名组成,总计 3 100 名,由察哈尔都统西凌阿指挥。营城一带也修建了炮台等防御设施。三、在天津,由天津镇兵 1 000 名、直隶提标兵 2 000 名、山西大同镇兵 2 000 名、热河兵 500 名、密云兵 500 名、京营兵 800 名、雇勇 1 000 名组成,

---

[1] 咸丰九年六月,僧格林沁为京营兵员缺额补充、老病调换而上有一片,称:内火器营病故兵 5 名、患病兵 1 名,外火器营病故兵 4 名、患病兵 6 名,健锐营病故兵 1 名、患病兵 3 名,要求补足调换。查三京营共计兵弁 1 500 名,当年正月随僧格林沁出京驻守大沽,时仅半年,病故病重即有此数,可见当时大沽驻守条件不好。(僧格林沁片,原件无日期,咸丰九年六月二十四日奉朱批,《军机处录副·帝国主义侵略类·第二次鸦片战争项》,3/167/9235/30)而让这批官兵在临时搭建的窝棚中度过北方严寒的冬天,条件之艰苦不难想象。至当年十一月,僧格林沁又奏称:蒙古两盟马队 2 000 人中"因水土不服病故一百八十余名,患病暂难痊愈者二百余名"。(《筹办夷务始末》〔咸丰朝〕,第 5 册,第 1712 页)又,当时的气候比今更寒冷,海河经常封冻数月。

总计 7 800 名，由长芦盐政宽惠等指挥。天津环城也挖掘了濠沟。四、在山海关，由本地旗绿营兵约 1 500 名、吉林、黑龙江兵共 1 300 名、直隶宣化镇兵 1 500 名、通永协兵 500 名、蒙古卓索图盟兵 1 000 名、雇勇等 1 000 名组成，总计 6 800 名，由正红旗汉军副都统增庆等指挥。以上统计近 3 万名。[1] 这是一支极其庞大的军团，在清朝的历史上并不多见，尤其是在 1860 年这一清王朝处于极端困境的年份中：太平军横扫江南、捻军兴盛于淮河两岸、天地会等反叛遍于全国绝大多数省份、沙俄屡次侵入东北。由此可见，清军为此次战略决战倾其所有和所能。

僧格林沁如此布兵排阵，自有其战略战术上的考虑。

先是在 1859 年 9 月，山西道御史陈鸿翔奏称，英军可能佯攻大沽、实由北塘登陆，请以营城防兵移至北塘。咸丰帝请僧格林沁密为防范。[2] 是年 11 月，钦差大臣两江总督何桂清报告：在上海的外国商人称，英、法必来报复，"其寻衅之处有不在天津，而在盛京、山海关，计期总在明春之说"。咸丰帝命僧格林沁在海口封冻后亲往山海关履勘布防。[3] 至 12 月，何桂清再次报告：探闻英军轮船在海河一带测量，发现距海河不远处有一河口，英军将从此处登陆，"直抵北河（海河）炮台之后"。咸丰帝知道此即北塘，命僧格林沁"密为设备"。[4] 也就在此时，两广总督劳崇光报告，英国将调兵万余、浅水炮艇 50 艘，在大沽佯攻，在北塘登陆。咸丰帝命僧格林沁将筹防情况迅速上奏。[5] 1860 年 2 月，何桂清在奏报英、法军舰在上海活动情况时，报告了两项值得注意的情报：一、英商在上海办理即将到来的英兵麦食，每日 3 万磅，另有商人承办法军的牛肉，每口七千磅；二、"传闻英、法兵齐即赴天津，断不侵犯炮台正面，必从大沽左近港口进兵，窥伺炮台后路"。咸

---

[1] 以上驻兵情况据《筹办夷务始末》（咸丰朝）、《丛刊·第二次鸦片战争》中有关奏折综合统计。

[2] 《筹办夷务始末》（咸丰朝），第 5 册，第 1606—1608 页。

[3] 同上书，第 1674、1675 页。

[4] 同上书，第 1717、1720 页。

[5] 同上书，第 1722、1724 页。

丰帝令僧格林沁"严防炮台后路，勿令该夷抄袭，以预杜其窥伺之心"。[1]是年3月，何桂清奏折附上一份"新闻纸"，内称：

> 英国发来中国之兵，现又加增，除水手外，观发黑白夷兵各一万。佛国日前发兵八千，现亦加二千，凑成一万之数。总共英、佛两国登岸交战者，有三万之众……然番兵于此次，俱已预备浮水炮台、泥滩木排、上城轻梯、渡江浮桥等件，若（清军）马队冲出，番兵亦有马队接仗，三万之众，何愁不能到京耶？况番兵现于北塘左右觅得水势深处，登岸无难。若由该处登陆，直抄津口炮台之后，先将炮台攻毁，即行攻克天津，后进京都，大事成矣。

尽管何桂清在奏折中讲明"新闻纸本系无据之词，亦未必尽属于虚"；但若对照后来的实际战况，这份情报的内容是相当准确的。咸丰帝命僧格林沁"防御周密，计出万全"。[2]此后还有一些情报，但内容相似或与大沽之战无涉。

针对这些情报及咸丰帝的多道谕旨，僧格林沁形成其作战预案。他于1860年初抵达山海关，部署防兵，调拨火炮，制定战术：若敌方登陆，以步队迎击，以马队两翼抄袭。[3]至于情报与谕旨多次提到的北塘，他决心放弃不守，先后三次上奏说明其理由：一、北塘北岸炮台地势太低，一遇潮水，营外四处皆水；二、北塘南岸炮台紧靠村庄，一旦开战，炮火延及村庄，数千户村民势必大乱，即使炮台能战，然兵民交惊，也万难守御；三、为防敌占据北塘，在其炮台下埋设地雷，又挖地道，装填火药，以行火攻。为此，他将北塘的守兵移至北塘西北的营城，并在大沽北岸的新河等处设下重兵，若敌方在北塘登岸，将以营

---

[1]《筹办夷务始末》（咸丰朝），第5册，第1811、1814页。
[2] 同上书，第1841、1843、1847—1848页。
[3] 同上书，第1815—1816页，并可参见同上书，第1676—1677、1711—1713、1735、1794—1796页。又，据档案，该书第1713页右起第10行"最关紧要，计马步官兵练勇……"，漏去十字，当为"最关紧要，计马步官兵五千名并本处旗、绿官兵……"

城、新河等处驻军南北夹攻。为此他向咸丰帝报告:"北塘地方,断难守御","舍而不守,诱敌深入,以便兜击"。[1]至于英法联军从北塘或他处登陆,抄袭大沽炮台后路或转攻天津,僧格林沁也毫无畏惧,宣称:"该夷前次在水路受创,再来报复,由陆路抄袭,原在意中。"[2]他认为,北塘西南,一片盐滩,万难行进,从北塘至大沽北炮台侧后的新河仅一路相通,于是下令在新河村挖濠筑垒,以防敌突入,守军可凭借工事,以马、步、炮协同防守。为保险起见,他还下令新河以东、同在大沽北岸的唐儿沽村、于家堡村也同样办理。从北塘至天津,中间仅一军粮城,路途行进不便,天津郡城又在海河南岸,僧格林沁认定英军必不会出此下策,也未在中途设防。为防止敌方从大沽以南登陆(僧判断极有可能在大沽炮台以南的祁口),抄袭大沽南岸炮台后路,他下令在南岸炮台以南以西的大沽村、草头沽、新城等处挖濠筑垒,驻以马队、步队、炮队;为防止此路敌军直攻天津,他又在天津派驻重兵,并下令环郡城掘濠36里,设大小炮台150余座。[3]

若细细究察僧格林沁之所以如此不怕英法联军登陆,实与清朝传统的"夷兵不利陆战"的观念有关。[4]早在僧刚出任钦差大臣负责京津防务时,就在奏折中称:"夷情叵测,而所恃究在船坚炮利,若使舍舟登陆,弃其所长,用其所短,或当较为易制。"[5]此后,他还至少六次在上奏时表示过类似的思想。第二次大沽口之战时,英、法登陆部队在泥

---

[1]《筹办夷务始末》(咸丰朝),第5册,第1615—1616、1727—1728、1884页。僧格林沁不守北塘的思想可追溯至1859年6月29日即前一次大沽之战后的第四天。他上奏称:"夷船驶入北塘,不防(妨)听其停泊,一经上岸,即督马队各兵,前往堵截以防袭我后路。该夷既失船炮之险,我兵又可施驰骋之力,较之北塘设防,更有把握。"(《丛刊·第二次鸦片战争》,第4册,第111页)
[2] 同上书,第1819页。
[3]《筹办夷务始末》(咸丰朝),第6册,第2022页。
[4] 鸦片战争初,许多清朝官员还认为英军腿脚僵硬,一仆不能起;后此观念虽有改变,然仍认为英军在陆上不敌清军。战后清朝并未认真总结,"夷兵不利陆战"的思想并未彻底纠正。至第二次鸦片战争时,许多官员在奏折中仍旧使用此类观念。究其原因是鸦片战争以来,清朝与英国等国的作战大多沿江沿海,敌方的船炮在作战中威力甚大而使清朝官员忽视其陆战能力。
[5]《筹办夷务始末》(咸丰朝),第3册,第870页。

滩中毫无作为的表现，更加强了他的这种错误观念。而他的挖濠筑垒，配以小型火炮、抬枪、鸟枪，恰是第二次大沽口之战时对付英、法登陆部队经验的再次运用。此外，僧格林沁还有一杀手锏，即以马队出击。他本是骑兵出身，在与太平军的作战中多用骑兵取胜，此一经验正可用之，奏折中一再宣布将采用这一战法。[1]他以其个人长期国内作战经验出发，推论远道浮海而来的英法联军必不能多带骑兵，而大沽南北的盐滩沼泽也将使其难以拖运沉重的火炮。没有火炮即难以攻破清军濠墙营垒，仅有步兵正利于清军马队驰骋截杀。因此，面对英法联军兵力3万从北塘登陆抄袭大沽炮台后路的情报，僧格林沁自觉胜券在握，信心十足地向咸丰帝报告：

> 北塘虽未设守，而左右皆系盐滩，该夷登岸不易。即使冒险超过盐滩，北塘后路现有马队各营，该夷亦不能直抄炮台之后。夷兵果有三万，现在马步兵力，加之逐层布置，足资抵御，可以仰慰宸衷。[2]

僧格林沁的这种自信，使之在后来的第三次大沽口之战中吃足了苦头。

1860年初起，英法联军的增援部队陆续开抵中国海岸。其中英国海军共有各类舰艇79艘，[3]英国陆军共有官兵20 499名，[4]为运送陆军英方雇佣了126艘民船；法国海军共有各类舰艇65艘，法国陆军兵力为7 620名。[5]如此庞大的兵力兵器组合，在西方殖民史上也属罕见。4月14日，英、法公使与其海、陆司令在上海举行会议，商定军事计划。4月21日，英军占领舟山。5月27日，英军占领大连。6月4日，法军占领芝罘（今属烟台）。至6月下旬，英法联军大体完成其进行第三次大

---

[1] 其中最为典型的言论为："南岸之大沽、草头沽，北岸之于家堡、唐儿沽等村，业经挑濠筑垒。并于炮台营垒周围，竖立木签竹签，拦挡树栅，此外濠沟数道，极为稳固。设或该夷登岸，无论由何面攻扑，未至头道濠沟边，我兵枪炮可及，该夷断难飞越。总之不必禁其登岸，可以使之深入，不可使之切近营垒。"营内官兵"防守里濠"；马队"分扎两岸，以备出濠抄击"（《筹办夷务始末》[咸丰朝]，第5册，第1819页）。
[2] 《丛刊·第二次鸦片战争》，第4册，第323页。
[3] *North China Herald*, August 4, 1860.
[4] "Elgin to Russell, July 11, 1860, Appendix 3", Foreign Office, *Correspondence Respecting Affairs in China, 1859–1860*, p. 83.
[5] 参见葛夫平：《法国与第二次鸦片战争》，《近代史研究》，1997年第1期。

沽口之战的军事准备:以上海、舟山为转运兵站,以大连、芝罘为前进基地,英、法海军主力已进入渤海湾。英法联军在进行上述军事准备时,未遭受清军的任何阻拦,即未放一炮,未折一兵。6月26日,英、法政府通告欧美各国:对中国正式宣战。

1860年7月下旬,英法联军分别撤离大连、芝罘,会集大沽口外。在经过一系列的侦察活动后,恰如先前情报所言,联军于8月1日在北塘登陆。登陆英军为军官419名、士兵10 491人、马匹1 731匹。其中包括骑兵1 023人(战马945匹)、炮兵1 565人(拖马747匹)、工兵488人。[1]登陆法军共计7 367人,另有华工950名,马匹1 200匹,火炮28门。[2]登陆行动在未受阻碍的状况下进行了整整10天。[3]战前在北塘埋设地雷火药毫无作用。[4]英法联军相较大沽清军,在兵力上已占优势。

1860年8月3日清晨,英法联军正在大批登陆之时,派出先头部队约2 000名(英、法各1 000名)由北塘出动,沿着北塘至新河的大道前进,以侦察大沽北岸炮台后路的布防情况。驻守新河、塘沽一带的清军马队出战迎敌。双方交战至中午,英法联军在基本摸清新河、塘沽一带的清军布防后撤退。清军没有继续追击。作战中清军受伤3名,英法联军受伤约10余名。[5]

---

[1] Knollys, *Incidents in the China War of 1860*, pp. 49-50.
[2] 参见葛夫平:《法国与第二次鸦片战争》,《近代史研究》,1997年第1期。
[3] 自1860年初以来,清方极愿讲和,多次向英、法表示,若有和意,可从北塘入口,依照美国公使华若翰之先例,进京换约。由此,清方制定的具体办法是,英、法若从至大沽口外,派员问其来意,若愿讲和,引自北塘登岸。僧格林沁未对北塘登陆采取任何行动,主要是英法联军兵势太强,同时也考虑不首先开战,为讲和预留地步。
[4] 《郭嵩焘日记》,第1卷,第407页。
[5] 此战据以下资料综合:一、僧格林沁奏,咸丰十年六月十七日,《丛刊·第二次鸦片战争》,第4册,第450页。二、Knollys, *Incidents in the China War of 1860*, pp. 60-61; G. J. Wolseley, *Narrative of the War with China in 1860*, London: Longman, Green, Longman and Roberts, 1862, pp. 98-99; Henry Brougham Loch, *Personal Narrative of Occurrences during Lord Elgin's Second Embassy to China, 1860*, London: John Murray, 1870, pp. 49-51. 德里松伯爵:《翻译官手记》,见《丛刊·第二次鸦片战争》,第6册,第271页。又,僧格林沁所称出击的清军为"吉林、黑龙江、哲里木盟、昭乌达盟、归化城马队",若以该部全数出击当在2 000余名。

此次交手，使僧格林沁信心大增。由于咸丰帝尚有与英、法和谈之倾向，僧格林沁在奏折中作了一番自我辩解："此日之战，因该夷结队出村十里以外，意图攻扑营垒，不得不整队抵御"，表示非为主动起衅。而当日以直隶总督恒福名义给美国公使照会中的言词，不免志满意敢："十七日（3日）彼军又复对战开炮，我国不得不为抵御，然仍饬带兵各官只许迎敌，未许进攻，仰体大皇帝宽容之意，欲敦旧好。"在提出希望美方代为向英、法作调解后，表示了清方的态度："兹定于三日之内，英、

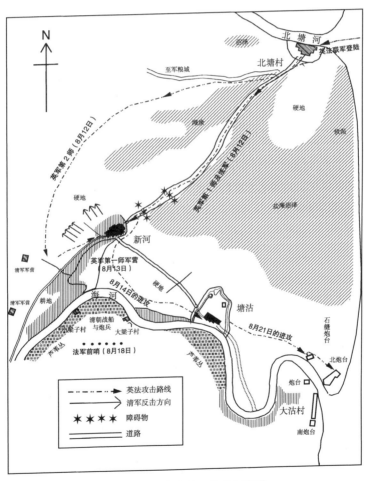

图五　1860年大沽口作战示意图

法两国如无回信,我国惟有主战而已。且陆路用兵非同水面,如英、法两国不知我军容让之意,仍复恃强,我国主将自有调度。倘英、法两国士卒再经挫失,不但于和议一局转多窒碍,即英、法两国公使亦难于回国复命也。"[1]这一篇信心十足的照会肯定经僧格林沁过目,反映出其对未来战事的估计。可过了没多久,局势逆转。

8月12日清晨,英法联军进攻新河。英军第2师在骑兵和炮兵的支援下,首先出动,沿北塘至军粮城的道路,绕往新河以西,从侧背发起攻击;英军第1师在法军约1 000名的支援下,随后出动,沿北塘至新河的道路,直接进攻。参加此次军事行动的英法联军总数约8 000人。新河守军共2 000人,仍分两路迎战。其骑兵主动出击,进攻正在行进中的英军第2师,企图将其截断,逼往沼泽地带;英军第2师所附骑兵在炮兵的掩护下,予以反击。清军另一路凭借濠墙,以火炮、抬炮节节抵抗英军第1师及法军;该部英法联军也以炮火还击。英法联军此次所带的先进的陆战火炮,在战斗中发挥了重要作用。两路清军先后不支,不得不败退至塘沽。占据新河的英法联军追至塘沽,受到该处清军的炮击,退回新河。此战清方的伤亡没有统计数字,英方宣布其伤亡不超过40人。而在英法联军进攻新河时,驻守营城的西凌阿也以察哈尔马队出击,俘获两名敌军和13名中国苦力。[2]

---

[1]《丛刊·第二次鸦片战争》,第4册,第450—452页。然咸丰帝收到此折后,仍不同意开战,反命恒福直接照会英、法,"示以中国宽大","使之知感知惧"(同上书,第453—544页)。

[2] 此战据以下资料综合:一、僧格林沁奏,咸丰十年六月二十六日,《丛刊·第二次鸦片战争》,第4册,第461—462页;西凌阿奏,咸丰十年六月三十日,《筹办夷务始末》(咸丰朝),第6册,第2101页。二、Knollys: *Incidents in the China War of 1860*, pp.64 -67。该书第50—51页间有一幅详细的地图,描绘英法联军的攻击路线;Wolseley, *Narrative of the War with China in 1860*, pp. 100 -106; Loch, *Personal Narrative of Occurrences during Lord Elgin's Second Embassy to China*, 1860. pp. 65 -70; D. F. Rennie, *The British Arms in North China and Japan*; Peking 1860; Kagosima 1862, London; John Murray, 1864, pp.86 -93;三、德米特勒西:《中国战役日志》,见《丛刊·第二次鸦片战争》,第6册,第272页。Henri Cordier, *L'Expédition de Chine de 1860*, Paris; Félix Alcan, 1906, p.278. 又,据英方记载,登陆北塘时共用了2 500名苦力,这些苦力多从香港招募而来。

8月14日清晨,英法联军进攻塘沽。然此次战斗基本上是双方的炮战。由36门火炮(英、法各自半数)组成联军炮兵,于上午7时进抵距塘沽约1 000米处,开始炮击。清军亦用火炮还击,位于海河对岸的大梁子村的清军及海河上的两艘清军师船也以炮火支援。没过多久,大梁子及师船的炮火被敌方遏止,而塘沽村内的清军炮兵在敌方连续1个多小时的轰击下,火力有所减弱。英法炮兵乘机次第推进至距塘沽500米、300米处,抵近射击。当村内清军炮火基本平静时,英军来复枪第60团从右翼攻入村内,英军第31团随即跟进;法军先头部队3个连从左翼攻入村内,法军第1旅随后直插中央。塘沽原驻清军约2 000名,加上从新河败退的部队,曾一度出击,未能奏效,不得不再次败退大沽北岸炮台。此战清军的伤亡没有统计数字,而法军被毙1人,受伤12人,英军受伤3人。[1]

新河、塘沽两战,截断了大沽北岸炮台清军的退路,正面强大难攻的炮台,此时正向英法联军展露其柔弱的后背。战争的尺子让僧格林沁量出了双方的差距,先前的倨傲一下子变成了慌乱。他在塘沽战败的当天,上奏称:"现在南北两岸,惟有竭力支持,能否扼守,实无把握。"次日由恒福名义发给英、法的照会,语气大变,要求"永息干戈"。[2]

8月18日,英军第31团一部及法军一部携带火炮,在炮火的掩护下,用小船渡过海河,攻占新河对岸的大、小梁子村,守军战船、炮兵与马队不敌,纷纷退却。占据大、小梁子村的英法联军数量虽不为多,

---

[1] 此战据以下资料综合:一、僧格林沁奏,咸丰十年六月二十九日,恒福致宽惠,咸丰十年六月二十九日,《丛刊·第二次鸦片战争》,第4册,第465—466、477页。二、Henry Knollys: *Incidents in the China War of 1860*, pp. 69-71;Wolseley, *Narrative of the War with China in 1860*, pp. 107-109;Loch, *Personal Narrative of Occurrences during Lord Elgin's Second Embassy to China, 1860*, pp. 71-73;Rennie, *The British Arms in North China and Japan*; *Peking 1860*; *Kagosima 1862*, pp. 98-100。三、德米特勒西:《中国战役日志》;德里松伯爵:《翻译官手记》,见《丛刊·第二次鸦片战争》,第6册,第273—275页。

[2] 《丛刊·第二次鸦片战争》,第4册,第465、467页。

但此处失守，又使大沽南岸诸炮台的背部敞向敌军。僧格林沁至此，自知败局已定，只能在大沽南北炮台勉力支持了。[1]

8月21日的石缝炮台之战，是第三次大沽口之战中最为惨烈的一仗。石缝炮台本是大沽北岸三炮台最小的一座，距北岸主炮台约一里许，1858年11月僧格林沁为"后路策应"而添建，高9米。由于其位置稍偏，一直不为重视。[2]英法联军对北塘、新河、塘沽一线的突破，使得这一原居腹地的"策应"之区，变成了冲要之地。僧格林沁派直隶提督乐善驻守此台，[3]但炮台过小，守兵不多。当天清晨5时，英法联军2 500人（其中英军1 500人、法军1 000人）附以炮兵进至攻击地点时，驻守石缝炮台的清军立即开火，大沽北岸中炮台及南岸后炮台也以炮火支援。英法联军以47门火炮[4]猛烈射击石缝炮台。双方的炮战持续了3个小时。其间在6时，英军的1门重炮击中石缝炮台的火药库，爆炸引起的硝烟弥漫整个炮台，一时间石缝炮台的守军停止了射击。正当英法联军以为清军将弃守时，硝烟散尽，勇敢的士兵继续向英法联军开火。几个小时后，石缝炮台的炮火明显削弱，英法步兵开始攻击，架

---

[1] 《丛刊·第二次鸦片战争》，第4册，第474、492页；D. F. Rennie, *The British Arms in North China and Japan；Peking 1860；Kagosima 1862*, pp. 102 - 104.

[2] 《郭嵩焘日记》，第1卷，第218页。《筹办夷务始末》（咸丰朝），第4册，第1200页。

[3] 乐善为僧格林沁一手提拔起来的亲信。第二次大沽之战中直隶提督史荣椿战死，僧格林沁第二天便上奏保举："现当防剿吃紧，统帅诸军职任甚重。应请迅赐简放，以重职守。查提督衔河北镇总兵乐善，性情勇敢，纪律严明，历在军营，打仗出力。奴才等暂委署理直隶提督印务，以资得力。"（僧格林沁等片，原件无日期，咸丰九年五月二十七日奉朱批，《军机处录副·帝国主义侵略类·第二次鸦片战争项》，3/167/9235/15）此后不久僧格林沁再次上奏："新授直隶提督乐善自二月到防以后，加筑营垒，训练兵丁，均能认真办理，始终不倦"，"可否交部从优议叙以示奖励之处，出自皇上天恩"。（僧格林沁等片，原件无日期，咸丰九年八月二十五日奉朱批，《军机处录副·帝国主义侵略类·第二次鸦片战争项》，3/167/9235/38）

[4] 英陆军司令格兰特称：英军的重炮包括4门8英寸口径的大炮，2门8英寸口径的榴弹炮，2门发射32磅重炮弹的大炮，3门8英寸口径的白炮；英军的轻型火炮为2个阿姆斯庄（Armstrong）炮连，2个发射9磅重炮弹的炮连，1个发射火箭的炮连；法军另有2个野炮连，就火炮型制和数目而言，英法联军具有明显的优势。

桥以越濠沟,架梯以登台墙,然守台清军即以抬枪、鸟枪、弓箭向英法步兵还击,致使敌军付出重大伤亡。当英法步兵攻入炮台内后,清军仍不放弃,与敌进行肉搏。一直到了近午时分,石缝炮台才陷于敌手。此战,英军被毙22名,受伤179名(其中22名军官)。伤亡总数201名;法军被毙40名,受伤170名,伤亡总数210名。清军的伤亡没有统计数字,但直隶提督乐善在此战中阵亡。在石缝炮台交战的同时,英、法炮艇各2艘驶近海河口,在大沽炮台清军火炮射程之外,向北岸主炮台(即中炮台和前炮台,两者相距很近)进行长时间的炮击,其中1发炮弹击中北岸主炮台的火药库。石缝炮台失守后,英军以2门8英寸口径的重炮抵近大沽北岸主炮台800米处射击,石缝炮台的3门火炮也被英法联军用以攻击北岸主炮台,法军步兵即前进攻,未遇抵抗,于下午2时占领北岸清军主炮台,守军2 000名做了俘虏。据英军司令格兰特称:"炮台工事(北岸主炮台)面海的一边十分强大,靠陆地的一边却非常薄弱","仅有一道薄墙,墙上没有射口"。也就是说,大沽北岸主炮台是在其不设防的背后被攻破的。[1]

当大沽北岸各炮台皆易手后,僧格林沁内心中完全明白,大沽南岸炮台虽较北岸强大,但其侧后仍是不堪击打的柔软的腹部,若继续死守,也不免重蹈北岸的复辙。于是,他根据咸丰帝叠次旨意,于酉刻(下午5至7时)率大沽南岸全部守军撤离,绕过天津,直回通州

---

[1] 此战据以下资料综合:一、僧格林沁奏,恒福奏,《丛刊·第二次鸦片战争》,第4册,第496—504页。二、"Rear-Admiral Hope to Secretary of the Admiralty, August 27, 1860", Bonner-Smith and Lumby eds., *The Second China War 1856 -1860*, pp. 400 -402; Knollys, *Incidents in the China War of 1860*, pp. 86 -93, 259. 该书称石缝炮台驻军500名,战时仅100名逃脱; Wolseley, *Narrative of the War with China in 1860*, pp. 129 -140; Loch, *Personal Narrative of Occurrences during Lord Elgin's Second Embassy to China, 1860*, pp. 82 -90; Rennie, *The British Arms in North China and Japan; Peking 1860*; *Kagosima 1862*, pp. 108 -120; Fisher, *Personal Narrative of Three Years' Service in China*, pp. 407 -410. 三、《1860年远征中国记》《中国战役日志》《远征中国和交趾支那》《翻译官手记》《征华记》,皆见《丛刊·第二次鸦片战争》,第6册,第277—284页; Henri Cordier, *L'Expédition de Chine de 1860*, pp. 262 -264。

了。[1]此时,英方中文秘书巴夏礼前来劝降,要求交出南岸各炮台,直隶总督恒福只能同意,事后发给英、法的照会处处酸楚:

> 照得本月初五日(21日)贵将军督带水陆二军已占北岸炮台,贵将军善能攻战,我军输服,已将所扎南岸炮台官兵撤去,愿将南岸炮台各座一切军器等件交付贵将军占据查收。各炮台内如有埋伏地雷等件及河内俱有多层防具等,查明在何处,由本督部堂派员会同贵国官员指明,以免误害贵国人命。炮台已交清楚,彼此不得在本处再行开仗,亦不得损害百姓。务须保全人业为要。[2]

从"我国主将自有调度"到"永息干戈"再到"我军输服",上引恒福三次照会整整转了180度,恒福此后一再屈从英、法方面的要求,并向咸丰帝报告:绝不能再打仗了。

8月22日,英、法海军拆除了大沽口的拦河设施,其炮艇驶入海河。24日,英、法海陆军兵不血刃地占领天津。

1860年大沽口之战,暴露出来的不仅仅是双方武器装备上的差别,也不仅仅是双方技术和战术的差别,而是特别明显地衡量出双方高级指挥官在军事指挥艺术上的高下。英法联军兵势强大,若直接强攻大沽,也完全有能力克之,只不过将可能付出极高的代价,此可从石缝炮台一

---

[1] 先是塘沽失守后,僧格林沁请咸丰帝善保京畿,流露出将在大沽死战的决心。然僧部是北方清军最强大的一支,僧又是清军最优秀的战将,此部此将一失,清军即无兵无将可守京畿。咸丰帝当即发下朱谕:"天下根本不在海口,实在京师",让僧不必死守大沽,必要时率师退守;并让怡亲王载垣、郑亲王端华、军机大臣穆荫、匡源、杜翰、文祥联名致书,表示同一意思(《丛刊·第二次鸦片战争》,第4册,第469—470页)。此后恒福再报僧有大沽战死之心,咸丰帝命僧派员守大沽,自将主力退守天津(同上书,第479页),然僧仍表示将在大沽固守,咸丰帝再命其"万一时机紧急","勿专以大沽为重,置京师于不顾"(同上书,第482页)。恒福于8月23日奏称僧于"酉刻"率军撤离(同上书,第500页)。僧同日奏称于"戌刻"(晚7时至9时)撤离(同上书,第503页)。

[2]《照会英、法二夷底稿》,《军机处录副·帝国主义侵略类·第二次鸦片战争项》,3/167/9236/53。原件无日期,但若与恒福于咸丰十年七月初五日、初七日奏折(《丛刊·第二次鸦片战争》,第4册,第498—501页)同看,即可发现其当为七月初七日奏折附件,发出日期当为七月初六日,而该书原附七月初七日奏折后的照会,似当附在七月初五日奏折之后。

战例中推论。石缝炮台本系一弹丸小台，守军竭力抵御，竟让英法联军付出伤亡411名的代价，几与1859年第二次大沽口之战相近。英法联军避实击虚，由北塘而新河而塘沽而石缝，绕行上百里，用时21天，从石缝炮台取得了通往大沽各炮台的钥匙，迫僧格林沁主动弃守。"经营已经三载，计费帑项数十万，筹画之周备，防范之严密，无以复加"的大沽南北各炮台（僧格林沁战后第3天语），不是在其堂堂正面，而是在其侧后被英法联军寻到其致命的弱点。

尽管战后清朝许多人士指责僧格林沁刚愎自用，不守北塘，可北塘即使设守，也挡不住英法联军的海陆联合攻势，更何况其也有从别处登陆的计划。僧格林沁的真错误，在于低估了英法联军的陆战能力，自以为手中的马步精锐可与失去"船坚炮利"的英、法陆军一拼。他的这种勇气自然可嘉，但这种勇气指导下的战法，却完全不足取。而到此次大沽败绩，僧格林沁还未意识到自己的错误。由于咸丰帝倾意羁縻，清军只是以守待攻，僧所擅长的马步兜击未能施展。当他率大沽守军退至通州后，总结前一时期的作战经验，提出其今后作战的指导方针："倘该夷敢于北犯，临时酌量，总须与之野战，断不可株守营垒，转致受敌。"[1]后来的张家湾、八里桥之战，皆是僧格林沁所希望也所擅长的野战，结果清军一败如水。也只是到了这时，僧格林沁才从1859年第二次大沽口之战胜利的迷醉中清醒过来，认清了中西军事的实际差距。

结　论

本文通过以上考证得出三点结论：一、在19世纪五六十年代，清军在总体上根本不具备与英、法等西方列强抗衡的军事实力，第二次鸦片战争的尺子，客观地量出其间的差距。二、在清方作好一切准备，英、法等犯下致命错误的情况下，清方也可能获得局部的甚至是重大的胜利，如1859年第二次大沽口之战。三、在清方作好一切准备，英、法等

---

[1]《丛刊·第二次鸦片战争》，第4册，第503页。

也未犯错误的情况下，最佳的战例当属1860年石缝炮台之战。如果清军以据守坚强防御阵地的战法，不怕牺牲地与英法联军死战，虽不免最终失败，但毕竟能予敌重创。

由于历史不能重演，以上第三点结论只是一种空想。因为在事实上能够看到的只是上海等通商口岸的通行无阻和舟山、芝罘、大连的和平占领，言战者本不为多，能战者则是太少了。

上海三联书店版后记

中国近代的历史,事实潜存一标准,那就是近代化。离者虽有一时之盛,似终不能长久。本书以《近代的尺度》作题,为明确地开出度量标准。而战争又不能分列冠、亚军,没有第二的存在,只有胜者和败者。中国近代与外国的战争,尤其是两次鸦片战争,恰是一把尺子,量出了"天朝"与"泰西"之间在近代化上的差距。在那个时代,许多尺度与今稍有不同,特别明显的是,强权是19世纪通行的"公理"。

自1980年师从陈旭麓先生之后,两次鸦片战争一直是我的专攻。十几年来,我陆续且断续地就此范围写了二十多篇文章。现在我的研究兴趣已经转移,结集自是人生一小结。本书编入十一篇文章,多为近年之作。而其余的各篇旧稿,其主要内容和材料已被我写入《天朝的崩溃:鸦片战争再研究》(生活·读书·新知三联书店,1995)和《苦命天子:咸丰皇帝奕詝》(上海人民出版社,1995),此处不再收入。本书的内容多类于考证,文字相当枯涩(自以为存活期可以多上两年);由于写作时间不一,文字的风格与个人的视野多有游移;书中所涉及的一些命题,也非我个人的功力可及,未能进一步深入。这些都需敬请读者多加原谅。本书的许多观点,曾与同窗潘振平先生进行过讨论,又是应该在此说明的。

各位读者发现本书的错误,敬请务必教我。有一件事让我一想起来就感动:我写《天朝的崩溃:鸦片战争再研究》时,不知"嗛啵(咥)"为何国(书中还误写为"嗛啵啦"),有一位先生不具姓名来信示教,"嗛啵(咥)"很可能是汉堡(Hambury),并开列具体考证过程,使我得以在该书重印时改正错误。

感谢中国第一历史档案馆利用部诸多女士和先生，使我较为方便地利用各种档案，吕小鲜先生、杨欣欣女士帮助尤大。感谢同事杨奎松先生，善意地提出结集的建议。感谢同师的杨国强先生，为本书的出版奔走。感谢亦为同师的陈达凯先生，允以最快的速度来完成此书。最后，我还要特别感谢十几年来关心帮助我的诸多师长友亲。人生的多种际遇，却使之尝到了人生的多种滋味。

茅海建

1998年8月于北京东皇城根

附录

征引文献

（未征引的参考文献不列入）

《宫中档·帝国主义侵略类·第一次鸦片战争项》
《宫中档·帝国主义侵略类·第二次鸦片战争项》
《宫中档·财政类·经费项》
《宫中档·财政类·捐输项》
《宫中档·军务类·军需项》
《军机处录副·帝国主义侵略类·第一次鸦片战争项》
《军机处录副·帝国主义侵略类·第二次鸦片战争项》
《军机处录副·财政类·经费项》
《军机处录副·财政类·捐输项》
《军机处录副·军务类·军需项》
《军机处录副·军务类·防务项》
《军机处录副·军务类·训练项》
军机处《上谕档》
军机处《剿捕档》
军机处《随手登记档》
（以上中国第一历史档案馆藏）

《筹办夷务始末》（道光朝），中华书局，1964年
《筹办夷务始末》（咸丰朝），中华书局，1979年
《筹办夷务始末》（同治朝），故宫博物院1930年影印本
《筹办夷务始末补遗》，北京大学出版社，1988年

齐思和等编:《中国近代史资料丛刊·鸦片战争》,神州国光社,1954 年

齐思和等编:《中国近代史资料丛刊·第二次鸦片战争》,上海人民出版社,1978 年

中国第一历史档案馆编:《鸦片战争档案史料》,天津古籍出版社,1992 年

中国科学院上海历史研究所筹备会编:《鸦片战争末期英军在长江下游的侵略罪行》,上海人民出版社,1958 年

广东省文史研究馆译:《鸦片战争史料选译》,中华书局,1983 年

广东省文史研究馆编:《三元里人民抗英斗争史料》,中华书局,1978 年

《清史稿》,中华书局,1976 年

《清实录》,中华书局,1986 年

《碑传集合集》,上海书店影印,1988 年

《清朝通典》,商务印书馆影印,1935 年

《清朝文献通考》,商务印书馆影印,1936 年

刘锦藻编:《清朝续文献通考》,商务印书馆,1936 年

葛士濬编:《皇朝经世文续编》,上海久敬斋光绪二十七年刻本

朱士嘉编:《十九世纪美国侵华档案史料选辑》,中华书局,1959 年

中国第一历史档案馆编:《清代中俄关系档案史料选编》,第 3 编,中华书局,1979 年

王铁崖编:《中外旧约章汇编》,第 1 册,生活·读书·新知三联书店,1957 年

郦永庆编选:《第一次鸦片战争之后福州问题史料》,《历史档案》1990 年第 2 期

中国人民银行总行参事室金融史料组编:《中国近代货币史资料》,第 1 辑(清政府统治时期),中华书局,1964 年

《林则徐集·奏稿》,中华书局,1965 年

《林则徐集·公牍》,中华书局,1963 年

《林则徐集·日记》,中华书局,1962 年

杨国桢编:《林则徐书简》,福建人民出版社,1985 年

《曾文正公全集·奏稿》，光绪二年传忠书局刻本
苏州博物馆编：《何桂清等书札》，江苏人民出版社，1981年
《郭嵩焘日记》，湖南人民出版社，1980年
吴汝纶：《桐城吴先生日记》，1928年莲池书社刻本
王闿运：《湘绮楼日记》，第6册，商务印书馆，1927年
斯当东著、叶笃义译：《英使谒见乾隆纪实》，上海书店出版社，1997年
黄恩彤：《知止堂集》，光绪六年刻本
陈庆镛：《籀经堂类稿》，光绪九年刻本
芍唐居士（王之春）：《防海纪略》，光绪六年刻本
梁廷枏：《夷氛闻记》，中华书局，1959年
夏燮：《中西纪事》，岳麓书社，1988年
张集馨：《道咸宦海见闻录》，中华书局，1981年
关天培：《筹海初集》，道光十六年刻本
魏源：《海国图志》，咸丰二年刻本
《夷艘入寇记》，《北京大学稿本丛书》，第13册，天津古籍出版社，1991年
《道光鸦片战争汇存》，抄本，中国社会科学院近代史研究所图书馆藏
《筹防奏稿》，抄本，中国社会科学院近代史研究所图书馆藏
《虎门炮台图说》，清刊本，无日期
《广东通志》，商务印书馆，1932年影印本
《广州府志》，光绪五年刊本
《天津县志》，乾隆四年刊本
《宝山县志》，光绪八年刊本
《天津府志》，光绪二十五年刊本
《宝山县续志》，1921年刊本
《东莞县志》，1921年刊本
《塘沽区水利志》，天津科学技术出版社，1995年

吴廷燮：《清财政考略》，1914年铅印本
彭泽益：《十九世纪后半期的中国财政与经济》，人民出版社，1983年

姚薇元：《鸦片战争史实考：魏源〈道光洋艘征抚记〉考订》修订本，人民出版社，1984年

黄宇和：《两广总督叶名琛》，中华书局，1984年

蒋孟引：《第二次鸦片战争》，生活·读书·新知三联书店，1965年

马士：《中华帝国对外关系史》，第1册，生活·读书·新知三联书店，1957年

卫青心著、黄庆华译：《法国对华传教政策》，中国社会科学出版社，1991年

中国社会科学院近代史所：《沙俄侵华史》，第2卷，人民出版社，1978年

蔡鸿生：《俄罗斯馆纪事》，广东人民出版社，1994年

朱维铮：《求索真文明》，上海古籍出版社，1996年

茅海建：《天朝的崩溃》，生活·读书·新知三联书店，1995年

彭泽益：《论鸦片赔款》，《经济研究》1962年第12期

恩格斯：《论线膛炮》，《马克思恩格斯全集》，第15卷，人民出版社，2006年

王兆春：《清军在第一次鸦片战争中使用的武器装备浅析》，油印本

周育民：《1840—1849年的清朝财政》，《山西财经学院学报》1982年第2、3期

梁义群：《鸦片战争与清朝财政》，《近代史研究》1989年第5期

熊志勇：《从"望厦条约"的签订看中美外交上的一次交锋》，《近代史研究》1989年第5期

葛夫平：《法国与第二次鸦片战争》，《近代史研究》1997年第1期

佐々木正哉编：《鴉片戰爭の研究（資料篇）》，東京：近代中国研究委員会，1964年

佐々木正哉编：《鴉片戰爭後の中英抗争：資料篇稿》，東京：近代中国研究委員会，1964年

Foreign Office. *Papers Relating to the Proceedings of Her Majesty's Naval Forces at Canton*. London：Harrison and Sons，1857.

Foreign Office. *Correspondence Relative to Entrance into Canton 1850 −1855, Presented to both House of Parliament by Command of Her Majesty.* London: Harrison and Sons, 1857.

Foreign Office. *Correspondence Relative to the Earl of Elgin's Special Missions to China and Japan, 1857 −1859.* London: Harrison and Sons, 1859.

Foreign Office. *Correspondence with Mr. Bruce, Her Majesty's Envoy Extraordinary and Minister Plenipotentiary in China.* London: Harrison and Sons, 1860.

Foreign Office. *Correspondence Respecting Affairs in China, 1859 −1860, Presented to both Houses of Parliament by Command of Her Majesty.* London: Harrison, 1861.

Irish University Press Area Studies Series, British Parliamentary Papers: China, Correspondence, Dispatches, Returns and Other Papers Respecting British Military Affairs in China, 1840 −69, Vol. 27. Shannon, Ireland: Irish University press, 1971.

Reports from the Select Committee on Mortality of Troops (China), together with the Proceedings of the Committee, Minutes of Evidence and Appendix. London: H. M. S. O., 1866.

Chinese Repository (《中国丛报》)
North China Herald (《北华捷报》)

Bernard, William Dallas. *Narrative of the Voyages and Services of the Nemesis from 1840 to 1843.* London: Henry Colburn, 1844.

Bingham, John Elliot. *Narrative of the Expedition to China: from the Commencement of the War to Its Termination in 1842; With Sketches of the Manners and Customs of that Singular and hitherto almost Unknown Country.* London: Henry Colburn, 1843.

Bonner-Smith, D, and E. W. R. Lumby, eds. *The Second China War 1856 −1860.* London: Navy Records Society, 1954.

Cooke, G. W.. *China: Being 'The Times' Special Correspondence from China in the Years 1857 −58.* London: G. Routledge, 1859.

Cordier, Henri. *L'expédition de Chine de 1860, Histoire Diplomatique, Notes et Documents.* Paris: F Alcan, 1906.

Fisher, G. B.. *Personal Narrative of Three Years' Service in China.* London: Richard Bentley, 1863.

Gutzlaff, Charles. *Journal of Three Voyages Along the Coast of China.* London: T. Ward, 1840.

Inspectorate General of Customs. *Treaties, conventions, etc., between China and foreign states.* Shanghai: The Statistical Department of the Inspectorate General of Customs, 1908.

Jocelyn, Lord. *Six Months with China Expedition.* London: J. Murray, 1841.

Knollys, Henry. *Incidents in the China War of 1860, Compiled from the Private Journals of General Sir Hope Grant.* Edinburgh and London: William Blackwood and Sons, 1875.

Loch, Henry Brougham. *Personal Narrative of Occurrences during Lord Elgin's Second Embassy to China.* London: J. Murray, 1900.

Oliphant, Laurence. *Narrative of the Earl of Elgin's Mission to China and Japan in the Years 1857, 1858, 1859.* vol. 1. Edinburgh and London: W. Blackwood, 1860.

Ouchterlony, John. *The Chinese War: An Account of all the Operations of the British Forces from the Commencement to the Treaty of Nanking.* London: Saunders and Otley, 1844.

Rennie, D. F.. *The British Arms in North China and Japan,* London: John Murray, Albemarle Street, 1864.

Wolseley, G. J.. *Narrative of the War with China in 1860.* London: Longman, Green, Longman, and Roberts, 1862.

Nolde, John J.. "The 'False Edict' of 1849." *The Journal of Asian Studies,* Vol. 20, No. 3 (May, 1961): 299−315.

人名船名译名表

(人名、船名多从旧译,与今通常的译法有异)

人　名

阿查礼(Alabaster, C.)
阿尔明雍(Arminjon, V.)
阿美士德(Amherst, W. P.)
艾林波伯爵(Eulenburg, Count F.)
巴加(Parker, W.)
巴麦尊(Palmerston, J. H. T.)
巴士达(Bastard, J. D. L.)
巴夏礼(Parkes, H. S.)
柏林(Popoff, A.)
班德(Brandt, M. A. S. von)
包礼士(Bols, L.)
包令(Bowring, J.)
彼罗夫斯基(丕业罗幅斯奇, Perofski, P. N.)
璧斯玛(Bismarck, K.)
伯驾(Parker, P.)
伯洛内(Bellonet, H. de)
伯麦(Bremer, J. J. G.)
卜鲁斯(Bruce, F. W. A.)

布尔布隆(Bourboulon, A. de)
达底拿(Tattnall, J. C.)
德庇时(Davis, J. F.)
额尔金伯爵(Earl of Elgin)
礬大何文(Hoeven, J. A. van der)
费果荪(Ferguson, J. H.)
费舍(Fisher, G. B)
哥士耆(Kleczkowski, M. A.)
葛罗(Gros, J. B. L.)
固礼(Gurii Karpov)
顾思(Courcy, M. R. R.)
郭富(Gough, H.)
何伯(Hope, James)
和立本(Holleben, T. von)
赫德(Hart, R.)
华若翰(Ward, J. E.)
基马拉士(Guimaraes, I. F.)
吉必勋(Gibson, J.)
金德(Roodenbeke, A. T'Kint de)

坎宁（Canning, Lord）

克派尔（Keppel, H.）

拉斯勒福（Raaslöff, W. R. von）

兰瓦（Lannoy, Monsieur）

李福斯（Rehfues, M. von）

李梅（Lemaire, V. G.）

李泰国（Lay, H. N.）

列卫廉（Reed, W. B.）

镂斐迪（Low, F. F.）

律劳卑（Napier, W. J. B.）

马戛尔尼（Macartney, G.）

马儒翰（Morrison, John Robert）

马沙利（Marshall, H.）

马他仑（Maitland, F.）

玛斯（Mas, S. de）

麦华陀（Medhurst, W. H.）

麦莲（McLane, R. M.）

孟甘（Mongon, J.）

穆拉维约夫（Muravyev, N. N.）

尼果麦（Spather, N. G.）

蒲安臣（Burlingame, A.）

璞鼎查（Pottinger, H.）

普提雅廷（Poutiatine, E. V.）

热福理（Geofroy, F. L. H. de）

威得尔（Weddell, J.）

威妥玛（Wade, T. F.）

卫三畏（Williams, S. W.）

文翰（Bonham, S. G.）

倭良嘎哩（Vlangaly, A.）

西马縻各厘（Seymour, M.）

伊格纳切夫（伊格那提业幅, Ignatieff, N. P.）

义迭思（Ides, E. Y.）

义律（Elliot, C.）

懿律（Elliot, G.）

船　名

阿尔及林号（Algerine）

阿特兰特号（Atalanta）

安德罗马奇号（Andromache）

安度明号（Endymion）

巴特勒号（Bauterer）

班廷克夫人号（Lady Bentinck）

保皇党号（Royalist）

鸨号（Bustard）

卑拉底士号（Pylades）

北极星号（North Star）

贝雷色号（Belleisle）

庇护号（Lee）

伯兰汉号（Blenheim）

伯鲁多号（Pluto）

伯劳弗号（Plover）

布郎底号（Blonde）

茶隼号（Kestrel）

大黄蜂号（Hornet）

戴窦号（Dido）
迪歇拉号（DuChayla）
都鲁壹号（Druid）
鳄鱼号（Alligator）
愤怒号（Furious）
佛里斯特号（Forester）
弗莱吉森号（Phlegethon，英炮艇）
弗勒格顿号（Phlegethon，法炮舰）
弗姆号（Firm）
负鼠号（Opossum）
复仇号（Vindictive）
复仇神号（Nemesis，英炮舰）
复仇者号（Nemesis，法帆舰）
富利号（Fury）
甘米力治号（Combridge）
皋华丽号（Cornwallis）
高飞号（Highflier）
高贵号（Haughty）
哥伦拜恩号（Columbine）
果敢号（Audàcieuse）
哈利昆号（Harlequin）
海阿新号（Hyacinth）
海斯坡号（Hesper）
黑獾号（Wolverene）
鸻鸟号（Plover）
洪哥厘号（Hooghly）
皇后号（Queen）
火箭号（Fusée）
基尔德斯号（Childers）

加尔各答号（Calcutta）
加略普号（Calliope）
坚固号（Staunch）
监禁号（Durance）
杰纽斯号（Janus）
进取号（Enterprise）
巨蛇号（Serpent）
坎布雷号（Cambrian）
康威号（Conway）
克里欧号（Clio）
克罗曼德尔号（Coromandel）
拉恩号（Larne）
莱文号（Leven）
雷尼号（Renny）
流浪者号（Wanderer）
硫磺号（Sulphur）
龙骑兵号（Dragonne）
鸬鹚号（Cormorant）
路易莎号（Louisa）
马答加斯加号（Madagascar）
麦都萨号（Medusa）
麦尔威厘号（Melville）
冒险者号（Hazard）
梅耳瑟号（Meuvthe）
摩底士底号（Modeste）
魔术师号（Magicienne）
纳姆罗号（Nimrod）
南京号（Nankin）
诺尔札加拉号（Nozagavy）

人名船名译名表 377

欧掠鸟号（Starling）[1]　　　　司塔林号（Starling）
培里康号（Pelican）　　　　　　谭那萨林号（Tennassarim）
普利姆盖号（Primoguet）　　　　威厘士厘号（Wellesley）
钱米任号（Chameleon）　　　　　窝拉疑号（Volage）
切撒皮克号（Chesapeake）　　　西索斯梯斯号（Sesostris）
青春女神号（Young Hebe）　　　先锋号（Herald）
丘比特号（Jupiter）　　　　　　霰弹号（Mitraille）
萨马兰号（Samarang）　　　　　响尾蛇号（Rattlesnake）
塞利亚号（Thalia）　　　　　　协助号（Assistance）
桑普森号（Sampson）　　　　　　雪崩号（Avalanche）
瑟普莱斯号（Surprise）　　　　巡洋号（Cruiser）
煸动号（Pique）　　　　　　　　伊莫金号（Imogene）
斯莱尼号（Slaney）　　　　　　英康特号（Encounter）
梭子鱼号（Barracouta）

---

[1] Starling，在鸦片战争的著作中多译为"司塔林号"，在第二次鸦片战争的著作中多译为"欧掠鸟号"；Plover，在鸦片战争的著作中多译为"伯劳弗号"，在第二次鸦片战争的著作中多译为"鸻鸟号"。各书流传已久，为读者之便，未统一译名，以免误解。